Zivilrechtliche Haftung bei Leerverkaufsattacken

Schriftenreihe zum deutschen und europäischen Gesellschafts- und Wirtschaftsrecht

Herausgegeben von Christoph Teichmann und Florian Bien

Begründet von Günter Christian Schwarz †

Band 28

PETER LANG

Berlin - Bruxelles - Chennai - Lausanne - New York - Oxford

Bastian Siegert

Zivilrechtliche Haftung bei Leerverkaufsattacken

PETER LANG

Berlin - Bruxelles - Chennai - Lausanne - New York - Oxford

Bibliografische Information der Deutschen Nationalbibliothek
Die Deutsche Nationalbibliothek verzeichnet diese Publikation in der Deutschen Nationalbibliografie; detaillierte bibliografische Daten sind im Internet über http://dnb.d-nb.de abrufbar.

Zugl.: Würzburg, Univ., Diss., 2023

D 20
ISSN 1614-239X
ISBN 978-3-631-91089-4 (Print)
E-ISBN 978-3-631-91335-2 (E-PDF)
E-ISBN 978-3-631-91336-9 (EPUB)
DOI 10.3726/b21477

Verlegt durch:
Peter Lang GmbH, Berlin, Deutschland

info@peterlang.com http://www.peterlang.com/

Inhaltsverzeichnis

A. Einleitung und Gang der Darstellung

Der Versuch von Investoren, aktiv Einfluss auf die Kapitalmärkte zu nehmen, ist ein bekanntes Phänomen.[1] Das Interesse, die größtmögliche Wertsteigerung seiner Investitionen zu erreichen, ist nachvollziehbar und nicht überraschend. Durch den technischen Fortschritt und den Paradigmenwandel in der Mediennutzung sind jedoch neue Möglichkeiten der Einflussnahme hinzugetreten.[2]

Das Internet und die sozialen Medien dezentralisieren Informationen und potenzieren Reichweiten- und Skaleneffekte.[3] Anhand einer algorithmischen Auswertung großer Datenmengen[4] sowie der gesammelten und aggregierten Informationen[5] kann der Verbreitungsgrad von Informationen immer gezielter vorhergesagt und strategisch genutzt werden.[6] So gibt es kaum noch Zweifel daran, dass auf politische Ereignisse wie die Wahl des US-Präsidenten oder den Austritt Großbritanniens aus der Europäischen Union gezielt Einfluss genommen wurde.[7]

Diese Entwicklungen wirken sich ebenfalls auf die Politik aus. So versuchen Investoren, die Reichweite der neuen Medien auszunutzen, um aktiv Einfluss auf die Wertentwicklungen an den Kapitalmärkten zu nehmen.[8] Bei sog. Leerverkaufsattacken soll ein möglichst großer Wertrückgang der Aktien des

---

1 *Bliss/Molk/Partnoy*, Washington University Law Review 1333 (2020), S. 12 f.; siehe dazu auch: *Mitts*, Columbia Law and Economics Working Paper No. 615, S. 9 f.; zur Abgrenzung von aktiven und passiven Investoren siehe auch: *Zhao*, Rotman School of Management Working Paper 2852041, abrufbar unter: http://ssrn.com/abstract=2852041 [Stand: 23.09.2022].

2 *Möllers*, NZG 2018, 649; *Thieltges/Hegelich*, ZfP 64 (2017), 493, 509; siehe dazu aber auch: *Mitts*, Columbia Law and Economics Working Paper No. 615, S. 9 ff.

3 *Thieltges/Hegelich*, ZfP 64 (2017), 493, 502.

4 zur sog. Big Data Auswertung, siehe: *Schröder/Schwanebeck*, S. 77.

5 Zur Nutzung von sog. social bots und aggregierten Informationen, siehe: *Abokhodair/Yoo/D. W. McDonald*, S. 839.

6 Zum sog. micro-targeting, siehe: *Robertson*, S. 63, 299.

7 *Stieglitz et al.*, S. 381

8 *Bliss/Molk/Partnoy*, Washington University Law Review 1333 (2020), S. 5, 9 f., *Mitts*, Columbia Law and Economics Working Paper No. 592, S. 17 ff.; *Renault*, Market manipulation and suspicious stock recommendations on social media, abrubar unter: http://www.thomas-renault.com/wp/market-manipulation-suspicious.pdf [Stand: 23.09.2022].

Zielunternehmens erreicht werden. Aktivistische Leerverkäufer bauen zunächst Leerverkaufspositionen auf, bei denen sie einen Verkauf von Aktien zum aktuellen Kurs versprechen, ohne wirtschaftlicher Eigentümer[9] zu sein. Anschließend veröffentlichen sie einen negativen Bericht über das Zielunternehmen, um dann von den Kursreaktionen zu profitieren und die Papiere günstig erwerben zu können. Bei erfolgreichen Leerverkaufsattacken werden innerhalb weniger Sekunden Kurseinbrüche im zweistelligen Prozentbereich erzielt.[10] Für das Zielunternehmen und die investierten Anleger können auf diese Weise in kurzer Zeit hohe Schäden entstehen. Eine Möglichkeit, präventiv und kurzfristig auf Leerverkaufsattacken zu reagieren, existiert praktisch nicht.

I. Ziel der Arbeit

Im Rahmen dieser Studie überprüft der Verfasser die Möglichkeiten zivilrechtlicher Haftungsansprüche aus Sicht der Emittenten sowie der Aktionäre de lege lata und berücksichtigt dabei interdisziplinäre Forschungsergebnisse. Hierbei sollen die Vor- und Nachteile, die Leerverkäufe und Leerverkaufsattacken mit sich bringen, hinreichend Eingang finden. Gleichzeitig wird versucht, international gewonnene Erkenntnisse einzubinden und zu bewerten.

II. Herangehensweise

Einleitend werden Leerverkäufe zivilrechtlich eingeordnet.[11] Anschließend wird der bestehende Ordnungsrahmen dargestellt[12] und die Problemstellung von Leerverkaufsattacken illustriert[13]. Die interdisziplinäre Einbettung des Problemkreises soll das Spannungsfeld zwischen Ökonomie, Recht und Digitalisierung verdeutlichen, in dem sich Leerverkaufsattacken bewegen.[14] Anschließend wird der Aussagegehalt von Leerverkaufsattacken überprüft und in die tradierte Abgrenzung von Werturteil und Tatsachenbehauptung gebracht,[15] um dann eine tatbestandliche Einordnung anhand der Marktmissbrauchsverordnung vorzunehmen.[16] Im weiteren Verlauf der Arbeit wird der Sanktionskatalog bei der

9 Ausführlich dazu bei: B. II.
10 Siehe dazu: D. III.
11 Siehe dazu: B. Zivilrechtliche Einordnung von Leerverkäufen.
12 C.
13 D.
14 E.
15 F.
16 G.

Verletzung des Marktmanipulationsverbots untersucht.[17] Das unionsrechtliche Verständnis von Sanktionen und deren Voraussetzungen werden herausgearbeitet[18] und anschließend auf das Marktmanipulationsregime übertragen, um die Möglichkeit impliziter Klagerechte nachzuweisen.[19] Mit dieser Vorleistung soll die Möglichkeit zivilrechtlicher Haftungsansprüche de lege lata in Deutschland veranschaulicht werden, um so ein höheres Anlegerschutzniveau im Sinne der unionsrechtlichen Vorgaben zu erreichen. Letztlich werden weitergehende Überlegungen unternommen, inwieweit zivilrechtliche Haftungsansprüche aufgrund dieser unionsrechtlichen Vorgaben verpflichtend erscheinen.[20] Die wesentlichen Ergebnisse dieser Abhandlung werden abschließend zusammengefasst.[21]

17 H.
18 I.
19 J.
20 L.
21 M.

B. Zivilrechtliche Einordnung von Leerverkäufen

Als Leerverkauf wird ein Kaufvertrag bezeichnet, bei dem der (Leer-)Verkäufer im Zeitpunkt des Eingehens der Verkaufsvereinbarung mit dem Käufer selbst nicht Eigentümer der verkauften Wertpapiere ist. Wäre der (Leer-)Verkäufer Eigentümer der Wertpapiere, läge begrifflich kein Leerverkauf vor.[22] Zunächst sollen sowohl die schuldrechtlichen als auch die sachenrechtlichen Rechtsverhältnisse beleuchtet werden.

Es ist voranzustellen, dass der Eigentumsbegriff im Kontext von Leerverkäufen nicht nach dem deutschen Sachenrecht zu verstehen ist. Es wird vielmehr auf das „wirtschaftliche Eigentum“[23] abgestellt, das dem deutschen Sachenrecht fremd ist. Wirtschaftlicher Eigentümer ist derjenige, der das wirtschaftliche Risiko trägt (vgl. dazu Art. 2 Abs. 1 b) EU-LVVO).[24] Präzisiert wird diese Definition durch Art. 3 der delegierten Verordnung (EU) Nr. 918/2012[25] bzw.

---

22 Vgl. dazu bereits Art. 2 Abs. 1 b) der Verordnung (EU) NR. 236/2012 des Europäischen Parlaments und des Rates vom 14. März 2012 über Leerverkäufe und bestimmte Aspekte von Credit Default Swaps, ABl. 2012 L 86/1.

23 Der Begriff des wirtschaftlichen Eigentümers ist umstritten und sorgt für viel Rechtsunsicherheit, so diskutierend eingehend auf die wirtschaftliche Zuordnung: *Sorgenfrei/Saliger*, in: Park, Kapitalmarktstrafrecht, § 39 Abs. 2 d Nr. 3, 4 WpHG, Rn. 9; vgl. dazu auch: *Mülbert/Sajnovits*, ZBB 2012, 266, 270; *Schäfer*, in: Assmann/Schütze/Buck-Heeb, Handbuch des Kapitalanlagerechts, § 21, Rn. 1, 15; *Walla*, in: Veil (Hrsg.), Europäisches Kapitalmarktrecht, § 15, Rn. 17; *Weick-Ludewig/Sajnovits* WM 2014, 1521, 1522 f.
Lehmann, in: MüKoBGB, Internationales Finanzmarktrecht, Rn. 454.

24 Verordnung (EU) NR. 236/2012 des Europäischen Parlaments und des Rates vom 14. März 2012 (wie Fn. 21).

25 Delegierte Verordnung (EU) Nr. 918/2012 der Kommission vom 5. Juli 2012 zur Ergänzung der Verordnung (EU) Nr. 236/2012 des Europäischen Parlaments und des Rates über Leerverkäufe und bestimmte Aspekte von Credit Default Swaps im Hinblick auf Begriffsbestimmungen, die Berechnung von Netto-Leerverkaufspositionen, gedeckte Credit Default Swaps auf öffentliche Schuldtitel, Meldeschwellen, Liquiditätsschwellen für die vorübergehende Aufhebung von Beschränkungen, signifikante Wertminderungen bei Finanzinstrumenten und ungünstige Ereignisse, ABl. 2012 L 274/1.

Durchführungsverordnung (EU) Nr. 827/2012[26] und durch das Konsultationspapier[27] der ESMA.

I. Schuldrechtliche Einordnung

Da es nicht auf das (deutsche) sachenrechtliche, sondern auf das europäisch-wirtschaftliche Verständnis von Eigentum ankommt und Leerverkäufer sowie Eigentümer nie personengleich sind, muss zwischen dem Leerverkäufer und dem Eigentümer ein schuldrechtlich-geprägtes Rechtsverhältnis bestehen (‚Deckungsverhältnis'). Dieses Deckungsverhältnis kann unterschiedlich ausgestaltet sein. Es wird zwischen gedeckten (‚Covered Short Sales') und ungedeckten (‚Naked Short Sales') Leerverkäufen unterschieden.

1. Gedeckte Leerverkäufe

Bei gedeckten Leerverkäufen stellt der Leerverkäufer gegenüber dem ‚(Leer-)Käufer' sicher, dass er bei Fälligkeit die verkauften Aktien diesem Käufer liefern kann. Im Regelfall liegt im Verhältnis von Eigentümer und Leerverkäufer eine Wertpapierleihe vor. Ausreichend für einen gedeckten Leerverkauf ist allerdings bereits, dass der Leerverkäufer sicherstellt, dass der (Leer-)Käufer bei Fälligkeit einen unbedingt durchsetzbaren Anspruch auf Übertragung der Aktien hat und dieser tatsächlich abgewickelt werden kann.[28]

---

26 Durchführungsverordnung (EU) Nr. 827/2012 der Kommission vom 29. Juni 2012 zur Festlegung technischer Durchführungsstandards in Bezug auf die Verfahren für die Offenlegung von Nettopositionen in Aktien gegenüber der Öffentlichkeit, das Format, in dem der Europäischen Wertpapier- und Marktaufsichtsbehörde Informationen zu Netto-Leerverkaufspositionen zu übermitteln sind, die Arten von Vereinbarungen, Zusagen und Maßnahmen, die angemessen gewährleisten, dass Aktien oder öffentliche Schuldtitel für die Abwicklung des Geschäfts verfügbar sind, und die Daten, zu denen die Ermittlung des Haupthandelsplatzes einer Aktie erfolgt, sowie den Zeitraum, auf den sich die betreffende Berechnung bezieht, gemäß der Verordnung (EU) Nr. 236/2012 des Europäischen Parlaments und des Rates über Leerverkäufe und bestimmte Aspekte von Credit Default Swaps, ABl. 2012 L 251/11.

27 ESMA's technical advice on possible Delegated Acts concerning the regulation on short sales and certain aspects of credit default swaps – Final Report ((EC) No 236/2012), ESMA 2012/263, abrufbar unter: https://www.esma.europa.eu/sites/default/files/library/2015/11/2012-98.pdf [Stand: 23.09.2022].

28 *Buck-Heeb*, Kapitalmarktrecht, S. 241, Rn. 749.

Bei einer Wertpapierleihe oder einem vergleichbaren Rechtsgeschäft leistet der entleihende Leerverkäufer keinen Kaufpreis für die Aktien, sondern sichert diese nur mit Sicherheiten ab. Der entleihende Leerverkäufer übernimmt die zeitweisen Chancen und Risiken aus den Aktien und schuldet die Rücklieferung der gleichen Aktien(-gattung). Da lediglich die Aktien der gleichen Gattung zurückgegeben werden müssen, begreift die ganz h. M. die Wertpapierleihe als Sachdarlehen i. S. v. § 607 BGB.[29] Die Wertpapierleihe begründet mithin eine Gattungsschuld.[30]

2. Ungedeckte Leerverkäufe

Abzugrenzen davon sind ungedeckte Leerverkäufe, die e contrario ohne ein schuldrechtlich-geprägtes Rechtsverhältnis zur späteren Lieferung der Aktien ausgestattet sein dürften.

Der Begriff der ‚ungedeckten Leerverkäufe' ist in Art. 12 EU-LVVO indes falsch bezeichnet, denn in der Vorschrift wird die Ausgestaltung von Deckungsverhältnissen bei ‚ungedeckten Leerverkäufen' definiert. Demnach sind ungedeckte Leerverkäufe nur zulässig, sofern sich der Leerverkäufer die Finanzinstrumente „geliehen"[31] oder alternative Vorkehrungen getroffen hat, die zu den gleichen rechtlichen Ergebnissen führen (Art. 12 Abs. 1 lit. a) EU-LVVO). In diesem Deckungsverhältnis kann eine Leihvereinbarung oder ein vertragsrechtlich oder eigentumsrechtlich unbedingt durchsetzbarer Anspruch auf Übertragung des Eigentums der Aktien der bestimmten Gattung (Art. 12 Abs. 1 lit. b) EU-LVVO) vorliegen. Ein eigentumsrechtlich unbedingt durchsetzbarer Anspruch ist im deutschen Recht nicht normiert, sondern ausschließlich in anderen Mitgliedstaaten der EU denkbar. Der typische Fall für einen vertraglichen Anspruch ist die Wertpapierleihe. Ausreichend ist ebenso eine Lokalisierungszusage[32] (Art. 12 Abs. 1 lit. c) EU-LVVO),[33] wonach der Leerverkäufer berechtigterweise

29 BFHE 246, 15, BStBl II nn, Rn. 38; anstelle von vielen nur *Berger*, in: MüKoBGB, § 607, Rn. 6 (m. w. N.).

30 *Schmid*, DStR 2015, 801.

31 In englischer Sprachfassung: „give"

32 Auch „Locate-Vereinbarung" genannt, siehe beispielsweise: *Assmann/Schütze*, in: Assmann/Schütze/Buck-Heeb, Handbuch des Kapitalanlegerechts, III. Das Aufsichtsrecht der Leerverkäufe, Rn. 16; *Mülbert*, ZHR 182 (2018), 105, 109.

33 Anm.: Die Leihvereinbarung oder ein vertraglicher unbedingt Anspruch auf Übertragung des Eigentums der Gattung der Aktien entspricht dem Verständnis von gedeckten Leerverkäufen.

darauf vertrauen darf, dass der Zusagende durch Vorkehrungen gegenüber Dritten sichergestellt gestellt hat, dass die konkrete Transaktion bei Fälligkeit abgewickelt werden kann. Die Anforderungen an die Lokalisierungszusage, auf die berechtigterweise vertraut werden darf, ergeben sich im Einzelnen aus Art. 6 DVO (EU) 827/2012[34].[35]

Die zahlreichen möglichen Nuancen von Deckungsgeschäften werden in Art. 5 DVO (EU) 827/2012[36] konkretisiert.[37]

3. Zwischenergebnis

Bei gedeckten Leerverkäufen besteht ein Deckungsverhältnis zwischen Leerverkäufer und Entleiher über eine Gattungsschuld an den Aktien zur Lieferung bei Fälligkeit, das im Einzelnen unterschiedlich ausgestaltet sein kann.

Begrifflich davon abzugrenzen sind ungedeckte Leerverkäufe, bei denen kein Deckungsverhältnis besteht. Die Zulässigkeitsregelung des Art. 12 EU-LVVO setzt jedoch ein Deckungsverhältnis voraus. Der Begriff und die Zulässigkeitsvoraussetzungen widersprechen sich. Die Regelung der ‚ungedeckten Leerverkäufe'

---

34 Art. 6 Durchführungsverordnung (EU) Nr. 827/2012 der Kommission vom 29. Juni 2012 zur Festlegung technischer Durchführungsstandards in Bezug auf die Verfahren für die Offenlegung von Nettopositionen in Aktien gegenüber der Öffentlichkeit, das Format, in dem der Europäischen Wertpapier- und Marktaufsichtsbehörde Informationen zu Netto-Leerverkaufspositionen zu übermitteln sind, die Arten von Vereinbarungen, Zusagen und Maßnahmen, die angemessen gewährleisten, dass Aktien oder öffentliche Schuldtitel für die Abwicklung des Geschäfts verfügbar sind, und die Daten, zu denen die Ermittlung des Haupthandelsplatzes einer Aktie erfolgt, sowie den Zeitraum, auf den sich die betreffende Berechnung bezieht, gemäß der Verordnung (EU) Nr. 236/2012 des Europäischen Parlaments und des Rates über Leerverkäufe und bestimmte Aspekte von Credit Default Swaps, ABl. 2012 L 251/11.

35 Es wird grundsätzlich weiter zwischen Lokalisierungsbestätigung und Vormerkungsbestätigung unterscheiden, wonach jedenfalls eine vorangegangen Bestätigung eines Dritten vorliegen muss, die Aktien fristgerecht liefern zu können oder für wenigstens für ebendiesen Fall vorgemerkt hat;
siehe zur näheren Begriffsbestimmung den Art. 6 DVO (EU) 827/2012 (wie Fn. 25) über Zusagen und Maßnahmen, die in Bezug auf Leerverkäufe in Aktien zu treffen sind, die zum Handel an einem Handelsplatz zugelassen sind (in Artikel 12 Absatz 1 Buchstabe c der Verordnung (EU) Nr. 236/2012 (wie Fn. 21) und die Voraussetzungen für eine Lokalisierungsvereinbarung definiert).

36 Art. 5 DVO (EU) Nr. 827/2012 der Kommission vom 29. Juni 2012 (wie Fn. 25).

37 Siehe die zwingenden Voraussetzungen für ein Deckungsgeschäft: B. I. 4.

ist somit irreführend[38] und beinhaltet vielmehr ein Verbot von ungedeckten Leerverkäufen. Im Umkehrschluss ergibt sich hieraus, dass lediglich gedeckte Leerverkäufe zulässig sind.

Im Sprachgebrauch der Praxis herrscht dementsprechend ein Missverständnis. So spricht beispielweise der Broker *Lynx* von ungedeckten Leerverkäufen, wenn keine Wertpapierleihe abgeschlossen wurde.[39] Selbst der Bundestag geht in der Begründung zur Einführung der EU-LVVO noch davon aus, dass bei ungedeckten Leerverkäufen keine Leihvereinbarungen oder ähnliche Rechtsverhältnisse bestehen.[40] Gleichermaßen wird aber kurz darauf festgestellt, dass ungedeckte Leerverkäufe künftig nur noch zugelassen werden, sofern vergleichbare Deckungsverhältnisse wie bei gedeckten Leerverkäufen bestehen.[41] Hierbei handelt es sich um eine falsa demonstratio.

In der vorliegenden Arbeit wird einheitlich von zulässigen Leerverkäufen nach Maßgabe des Verständnisses der EU-LVVO ausgegangen. Es handelt es mithin um Leerverkäufe, die durch eine Wertpapierleihe oder vergleiche Rechtsgeschäfte gedeckt sind.

4. Zwingende Voraussetzungen für ein Deckungsgeschäft

Aufgrund der vielzähligen Möglichkeiten, einen Leerverkauf durch ein Deckungsgeschäft zu sichern, wird mit den europäischen Regelungen versucht, ein möglichst breites Anwendungsfeld zu erfassen. Aus der Tatbestand-Ausnahmen-Systematik der EU-LVVO sowie deren DVO und dem Konsultationspapier der ESMA lassen sich fünf gemeinsame Kriterien herausarbeiten, die jedes Deckungsgeschäft erfüllen muss, damit ein zulässiger Leerverkauf vorliegt.[42]

a) Unbedingtheit

Zunächst muss der Anspruch im Deckungsverhältnis unbedingt durchsetzbar sein. Der ‚Entleiher' muss die Fälligkeit allein von seinem Willen abhängig machen können oder zumindest gewährleisten, dass diese bei Abschluss des

38 So sieht es auch *Buck-Heeb*, Kapitalmarktrecht, S. 240, Rn. 747.

39 abrufbar unter: https://www.lynxbroker.de/wertpapierdepot/leerverkauf/ [Stand: 23.09.2022].

40 BT-Drucks. 562/10, S. 2.

41 BT-Drucks. 562/10, S. 9; zuvor waren ungedeckten Leerverkäufe nach der Vorgängervorschrift §30h WpHG a. F. ausdrücklich verboten.

42 *Sajnovits/Weick-Ludewick*, WM 2015, 2226, 2230.

Leerverkaufs zwingend eintritt.[43] Die Unbedingtheit ist als Potestativbedingung zu sehen.

b) Dauer der verbindlichen Deckung

Zweitens muss die Deckungsvereinbarung für die ‚Dauer des Leerverkaufs' rechtlich verbindlich sein. Die Dauer des Leerverkaufs versteht sich als Zeitraum zwischen dem Handelstag, also dem Abschluss des Leerverkaufs, und dem Settlement, also der Erfüllung der Hauptleistungspflicht des Verkäufers durch die von ihm veranlasste Einbuchung der Aktien. Da im deutschen Börsenhandel eine zweitägige Lieferfrist üblich ist, muss der Leerverkauf im Börsenhandel mindestens für diese Zeit gedeckt sein. Im außerbörslichen Handel muss die Zeit bis zur Belieferung gedeckt sein, gerade dann, wenn vertraglich ein späterer Tag für die Erfüllung vereinbart wurde.[44]

c) Ausreichende Anzahl

Drittens muss das Deckungsverhältnis quantitativ so ausgestaltet sein, dass die Anzahl der leerverkauften Aktien abgedeckt wird.[45]

d) Vor- oder gleichzeitiger Abschluss des Deckungsgeschäfts

Viertens muss das Deckungsgeschäft zeitlich vor- oder zumindest gleichzeitig mit dem Leerverkauf abgeschlossen worden sein. Ausreichend ist es, wenn das Deckungsgeschäft in derselben juristischen Sekunde wie der Leerverkauf abgeschlossen wird.[46]

---

43 *Mülbert*, in: Assmann/Schneider/Mülbert, Wertpapierhandelsrecht, § 30h, Rn. 11; so auch: *Sajnovits/Weick-Ludewick*, WM 2015, 2226, 2230.

44 *Sajnovits/Weick-Ludewick*, WM 2015, 2226, 2230.

45 Vgl. dazu: Art. 5 DVO (EU) Nr. 827/2012 der Kommission vom 29. Juni 2012 (wie Fn. 25); sowie ausführend: *Sajnovits/Weick-Ludewick*, WM 2015, 2226, 2230.

46 Siehe dazu auch: Frage 10 der BaFin FAQs, Häufige Fragen zum Verbot ungedeckter Leerverkäufe in Aktien und öffentlichen Schuldtiteln gemäß Art. 12 f. der EU-LeerverkaufsVO vom 14.11.2018, abrufbar unter: https://www.bafin.de/SharedDocs/Downloads/DE/FAQ/dl_faq_lvvo_art_12.html;jsessionid=A8D30F460EC9A4817 26571014E35443E.1_cid298 [Stand: 23.09.2022]; so auch: *Sajnovits/Weick-Ludewick*, WM 2015, 2226, 2230 a. A.: *Schlimbach*, S. 127 f. (wonach die Gleichzeitigkeit nicht genügen soll).

e) *Gewährleistung der Abwicklung*

Letztlich muss die tatsächliche Abwicklung des Leerverkaufs bei Fälligkeit sichergestellt werden.[47] Je nach technischer Ausführung (beispielsweise Termingeschäft, Swap oder Repo-Vereinbarung) kann dies nach Eigenart des Geschäfts anders benannt sein. Bei Termingeschäften und Swaps wird ein Liefer- oder Ablauftermin vereinbart. Bei Repo-Geschäften wird dies als Rückkauftermin bezeichnet und bei Optionen wird ein Ablauftermin festgelegt. Letztlich handelt es sich hierbei um sprachliche Differenzen, die inhaltlich das Gleiche verlangen: Aus formaler Sicht bedarf es eines expliziten Termins für die Rückabwicklung, damit die Aufsichtsbehörde vorab nachvollziehen kann, ob der konkrete Leerverkauf vom Deckungsgeschäft tatsächlich gedeckt ist. Materiell ist es erforderlich, dass der vereinbarte Termin abstrakt dazu geeignet ist, die rechtzeitige Erfüllung des Leerverkaufs zu gewährleisten. Entscheidend ist, dass die voraussichtliche Einbuchung zur Deckung mindestens gleichzeitig stattfindet oder zeitlich vor dem Liefertermin des Leerverkaufs liegt.[48]

5. Ergebnis zur schuldrechtlichen Einordnung

Zusammenfassend lässt sich definitorisch festhalten, dass im Deckungsverhältnis ein unbedingter Anspruch auf eine ausreichende Anzahl leerverkaufter Aktien bestehen muss, der zeitlich und quantitativ den Leerverkauf deckt und bei dem der Leerverkäufer berechtigterweise davon ausgehen kann, dass er auch tatsächlich abgewickelt werden kann.

II. Dingliche Einordnung von Leerverkäufen

Die Frage nach dem wirtschaftlichen Eigentum an den Aktien wird durch das Deckungsverhältnis determiniert. Die dingliche Rechtslage ist mit diesen Ausführungen aber noch nicht geklärt, denn durch die unterschiedlich geprägten Deckungsverhältnisse wird es regelmäßig zu einem Auseinanderfallen

---

47 Vgl. dazu: Art. 5 DVO (EU) Nr. 827/2012 der Kommission vom 29. Juni 2012 (wie Fn. 25) sowie Fragen 11 bis 13 der BaFin FAQs, Häufige Fragen zum Verbot ungedeckter Leerverkäufe in Aktien und öffentlichen Schuldtiteln gemäß Art. 12 f. der EU-LeerverkaufsVO vom 14.11.2018, abrufbar unter: https://www.bafin.de/SharedDocs/Downloads/DE/FAQ/dl_faq_lvvo_art_12.html;jsessionid=A8D30F460EC9A481726571014E35443E.1_cid298 [Stand: 23.09.2022]; ausführend dazu: *Sajnovits/Weick-Ludewick*, WM 2015, 2226, 2230.

48 *Sajnovits/Weick-Ludewick*, WM 2014, 1521, 1524.

zivilrechtlichen und wirtschaftlichen Eigentums kommen, nämlich immer dann, wenn der zivilrechtliche Eigentümer einem Dritten durch ein Schuldverhältnis das wirtschaftliche Eigentum verschafft, dabei aber gleichzeitig zivilrechtlicher Eigentümer bleibt oder das zivilrechtliche Eigentum an einen Dritten überträgt. Zudem könnte der Leerverkäufer selbst durch das Deckungsverhältnis zum wirtschaftlichen Eigentümer werden, was wiederum begrifflich einen Leerverkauf mit der Konsequenz ausschließen würde, dass die EU-LVVO nicht anwendbar wäre.

Zunächst sollen deshalb grundlegend die Eigentumsverhältnisse und der Übergang des zivilrechtlichen Eigentums an Aktien[49] dargestellt werden, um anschließend den Übergang des wirtschaftlichen Eigentums hiervon abzugrenzen.

1. Zivilrechtliches Eigentum

Die rechtsgeschäftliche Übertragung des Eigentums an den Aktien[50] kann sich nach den Vorschriften der §§ 929 ff. BGB oder nach denjenigen der §§ 413, 398 BGB richten.

a) Übertragung

Sofern lediglich die verkörperten Mitgliedschaftsrechte[51] aus den Aktien übertragen werden sollen, erfolgt die Übertragung im Wege der Abtretung nach §§ 413, 398 BGB.

Dagegen richtet sich die Übertragung des Eigentums an den Aktien selbst nach den Vorschriften über die Übertragung an beweglichen Sachen i. S. d. §§ 929 ff. BGB.[52] Teilweise wird auch vertreten, dass das Eigentum an den Aktien

---

49 Abgestellt wird hier auf Inhaberaktien, da sich die Eigentumssituation bei blankoindossierten Namensaktien vergleichbar gestaltet, siehe dazu: *Mentz/Fröhling*, NZG 2002, 201, 202 (m. w. N.); weitere Aktiengattungen sind im Kontext von Leerverkäufen zu vernachlässigen; für eine detaillierte Darstellung siehe aber auch: *Eder*, NZG 2004, 107 ff.; *Mentz/Fröhling*, NZG 2002, 201, 208 ff. (jeweils m. w. N.).

50 Abgestellt wird hier auf den „Kassahandel“, also den Handel von Wertpapieren unter Hinzuziehung einer Wertpapierbörse.

51 Darunter wird die Summe der Rechte und Pflichten des Aktionärs sowie die in der Urkunde verbriefte Mitgliedschaft verstanden, vgl. dazu: *Eder*, NZG 2004, 107 ff.; ausführend auch: *Wiesner*, in: Münchener Handbuch des Gesellschaftsrechts, AG, § 12, Rn. 1; *Lutter*, in: KK-AktG, Anhang § 68 Rn. 14.

52 Ausführlich dazu: *Eder*, NZG 2004, 107 ff. (m. w. N.)

ebenfalls nach den §§ 413, 398 BGB übertragen werden könnte, da die verkörperten Mitgliedschaftsrechte anerkanntermaßen durch Abtretung übertragen werden. Ferner würde es § 952 Abs. 2 BGB geradezu verbieten, das Eigentum an den Aktien und der Mitgliedschaft aufzuspalten.[53] Falls das Eigentum an den Aktien im Wege der Abtretung übertragen würde, sollten dann aber zumindest die Aktien anschließend übergeben werden.[54] Dagegen wird vorgebracht, dass keine Notwendigkeit bestünde, weitere Übertragungsmöglichkeiten neben den anerkannten §§ 929 ff. BGB zu schaffen. Dessen ungeachtet könne es so zu einem Auseinanderfallen von Papierbesitz und rechtlicher Eigentümerstellung kommen, was in der Folge zu einer Verwirrung des Rechtsverkehrs führen könnte.[55]

Letztlich kann dieser Streitpunkt indes dahinstehen, da die Aktien in der Praxis regelmäßig von einer Depotbank verwahrt werden und sich die Übertragung üblicherweise nach den §§ 929 ff. BGB richtet.[56] Für die Konstruktion weiterer Übertragungsformen existiert kein Bedarf. Insoweit ist der Streitpunkt weitestgehend akademischer Natur und spielt im Kontext von Leerverkäufen keine weiterführende Rolle.

b) Miteigentümerstellung und Übertragung verwahrter Aktien

Da Aktien regelmäßig von Banken verwahrt und übertragen werden, entsteht bei der Übertragung denknotwendig ein Mehrpersonenverhältnis. Aktien werden üblicherweise[57] im Wege der Sammelverwahrung i. S. d. § 5 Abs. 1 DepotG verwahrt. Der Kunde schließt dazu einen Depotvertrag[58] mit einem Verwahrer[59], typischerweise einer Bank, ab.

---

53 *Wiesner*, in: Münchener Handbuch des Gesellschaftsrechts, § 14, Rn. 4; ablehnend: *Lutter*, in: KK-AktG, Anhang § 68, Rn. 14.

54 Vgl. zum Wechsel: BGH, NJW 1958, 302 (303); ausführend auch: *Eder*, NZG 2004, 107, 108.

55 *Eder*, NZG 2004, 107, 108 ff. und *Mentz/Fröhling*, NZG 2002, 201 ff.

56 So auch: *Eder*, NZG 2004, 107, 108.

57 Alternativ besteht die Möglichkeit der Sonderwahrung i. S. d. § 2 DepotG, bei dem die Wertpapiere ausgesondert verwahrt werden. In der Praxis ist die Sonderverwahrung unüblich und teuer, ausführend dazu: *Sailer-Coceani*, Münchener Handbuch des Gesellschaftsrechts, § 14, Rn. 60; aber auch: *Mentz/Fröhling*, NZG 2002, 201, 204.

58 Der Depotvertrag ist ein entgeltlicher Geschäftsbesorgungsvertrag, der Dienst- und Verwahrungselemente aufweist, §§ 675, 611, 688 BGB; ausführend dazu: BGH, NJW 1991, 978; *Baumbach/Hopt*, HGB, § 1 DepotG, Rn. 4; *Kümpel/Wittig*, Bank- und Kapitalmarktrecht, Rn. 11.9 ff.; *Mentz/Fröhling*, NZG 2002, 201, 204.

59 Verwahrer i. S. v. § 1 Abs. 2 DepotG ist jeder, dem im Rahmen seines Betrieb des Gewerbes Wertpapiere unverschlossen zur Verwahrung anvertraut werden.

Sobald die Aktien in die Sammelverwahrung aufgenommen werden, verliert der Eigentümer sein Alleineigentum an den Aktien und wird im Gegenzug zum Miteigentümer des Sammelbestands (§ 6 Abs. 1 DepotG). Der Eigentümer wird damit kraft Gesetzes zum Miteigentümer nach Bruchteilen des Sammelbestands (§§ 1008 ff., 741 BGB).[60] Zugunsten der Praktikabilität wird der Miteigentümer des Girosammelbestands Miteigentümer an jeder einzelnen Aktie des Sammelbestands.[61] Der Bruchteil bestimmt sich nach dem Verhältnis seiner eingelieferten Aktien.[62]

In der Praxis werden die Aktien regelmäßig bei einer Wertpapiersammelbank verwahrt (‚Girosammelverwahrung'').[63] In Deutschland übernimmt diese Aufgaben die Clearstream Banking AG, eine hundertprozentige Tochter der Deutsche Börse AG[64], die auf Anweisung ihrer Mitglieder[65] die Übertragung der Aktien vornimmt.[66] Da nur Kredit- und Finanzdienstleistungsunternehmen Aktien bei der Wertpapiersammelbank verwahren lassen können, entsteht regelmäßig ein mehrfach gestuftes Besitzmittlungsverhältnis (§871BGB).[67] Die Wertpapiersammelbank ist demnach unmittelbarer Fremdbesitzer der Aktien, die Depotbank mittelbarer Fremdbesitzer auf erster Stufe und der Hinterleger regelmäßig mittelbarer Eigenbesitzer auf zweiter Stufe. Denkbar ist ebenfalls die Einschaltung weiterer Depotbanken als Zwischenverwahrer, die sich entsprechend in das gestufte Besitzmittlungsverhältnis einfügen.[68]

---

60 Insoweit greift § 69 AktG nicht ein, da diese Vorschrift nur die Rechtsgemeinschaft an der einzelnen Mitgliedschaft regelt und nicht die dingliche Rechtslage an den Aktien, ausführend: *Metz/Fröhling*, NZG 2002, 201, 204 f.; vgl. *Habersack/Mayer,* WM 2000, 1678, 1679.

61 *Kümpel*, in: Hellner/Steuer, Bankrecht und Bankpraxis, Rn.78/50b; *Englisch*, FR 2010, 1023, 1024; *Metz/Fröhling*, NZG 2002, 201, 204 f.; dagegen: *Einsele,* WM 2001, 7, 11.

62 *Metz/Fröhling*, NZG 2002, 201, 204 f.

63 Dagegen stellt die sog. Haussammelverwahrung die absolute Ausnahme dar. Hierbei verwahrt die Depotbank die Aktien selbst ungetrennt von den eigenen Beständen oder Beständen Dritter; vgl. ausführend: *Metz/Fröhling*, NZG 2002, 201, 204.

64 nach eigenen Angaben „Who we are", abrufbar unter: https://www.clearstream.com/clearstream-en/about-clearstream/who-we-are [Stand: 23.09.2022].

65 *Berger/Matuszewski*, BB 2011, 3097: *„Kontoinhaber der Clearstream können grds. nur Kredit- und Finanzdienstleistungsinstitute sein"*.

66 *Rau*, DStR 2007, 1192, 1193; BFHE 246, 15, BStBl. II nn, Rn. 39.

67 Vgl. *Kümpel/Wittig*, Bank- und Kapitalmarktrecht, Rn. 119, 197

68 Siehe dazu ausführlich *Horn*, WM 2002, Sonderbeilage Nr. 2, S. 10.

In diesem mehrfach gestuften Besitzmittlungsverhältnis wird das Eigentum an den Girosammeldepotanteilen grundsätzlich nach den Vorschriften für die Übereignung beweglicher Sachen (§§ 929 ff. BGB) übertragen.[69]

c) *Dingliche Einigung*

Die dingliche Einigung erfolgt regelmäßig konkludent mit der (schuldrechtlichen) Wertpapiertransaktion, sobald der Kunde diese bei seiner depotführenden Bank veranlasst. Nach ganz h. M. ist darin eine Ermächtigung i. S. v. § 185 BGB zu sehen.[70] Falls Zwischenverwahrer beteiligt sind, dienen diese als Erklärungsboten.

Mit dem Zugang der Anweisung zur Umbuchung liegt das dingliche Übereignungsangebot vor. Der Zugang der Annahmeerklärung ist nach der Verkehrssitte nicht zu erwarten und deshalb entbehrlich (§ 151 S. 1 Alt. 1 BGB).[71] Jedenfalls konkludent angenommen ist das dingliche Angebot aber mit der Depotumbuchung durch Clearstream.[72]

d) *Besitzverschaffung*

Die Übergabe der Aktien[73] erfolgt durch die Umbuchung der Girsosammeldepotgutschriften nach § 929 S. 1 BGB – und gerade nicht nach § 930 oder § 931

69 *Englisch*, FR 2010, 1023, 2014; demgegenüber ist die Übertragung nach § 24 DepotG subsidiär: Vgl. *Claussen*, Bank- und Börsenrecht, § 6 Rn. 259; *Einsele*, WM 2001, 7, 12; *Horn*, WM 2002, Sonderbeilage Nr. 2, S. 12 f. *Englisch*, FR 2010, 1023, 1025.

70 Vgl. *Canaris*, in: Großkommentar-HGB, Bankvertragsrecht, Rn. 2017; *Claussen*, Bank- und Börsenrecht, § 6 Rn. 260; *Einsele*, WM 2001, 7, 12; *Heinsius/Than/Horn*, DepotG, § 6 Rn. 84; *Horn*, WM 2002, Sonderbeilage Nr. 2, S. 11 (m.w.N.); *Sorgenfrei*, FR 2001, 291, 293; ausführlich *Kümpel/Wittig*, Bank- und Kapitalmarktrecht, Rn. 11.371; zu alternativen Modellen der Einigung, die im älteren Schrifttum vertreten wurden und sich nicht durchsetzen konnten, vgl. *Lehmann*, S. 388; *Englisch*, FR 2010, 1023.

71 *Englisch*, FR 2010, 1023; dazu näher ausführend: *Horn*, WM 2002, Sonderbeilage Nr. 2, S. 11; *Kümpel/Wittig*, Bank- und Kapitalmarktrecht, Rn. 11.375.

72 Teilweise ist diese rechtliche Konstruktion umstritten, vgl. *Einsele*, WM 2001, 7, 12 (m. w. N.); *Kümpel/Wittig*, Bank- und Kapitalmarktrecht, Rn. 11.373 (Annahme durch die Wertpapiersammelbank als Empfangsvertreterin der Depotbank des Käufers); *Horn*, WM 2002, Sonderbeilage Nr. 2, S. 11; *Sorgenfrei*, FR 2001, 291, 293 (Annahme durch die Depotbank des Käufers selbst).

73 Gilt ebenso für Stammaktien i. S. d. § 9a DepotG, vgl. dazu näher: *Claussen*, Bank- und Börsenrecht, § 6, Rn. 116 f. und für weitere Aktiengattungen: *Mentz/Fröhling*, NZG 2002, 201, 202 (m. w. N.).

BGB.[74] Der veräußernde Hinterleger weist seine Depotbank an, das Besitzmittlungsverhältnis bei der Wertpapiersammelbank mit ihm zu beenden und mit dem Erwerber neu zu begründen. Demzufolge liegt kein Übereignungssurrogat nach § 930 oder § 931 BGB vor, da weder ein Besitzmittlungsverhältnis zwischen dem Veräußerer und dem Erwerber vorliegt noch ein Herausgabeanspruch abgetreten wird.[75] Vielmehr wird das alte Besitzmittlungsverhältnis beendet und ein neues begründet.[76]

Mit der Umstellung der Besitzmittlungsverhältnisse durch die Wertpapiersammelbank verliert der Veräußerer jegliche Besitzposition. Der Erwerber begründet entsprechend eine neue Besitzposition an den Aktien. Der Besitzbegründungswille des Veräußerers und des Erwerbers korrespondiert mit der Umbuchung durch Clearstream.[77] Falls Clearstream selbst kein Konto einer der Depotbanken führt, wird das Besitzmittlungsverhältnis über weitere Zwischenverwahrer gestuft, um die Transaktion durchführen zu können.[78]

Das Insichgeschäft, das die Wertpapiersammelbank als Mittelsperson für die Umstellung der Besitzmittlungsverhältnisse abschließt, ist ihr im Rahmen von § 181 BGB entweder konkludent, durch die Anweisung zur Umbuchung oder als Inhalt des Verwahrungsvertrags (§ 688 BGB) gestattet.[79]

Die Umbuchung findet lediglich als Saldo statt, bestehend aus der Verrechnung aller vom Kreditinstitut betreffenden Wertpapiergeschäfte, nicht als einzeln ausgewiesene Rechtsgeschäfte. Die einzelnen Verfügungen sind ausschließlich Bestandteil der Saldierungsrechnung. Die Depotbank der Käuferseite wird nicht

---

74 Vgl. BGHZ 160, 121, 124; BGHZ 161, 189, 191; s. dazu auch *Lehmann*, S. 27; BGHZ 92, 280, 288; BGH, NJW 1971, 1608, 1609; *Eder*, NZG 2004, 107; ausführlich dargestellt von: *Englisch*, FR 2010, 1023.

75 Allgemein zur Übergabe nach § 929 S.1 mit Übertragung des mittelbaren Besitzes, *Oechsler*, in: MüKoBGB, § 929 BGB, Rn. 56 (m. w. N.).

76 *Eder*, NZG 2004, 107, 109 f.; *Englisch*, FR 2010, 1023, 1024; Abweichendes gilt bei der Übertragung von Inhaberaktien in Sonderverwahrung, da hier zwischen dem Veräußerer und Erwerber ein Besitzmittlungsverhältnis vereinbart oder der Herausgabeanspruch abgetreten wird, so: *Eder*, NZG 2004, 107, 110.

77 *Englisch*, FR 2010, 1023

78 Vgl. *Claussen*, Bank- und Börsenrecht, § 6, Rn. 260; *Horn*, WM 2002, Sonderbeilage Nr. 2, S. 11; *Kümpel/Wittig*, Bank- und Kapitalmarktrecht, Rn. 11.371 f.; *Sorgenfrei*, FR 2001, 291, 293; *Englisch*, FR 2010, 1023.

79 *Eder*, NZG 2004, 107, 112; *Kümpel/Wittig*, Bank- und KapitalmarktR, Rn. 11.303.

Eigentümer im Wege des Durchgangserwerbs.[80] Dieser Übertragungsprozess wird auch als Effektengiroverkehr bezeichnet.[81]

e) *Durchführung*

Die Belieferung, mithin die tatsächliche Umbuchung der Aktien (‚Settlement' genannt), dauert im deutschen Börsenhandel etwa zwei Tage (im Börsenjargon auch als ‚t+2' bezeichnet)[82]. Die Festlegung auf zwei Tage ist zufällig gewählt und international nicht vereinheitlicht. In den USA ist beispielsweise eine Belieferung binnen drei Tagen (‚t+3')[83] üblich.[84] Die Erfüllung in Form der Belieferung durch die Depotumbuchung wird in Deutschland regelmäßig zwei Tage nach dem Geschäftsabschluss (auch als ‚Handelstag' bezeichnet) erfolgen.[85]

Die Depotbanken stellen zur Vereinfachung oftmals bereits zuvor einen Depotauszug mit vorgezogener Valutierung an ihre Kunden aus. Dabei handelt es sich nur um eine Serviceleistung der depotführenden Banken. Die dingliche Rechtslage wird davon nicht berührt.[86]

Aufgrund der t+2-Belieferung fallen der Handelstag und der Tag des (zivilrechtlichen) Eigentumserwerbs regelmäßig auseinander.[87]

---

80 So zumindest: *Englisch*, FR 2010, 1023; aber zum Vgl. auch: *Einsele,* WM 2001, 7, 12; *Ekkenga/Bernau*, in: Derleder/Knops/Bamberger, § 57, Rn. 123.

81 *Eder*, NZG 2004, 107

82 Grundlegende Informationen zum Settlement von Clearstream, abrufbar unter: https://www.clearstream.com/clearstream-en/products-and-services/settlem ent [Stand: 23.09.2022].

83 Vgl. die Ausführungen der US-Börsenaufsicht SE, abrufbar unter: https://www.sec.gov/reportspubs/investor-publications/investorpubstplus3htm.html [Stand: 23.09.2022].

84 Ausgeführt von: *Berger/Matuszewski*, BB 2011, 3097, 3100.

85 Vgl. etwa für die Frankfurter Börse die Klausel des § 7 (1) BedFWP v. 12.10.2009, wonach Börsengeschäfte am zweiten Erfüllungstag nach dem Tag des Geschäftsabschlusses zu erfüllen
sind; s. ferner Kapitel V, Ziff. 2.1 Abs. 4 der Clearing-Bedingungen der Eurex Clearing AG vom 4.12.2009; sowie: *Claussen*, Bank- und Börsenrecht, § 6, Rn. 255; vgl. Nr. 8 und Nr. 9 (1) (a) AGB Clearstream Banking AG, eingehend zum sog. Geldclearing; *Kümpel/Wittig,* Bank- und Kapitalmarktrecht, Rn. 11.352 ff.; ausführend auch: *Englisch*, FR 2010, 1023.

86 *Englisch*, FR 2010, 1023; vgl. dazu auch: *Horn,* WM 2002, Sonderbeilage Nr. 2, S. 12, 20.

87 *Englisch*, FR 2010, 1023.

f) Unterschiede beim außerbörslichen Handel

Anders könnte es sich beim außerbörslichen Wertpapierhandel[88] verhalten, da keine Börse als Wertpapiermittler eingeschaltet wird. Grundsätzlich folgt der außerbörsliche Handel denselben Grundsätzen wie der börsliche Kassahandel: Die Übereignung des zivilrechtlichen Eigentums richtet sich nach den Grundsätzen der §§ 929 ff. BGB[89] – die Abwicklung unterscheidet sich allerdings.

Anders als beim Kassahandel handeln die depotführenden Banken nicht über eine Börse, sondern führen über ein (elektronisches multilaterales) Handelssystem[90] Käufer- und Verkäuferparteien zusammen oder bieten die Wertpapiere selbst zur Transaktion an.[91] Die Abwicklung kann zusätzlich unter Hinzuziehung eines Wertpapiervermittlers (‚Brokers') abgeschlossen werden. Der Broker kann im Rahmen seines Geschäftsbesorgungsverhältnisses nachgelagert ein Börsenkassageschäft für die Rechnung der Käufer- oder Verkäuferpartei abschließen. Ebenso bietet Clearstream als Wertpapiersammelbank die Abwicklung außerbörslicher Geschäfte an.[92]

Im Gegensatz zum börslichen Aktienhandel geht die Belieferung der Aktien nicht t+2 vonstatten, sondern wird in der Regel schneller ausgeführt. Beim außerbörslichen Handel können somit der Handelstag und der Tag des zivilrechtlichen Eigentumserwerbs zusammenfallen, sofern die Parteien nicht ausdrücklich einen späteren Lieferzeitpunkt vereinbaren.

---

88 auch: „over the counter (OTC)". Der außerbörsliche Aktienhandel stellt den Regelfall des Aktienhandels dar. So werden beispielsweise regelmäßig über 50 % der deutschen Standardwerte außerbörslich gehandelt, siehe dazu: *Berger/Matuszewski*, BB 2011, 3097, 3099 mit Verweis auf: *Schulz*, FAZ vom 5.2.2011, S. 19, FAZ vom 11.2.2011 mit Verweis auf Londoner Verband der Chartered Financial Analysts (CFA).

89 Neben der Übereignung i. S. v. § 929 S. 1 BGB durch Beendigung und Begründung eines Besitzmittlungsverhältnisses, können auch ausdrücklich Übergabesurrogate vereinbart werden. Insoweit ist der außerbörsliche Aktienhandel in der Praxis flexibler als der Kassahandel, vgl. dazu beispielswiese: *Eder*, NZG 2004, 107, 111 ff. (m. w. N.).

90 Früher unter § 59 BörsG a. F. auch als „börsenähnliche Einrichtung" bezeichnet; aus der Praxis beispielsweise „Xetra Best Execution"; zum Eigengeschäft der Depotbanken s. *Ekkenga*, in: MüKoHGB, Effektenhandel, Rn. 12.

91 Einführend dazu ebenfalls: *Ekkenga*, in: MüKoHGB, Effektenhandel, Rn. 11 f. (m. w. N.).

92 *Englisch*, FR, 2010, 1023, 1027.

g) *Ergebnis zum zivilrechtlichen Eigentum*

Es lässt sich zusammenfassen, dass sich die Übertragung des zivilrechtlichen Eigentums im börslichen und außerbörslichen Aktienhandel gleichermaßen nach den allgemeinen Grundsätzen für die Übereignung beweglicher Sachen i. S. v. § 929 S. 1 BGB richtet. Der Regelfall ist das Vorliegen mehrfach gestufter Besitzmittlungsverhältnisse. Der Anteil der eingelieferten Aktien im Sammelbestand weist die quotale Miteigentümerstellung aus. Die Übertragung des Eigentums an den Aktien erfolgt durch die Beendigung und Neubegründung der Besitzmittlungsverhältnisse. Auch wenn diese dingliche Übertragung etwas „gekünstelt“[93] wirkt, lässt sich der Aktienhandel damit schematisch nach den allgemeinen sachenrechtlichen Grundsätzen lösen.

2. Wirtschaftliches Eigentum im Kontext von Leerverkäufen

Vom zivilrechtlichen Eigentum muss im Kontext von Leerverkäufen das wirtschaftliche Eigentum abgegrenzt werden. Das Rechtsinstitut des wirtschaftlichen Eigentums ist dem deutschen Recht fremd, lässt sich jedoch als europäisches Rechtsinstitut neben dem zivilrechtlichen Eigentum einordnen.

a) *Sinn und Zweck der Differenzierung*

Die abweichende Begriffsbildung resultiert aus dem Sinn und Zweck der EU-LVVO, die eine Instabilität der Finanzmärkte zu verhindern versucht[94] und nicht die zivilrechtliche Zuordnung von Eigentum regeln möchte. Da das Kapitalmarktrecht nicht einheitlich in einem Kapitalmarktgesetzbuch kodifiziert ist,[95] stellt sich stets die Frage, welche Begriffsbestimmung für die einzelne Regelung – und auch für etwaige Haftungsfragen[96] – heranzuziehen ist. Da das wirtschaftliche Eigentum unionsrechtlich nicht definiert wird, soll ausgehend vom deutschen Verständnis eine Abgrenzung vorgenommen werden.

---

93 So auch: *Mentz/Fröhling*, NZG 2002, 201 f.

94 Vgl. bereits Erwägungsgrund (1) EU-LVVO (wie Fn. 21).

95 *Buck-Heeb*, Kapitalmarktrecht. S. 6, Rn. 22.

96 So bspw. bei der Frage nach der Vor- und Nachhaftung von Aktionären, wobei es hier auf die Aktionärsstellung als Folge des dinglichen Eigentums ankommt, vgl. K. I. 4. Und K. II. 3.

b) Grundsatz des wirtschaftlichen Eigentums nach der EU-LVVO

Der Begriff des wirtschaftlichen Eigentums wird in Art. 2 Abs. 1 b) der EU-LVVO nicht ausdrücklich definiert.

Nach Art. 2 Abs. 1 b) EU-LVVO liegt ein Leerverkauf vor, wenn der Verkäufer nicht Eigentümer der Aktien ist. Andernfalls würde die Transaktion nicht in den Anwendungsbereich der EU-LVVO fallen. Der Verkäufer soll indes auch dann nicht als Eigentümer der Aktien angesehen werden, wenn er sich die Aktien geliehen oder eine ähnliche Vereinbarung getroffen hat, um diese bei Abwicklung des Geschäfts liefern zu können – selbst wenn das (zivilrechtliche) Eigentum auf ihn übergegangen ist.

Aus deutscher Sicht ist diese Regelung befremdlich, da die EU-LVVO die (deutsche) dingliche Rechtslage ignoriert und im Gegenzug vorschreibt, dass durch ein schuldrechtliches Rechtsgeschäft das (wirtschaftliche) Eigentum übertragen werden kann. Nach deutschem Verständnis kann ein schuldrechtliches Rechtsverhältnis, beispielsweise eine Wertpapierleihe, keine Eigentümerstellung begründen oder verändern. Vielmehr bedarf es dazu eines dinglichen Verfügungsgeschäfts respektive einer Übereignung (Trennungs- und Abstraktionsprinzip).[97] Dementsprechend lässt sich bereits aus Art. 2 Abs. 1 lit. b) EU-LVVO die Unterscheidung in zivilrechtliches und wirtschaftliches Eigentum herauslesen.

c) Klarstellung durch die Delegierte Verordnung (EU) Nr. 918/2012

Verdeutlicht wird diese Unterscheidung durch Art. 3 der delegierten Verordnung (EU) Nr. 918/201, der in Abs. 1 S. 3 den wirtschaftlichen Eigentümer legaldefiniert. Demnach soll derjenige als wirtschaftlicher Eigentümer angesehen werden, der das wirtschaftliche Risiko trägt. Bei Aktien wird mitunter auf das Kursrisiko abgestellt.[98]

Können mehrere (wirtschaftliche) Eigentümer ausgemacht werden, ist derjenige der letzten Stufe maßgeblich. Neben diesem Stufenverhältnis der wirtschaftlichen Eigentümer ergibt sich aus dieser Systematik der Vorrang des

---

97 Dadurch ist auch Verweis des Art. 3 Abs. 1 S. 1 DVO Nr. 918/201 (wie Fn. 24), dass soweit es relevant ist, es bei der Frage, wer als wirtschaftliche oder zivilrechtliche Eigentümer angesehen werden soll, auf das jeweils geltende Recht ankommen soll, allenfalls mit deklaratorischer Wirkung für die Zielrichtung der Norm; ähnlich sieht es auch: *Weick-Ludewick/Sajnovits*, WM 2014, 1521.

98 *Weick-Ludewick/Sajnovits*, WM 2014, 1521.

wirtschaftlichen vor dem zivilrechtlichen Eigentümer, von dem die EU-LVVO immanent ausgeht. Sobald zivilrechtlicher und wirtschaftlicher Eigentümer auseinanderfallen, ist der erste wirtschaftliche Eigentümer der wirtschaftliche Eigentümer auf letzter Stufe und demnach für die Eigentumsfrage bei Leerverkäufen i. S. d. EU-LVVO maßgeblich.[99] Eine abweichende dingliche Rechtslage wird ignoriert.

d) Ausnahmen der EU-LVVO

Die Ausnahmeregelungen des Art. 2 Abs. 1 lit. b) EU-LVVO, die durch Art. 3 Abs. 2 DVO (EU) Nr. 918/201 näher präzisiert werden, sollen diesen Grundsatz verdeutlichen, sind nach deutschem Verständnis aber widersprüchlich.

Art. 2 Abs. 1 lit. b) Ziff. i–iii EU-LVVO benennt drei Ausnahmen, bei denen das wirtschaftliche Eigentum ausdrücklich nicht übergehen soll. Darunter fallen Wertpapierverkäufe mit Rückkaufverpflichtung, sog. Repo-Geschäfte[100] (i), Übertragungen im Rahmen von Wertpapierleihe-Vereinbarungen (ii) sowie Options- und Derivatekontrakte über den Verkauf von Wertpapieren zu einem bestimmten Kurs zu einem künftigen Zeitpunkt[101] (iii).

e) Divergierende Verständnisse in Bezug auf wirtschaftliches Eigentum

Aus deutscher Sicht lassen sich diese Ausnahmen nur schwer nachvollziehen, da die EU-LVVO stets das wirtschaftliche Risiko und daraus folgernd das wirtschaftliche Eigentum, aber nicht die dingliche Rechtlage zugrunde legt.

Die Ausnahmeregelungen lassen sich nach deutschem dinglichen und europäischem wirtschaftlichen Verständnis unterschiedlich einordnen. Beispielsweise ließe sich Art. 2 Abs. 1 lit. b) ii) EU-LVVO aus deutscher Sicht so verstehen, dass Wertpapierleihen, die den Regelfall von Leerverkäufen darstellen, gerade nicht unter die Begriffsbestimmung des Leerverkaufs fallen sollen. In Art. 2 EU-LVVO heißt es wörtlich:

> *(1) Im Sinne dieser Verordnung bezeichnet der Ausdruck*
>
> *[…]*

99 Vgl. dazu auch: *Mülbert/Sajnovits*, ZBB 2012, 266, 270 sowie *Weick-Ludewick/Sajnovits* 2014, 1521

100 Dazu auch: *Weick-Ludewick/Sajnovits* 2014, 1521, 1522.

101 Für weitere Ausführungen: *Weick-Ludewick/Sajnovits* 2014, 1521, 1523.

b) „Leerverkauf" im Zusammenhang mit Aktien oder Schuldinstrumenten einen Verkauf von Aktien oder Schuldinstrumenten, die sich zum Zeitpunkt des Eingehens der Verkaufsvereinbarung nicht im Eigentum des Verkäufers befinden, einschließlich eines Verkaufs, bei dem der Verkäufer zum Zeitpunkt des Eingehens der Verkaufsvereinbarung die Aktien oder Schuldinstrumente geliehen hat oder eine Vereinbarung getroffen hat, diese zu leihen, um sie bei der Abwicklung zu liefern; diese Begriffsbestimmung umfasst nicht:

[...]

ii) die Übertragung von Wertpapieren im Rahmen einer Wertpapierleihe-Vereinbarung

[...]

Diese missverständliche Regelung lässt sich aus deutscher Sicht nur so erklären, dass gerade allein die schuldrechtliche Verpflichtung zur Übertragung von Wertpapieren und nicht die Verfügung über das (zivilrechtliche) Eigentum gemeint sein kann. Andernfalls fiele sie aus der Systematik des wirtschaftlichen Eigentums des Art. 2 Abs. 1 EU-LVVO heraus und es wäre kaum nachvollziehen, weshalb eine Regelung zur Übertragung des zivilrechtlichen Eigentums, das zwangsläufig zu einem Settlement führt, Regelungsgegenstand der EU-LVVO sein sollte.[102]

Nachgewiesen werden konnte damit, dass die EU-LVVO inhärent ein anderes Verständnis von Rechtsbegriffen zugrunde legt als das deutsche Recht. Die EU-LVVO legt für den Begriff des wirtschaftlichen Eigentums ein wirtschaftliches Risiko zugrunde, keine dingliche Rechtlage.

f) Wirtschaftliches Risiko im Kontext des wirtschaftlichen Eigentums

Im Kontext der (wirtschaftlichen) Eigentumsverhältnisse ist deshalb zu klären, was als wirtschaftliches Risiko i. S. d. EU-LVVO und der Delegierten Verordnung (EU) Nr. 918/2012 zu verstehen ist, wer also nach diesem Verständnis das verbundene Risiko trägt.

aa) Verständnis der dinglichen Rechtslage

Beim wirtschaftlichen Eigentum ließe sich nach dinglichem Verständnis zunächst intuitiv auf den zivilrechtlichen Eigentümer abstellen, denn dieser wird regelmäßig auch das wirtschaftliche Risiko tragen. Da die Wertpapierleihe nach deutschem Verständnis ein Sachdarlehen i. S. v. § 607 BGB ist, wird der Entleiher mit der Übereignung der Aktien im Rahmen der Wertpapierleihe

102 Für weitere Ausführungen: *Weick-Ludewick/Sajnovits* 2014, 1521, 1523.

(zivilrechtlicher) Eigentümer. Bis zur Rückerstattung könnte der Entleiher folglich auch die wirtschaftlichen Chancen und Risiken der Aktien tragen.

Dafür spricht, dass der Entleiher die Dividenden der geliehenen Aktien erhält und dieser bei einem Zwischenverkauf der Aktien von den Kursschwankungen am Markt betroffen ist. Verkauft er die Aktien, muss er diese zu einem späteren Zeitpunkt am Markt zurückkaufen. Steigt der Aktienkurs in dieser Zeit, erleidet er einen Verlust, sobald er die Aktien im Rahmen der Wertpapierleihe zurückerstatten muss. Ebenso kann der Entleiher einen Gewinn verbuchen, sofern der Aktienkurs in dieser Zeit sinkt.

Nach diesem Verständnis liegen Chancen und Risiken der Aktien beim Entleiher. Er wäre demnach zivilrechtlicher und wirtschaftlicher Eigentümer.

bb) Verständnis der EU-LVVO

Die EU-LVVO muss jedoch einem anderen Verständnis folgen. Andernfalls würde die Wertpapierleihe, die den Regelfall der Leerverkäufe verkörpert, nicht unter die Definition des Leerverkaufs fallen, da dann der Entleiher durch die Wertpapierleihe zum wirtschaftlichen Eigentümer werden würde, was mithin begrifflich einen Leerverkauf ausschließen würde.

Die Wertpapierleihe zeichnet sich als Sachdarlehen dadurch aus, dass sie anders als beim Kauf nicht das endgültige (zivilrechtliche) Eigentum an den Aktien übertragen möchte. Zwar geht das zivilrechtliche Eigentum durch die dingliche Verfügung zur Erfüllung der Wertpapierleihe an den Entleiher über. Im Gegenzug trifft den Entleiher aber die schuldrechtliche Verpflichtung, die Aktien in gleicher Art und Güte zu einem späteren Zeitpunkt zurückzuerstatten – den Entleiher trifft also eine Gattungsschuld. Er trägt somit nur das Risiko, dass die gesamte (Aktien-)Gattung untergeht. Ob die einzelnen Aktien an Wert verlieren oder gewinnen werden, trifft letztlich den Verleiher, der die Aktien nach Beendigung der Wertpapierleihe ‚so oder so' zurückerhält.

Dafür spricht ferner, dass die Wertsteigerung der Aktien zwar objektiv anhand des Aktienkurses feststellbar ist. Ob der einzelne Anleger aber einen Gewinn oder Verlust erleidet, hängt von dessen Einstiegs- und Verkaufszeitpunkt ab.

Noch deutlicher wird dies bei der konkreten Betrachtung der Investmentsituationen des Entleihers und des Verleihers: Chancen und Risiken stehen sich im Kontext von Leerverkäufen bedingt gegenüber, denn der Gewinn des Entleihers und Leerverkäufers wird regelmäßig dem (Buch-)Verlust des Verleihers entsprechen. Demgegenüber droht dem Leerverkäufer ein (tatsächlicher) Verlust, sofern der Aktienkurs nach dem Zwischenverkauf bis zur Rückerstattung an den Verleiher gestiegen ist, da der Entleiher die Aktien dann am Markt teurer zurückkaufen muss. Der Entleiher erleidet dann in jedem Fall einen (tatsächlichen) Verlust. Etwas anders verhält sich die Situation beim Verleiher. Er erleidet durch die Rückerstattung der Aktien mit einem geringeren Wert zwar einen Buchverlust, muss diesen Verlust allerdings nicht realisieren. Er kann die Aktien weiter halten, ohne zu verkaufen. Die endgültigen Chancen und Risiken (‚Werden die Aktien weiter steigen oder fallen?') verbleiben dementsprechend beim Verleiher.

Dessen ungeachtet ist anzuführen, dass der tatsächliche Verlust des Entleihers nicht aus der Wertpapierleihe selbst stammt, sondern vielmehr aus dessen Zwischenverfügungen über die Aktien. Würde der Entleiher die Aktien während der Dauer der Wertpapierleihe lediglich ‚halten', würde er auch keinen Verlust erleiden können. Die Zwischenverfügungen über die Aktien durch den Entleiher können indessen im Verhältnis zwischen Entleiher und Verleiher nicht die wirtschaftliche Eigentümerstellung verändern. Andernfalls wäre der Entleiher, der leerverkauft, als wirtschaftlicher Eigentümer anzusehen. Ein anderer Entleiher, der die Aktien nur hält, würde aber gerade nicht als wirtschaftlicher Eigentümer eingestuft werden.

Das wirtschaftliche Eigentum muss vielmehr in einer zeitlichen und sinngemäßen Gesamtbetrachtung ermittelt werden. Nach diesem Verständnis verbleibt das wirtschaftliche Eigentum i. S. d. EU-LVVO stets beim Verleiher, obwohl das zivilrechtliche Eigentum nach deutschem Verständnis an den Entleiher übergeht. Der Verleiher, der bestimmte Aktien an den Entleiher übertragen hat, erhält diese zu einem späteren Zeitpunkt zurück. Die Aktien können dann teurer oder günstiger notieren. Dieses wirtschaftliche Risiko trägt der Verleiher, der die Aktien zum neuen Kurs zurückerhält. Bei der Wertpapierleihe trägt der Verleiher demnach weiterhin das Risiko des Kursverlusts – anders als beim Kauf, bei dem durch die Verpflichtung zur Übertragung des Eigentums selbiges an den Aktien endgültig übergehen soll.

Nach diesem Verständnis haben die Ausnahmeregelungen des Art. 2 Abs. 1 lit. b) EU-LVVO nur deklaratorische Funktion.[103] Dies bestätigt ebenfalls der konkretisierende Art. 3 Abs. 2 DVO (EU) Nr. 918/201, der ausweislich Rechtskonstrukte benennt, bei denen aus deutscher Sicht zwar das zivilrechtliche Eigentum regelmäßig übergehen wird, das wirtschaftliche Eigentum aber beim Entleiher verbleiben soll. In all diesen Fällen soll gerade kein Leerverkauf vorliegen.[104]

103 So auch *Mülbert/Sajnovits*, ZBB 2012, 266, 270 und aufgreifend: *Weick-Ludewick/Sajnovits* 2014, 1521, 1523.

104 *Weick-Ludewick/Sajnovits* 2014, 1521, 1522 (spricht von „Spiegelbild der Ausnahmetatbestände").

Auch die ESMA bekräftigt dieses Verständnis und geht zur Klarstellung in ihrem Konsultationspapier[105] auf diese Tatbestand-Ausnahme-Regelungen und das Rechtsinstitut des wirtschaftlichen Eigentümers ein.[106] Darin führt die Behörde aus, dass bei einem Auseinanderfallen von wirtschaftlichem und (zivil-)rechtlichem Eigentümer das Eigentum i. S. d. EU-LVVO beim wirtschaftlichen Eigentümer liegt, selbst wenn ein Dritter zivilrechtlicher Eigentümer bleibt.[107] Aufgrund der unterschiedlichen Eigentumskonzeptionen der EU-Mitgliedstaaten soll so zu einer kohärenten Anwendung gefunden werden.[108] Ausdrücklich sollen aber sowohl Art. 3 Abs. 2 der DVO (EU) Nr. 918/2012 als auch die Ausführungen der ESMA lediglich deklaratorischen Charakter besitzen.[109]

g) Ergebnis zur dinglichen Einordnung

Das Rechtsinstitut des wirtschaftlichen Eigentums birgt etliche Probleme. Während die Definition und der Vorrang des wirtschaftlichen Eigentümers noch recht einfach anmuten, erscheint eine sinngerechte Lösung, ohne das zugrunde gelegte Verständnis der EU-LVVO zu hinterfragen, kaum möglich.

Aus deutscher Sicht ist die Eigentumssituation bei Leerverkäufen durch das Auseinanderfallen von zivilrechtlichem und wirtschaftlichem Eigentum befremdlich.

---

105 ESMAs technical advice on possible Delegated Acts concerning the regulation on short sales and certain aspects of credit default swaps - Final Report ((EC) No 236/2012), abrufbar unter: https://www.esma.europa.eu/document/esmas-draft-technical-advice-possible-delegated-acts-concerning-regulation-short-selling [Stand: 23.09.2022].

106 Die "Advices" der ESMA werden von einer Taskforce ausgearbeitet, die aus Vertretern der nationalen Aufsichtsbehörden bestehen. Zum Verfahren, s. allgemein etwa: *Veil*, ZGR 2014, 544, 584 ff. (m. w. N.).

107 ESMA (wie Fn. 101), S. 8, Rn. 4.

108 Vgl. den ErwGr. (3) der DVO (EU) Nr. 918/2012 (wie Fn. 93), aber auch: *Weick-Ludewick/Sajnovits*, WM 2014, 1521, 1523.

109 ESMA, (wie Fn. 101), S. 8, Rn. 4: "*In cases of beneficial ownership the relevant financial instrument is considered to be owned by the beneficial owner, even if the legal ownership under the applicable law rests with the nominee*"; Rn. 5: "[...] *The seller may not own the shares or debt instruments from a civil law or securities point of view, but does so from an economic one [...]*" und Rn. 6: "[...] *During that time (usually 2 or 3 days) the purchaser has the economic ownership [...]*"; dazu: *Weick-Ludewick/Sajnovits*, WM 2014, 1521, 1523.

Während sich die zivilrechtliche Eigentumssituation noch schematisch nach dem deutschen Sachenrecht lösen lässt, muss bei der Ermittlung des wirtschaftlichen Eigentümers das Verständnis der EU-LVVO von wirtschaftlichem Risiko zugrunde gelegt werden.

Die zahlreichen Konkretisierungen, die Tatbestand-Ausnahme-Regelungen sowie die Stellungnahmen der ESMA geben hier die Richtung vor: Sie zeigen insbesondere, dass eine sinngemäße Lösung gefunden werden soll, bei der die Gesamtbetrachtung für das wirtschaftliche Eigentum entscheidend ist – losgelöst vom deutschen Verständnis bezüglich des dinglichen Eigentums.

Aufgrund der Vielzahl möglicher Deckungsgeschäfte ist eine wertende Betrachtung im Einzelfall unumgänglich. Aus deutscher Sicht bietet sich hierzu folgende untechnische Kontrollfrage an: ‚Folge den konkreten Aktien und streiche alle Zwischenverfügungen – bei wem soll dann das (zivilrechtliche) Eigentum letztendlich verbleiben?' Dort befindet sich nach dem Verständnis der EU-LVVO auch das wirtschaftliche Eigentum.

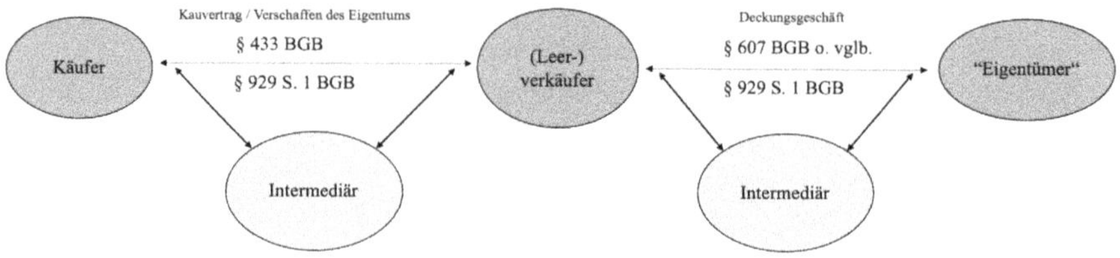

Abb. 1: Darstellung von Leerverkäufen (eigene Grafik)

C. Ordnungsrechtlicher Rahmen bei Leerverkäufen

Mit der neuen Leerverkaufsverordnung wurde 2012 ein einheitlicher europäischer Rechtsrahmen für Leerverkäufe geschaffen. Gemäß Art. 1 Abs. 1 lit. a EU-LVVO[110] ist der Anwendungsbereich eröffnet, sofern das Finanzinstrument zum Handel in der Europäischen Union zugelassen ist. Unbedeutend sind damit der Wohnort des Verkäufers oder der Sitz des Unternehmens, dessen Aktie als Referenzwert dient. Darüber hinaus sind multilaterale Handelssysteme respektive der Freiverkehr umfasst (vgl. dazu Art. 12 f. EU-LVVO).[111] Der Anwendungsbereich soll ausdrücklich weit gefasst werden.[112]

I. Gedeckte und ungedeckte Leerverkäufe im Ordnungsrahmen

Leerverkäufe sind in Art. 2 Abs. 1 lit. b) EU-LVVO legaldefiniert. In der EU-LVVO wird zwischen gedeckten und ungedeckten Leerverkäufen differenziert.[113]

Ungedeckte Leerverkäufe werden vermeintlich in Art. 12 f. EU-LVVO geregelt. Demnach sind ungedeckte Leerverkäufe nur zulässig, sofern zumindest eine Leihvereinbarung oder eine vergleichbare Regelung, die zu dem gleichen rechtlichen Ergebnis führt, getroffen wurde (Art. 12 Abs. 1 und Art. 13 Abs. 1 EU-LVVO). Deutlicher formuliert, bedeutet dies, dass auch nach der EU-LVVO – wie bereits zuvor nach der deutschen Regelung des § 30h Abs. 1 WpHG a. F. – ungedeckte Leerverkäufe verboten waren.[114] Mit Einführung der

---

110 Verordnung (EU) NR. 236/2012 des Europäischen Parlaments und des Rates vom 14. März 2012 (wie Fn. 21).

111 Vgl. Art. 2 Abs. 1 lit. l) i. V. m. Art 4 Abs. 1 Nr. 15 der Richtlinie 2004/39/EG, ABl. 2004 L 145/1; klarstellend dazu: *BaFin,* Fragen und Antworten zur Verordnung über Leerverkäufe und bestimmte Aspekte von Credit Default Swaps (EU-LeerverkaufsVO), abrufbar unter: https://www.bafin.de/SharedDocs/Downloads/DE/FAQ/dl_faq_ESMA_leerverkaufsverordnung_deutsch.pdf?__blob=publicationFile&v=5[Stand: 23.09.2022]; *Buck-Heeb*, S. 240, Rn. 746 (m. w. N.).

112 Erwägungsgrund (3) Verordnung (EU) NR. 236/2012 des Europäischen Parlaments und des Rates vom 14. März 2012 (wie Fn. 21).

113 Siehe dazu oben ausführlich: Abschnitt: C. I.; zur zivilrechtlichen Einordnung: B. I.

114 Dazu auch ausführend: *Buck-Heeb*, S. 241, Rn. 749.

EU-LVVO wurde der damalige § 30h WpHG a. F. zwar durch Art. 12 f. EU-LVVO ersetzt, im Ergebnis bleibt es aber beim generellen Verbot ungedeckter Leerverkäufe. Die Bezeichnung in der EU-LVVO lässt sich lediglich als ‚falsa demonstratio' erklären.[115]

Darüber hinaus besteht für Wertpapierdienstleistungsunternehmen, andere Kreditinstitute, Kapitalverwaltungsgesellschaften und Betreiber außerbörslicher Märkte, an denen Finanzinstrumente gehandelt werden, eine unverzügliche Anzeigepflicht gegenüber der BaFin, sofern Tatsachen festgestellt werden, die begründen, dass ein Verstoß gegen Art. 12 EU-LVVO vorliegen könnte (§ 23 Abs. 1 WpHG).

II. Einschränkungen und Verbote in Ausnahmesituationen

Zusätzlich können die zuständigen Finanzaufsichtsbehörden der Mitgliedstaaten sowie die Europäische Wertpapier- und Marktaufsichtsbehörde (ESMA) weitere Maßnahmen in Ausnahmesituationen treffen, um Leerverkäufe und vergleichbare Transkationen einzuschränken oder vollständig zu verbieten, sofern eine ernst zu nehmende Bedrohung für die Finanzstabilität besteht oder das Marktvertrauen gefährdet ist (vgl. Art. 20 und Art. 28 EU-LVVO).

Die nationalen Behörden können eigene Maßnahmen in die Wege leiten (Art. 20 EU-LVVO), müssen diese dann aber der ESMA mitteilen (Art. 26 EU-LVVO). Die ESMA unterstützt und koordiniert die Maßnahmen zu einem kohärenten Ansatz (Art. 27 Abs. 1 EU-LVVO), gibt eigene Stellungnahmen zu den getroffenen Maßnahmen ab (Abs. 2 und 3) und überprüft die getroffenen Maßnahmen regelmäßig (Abs. 4). Darüber hinaus kann die ESMA selbst Maßnahmen ergreifen (Art. 29 Abs. 1 EU-LVVO), sofern die Integrität und Stabilität des Finanzmarkts gefährdet ist, die Auswirkungen grenzüberschreitend sind und keine zuständige nationale Behörde angemessene Maßnahmen ergriffen hat.

Die ESMA kann in eigener Initiative oder auf Antrag der zuständigen nationalen Behörden, des Europäischen Parlaments, des Rats oder der Kommission Untersuchungen über bestimmte Leerverkaufspraktiken durchführen, um zu überprüfen, ob dadurch die Finanzstabilität oder das Marktvertrauen in der Union bedroht werden (Art. 31 EU-LVVO).

Vorgelagert können die nationalen Behörden einzelne Leerverkäufer (Art. 18 EU-LVVO) zur Meldung und Offenlegung ihrer Netto-Leerverkaufspositionen auffordern, sofern ungünstige Ereignisse oder Entwicklungen eingetreten sind

115 Vgl. dazu schon oben: C. I.

oder die Effizienz der Finanzmärkte bedroht ist (Art. 18 EU-LVVO). Unter den gleichen Voraussetzungen können die Verleiher dazu aufgefordert werden, jede erhebliche Veränderung ihrer Gebühren für die leihweise zur Verfügung gestellten Finanzinstrumente oder deren Kategorien von Finanzinstrumenten zu melden (Art. 19 EU-LVVO).

Darüber hinaus können die nationalen Behörden Leerverkäufe bei einem signifikanten Kursverfall bis zum Ende des folgenden Handelstags einschränken oder verbieten (Art. 23 EU-LVVO).

Folglich verfügen die national zuständigen Behörden und die ESMA über einen weitgehenden Befugniskatalog, um Leerverkäufe offenzulegen, einzuschränken und zu untersagen.

III. Melde-,Veröffentlichungs- und Anzeigepflichten

Neben diesen Befugnissen sind signifikante Leerverkäufe ab dem Erreichen kritischer Schwellen anzeige- bzw. veröffentlichungspflichtig. Abgestellt wird jeweils auf die Netto-Leerverkaufsposition.

1. Netto-Leerverkaufsposition

Als Netto-Leerverkaufsposition in Aktien werden die Short-Positionen verstanden, die abzüglich der Long-Positionen verbleiben (vgl. Art. 2 Abs. 2 UAbs. 4 EU-LVVO).

Short- und Long-Positionen sind legaldefiniert. Eine Short-Position resultiert aus dem Leerverkauf einer Aktie bzw. aus einem von einem öffentlichen Emittenten ausgegeben Schuldinstrument (Art. 3 Abs. 1 lit. a) EU-LVVO) oder einer sonstigen Transaktion, die von den Kurs- oder Wertminderungen profitiert (Art. 3 Abs. 1 lit. b) EU-LVVO).

Der Begriff der Short-Position ist denkbar weit definiert, um so möglichst alle Gestaltungen von Finanzinstrumenten zu erfassen, die auf fallende Aktienkurse setzen.

Gegensätzlich dazu bezeichnet man als Long-Position das Halten einer Aktie oder eines von einem öffentlichen Emittenten ausgegebenen Schuldinstruments (Art. 3 Abs. 2 lit. a) EU-LVVO) oder jede sonstige Transaktion, die durch ein anderes Finanzinstrument geschaffen wird, um von der Kurs- oder Wertsteigerung des Referenzwerts zu profitieren (Art. 3 Abs. 2 lit. b) EU-LVVO).

Zusätzlich erweitert Art. 3 Abs. 3 UAbs. 1 S. 1 EU-LVVO die Berechnungsgrundlage für die Netto-Leerverkaufspositionen um mittelbare Positionen, beispielsweise die Beteiligung an einem börsengehandelten Fonds. Hierbei wird auf die öffentlich zugänglichen Informationen zurückgegriffen (Art. 3 Abs. 3 UAbs. 1 S. 2 EU-LVVO).

Vereinfacht formuliert, handelt es sich bei einer Netto-Leerverkaufsposition mithin um die überschüssigen Short-Positionen, die bezogen auf dasselbe Finanzinstrument verbleiben, wenn die Long-Positionen abgezogen wurden. An diese Netto-Leerverkaufsposition knüpfen die Melde- und Veröffentlichungspflichten an.

2. Zweistufige Transparenzkontrolle

Die Netto-Leerverkaufspositionen sind in Deutschland der BaFin als zuständige Behörde anzuzeigen (§ 53 Abs. 1, 4 Nr. 3 WpHG i. V. m. Art. 2 Abs. 1 lit. j); Art. 5, Art. 9 EU-LVVO). Die erste Meldeschwelle liegt bei 0,2 % gemessen am Aktienkapital des betroffenen Unternehmens und muss in weiteren Intervallen von 0,1 % fortgesetzt werden (Art. 5 Abs. 2 EU-LVVO). Ab einer Netto-Leerverkaufsposition von 0,5 % des ausgegebenen Aktienkapitals sowie in weiteren Intervallen von 0,1 % muss die Position zusätzlich im Bundesanzeiger veröffentlicht werden (Art. 6 Abs. 2, 1, Art. 9 EU-LVVO i. V. m. § 53 Abs. 1, 4 Nr. 3 WpHG i. V. m. §§ 8 ff. NLPosV[116]). Es besteht folglich eine zweistufige Transparenzkontrolle.[117]

3. Weitere Pflichten und Ausnahmen

Zudem müssen natürliche und juristische Personen, die signifikante Netto-Leerverkaufspositionen halten, für einen Zeitraum von fünf Jahren Aufzeichnungen der Brutto-Positionen aufbewahren, die eine signifikante Netto-Leerverkaufsposition ausmachen (Art. 9 Abs. 1 UAbs. 1 EU-LVVO).

Die Transparenzpflichten gelten nicht, wenn die Aktien zwar innerhalb der EU zum Handel zugelassen sind, sich der Haupthandelsplatz aber in einem Drittstaat befindet (Art. 16 Abs. 1 EU-LVVO). Eine zweite Ausnahme ist für Market-Maker-Tätigkeiten[118] vorgesehen (Art. 17 Abs. 1 EU-LVVO). Die

---

116 Verordnung zur Konkretisierung der Mitteilungs- und Veröffentlichungspflichten von Netto-Leerverkaufspositionen (Netto-Leerverkaufspositionsverordnung – NLPosV) vom 17. Dezember 2012. BGBl. I S. 2699), zuletzt geändert durch Art. 24 Abs. 11 des Gesetzes vom 23. Juni 2017, BGBl. I S. 1693.

117 *Buck-Heeb*, S. 241 ff.

118 „Market-Maker" beschaffen und veräußern Finanzinstrumente für Dritte und geben entsprechende Kursofferte (sog. Quotes) ab, siehe einführend: ausführlich dazu: *Müller-Lankow*, WM 2017, 2335; *Schwark/Zimmer*, Kapitalmarktrecht, § 2 WpHG, Rn. 100 ff.

Tätigkeit ist der zuständigen Behörde im jeweiligen Mitgliedstaat 30 Kalendertage vorab schriftlich mitzuteilen (Art. 17 Abs. 5 EU-LVVO). Die ESMA veröffentlicht auf ihrer Website[119] eine Liste aller Market-Maker, die diese Ausnahme in Anspruch genommen haben, und aktualisiert diese fortlaufend (Art. 17 Abs. 13 EU-LVVO).

4. Folgen bei Verstößen gegen die EU-LVVO

In Deutschland ist die BaFin für die Überwachung der Einhaltung der geregelten Pflichten zuständig (§ 52 Abs. 2 i. V. m. EU-LVVO). Widerspruch und Anfechtungsklagen gegen die getroffenen Maßnahmen entfalten keine aufschiebende Wirkung (§ 52 Abs. 3 i. V. m. EU-LVVO).

Der Verstoß gegen die Melde- und Offenlegungspflichten stellt gem. § 120 Abs. 6 Nr. 1 WpHG i. V. m. Art. 5 Abs. 1, Art. 9 EU-LVVO bzw. § 120 Abs. 6 Nr. 2 WpHG i. V. m. Art. 6 Abs. 1, Art. 9 EU-LVVO eine Ordnungswidrigkeit dar und ist bußgeldbewehrt. Dies gilt ebenso für einen Verstoß gegen das ‚Verbot' ungedeckter Leerverkäufe (§ 120 Abs. 6 Nr. 3 WpHG i. V. m. Art. 12 Abs. 1 EU-LVVO).

5. Zwischenergebnis

Die EU-LVVO bietet einen Rechtsrahmen für Leerverkäufe, der vor allem Transparenz schaffen soll und an Verstöße ordnungsrechtliche Sanktionen knüpft. Darüber hinaus wird den nationalen Aufsichtsbehörden und der ESMA ein Maßnahmenkatalog an die Hand gegeben, um besonders negative Entwicklungen an den Finanzmärkten abzuschwächen oder zu verhindern.

---

119 *ESMA*, Short Selling, abrufbar unter: https://www.esma.europa.eu/sections/short-selling [Stand: 21.09.2018].

D. Problemstellung bei Leerverkaufsattacken

Leerverkaufsattacken werden in der EU-LVVO nicht ausdrücklich geregelt, was dazu auffordert, im Folgenden die mit Leerverkaufsattacken einhergehende Problematik zu veranschaulichen. Dazu werden illustrierend deren Einflussnahme an den Aktienmärkten sowie deren Zielsetzung beleuchtet.

I. Einflussnahme der Leerverkäufer – Leerverkaufsattacken

Bei Leerverkäufen kann der Leerverkäufer grundsätzlich frei über die entliehenen Aktien verfügen. Verkauft er die Aktien an einen Dritten und sinkt der Aktienkurs nach dem Verkauf, kann er die Aktien günstiger am Markt zurückkaufen und diese dann dem Verleiher zurückübereignen. Dieses Delta ergibt seinen Gewinn – et vice versa.

In diesem Schwebezeitraum, also nach dem Verkauf, aber vor Rückerstattung, hat der Leerverkäufer ein Interesse daran, dass der Aktienkurs der Aktien fällt. Es ist deshalb kaum verwunderlich, dass einige Leerverkäufer versuchen werden, Einfluss auf die Aktienkurse zu nehmen, um ihren Gewinn zu maximieren.

Anhand dieser Einflussnahme kann zwischen passiven und aktiven Leerverkäufern unterschieden werden. Überlasst es der Leerverkäufer den typischen Marktentwicklungen, ob der Aktienkurs steigen oder fallen wird, kann von einem passiven Leerverkäufer gesprochen werden. Nimmt er dagegen aktiv Einfluss auf die Märkte, z. B. durch eine negative Berichterstattung über den Emittenten, kann dieser als aktiver Leerverkäufer bezeichnet werden.[120]

Bei Leerverkaufsattacken wird diese Einflussnahme auf die Spitze getrieben. Der Leerverkäufer leiht sich bestimmte Aktien nur, um unmittelbar nach dem Verkauf einen negativen Bericht zu veröffentlichen und auf diese Weise Einfluss auf die Preisbildung der Aktien zu nehmen. Je stärker der Aktienkurs sinkt, desto höher ist sein Gewinn. Die Aktien werden kurz nach der Korrektur des Aktienkurses an den Verleiher zurückerstattet. Im Börsenjargon ist davon die Rede, dass die ‚Leerverkaufspositionen glattgestellt' werden.[121]

---

120 Siehe dazu: E. I. 2.

121 Anstelle von vielen nur ein Beitrag der Tagesschau online ‚Den Leerverkäufern auf der Spur', abrufbar: https://www.tagesschau.de/wirtschaft/boerse/hr-boerse-story-14451.html [Stand: 23.09.2022]

Dieser Ablauf aus ‚Leerverkauf – Berichterstattung – Rückkauf – Rückerstattung' kann Leerverkaufsattacke genannt werden.

II. Zielrichtung und betroffene Parteien der Leerverkaufsattacke

Die Einflussnahme der Leerverkaufsattacke auf die Märkte kann verschiedene Personen(-gruppen) betreffen.

Unmittelbares Ziel der negativen Berichterstattung ist zunächst der Emittent selbst, da die Berichterstattung häufig Rufschädigungen in Kauf nimmt. Dabei können sowohl materielle als auch immaterielle Schäden eintreten. Neben Rufschädigungen ist die Kreditgefährdung des Emittenten ins Auge zu fassen. Ein niedrigerer Aktienkurs führt zu schlechteren Refinanzierungsmöglichkeiten.

Nicht unmittelbares Ziel, aber ebenfalls geschädigt werden die Aktionäre. Gelingt die Leerverkaufsattacke, sinkt der Wert der Aktien. Die Aktionäre erleiden einen Vermögensschaden.

Betroffen sind zunächst die Vertragspartner des Leerverkäufers: Auf Verkaufsseite wird der (Leer-)Käufer kurz nach dem Kauf einen Wertverlust erleiden. Auf Seite der Wertpapierleihe erhält der Entleiher die Aktien mit einem geringeren Wert zurück. In der Praxis werden die einzelnen Kauf- und Verkaufstransaktionen der Aktionäre allerdings nicht (mehr) zuordenbar sein. Weder Clearstream noch die depotführenden Banken oder die Käufer selbst werden nachvollziehen können, ob die konkreten Aktien vom Leerverkäufer oder einem Dritten erworben wurden.[122] Eindeutig ist hingegen, dass alle Anleger, die auf steigende Aktienkurse der besagten Aktien(-gattung) gesetzt haben, durch die Leerverkaufsattacke verlieren werden.

Neben diesen individuellen Schäden kann auch der Markt als Institution, also die Anleger in ihrer Gesamtheit, betroffen sein. Durch den plötzlichen Kurseinbruch einzelner Aktien kann das Vertrauen in den Gesamtmarkt respektive das öffentliche Interesse an der Stabilität des Finanz- und Kapitalmarkts beschädigt werden.

Es lässt sich resümieren, dass drei Personen(-gruppen) von einer Leerverkaufsattacke geschädigt werden können: der Emittent, einzelne Aktionäre sowie der Markt als Institution.

---

122 *Berger/Matuszewski*, BB 2011, 3097

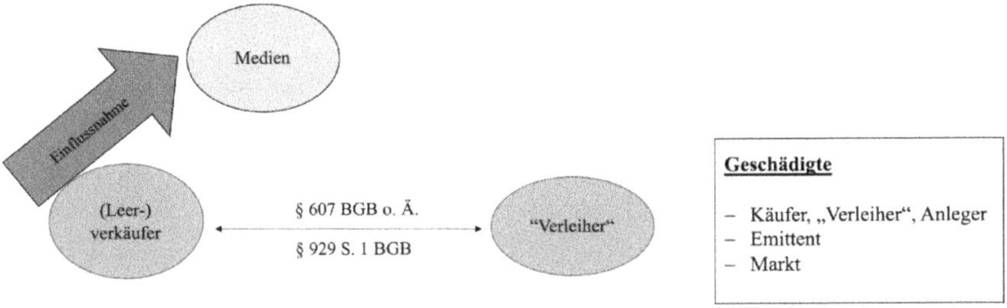

Abb. 2: Darstellung des Ablaufs einer Leerverkaufsattacke (eigene Grafik)

III. Erfolgreiche Leerverkaufsattacken

Zur Illustration sollen einige ausgewählte, besonders erfolgreiche Leerverkaufsattacken erläutert werden. In der Vergangenheit gab es immer wieder gezielte Leerverkaufsattacken auf Unternehmen. Die Vorgehensweise ist stets identisch: Zunächst werden Leerverkaufspositionen aufgebaut, um dann mittels eines umfangreichen Finanzberichts den Aktienkurs einbrechen zu lassen. Sobald der Aktienkurs korrigiert hat, werden die Leerverkaufspositionen ‚glattgestellt'[123]. Die Auswirkungen der erfolgreichen und auch in der Literatur beachteten Leerverkaufsattacken auf Ströer, Aurelius und Wirecard werden nachstehend präsentiert.[124]

1. Ströer

Muddy Waters Capital LLC startete die Leerverkaufsattacke auf die Ströer SE & Co. KGaA am 20. April 2016. Am 20.04.2016 hielt Muddy Waters eine Leerverkaufsquote von 0,66 %. Am 21. April 2016 wurde ein 62-seitiger Bericht über Ströer veröffentlicht, in dem unterstellt wurde, dass die Geschäftsberichte zu positiv ausgeschmückt worden seien.[125] Wenige Minuten nach Veröffentlichung des Berichts brach der Aktienkurs um 22,6 % auf 42,96 € pro Aktie ein. Erst am 19.01.2017 wurden die Kursverluste wieder vollständig aufgeholt. Die Leerverkaufsattacke ist an dem sehr volatilen Chart heute kaum noch zu erkennen.

---

123 Filler et al., Vierteljahrshefte zur Wirtschaftsforschung 81 (2012), 9, 12: „Eine offene Position wird glattgestellt, indem ein entgegengesetztes Geschäft abgeschlossen wird".

124 Auch erwähnt von: *Möllers*, NZG 2018, 649.

125 *Muddy Waters Capital,* Muddy Waters is Short Ströer (SAX:GR), http://www.muddywatersresearch.com/research/sax/mw-is-short-stroeer/ [Stand: 23.09.2022].

Abb. 3: Chart Ströer

Nur einen Tag später, am 22. April 2016, wurde die Leerverkaufsposition auf 0,16 % reduziert. Die unmittelbar folgende erste[126] und die spätere zweite[127], detaillierte Stellungnahme von Ströer blieben überwiegend wirkungslos.

Die Staatsanwaltschaft Frankfurt bestätigt auf Nachfrage der Fachpresse, dass wegen des Verdachts von Marktmanipulation Ermittlungen aufgenommen wurden.[128] Zudem soll Muddy Waters auch gegen

126 *Ströer SE & Co. KGaA*, DGAP-News: Erste Stellungnahme zur Short-Attacke durch Muddy Waters Capital (News mit Zusatzmaterial), abrufbar unter: http://ir.stroeer.com/websites/stroeer/German/222/news.html?newsID=1550843 [Stand: 23.09.2022].

127 *Ströer SE & Co. KGaA*, DGAP-News: Detaillierte Stellungnahme der Ströer SE & Co. KGaA zur Short-Attacke durch Muddy Waters Capital und Ausblick auf die aktuelle Geschäftsentwicklung (News mit Zusatzmaterial), abrufbar unter: http://ir.stroeer.com/websites/stroeer/German/222/news.html?newsID=1550999 [Stand: 23.09.2022].

128 *Kirchner*, Ströer-Leerverkäufe: Staatsanwälte ermitteln, https://www.capital.de/geld-versicherungen/leerverkaufsattacke-auf-stroeer-wird-fall-fuer-staatsanwaelte [Stand: 23.09.2022].

Meldepflichten[129] verstoßen haben, da die Leerverkaufsposition erst deutlich später, am 26. April 2016, im Bundesanzeiger bekannt gemacht wurde.[130]

Positionsinhaber	Emittent	ISIN	Position	Datum
Muddy Waters Capital LLC	Ströer SE & Co. KGaA	DE0007493991	0,16 %	2016-04-21
Muddy Waters Capital LLC	Ströer SE & Co. KGaA	DE0007493991	0,66 %	2016-04-20

Abb. 4: Auszug der Nettoleerverkaufspositionen von Ströer (Quelle: https://www.bundesanzeiger.de)

2. Aurelius

Das Paradebeispiel für eine erfolgreiche Leerverkaufstattacke bildete der Angriff von Gotham City Research LLC auf die Aurelius Equity Opportunities SE & Co. KGaA. Das Geschäftsmodell der Aurelius ist nicht leicht verständlich, was Gotham City als Anlass[131] diente. Das Geschäftsmodell von Aurelius besteht aus dem An- und Verkauf angeschlagener Unternehmen. Die konglomeratsähnliche Holding-Struktur erzielt regelmäßig hohe Buchgewinne, indem Unternehmen mit einem negativen Goodwill aufgekauft, unter dem Konzerndach umstrukturiert und anschließend wieder teurer verkauft werden.[132] Aurelius bezeichnet sich selbst als ‚Good Home' für seine Tochtergesellschaften.[133]

Gotham City veröffentlichte in kurzer Zeit drei Berichte, in denen Aurelius erheblich in Misskredit gebracht wurde. Bereits nach Veröffentlichung des ersten Berichts[134], am 28. März 2017, brach der Aktienkurs unmittelbar um 43,5 % auf 37,95 € pro Aktie ein. Heute liegt der Aktienkurs bei 50,80 €. Vor der

129 Vgl. Art. 6 und 9 der Verordnung (EU) Nr. 236/2012 (wie Fn. 21). V. m. § 8 NLPosV (wie Fn. 112).

130 *Kirchner,* Hedgefonds verletzt Regeln bei Ströer-Attacke, https://www.capital.de/geld-versicherungen/hedgefonds-verletzt-regeln-bei-stroeer-attacke [Stand: 23.09.2022].

131 Siehe ausführlich zum Goodwill-Problemkreis: F. II. 3 e).

132 Vgl. Aurelius Equity Opportunities SE & Co. KGaA, Geschäftsbericht 2017, S. 63, näher ausgeführt: S. 50 ff., abrufbar unter: https://aureliusinvest.de/site/assets/files/2833/aurelius_geschaeftsbericht_2017_d-1.pdf [Stand: 23.09.2022].

133 https://aureliusinvest.de/aurelius-equity-opportunities/ueber-uns/portrait-aurelius [Stand: 23.09.2022]

134 *Gotham City Research,* 2017-03-28-Aurelius Equity Opportunities SE-& Co KGaA-AR4-The Next Arques AG or the next Philip Green, https://www.gothamcityresearch.com/archive [Stand: 23.09.2022].

Leerverkaufsattacke notierte Aurelius bei einem Kurs von 67,22 €. Es wurde mithin nachhaltig Börsenwert vernichtet.

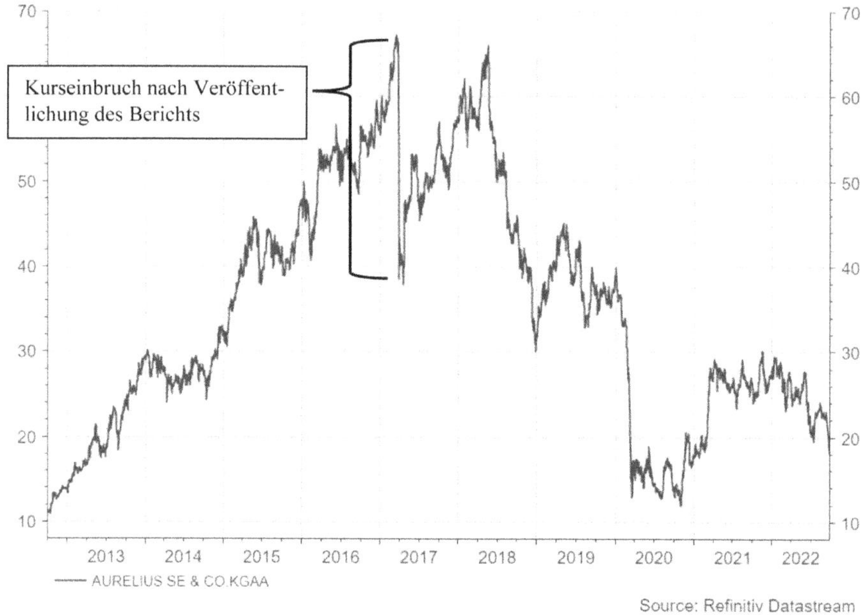

Abb. 5: Chart Aurelius

Am 24. März 2017, drei Tage vor der Veröffentlichung des ersten Berichts, hielt Gotham City bereits eine Leerverkaufsposition mit einem Volumen von 0,61 % des Grundkapitals von Aurelius. Am 28. März, genau an dem Tag, an dem der erste Bericht veröffentlicht wurde, baute Gotham seine Leerverkaufsposition auf 0,80 % aus. Einen Tag nach dem Einbruch des Aktienkurses, am 29. März, wurden die Leerverkaufspositionen auf 0,03 % reduziert, also überwiegend ‚glattgestellt'.

Positionsinhaber	Emittent	ISIN	Position	Datum
Gotham City Research LLC	**AURELIUS Equity Opportunities SE & Co. KGaA**	**DE000A0JK2A8**	**0,03 %**	**2017-03-29**
Gotham City Research LLC	AURELIUS Equity Opportunities SE & Co. KGaA	DE000A0JK2A8	0,80 %	2017-03-28
Gotham City Research LLC	AURELIUS Equity Opportunities SE & Co. KGaA	DE000A0JK2A8	0,61 %	2017-03-24

Abb. 6: Auszug der Nettoleerverkaufspositionen von Aurelius (Quelle: https://www.bundesanzeiger.de)

Aurelius und den Aufsichtsbehörden[135] ist es nicht gelungen, den Kurssturz abzuwenden. Es erfolgte erst eine kurze[136] und dann eine ausführliche[137] Stellungnahme. Beide blieben erfolglos. Die weiteren zwei Berichte von Gotham City[138] und die darauffolgende Stellungnahme von Aurelius[139] liefen größtenteils leer. Die Leerverkaufsattacke hatte ihr Ziel bereits mit dem ersten Bericht erreicht.

3. Wirecard

Der ehemalige deutsche Bezahldienstleister Wirecard wurde bereits mehrfach zum Ziel professioneller Leerverkaufsattacken.

Wirecard war ein attraktives Ziel für Leerverkäufe, da sich der Kurs in den Jahren vor der Insolvenz mehrmals verdoppelt hatte. Das Geschäftsmodell wurde als komplex dargestellt und zusätzlich durch internationale Akquisitionen verstärkt. Wirecard galt zeitweise als weltweit führend bei der Abwicklung des elektronischen Zahlungsverkehrs.[140] Am 24. September 2018 hat Wirecard die Commerzbank AG aus dem DAX 30 abgelöst.[141] Im Juni 2020 stellten sich die Geschäfte der Wirecard AG als einer der größten Betrugsskandale der deutschen Börsengeschichte heraus.[142]

---

135 Vgl. F. II. 3.

136 Abrufbar unter: https://aureliusinvest.de/aurelius-equity-opportunities/presse/pressemitteilungen/statement-by-aurelius-equity-opportunities-se-co-kgaa-on-the-short-attack-by-gotham-city-and-outlook-on-the-development-of-the [Stand: 23.09.2022].

137 Detaillierte Stellungnahme der AURELIUS Equity Opportunities SE & Co. KGaA zu Gothams Behauptungen, abrufbar unter: https://aureliusinvest.de/statement_aurelius_gotham.pdf [Stand: 23.09.2022].

138 *Gotham City Research*, 2017-04-27-Aurelius Equity Opportunities SE-& Co KGaA-AR4-Can Dirk Markus be Trusted Part I, https://www.gothamcityresearch.com/archive [Stand: 23.09.2022].

139 Zweite, Detaillierte Stellungnahme der Aurelius Equity Opportuinities SE & Co. KGaA zu Gothams weiteren Behauptungen, abrufbar unter: https://aureliusinvest.de/second_statement_aurelius_gotham.pdf [23.09.2022].

140 https://ir.wirecard.com/websites/wc/German/1000/ueber-wirecard.html#profil [Stand: 23.09.2022].

141 *Deutsche Börse*, Wirecard AG steigt in DAX auf – TecDAX, MDAX und SDAX neu zusammengesetzt; abrufbar unter: http://deutsche-boerse.com/dbg-de/presse/pressemitteilungen/Wirecard-AG-steigt-in-DAX-auf---TecDAX--MDAX-und-SDAX-neu-zusammengesetzt/3485580 [Stand: 23.09.2022].

142 Vgl. dazu F. II. 5. c) ee) und ff).

2016 veröffentlichte die Zatarra Research & Investigations LLC, ein bis dato unbekanntes Finanzhaus, einen hundertseitigen Bericht, bei dem Wirecard dubiose Aktivitäten vorgeworfen wurden. Es wurde ein Kursziel von 0,00 € angegeben. Nach Veröffentlichung des Berichts korrigierte der Aktienkurs in kurzer Zeit um rund 27,4 % auf 31,03 €. Heute sind die Berichte nicht mehr direkt über Zatarra, sondern nur noch über dritte Presseartikel abrufbar.[143] Zudem gehen weitere zahlreiche Fachpresseartikel ausführlich auf die Vorwürfe ein.[144] Der Internetauftritt von Zatarra wird dagegen nicht mehr betrieben. Auch die letzten Twitter-Einträge von Zatarra verebbten am 2. Juni 2016 – also nur wenige Monate nach der negativen Berichterstattung über Wirecard.[145] In der kritischen Zeit um die Veröffentlichung herum (24. Februar 2016) waren im Bundesanzeiger genau drei Leerverkaufspositionen notiert, die anschließend aufgelöst wurden. Die größte Position bekleidete Blue Ridge Capital LLC mit einer Leerverkaufsquote von 2,02 %, gefolgt von Odey Asset Management mit einer Quote von 1,04 % sowie Theleme Partners von 0,74 %. Bereits am 25. Februar 2016, mithin einen Tag nach der Veröffentlichung des umstrittenen Zatarra-Berichts, tauchte keiner der drei Leerverkäufer mehr im Bundesanzeiger auf.

Positionsinhaber	Emittent	ISIN	Position	Datum
Blue Ridge Capital, L.L.C.	Wirecard AG » Historie	DE0007472060	2,02 %	2016-02-24
Odey Asset Management LLP	Wirecard AG » Historie	DE0007472060	1,04 %	2016-02-24
Theleme Partners LLP	Wirecard AG » Historie	DE0007472060	0,74 %	2016-02-24

Abb. 7: Auszug der Nettoleerverkaufspositionen von Wirecard (Quelle: https://www.bundesanzeiger.de)

143 Zatarra Research & Investigations, Wirecard AG (WDI GR): Wide scale corruption and corporate fraud: € 0.00 per Share, http://www.heibel-ticker.de/downloads/FINALMainreportZatarra.pdf [Stand: 23.09.2022].

144 Anstelle von vielen Beiträgen, nur: https://www.finance-magazin.de/finanzierungen/kapitalmarkt/hedgefonds-attacke-reisst-wirecard-in-die-tiefe-1374571/ [Stand: 23.09.2022] und https://www.welt.de/finanzen/article156821865/Wie-Wirecard-eine-Milliarde-Euro-Boersenwert-verlor.html [Stand: 23.09.2022].

145 Abrufbar unter: https://twitter.com/ZRI2016 [Stand: 23.09.2022].

Ein Zusammenhang mit dem Zatarra-Bericht und den darauffolgenden Kursverlusten liegt nahe, lässt sich allerdings nicht zweifelsfrei belegen. Anders als im Fall Aurelius sind Berichterstatter und Leerverkäufer nicht personengleich.

Gleichwohl geht die Fachpresse einstimmig davon aus, dass es sich um eine gezielte Leerverkaufsattacke gehandelt hat.[146] Am langfristigen Aktienkurs ließ sich die Leerverkaufsattacke bereits nach wenigen Monaten kaum noch erkennen. Wirecard notierte rund drei Jahre später mehr als 600 % über dem damaligen Kurstief. Im Jahr 2020 hat sich herausgestellt, dass die Vorwürfe gegen Wirecard ‚begründet' waren. Heute ist die Aktie praktisch wertlos.[147]

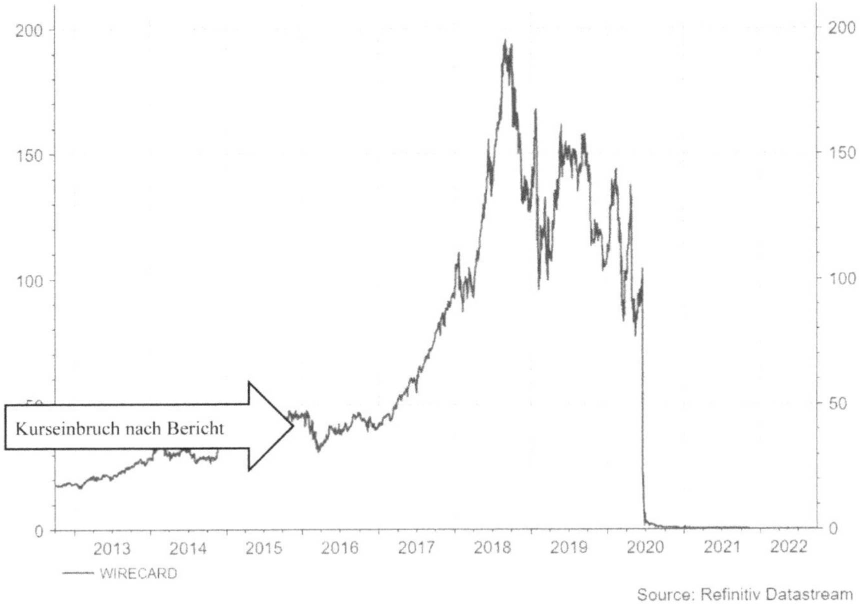

Abb. 8: Chart Wirecard

146 Anstelle von vielen Beiträgen, nur: https://www.finance-magazin.de/finanzierungen/kapitalmarkt/hedgefonds-attacke-reisst-wirecard-in-die-tiefe-1374571/ [Stand: 23.09.2022] und https://www.welt.de/finanzen/article156821865/Wie-Wirecard-eine-Milliarde-Euro-Boersenwert-verlor.html [Stand: 23.09.2022].

147 Siehe dazu die Ausführungen: F. II. 5. c) ff).

4. Ergebnis

Diese Beispiele veranschaulichen, welches Potenzial gezielte Leerverkaufsattacken haben können: Innerhalb von Minuten kann die Preisbildung am Aktienmarkt erheblich beeinflusst werden.

Für den Emittenten können Reputationsschäden entstehen, die den Kredit des Unternehmens gefährden. Gleichzeitig können die investierten Anleger enorme Vermögensschäden in sehr kurzer Zeit erleiden. Eine Möglichkeit, wirksam auf Leerverkaufsattacken zu reagieren, existiert praktisch nicht. Die gegenteilige Berichterstattung der Emittenten lief – in jedem der oben dargestellten Beispiele – leer. Die Anleger konnten lediglich abwarten und hoffen, dass sich der Aktienkurs langfristig von der Leerverkaufsattacke erholen wird.

E. Interdisziplinäre Einbettung des Problemkreises

Um den Problemkreis von Leerverkaufsattacken belastbar beurteilen zu können, ist ein interdisziplinärer Blick auf die ökonomischen Grundlagen und die qualitative Entwicklung der Mediennutzung in diesem Kontext erforderlich.

I. Ökonomische Grundlagen von Leerverkäufen

Die ökonomischen Aspekte gehen mit der rechtlichen Bewertung Hand in Hand. So stellen sowohl die EU-LVVO als auch die Marktmissbrauchsverordnung und die Crim-MAD die Stabilität sowie die Integrität des Finanzmarkts, das Vertrauen der Anleger in den Markt und deren Schutz in den Vordergrund.[148]

1. Historische Einordnung und ‚Hedging'

Historisch spielten Leerverkäufe vor allem beim sog. Hedging eine zentrale Rolle. Dabei wurden vermeintlich unterbewertete Aktien eines Unternehmens gekauft, während vermeintlich überbewertete Aktien der gleichen Branche oder Peer-Group leerverkauft wurden.[149] Dementsprechend dienten Leerverkäufe der Absicherung vor einem Wertverfall.

Das sog. Hedging kann jedoch heutzutage nicht mehr einfach definiert werden und wird umgangssprachlich nicht trennscharf verwendet.[150] Von der wortwörtlichen Bedeutung des Hedging (zu Deutsch: die Absicherung, das Abschließen von Deckungsgeschäften) entfernt sich die aktuelle Bedeutung immer mehr. In der öffentlichen Wahrnehmung werden Hedgefonds oft als undurchsichtige und hochspekulative Anlageinstrumente wahrgenommen, die zwar schnelle Gewinne versprechen, im Gegenzug aber hohe Verluste realisieren können.[151] Dabei sieht sich die gesamte ‚Hedgefonds-Industrie' immer wieder Betrugsvorwürfen ausgesetzt.[152]

---

148 Vgl. zur EU-LVVO: C.; zur MAR und Crim-MAD: H. I. und II sowie J. IV.

149 *Kuhner*, ZfBf 2008, 120.

150 *Kuang-Wei*, Columbia Business Law Review 2008, 724

151 *Seckelmann/Siddiqui*, Schmollers Jahrbuch 130 (2010), 587.

152 *Viebig/Poddig/Tancar*, Kredit und Kapital 44 (2011), 279, 280; siehe auch: *Bulmahn*, Vierteljahrshefte zur Wirtschaftsforschung 82 (2013), 107, 111.

2. Aktives und passives Investieren aus ökonomischer Sicht

Bei Leerverkaufsattacken wird nicht das Wetten auf fallende Kurse vorgeworfen, sondern die aktive Einflussnahme der Leerverkäufer auf die Preisbildung am Markt. Für die Begriffsbestimmung aktiver Einflussnahmen und Leerverkaufsattacken ist eine Abgrenzung zum Portfoliomanagement vonnöten, wo ebenfalls zwischen aktiven und passiven Anlagestrategien differenziert wird, in der Sache aber etwas anderes gemeint ist.

a) Aktive und passive Portfoliostrategie

Verfolgen Investoren eine passive Anlagestrategie, möchten sie regelmäßig die üblichen Marktrenditen erzielen. Als Mittel dafür dienen typischerweise Finanzprodukte, die lediglich Aktienindizes als Benchmark replizieren. Aktive Investoren versuchen dagegen durch die Auswahl einzelner Finanzprodukte, eine überdurchschnittliche Rendite zu erzielen.[153]

b) Aktive und passive Leerverkäufe

Auch im Zusammenhang mit Leerverkaufsattacken wird teilweise von „aktivistischen Investoren“[154] gesprochen. Gemeint ist dann jedoch die Unterscheidung in aktive und passive Investoren in Bezug auf deren Einflussnahme auf die Preisbildung des Markts. In diesem Sinne können aktive/aktivistische Investoren zusammengefasst werden als Handelnde, die nicht bloß auf ihr schlichtes Investment vertrauen, sondern versuchen, direkten Einfluss auf die Märkte oder einzelne Unternehmen zu nehmen. Passive Investoren bzw. Leerverkäufer ordnen sich dagegen den Marktentwicklungen unter und verkaufen lediglich ihr Investment, wenn sie mit der Performance nicht zufrieden sind.[155]

Passive Leerverkäufer lassen sich folglich so definieren, dass diese Akteure lediglich Short-Positionen halten, aber keinen weiteren Einfluss auf die Preisfindung am Markt nehmen. Dagegen versuchen aktive Leerverkäufer, ein gewünschtes Preisniveau durch gezielte Einflussnahme zu erreichen. Werden die

---

153 *Mondello*, S. 9.

154 So zum Beispiel: *Möllers*, NZG 2018, 649.

155 Vgl. dazu: *Kuang-Wei*, Columbia Business Law Review 2008, 724; eingehend zum „shareholder activsm“: *Pozen*, Harvard Business Review 72 (1994), 140 ff.

Leerverkaufspositionen unmittelbar nach dem Kurseinbruch ‚glattgestellt', kann zusätzlich von einer Leerverkaufsattacke gesprochen werden.[156]

c) Ökonomische Vorteile von Leerverkäufen

Passive Leerverkäufe bringen zahlreiche ökonomische Vorteile mit sich. Die öffentlich diskutierte Meinung, dass sich Leerverkäufe negativ auf die Effizienz des Aktienmarkts auswirken, ließ sich bisher nicht empirisch nachweisen. Im Gegenteil: Leerverkäufe können einen wohlfahrtsfördernden Einfluss auf den Finanzmarkt haben.[157] Durch spekulative Leerverkäufe wird die Liquidität im Markt erhöht, da mehr Käufer bzw. Verkäufer eine Gegenpartei für ihre Transkationen finden.[158]

Durch Leerverkäufe werden zudem die negativen Stimmungen im Markt effektiver eingepreist, was einer Blasenbildung entgegenwirken kann. Es kommt seltener zu einer Überbewertung von Anlagen (‚Overpricing Hypotheses'). [159] Fehlallokationen werden reduziert: Potenzielle Anleger müssen nicht auf die Korrektur der vermeintlich überbewerte Aktien warten, sondern können direkt auf die fallenden Kurse setzen. Ein Fehlen dieser Möglichkeit kann gegensätzlich sogar eine Überpreisung der Anlageklassen bedingen. So werden beispielsweise die stark gestiegenen Immobilienpreise u. a. auf die fehlende Möglichkeit von Leerverkäufen zurückgeführt.[160] Es lässt sich empirisch belegen, dass Leerverkäufer die Volatilität des Markts erhöhen.[161] Dies bestätigt eine historische Betrachtung des Aktienmarkts in Hongkong: Mit der Aufhebung der restriktiven Leerverkaufsbeschränkungen erhöhte sich gleichzeitig die messbare Volatilität des Markts, was auf eine effizientere Preisfindung schließen lässt.[162]

---

156 Zur Abgrenzung siehe auch: *Zhao*, Rotman School of Management Working Paper 2852041, abrufbar unter: http://ssrn.com/abstract=2852041 [Stand: 23.09.2022].

157 *Kuang-Wei*, Columbia Business Law Review 2008, 724.

158 Vgl. zum Begriff des Spekulanten mit Bezugnahme auf Hedger am Agrarmarkt: *Filler et al.*, Vierteljahrshefte zur Wirtschaftsforschung 81 (2012), 9, 11.

159 Grundlegend dazu bereits: *Miller*, The Journal of Finance 32 (1977), 1151 ff.; ausführend bezogen auf ungedeckte Leerverkäufe: *Boulton/Braga-Alves*, Journal of Financial Markets 13 (2010), 397 ff.; aufgreifend: *Huhtilainen*, European Journal of Government and Economics 2017, 5, 10; *Zhao*, Applied Economics 48 (2016), 2113 f. (m. w. N.).

160 *Jarrow/Protter/Pulido*, Mathematical Finance 25 (2015), 311.

161 *Qiu/Zhang*, Pacific Economic Review 18 (2013), 208.

162 *Chang/Cheng/Yu*, The Journal of Finance 62 (2007), 2097.

d) Positive Effekte durch aktive Leerverkäufer

Trotz dieser ökonomischen Vorteile sind Leerverkäufer großer Kritik ausgesetzt. Hier lassen der weitreichende Befugniskatalog der Behörden und die sachliche Nähe zu den verbotenen Marktmanipulationen das Missbrauchspotenzial erahnen.[163] Es besteht der Generalverdacht, dass die hohen Renditen, die durch Leerverkaufsattacken in sehr kurzer Zeit erzielt werden können, häufig auf Kosten der anderen Stakeholder gehen.[164]

Gleichwohl können den aktivistischen Leerverkäufern weitere positive Effekte zugeschrieben werden. Aktivistische Leerverkäufer können durch ihre investigative Berichterstattung Informationsasymmetrien im Markt abbauen.[165] Beispielsweise können so die Fehler eines Vorstands aufdeckt werden, bevor diese allgemein öffentlich werden würden.

Vorgelagert hat dieses Aufdeckungspotenzial einen präventiven Disziplinierungseffekt. Unternehmen können davon abgehalten werden, ihre Berichterstattung zu positiv auszuschmücken. Aktivistische Leerverkäufer erhöhen somit die Informationseffizienz im Markt, wovon reflexartig auch passive Investoren profitieren.[166]

Aktivistische Leerverkäufer zahlen alle Kosten für die Aufdeckung der Fehlinformationen und tragen das Risiko einer Kurssteigerung der leerverkauften Aktien – verbessern letztlich allerdings die Informationseffizienz im Markt, sofern es sich tatsächlich um eine echte Fehlinformation handelt. Passive Investoren profitieren dagegen völlig frei von diesen Effekten („free rider problem“[167]).[168] Deshalb kann es durchaus gerechtfertigt sein, wenn sich die Kosten für die Aufdeckung der Fehlinformationen überdurchschnittlich durch einen erheblichen Kurseinbruch des Zielunternehmens amortisieren.[169]

In Summe muss deshalb festgehalten werden, dass selbst von aktivistischen Leerverkäufern positive Effekte ausgehen können. Der Preisfindungsprozess und die Informationseffizienz des Markts können verbessert werden. Die Kursverluste, die durch die Aufdeckung der Fehlinformationen im Markt entstehen,

---

163 Vgl. dazu C. und G.
164 *Kuhner*, ZfBf 2008, 120, 121.
165 *Karpoff/Lou*, The Journal of Finance LXV (2010), 1879, 1880.
166 *Karpoff/Lou*, The Journal of Finance LXV (2010), 1879, 1880.
167 *Basseler/Heinrich/Utecht*, S. 478 (mit der Definition der Trittbrettfahrer-Problematik).
168 *Kuang-Wei*, Columbia Business Law Review 2008, 724.
169 Ebd.

sind aus Sicht der investierten Anleger zwar vermögensschädigend. Objektiv sind sie für den Gesamtmarkt aber als wohlfahrtsfördernd einzustufen.

e) Missbrauchspotenzial durch Leerverkaufsattacken

Auszunehmen davon sind Leerverkaufsattacken, die ein wahrheitswidriges oder täuschungsfähiges Gesamtbild erzeugen. Hier besteht ein erhebliches Missbrauchspotenzial: Sobald ein aktivistischer Leerverkäufer einen negativen Bericht veröffentlicht hat, stellt sich die Frage: Wer hat recht – der Leerverkäufer oder das Unternehmen? Es besteht die Gefahr, dass die Finanzmärkte den Bericht ‚vorsichtshalber als richtig' einstufen, um so größere Kursverluste zu vermeiden, die später eintreten können, wenn sich die Darstellungen als belastbar herausstellen. Dadurch kann es an den Märkten zu schnellen Abverkäufen kommen. Die aktivistischen Leerverkäufer spekulieren genau auf dieses Szenario und publizieren teils 100-seitige Berichte[170] mit Inhalten, die überwiegend Meinungen enthalten und auf Informationen aufbauen, die nur sehr aufwendig nachzuprüfen sind. Ebendies verkörpert das Kernproblem bei Leerverkaufsattacken.

Durch aktivistische Leerverkäufe kann es so zu erheblichen negativen Überzeichnungen am Markt kommen, da die Preisbildung von Aktien asymmetrisch ist: Aktienkurse fallen prozentual stärker als sie steigen.[171] Leerverkäufe werden dafür verantwortlich gemacht, Finanzkrisen zu verstärken.[172]

In den jüngsten Finanzkrisen wurden deshalb Leerverkaufsverbote und strengere Regulierungen bei Short-Produkten gezielt genutzt, um fallende Aktienkurse zu stabilisieren.[173] Wegen der von ihnen ausgehenden Missbrauchsgefahr

---

170 Beispielsweise *Gotham City Research*, 2017-03-28-Aurelius Equity Opportunities SE-& Co KGaA-AR4-The Next Arques AG or the next Philip Green, https://www.gothamcityresearch.com/archive. [Stand: 23.09.2022]; Muddy Waters Capital, Muddy Waters is Short Ströer (SAX:GR), abrufbar unter: http://www.muddywatersresearch.com/research/sax/mw-is-short-stroeer [Stand: 22.09.2022]; Zatarra Research & Investigations, Wirecard AG (WDI GR): Wide scale corruption and corporate fraud: € 0.00 per Share, http://www.heibel-ticker.de/downloads/FINALMainreportZatarra.pdf. [Stand: 23.09.2022].

171 *Qiu/Zhang*, Pacific Economic Review 18 (2013), 208, 209 f.

172 *Jarrow/Protter/Pulido*, Mathematical Finance 25 (2015), 311; *Qiu/Zhang*, Pacific Economic Review 18 (2013), 208, 209; eingehend auf die Wirkung von Leerverkaufsverboten: *Beber/Pagano*, The Journal of Finance 68 (2013), 343 ff.

173 *Jarrow/Protter/Pulido*, Mathematical Finance 25 (2015), 311.

sind Leerverkäufe in weniger entwickelten Staaten verboten oder nur stark eingeschränkt möglich.[174]

f) Fazit der ökonomischen Betrachtung

In Bezug auf Leerverkäufe ist eine genaue Differenzierung erforderlich. Trotz ihres schlechten Rufs überwiegen die wohlfahrtsfördernden Effekte passiver und aktiver Leerverkäufe. Leerverkäufe erhöhen die Markteffizienz und verbessern den Preisfindungsprozess im Markt.

Zudem können durch aktivistische Leerverkäufer Informationsasymmetrien abgebaut oder verhindert werden. Gleichzeitig darf die Gefahr aktivistischer Leerverkäufer im Missbrauchsfall nicht unterschätzt werden. Leerverkäufe können Finanzkrise verstärken und bei einzelnen Aktionären erhebliche Verluste verursachen.

Nach dieser Betrachtung sind diejenigen Leerverkaufsattacken, die irreführende Berichte enthalten, herauszugreifen und näher zu untersuchen. Während passive und aktive Leerverkäufe als wohlfahrtsfördernd einzustufen sind, gehen von ‚irreführenden' Leerverkaufsattacken keine wohlfahrtsfördernden Effekte aus. Sie stellen vielmehr eine erhebliche Gefahr für die Stabilität des Finanzmarkts dar. Was theoretisch einleuchtend klingt, bringt in tatsächlicher Hinsicht indes weitere Schwierigkeiten mit sich. In der Praxis wird sich nur im Ausnahmefall feststellen lassen, ob eine Leerverkaufsattacke richtig oder falsch ist.[175] Vielmehr wird sich später herausstellen, dass Leerverkaufsattacken als Werturteil einzuordnen sind und lediglich im Ausgangspunkt Tatsachen aufgegriffen werden.[176] Ein Wahrheitsbeweis ist selten zugänglich, da es sich um Wertungsfragen handelt. Es ist deshalb schwierig, den bestehenden Graubereich zwischen ‚richtig' und ‚falsch' sachgerecht zu erfassen.

---

174 Ebd.

175 Siehe dazu ausführlich: F., aber auch: G. I. 3.

176 Siehe dazu: F.; und dann: *Gotham City Research*, 2017-03-28-Aurelius Equity Opportunities SE-& Co KGaA-AR4-The Next Arques AG or the next Philip Green, https://www.gothamcityresearch.com/archive. [Stand: 23.09.2022]; *Muddy Waters Capital*, Muddy Waters is Short Ströer (SAX:GR), abrufbar unter: http://www.muddywatersresearch.com/research/sax/mw-is-short-stroeer [Stand: 23.09.2022]; *Zatarra Research & Investigations*, Wirecard AG (WDI GR): Wide scale corruption and corporate fraud: € 0.00 per Share, http://www.heibel-ticker.de/downloads/FINALMainreport Zatarra.pdf. [Stand: 23.09.2022].

II. Qualitative Entwicklung des medialen Manipulationsregimes

Neben diesen ökonomischen Aspekten sind für einen ganzheitlichen Blick die Umsetzung der Leerverkaufsattacken sowie die Art und Weise der verwendeten Medien relevant. Leerverkaufsattacken verbreiten sich fast ausschließlich über das Internet. Dabei werden Twitter, Facebook und ähnliche Plattformen gezielt genutzt, um entsprechende Berichte zu verbreiteten.[177] In empirischen Studien wurde nachgewiesen, dass Aktienkurse zwar nicht zwingend auf Nachrichten reagieren – falls sie aber darauf reagieren, dann unmittelbar und in sehr kurzer Zeit.[178]

1. Verbreitung über das Internet und soziale Netze

Das Verbreitungspotenzial über das Internet ist ein bedeutender Faktor. Die sozialen Netzwerke stellen große Mengen von Informationsmaterial in sehr kurzer Zeit zahlreichen Nutzern zur Verfügung.[179] Nutzer teilen oder ‚retweeten' diese Nachrichten – oftmals unreflektiert. Es ergibt sich eine interaktive Dynamik.[180] Die Verbreitung ist exponentiell und kann bereits in kurzer Zeit enorme Ausmaße annehmen. Eine Studie von *Mitts*[181] legt die Effekte des strukturellen Paradigmenwechsel in den Medien dar. (Marktrelevante) Informationen sind schneller und dezentralisiert einem breiten Publikum zugänglich.[182] Die Übersetzung von Informationen in Marktentscheidungen wird beschleunigt. Einerseits führt dies zu einer besseren Informiertheit des Markts und folglich zu einer effizienteren Preisallokation im Markt selbst.

Gegensätzlich zu diesen Effizienzgewinnen sind jedoch auch negative Effekte erkennbar.[183] So wertete *Renault*[184] rund 7,1 Mio. ‚Tweets' im Rahmen einer Event-study[185] aus und entdeckte ein aussagekräftiges Muster, dass die

---

177 *Möllers*, NZG 2018, 649.
178 *Schuster*, M&K 52 (2004), 613.
179 *Thieltges/Hegelich*, ZfP 64 (2017), 493, 502.
180 *Thieltges/Hegelich*, ZfP 64 (2017), 493, 509.
181 *Mitts*, Columbia Law and Economics Working Paper No. 615.
182 *Mitts*, Columbia Law and Economics Working Paper No. 615, S. 5 f.
183 *Mitts*, Columbia Law and Economics Working Paper No. 615, S. 6 ff.
184 *Renault*, Market manipulation and suspicious stock recommendations on social media, abrufbar unter: http://www.thomas-renault.com/wp/market-manipulation-suspicious.pdf [Stand: 23.09.2022].
185 Dazu siehe auch im Rahmen der Untersuchung von Reputation als Vermögenswert: K. I. 6. A) bb) (2) ff.

Aktienkurse der betroffenen Finanzinstrumente am Tag der Veröffentlichung ungewöhnlich stark anstiegen, kurz darauf aber stärker eingebrochen sind als bei traditionellen Pressemitteilungen.[186] Zu einem ähnlichen Ergebnis gelangten auch *Xu/Livshits*[187] bei Untersuchungen des Kryptowährungsmarkts und entsprechenden Mitteilungen über den Sofortnachrichtenmessenger Telegram. In ihren Untersuchungen fanden sie über 100 organisierte Einflussnahmen auf den Markt, die aggregiert ein Volumen von 7,1 Mrd. US-$ monatlich ausmachten. Eine weitere Untersuchung von *Mitts*[188] wertete die Aktivitäten auf Seeking Alpha[189] aus und konnte im Zeitraum von 2010 bis 2017 rund 1720 Manipulationsversuche ausfindig machen, deren Schaden auf 20,1 Mrd. US-$ geschätzt wird. *Bliss/Molk/Partnoy*[190] analysierten hierzu das Verhalten von Aktivisten am Finanzmarkt. Nach deren Einschätzung investiert der klassische Aktivist in das Zielunternehmen und versucht anschließend, (positiven) Einfluss auf das Management zu nehmen.[191] Der negative Aktivist baut dagegen Verkaufspositionen auf und nimmt keinen Einfluss auf das Management, sondern auf den Markt, indem negative Informationen verbreitet werden.[192] Der negative Aktivismus knüpft damit zwar ebenso am Unternehmen an, bedient sich dann aber der Marktöffentlichkeit.[193] Anders als bei der Einflussnahme auf das Management, das regelmäßig einen hohen Kapitaleinsatz voraussetzt, kann negativer Aktivismus mit geringeren finanziellen Mitteln umgesetzt werden. So hatte

186 In den USA als „pump and dump" bekannt, was genau den umgekehrten Fall des „trash and cash" darstellt, siehe dazu auch: G. II. b).

187 *Xu/Livshits*, The Anatomy of a Cryptocurrency Pump-and-Dump Scheme, abrufbar unter: https://www.doc.ic.ac.uk/~livshits/papers/tr/pump_and_dump_tr.pdf [Stand: 23.09.2022].

188 Siehe dazu ausführlich unten: XX.

189 Gemeint ist: www.seekingalpha.com (eine der bekanntesten Börsennachrichten-Webseiten).

190 *Bliss/Molk/Partnoy*, Washington University Law Review 1333 (2020), S. 5, 9 f.

191 Vgl. dazu auch oben: E. I. 2.; aber auch *Mitts*, Columbia Law and Economics Working Paper No. 615, S. 9 f.

192 *Bliss/Molk/Partnoy*, Washington University Law Review 1333 (2020), S. 12 f.; siehe dazu auch: *Mitts*, Columbia Law and Economics Working Paper No. 615, S. 9 f.

193 Zum Wandel des Aktivismus siehe: *Beatty*, How Activist Investors are Transforming the Role of Public- Company Boards, MCKINSEY & CO. (Jan. 2017), abrufbar unter: https://www.mckinsey.com/business-functions/strategy-and-corporate-finance/our-insights/how-activist-investors-are-transforming-the-role-of-public-company-boards# [Stand: 23.09.2022].

beispielsweise der ‚erfolgreichste' aktivistische Leerverkäufer im Jahr 2018 nur drei Angestellte.[194]

Nach heutigem Forschungsstand können diese Entwicklungen noch nicht abschließend bewertet werden. Indessen ist eindeutig, dass die sozialen Medien einem breiten Publikum einen reichweitenstarken Medienzugang eröffnen, der negativen Aktivismus begünstigt und in diesem Ausmaß erst ermöglich.[195]

2. ‚Social Bots' und deren Einflussnahme auf die Meinungsbildung

In Zeiten postfaktischer[196] Nachrichten ist das zentrale Thema der Medien- und Politikwissenschaften die Verbreitung von Falschnachrichten durch sog. Social bzw. Influence Bots. Sie sollen möglichst menschlich agieren und nutzen dazu aggregierte Informationen aus dem Internet oder aus sozialen Netzwerken.[197]

Unter ‚Social Bots' werden Algorithmen zusammengefasst, die vollautomatisiert, weitestgehend autark sowie auf Grundlage der gesammelten Datenmengen die ihnen zugewiesenen Aufgaben erledigen. Dabei sollen die maschinelle Natur der Algorithmen, ihre Zielsetzung und deren Identität verschleiert werden. Es ist allerdings nachweisbar, dass Social Bots bereits aktuell regelmäßig und in großer Anzahl zum Einsatz kommen, um die Meinungsbildung in bestimmten Kontexten zu beeinflussen. Diese Bots können eigene Kommentare abgeben, mit menschlichen Nutzern kommunizieren und aktiv Diskussionen folgen.[198]

Zur Bestimmung der natürlichen Sprachwahl, des korrekten Adressaten und des Inhalts der zu verbreitenden Nachricht bedienen sich diese Algorithmen immer geschickter der gesammelten Datenmengen (‚Big-Data-Auswertung').[199]

---

194 Vgl. dazu: *Regan*, The Tiny Activist that Reaped 24% Return by Unearthing 'Cockroaches,' BLOOMBERG (May 20, 2019), abrufbar unter: https://www.bloomberg.com/news/features/2019-05-20/the-tiny-activist-fund-that- reaped-24-return-by-unearthing-cockroaches [Stand: 23.09.2022].

195 Zu diesem Ergebnis kommt auch: *Mitts*, Columbia Law and Economics, Working Paper No. 615, S. 6 ff.

196 Kunstwort aus der Übertragung des englischen „post truth" soll auf die Verdrängung von Fakten in der politischen und gesellschaftlichen Diskussion hinweisen; „Wort des Jahres 2016" der Gesellschaft für deutsche Sprache e. V, abrufbar unter: https://gfds.de/wort-des-jahres-2016/ [Stand: 23.09.2022].

197 *Abokhodair/Yoo/D. W. McDonald*, S. 839.

198 *Thieltges/Hegelich*, ZfP 64 (2017), 493.

199 *Schröder/Schwanebeck*, S. 77.

Dazu werden bestimme Nutzerverhalten in den sozialen Netzwerken gemessen und anschließend ins Verhältnis gesetzt. Es bildet sich ein sog. Social Graph, in dem alle Aktivitäten, die Frequentierung, die Häufigkeit sowie die Inhalte der eingestellten Beiträge abgebildet und ausgewertet werden. Auf dieser Grundlage können die Nutzer dann kategorisiert und individuell eingestuft werden. Auf diese Weise ergibt sich eine ausdifferenzierte Möglichkeit, bestimmte Personen(-gruppen) gezielt anzusprechen, um so die Weiterverbreitung der Nachrichten zu begünstigen.[200]

Diese Algorithmen können die Reichweite von Nachrichten um ein Vielfaches verstärken – und das sogar abgestimmt auf den einzelnen Menschen, dessen politische Ansichten und aktuelle Lebenssituation („Micro-Targeting“[201]).[202]

Einsatzfelder sind vor allem die Politik, insbesondere vor bedeutenden Wahlen, und die Finanzmärkte. Schon heute werden 61,5 % des sog. Web Traffic von Bots produziert.[203] Einer Studie aus dem Jahr 2009 ist zu entnehmen, dass 32 % der Tweets von aktiven Twitter-Nutzern durch mechanische Bots erstellt wurden.[204] Prominente Beispiele für die aktive Einflussnahme von Bots sind der Brexit, der Arabische Frühling, die Proteste in Brasilien sowie zahlreiche politische Wahlen, beispielsweise in den USA.[205] So wurden im ersten Präsidentschaftswahlkampf von Donald Trump vollautomatisierte Twitter-Follower mit

200 *Thieltges/Hegelich*, ZfP 64 (2017), 493, 497.

201 *Robertson*, S. 63, 299.

202 *Schröder/Schwanebeck*, S. 81.

203 *Stieglitz et al.*, S. 379, 381; grundlegend dazu: *Abokhodair/Yoo/D. W. McDonald*, S. 839.

204 *Cheng, A./Evans, M.*; Twitter Statistics - An In-depth Report At Most Active Twitter Users. Social media monitoring and analytics solutions, abrufbar unter: https://sysomos.com/inside-twitter/most-active-twitter-user-data/ [Stand: 23.09.2022]; ebenfalls angeführt von: *Abokhodair/Yoo/D. W. McDonald, S.* 839; anders dagegen Twitter selbst in seinem Halbjahresbericht 2014 auf S. 3: *„However, only up to approximately 8.5% of all active users used third party applications that may have automatically contacted our servers for regular updates without any discernable additional user-initiated action.“*, abrufbar unter: http://files.shareholder.com/downloads/AMDA-2F526X/2924193924x0x775744/742fd079-63cf-4b1c-afa0-8e0b9a9b66a1/2014_Q2_Earnings_Slides_-_Updated_NEW.pdf [Stand 17.10.2018]; später teils selbst dementiert und seit dem vehement diskutiert (auszugsweise): *Zachary*, How many of Twitter's active users are actually human?, abrufbar unter: https://qz.com/242483/how-many-of-twitters-active-users-are-actually-human/ [Stand: 17.10.2018] oder *Linshi*, Twitter Refutes Report That 23 Million Active Users Are Bots, abrufbar unter: http://time.com/3103867/twitter-bots/ [Stand: 23.09.2022].

205 *Stieglitz et al.*, S. 381.

vermeintlich mexikanischer Herkunft gezielt genutzt, um seine Wahlkampfthemen aktiv durch Kommentare und Tweets zu unterstützen.[206]

Ziel dabei ist es, die öffentlichen Diskussionen in den sozialen Netzwerken zu unterwandern und bestimmte Meinungsmehrheiten zu erzeugen.[207] Pressemeldungen, die solche Einflussnahmen aufdecken, erreichen bei Weitem nicht den gleichen Effekt.[208]

Auch an den Finanzmärkten kommen solche Methoden zum Einsatz. Gerade hier ist das Erfolgspotenzial besonders hoch, da Informationen oftmals unmittelbar verarbeitet werden.[209] Ein Beispiel ist etwa die Leerverkaufsattacke auf Audience Inc., bei der automatisierte Algorithmen zum Einsatz kamen, um das Benutzerkonto des Zielunternehmens in den sozialen Netzwerken zu ‚klonen', um so falsche Nachrichten als eigene Unternehmensmitteilungen herauszugeben.[210] Das sog. Klonen von Benutzerkonten kann als Unterfall oder Weiterentwicklung der Social Bots verstanden werden. Dabei werden fremde Benutzerkonten automatisiert erstellt, um sich so als Institution oder vertrauenserweckende Person auszugeben.

Diese Gefahr von Leerverkaufsattacken durch IT-unterstützte Anwendungen ist mithin keineswegs ein vages Zukunftsszenario, sondern bereits gestern in der Wirklichkeit angekommen. Generell gilt Folgendes: Je authentischer der Algorithmus arbeitet und je höher die Resonanz der verbreiteten Nachrichten in den sozialen Netzwerken ist, desto größer ist auch die Gefahr, dass diese Falschmeldungen als korrekt eingestuft werden.[211] Die quantitative Verbreitung gilt in der Meinungsforschung als ein objektives Unterscheidungsmerkmal. Ebendieses wird durch die automatisierten Algorithmen ausgehebelt. Auf diese Weise wird das Meinungsbild verzerrt. [212]

3. Ergebnis

Was an dieser Stelle lediglich ansatzweise beschrieben werden kann, lässt sich folgendermaßen zusammenfassen: Die Medienwelt steht erst am Anfang einer

206 *Thieltges/Hegelich*, ZfP 64 (2017), 493, 498.
207 *Thieltges/Hegelich*, ZfP 64 (2017), 493, 496.
208 *Wooley/Howard*, Bots Unite to Automate the Presidential Election in: Wired Magazin, abrufbar unter: http://www.wired.com/2016/05/twitterbots-2/ [Stand: 23.09.2022].
209 *Möllers*, NZG 2018, 649.
210 *Thieltges/Hegelich*, ZfP 64 (2017), 493, 501.
211 *Thieltges/Hegelich*, ZfP 64 (2017), 493, 502.
212 *Thieltges/Hegelich*, ZfP 64 (2017), 493, 498.

bedenklichen Entwicklung. Mit dem fortschreitenden Stand der Technik werden sich auch die Algorithmen verbessern. Bereits zum jetzigen Zeitpunkt steigen nicht nur die weltweiten Nutzerzahlen in den sozialen Medien, sondern gleichsam die Zahl der medialen Manipulationsversuche.[213]

Solche automatisierten Algorithmen, die gezielt zur (Weiter-)Verbreitung von Falschnachrichten eingesetzt werden, eignen sich fast ‚maßgeschneidert' als Erfolgsrezept für Leerverkaufsattacken. Es ist deshalb sehr wahrscheinlich, dass zukünftige Leerverkaufsattacken sich dieser Methodik noch gezielter bedienen werden.

Bezogen auf die schnelllebigen Finanzmärkte hat dies einen potenzierenden Effekt: Werden in sehr kurzer Zeit negative Meldungen über ein Unternehmen verbreitet, die dann aufgrund der erzielten Reichweite noch als korrekt eingestuft werden, können dadurch schnelle Abverkäufe an der Börse ausgelöst werden. Ferner können dann durch den kurzfristigen Kurseinbruch weitere maschinelle Stopp-Loss-Mechanismen freigegeben werden, die die fallenden Kurse weiter begünstigen.

Die ausgehende Gefahr durch Leerverkaufsattacken wird vor dem Hintergrund der technischen Entwicklung und der Nutzung der Medien tendenziell größer. Es ist davon auszugehen, dass künftig Leerverkaufsattacken auf Unternehmen zunehmen und deren Erfolgschance sowie deren Ausmaß noch weiter steigen werden.

III. Fazit zur interdisziplinären Einbettung

Die interdisziplinäre Betrachtung der ökonomischen Aspekte und der medialen Entwicklung des qualitativen Manipulationsregimes zu den vorangestellten rechtlichen Grundlagen bescheinigt Folgendes: Leerverkäufe – gerade Leerverkaufsattacken – repräsentieren ein komplexes Themenfeld. Für die investierten Anleger können dadurch hohe Verluste in sehr kurzer Zeit eintreten. Trotz der zahlreichen ökonomischen Vorteile, die Leerverkäufe, aber auch aktivistische Leerverkäufer mit sich bringen, darf das Missbrauchspotenzial, das gerade von Letzteren ausgeht, nicht unterschätzt werden. Dessen ungeachtet deuten die Empirie und die technischen Entwicklungen darauf hin, dass Marktmanipulationen zukünftig noch erfolgreicher werden dürften.

---

213 Vgl. *BaFin*, Jahresbericht der Bundesanstalt für Finanzdienstleistungsaufsicht 2017, https://www.bafin.de/DE/PublikationenDaten/Jahresbericht/jahresbericht_node.html [Stand: 23.09.2022] mit *Thieltges/Hegelich*, ZfP 2017, 493.

Nachstehend soll der Äußerungsgehalt der illustrierten Leerverkaufsattacken überprüft werden, um dann eine Einordnung in das bestehende Regelungs- und Sanktionsregime vorzunehmen. Im Raum steht die Frage, ob der existierende Rechtsrahmen den Problemkreis hinreichend abdeckt und inwieweit die Möglichkeit einer zivilrechtlichen Haftung de lege lata bestehen könnte und angezeigt ist.

F. Einordnung von Leerverkaufsattacken als Tatsache oder Werturteil

Erfolgreiche Leerverkaufsattacken setzen marktwirksame Äußerungen voraus. Bei Äußerungen lässt sich tatbestandlich zwischen wahren und unwahren Tatsachen sowie Werturteilen differenzieren, um sie dann den einschlägigen juristischen Tatbeständen zuordnen zu können. Insbesondere bei potenziell schädlichen Äußerungen wird es im Ergebnis auf diese tatbestandliche Zuordnung ankommen.

I. Tradierte Abgrenzungskriterien

In Abgrenzung zu Tatsachen sind Werturteile ein direkter Ausdruck der Meinung und somit einem Beweis nicht zugänglich.[214] Werturteile zeichnen sich dadurch aus, dass sie weder empirisch noch anders auf ihren Wert- und Wahrheitsgehalt überprüft werden können.[215] Lassen sich die konkreten Äußerungen nicht eindeutig den Kategorien Werturteil oder Tatsache zuordnen, ist nach dem funktionalen Schwerpunkt abzugrenzen.[216] Sofern die Äußerung überwiegende Elemente für ein Dafürhalten oder einer Stellungnahme enthält, ist sie als Werturteil (mit „Tatsachenkern“[217]) zu werten. Lassen sich die Äußerungen dagegen im Wesentlichen überprüfen und dem Wahrheitsbeweis zuführen, liegt eine Tatsachenbehauptung vor. Anders formuliert, sind Tatsachenbehauptungen Geschehnisse, die aufgrund ihrer objektiven Beziehung zwischen Äußerung und Wirklichkeit dem Beweis zugänglich sind und sich als richtig oder falsch einordnen lassen.[218] Dagegen sind Werturteile und Meinungen durch die subjektive

---

214 *Grabenarter*, in: Maunz/Dürig, Grundgesetz, Art. 5 Abs. 1, 5 Abs. 2, Rn. 47.

215 Anstelle von vielen nur: BVerfGE 90, 241, 248; BVerfGE 61, 1, 9; vgl. auch BVerfGE 85, 1, 15 f.; *Bethge*, in: Sachs, Grundgesetz, Art. 5, Rn. 29; siehe auch den Fall als ein Beispiel, in dem das BVerfG die Beurteilung einer Äußerung als Tatsachenbehauptung durch die Fachgerichte als verfassungsrechtlich unzulässig beanstandet hat: BVerfG, NJW-RR 2012, 1002; siehe zudem: *Grabenarter*, in: Maunz/Dürig, Grundgesetz, Art. 5 Abs. 1, 5 Abs. 2, Rn. 47 (m. w. N.).

216 Zum von der Rechtsprechung entwickelten „Schwerpunktkriterium“ siehe: BVerfGE 61, 1, 9; ausführend dazu: *Wagner*, in: MüKoBGB § 824 Rn. 16, 18 f.

217 *Wagner*, in: MüKoBGB § 824 Rn. 16.

218 BGHZ 206, 298, Rn. 24 (m. w. N.); aus verfassungsrechtlicher Sicht: BVerfG, NJW-RR 2017. 1003, Rn. 13; EMGR, NJW-RR 2013, 292; aber auch aufgreifend: *Teichmann*, in: Jauernig § 824, Rn. 4.

Beziehung des Individuums zum Inhalt der Aussage gekennzeichnet, sodass ein Element der Stellungnahme und des Dafürhaltens erkennbar wird.[219] Ebenso werden Tatsachenbehauptungen oder Pauschalbehauptungen[220] wie Werturteile geschützt, wenn sie als Grundlage zur Bildung von Meinungen dienen[221]. Bei komplexeren Äußerungen ist auf den Gesamteindruck abzustellen und im Einzelfall abzuwägen, ob der „Tatsachen- oder Wertungscharakter überwiegt“[222].[223]

Die Auslegung der Äußerung erfolgt aus der Sicht des objektiven, verständigen Empfängers.[224] Es ist auf eine Durchschnittsperson des betroffenen Adressatenkreises abzustellen. Dabei ist nicht streng an dem Wortlaut anzuhaften. Vielmehr kann sich der Erklärungsgehalt auch ‚zwischen den Zeilen‘ befinden.[225] Einzelne Aussagen dürfen nicht isoliert betrachtet werden. Zu berücksichtigen sind insbesondere Überschriften, Titel und der Kontext.[226] Kommen unterschiedliche Auslegungsvarianten infrage, ist im Lichte des Art. 5 GG diejenige Auslegung zu wählen, die für den Äußernden am günstigsten ist. Da Tatsachenbehauptungen weniger geschützt sind, ist im Zweifel von einem Werturteil auszugehen. Negativ formuliert, ist nur dann von einer Tatsachenbehauptung auszugehen, wenn ein Werturteil auszuschließen ist.[227] Gleichwohl sollte nicht vorschnell von einem

---

219 BVerfG NJW-RR 2017, 1003, Rn. 13 (m. w. N.); aufgegriffen auch von *Teichmann*, in: Jauernig § 824 Rn. 4.

220 Vgl. dazu BGH NJW 2015, 774 („Scharlatanerieprodukt“, „Schwindel“).

221 BVerfG NJW 2012, 3713; aufgegriffen auch von *Teichmann*, in: Jauernig § 824 Rn. 4.

222 *Teichmann*, in: Jauernig § 824 Rn. 14.

223 BGH, NJW 2009, 3580 f.

224 BVerfGE 82, 272, 282 f. („Zwangsdemokrat“); BVerfG, NJW 1994, 2943, 2944 („Soldaten sind Mörder“); BVerfG, NJW 1995, 3303, 3305 („Soldaten sind Mörder II“); BGHZ 166, 84, 101 Rn. 64 („Kirch“); BGH, NJW 1992, 1312, 1313(„Bezirksleiter Straßenbauamt“); BGH, VersR 2004, 343, 344; OLG Naumburg, NJW-RR 2006, 1029, 1031; vgl. auch BVerfG, NJW 1977, 799, 800 („Flugblatt“); kritisch: *Ricker/Weberling*, Handbuch des Presserechts, Kap. 42 Rn. 25.

225 BGH NJW 1979, 1041; 1980, 2801, 2803; BGH, NJW-RR 1994, 1242; BGH, NJW 1997, 2513 f. („Erfahrungen mit dem Rechtswesen“); BGH, NJW 2000, 656, 657 („Korruption am Bau“); BGH, VersR 2004, 343, 344; BGH, VersR 2006, 382, 383 Rn. 16.

226 KG, NJW-RR 1999, 1547, 1548 (mit Hinweis auf eine Ausnahme).

227 BVerfGE 43, 130, 136 f. („Flugblatt“); BVerfGE 61, 1, 9 („CSU als NPD von Europa“); BVerfGE 82, 43, 52 f. („Strauß-Transparent“); BVerfGE 82, 272, 280 f. („Zwangsdemokrat“); BVerfGE 85, 1, 15 („Kritische Bayer-Aktionäre“); BVerfG NJW 1994, 2943; BayObLG, NJW 1995, 2501; KG, NJW-RR 1999, 1547, 1548).

Werturteil ausgegangen werden, nur weil es abstrakt in Betracht kommt.[228] Überzeugender ist es, auf den Gesamtzusammenhang abzustellen.[229]

II. Äußerungsbezogene Darstellung von Leerverkaufsattacken

Bei Leerverkaufsattacken werden Äußerungen so im Internet platziert, dass dadurch ein möglichst großer medialer Effekt entstehen soll. Jede Leerverkaufsattacke ist für sich genommen einzigartig. Dennoch lassen sich einige Gemeinsamkeiten finden. So beginnen die Berichte aktivistischer Leerverkäufer stets mit einem ausführlichen Disclaimer[230], der auf Interessenkonflikte und mögliche Risiken für Anleger hinweist und den Leser dazu auffordert, seine Anlageentscheidung nicht ausschließlich auf diese Quelle zu stützen. Anschließend erfolgen die inhaltlichen Auseinandersetzungen mit dem Zielunternehmen. Dabei stellen Leerverkaufsattacken häufig einen Bezug zur Finanzberichterstattung des Zielunternehmens her. In Hinblick auf die Auslegung anhand des Gesamtzusammenhangs ist diese Bezugnahme von prägender Bedeutung, um tatbestandlich zwischen Werturteil oder Tatsachenbehauptung zu unterscheiden. Um diese Abgrenzungsproblematik bei Leerverkaufsattacken zu verdeutlichen, sollen an dieser Stelle die illustrierend ausgewählten Leerverkaufsattacken auf ihren Aussagegehalt überprüft werden, mit dem Ziel, einen generellen Maßstab für die Einordnung von Leerverkaufsattacken in der Kaskade der Äußerungsdelikte – von Werturteil bis Tatsache – zu finden oder neu zu entwickeln.

---

228 In diese Richtung aber OLG Karlsruhe, NJW-RR 2001, 766, 767; *Steffen*, in: Löffler, Presserecht, § 6, Rn. 91, wonach die Deutung als Meinung ausgeschlossen sein muss; die Überprüfung unterliegt dem Revisionsgericht und dem BVerfG, siehe dazu: BGHZ 139, 95, 103 („Stolpe"); BGH, NJW 1978, 1797, 1798; 1985, 1621, 1622; 1992, 1312, 1313; BGH, VersR 2004, 343, 344; 2006, 382 f. Rn. 14.
34 BVerfGE 43, 130, 137; *Grimm*, NJW 1995, 1697, 1700.

229 BVerfG NJW 1993, 930, 931; 1995, 3303, 3305; BGHZ 132, 13, 20 („Lohnkiller"); BGHZ 139, 95, 102 („Stolpe"); BGHZ 166, 84, 100 f. Rn. 64; BGH, NJW 1987, 2225, 2226; 1994, 2614 2615; 1997, 2513, 2514 („Erfahrungen mit dem Rechtswesen"); BGH, NJW 2000, 656, 657 („Korruption am Bau"); BGH, VersR 2004, 343, 344); BGH, NJW 2005, 279, 282 („Foris"); BGH, NJW 2009, 1872 Rn. 11; BGH, NJW 2009, 3580 Rn. 11; 2015, 773.

230 Siehe dazu: F. II. 1. a); F. II. 3. a); F. II. 5. a), b).

1. Ströer. /. Muddy Waters

Muddy Waters stellt sich in seinem Bericht einleitend als Analystenhaus vor und verweist auf die Beratungsbeziehung zu einem privaten Fonds.[231] Anschließend werden allgemeine Informationen zum Zielunternehmen Ströer platziert, vergleichbar mit einem Steckbrief. Genannt werden börsenbezogene Fakten wie die korrekte Unternehmensbezeichnung, das Ticker-Symbol oder die aktuelle Marktkapitalisierung samt Aktienkurs.

a) *Einleitung und Prägung des Berichts*

Dem folgt ein Porträt des Zielunternehmens, das fließend in die Einleitung des Berichts mündet. Anders als beim vorangestellten Steckbrief wird in der Einleitung eine subjektive Prägung deutlich, beispielsweise: „Why should anybody be skeptical? Well, it turns out that Ströer's claimed digital organic growth rates are way off from what we can calculate."[232]

Eingeleitet von dieser Suggestivfrage, wird fortlaufend zwischen den Zeilen unterstellt, dass *Ströer* die organische Wachstumsrate im digitalen Geschäft falsch ausgewiesen habe. Die Behauptung, nachprüfbare Kennzahlen falsch ausgewiesen zu haben, könnte dem Grunde nach als eine Tatsachensachenbehauptung eingeordnet werden, die dem Beweis zugänglich ist. Allerdings werden diese Äußerungen stets als Werturteile formuliert. Dieses rhetorische Leitbild prägt den gesamten Bericht. Weiter heißt es (auszugsweise):

„We believe that Ströer has substantially overstated its organic growth figures in 2014 and 2015. We do not know if what we believe to be the overstatements result from incompetence or are an attempt to mislead investors. In our view, the most accurate way of measuring Digital organic growth in 2015 would have yielded a rate of only 2.5%."[233]

sowie:

„Ströer's public video operation, Infoscreen, seems to be an outlier in the industry in terms of its profitability. Since its reclassification to the Digital

231 Der Disclaimer und der offene Interessenkonflikt entfalten eine verstärkende Wirkung, da Muddy Waters bereit ist auf Grundlage der eigenen Äußerungen Investmententscheidungen zu treffen.

232 „Muddy Waters is short Stroer (SAX:GR)", abrufbar unter: https://www.muddywatersresearch.com/research/sax/mw-is-short-stroeer/ [13.11.2019], S. 3.

233 „Muddy Waters is short Stroer (SAX:GR)", abrufbar unter: https://www.muddywatersresearch.com/research/sax/mw-is-short-stroeer/ [13.11.2019], S. 4.

segment in 2015, Infoscreen has been integral to the Ströer growth story. We believe Infoscreen deserves greater scrutiny from investors.“[234]

Vermeintliche Tatsachenbehauptungen werden mit Signalwörtern eingeleitet, die sie als eine Meinung kennzeichnen sollen („we believe“[235], we suspect“[236], „in our view“[237], „it seems“[238] u. v. m.).

b) ‚Ergebnis' mit vermeintlichem Tatsachenbezug

Die Einleitung endet mit dem Ergebnis, dass Muddy Waters eine Investmentchance für einen Leerverkauf sieht: „That's why we're short Ströer.“[239] Anschließend folgen die ‚Summary' mit identischem Ergebnis („As a result of the foregoing factors, we find the investment case for Ströer hollow.“[240]) und ein 62-seitiger Bericht (inkl. Appendix), der die Begründung für dieses Ergebnis ausführlich darstellt. Unterstützt werden die getroffenen Aussagen durch Abbildungen aus dem Geschäftsbericht von Ströer sowie durch eigene Berechnungen, die den behaupteten Feststellungen Nachdruck verleihen sollen (hier auszugsweise für das Beispiel der organischen Wachstumsraten im digitalen Geschäft):

---

234 „Muddy Waters is short Stroer (SAX:GR)“, abrufbar unter: https://www.muddywatersresearch.com/research/sax/mw-is-short-stroeer/ [13.11.2019], S. 4.

235 „Muddy Waters is short Stroer (SAX:GR)“, abrufbar unter: https://www.muddywatersresearch.com/research/sax/mw-is-short-stroeer/ [13.11.2019], S. 1, 3, 4, 6, 8, 9, 11, 12, 15, 22, 24, 25, 28, 35.

236 Muddy Waters is short Stroer (SAX:GR)“, abrufbar unter: https://www.muddywatersresearch.com/research/sax/mw-is-short-stroeer/ [13.11.2019], S. 4, 5, 11, 18.

237 Muddy Waters is short Stroer (SAX:GR)“, abrufbar unter: https://www.muddywatersresearch.com/research/sax/mw-is-short-stroeer/ [13.11.2019], S. 3, 4, 8, 21, 24, 32, 36.

238 Muddy Waters is short Stroer (SAX:GR)“, abrufbar unter: https://www.muddywatersresearch.com/research/sax/mw-is-short-stroeer/ [13.11.2019], S. 2, 3, 4, 5, 6, 12, 15, 19, 34, 36, 40.

239 „Muddy Waters is short Stroer (SAX:GR)“, abrufbar unter: https://www.muddywatersresearch.com/research/sax/mw-is-short-stroeer/ [13.11.2019], S. 4.

240 „Muddy Waters is short Stroer (SAX:GR)“, abrufbar unter: https://www.muddywatersresearch.com/research/sax/mw-is-short-stroeer/ [13.11.2019], S. 5.

Below is our reconciliation of 2014 and 2015 organic growth.

2014	Reported 2013	Pre-acq rev 2013	2014 FX	Adjusted 2013	Reported 2014	Acq rev 2014	Adjusted 2014	Organic Growth 2014	Rate 2014
	a	b	c	d=a+b+c	e	f	g=e+f	h=g-d	o=h/d
Digital (no video)	64.4	56.0	(2.6)	117.8	122.8	(2.4)	120.4	2.6	2.2%
Public video	36.1	-	-	36.1	41.6	-	41.6	5.6	15.4%
Digital with video	100.5	56.0	(2.6)	153.8	164.4	(2.4)	162.0	8.2	5.3%
OOH Germany	383.5	-	-	383.5	422.9	-	422.9	39.4	10.3%
International	151.0	-	(12.5)	138.5	146.3	-	146.3	7.8	5.6%
Elimination	(12.8)	-	-	(12.8)	(12.5)	-	(12.5)	0.3	
Total	622.2	56.0	(15.1)	663.1	721.1	(2.4)	718.7	55.6	7.7%

2015	Reported 2014	Pre-acq rev 2014 acq	2015 acq Pro forma	2015 Disposal 2014 Adj	FX 2015	Adjusted 2014	Reported 2015	Organic growth 2015	Organic growth rate 2015
	a	b	c	i	d	e=a+b+c+d+i	f	g=f-e	h=g/e
Digital (no video)	122.8	8.8	39.3	(7.2)	(0.7)	163.0	184.1	21.1	13.0%
Public video	41.6	0	0	-	-	41.6	54.1	12.5	30.0%
Digital with video	164.4	8.8	39.3	(7.2)	(0.7)	204.6	238.2	33.6	16.4%
OOH Germany	422.9	-	-	-	-	422.9	457.2	34.3	7.5%
International	146.3	-	-	-	(2.9)	143.4	142.4	(1.0)	-0.7%
Elimination	(12.5)	-	-	-	-	(12.5)	(14.0)	(1.5)	
Total	721.1	8.8	39.3	(7.2)	(3.6)	758.4	823.8	65.4	8.6%

Abb. 9: Auszug aus Bericht ‚Muddy Waters is short Stroer (SAX:GR)' (Quelle: abrufbar unter: https://www.muddywatersresearch.com/research/sax/mw-is-short-stroeer/, S. 7 [13.11.2019])

c) Zwischenergebnis zum Muddy-Waters-Bericht

Muddy Waters stellt mit der Kritik an der organischen Wachstumsrate die Richtigkeit der Finanzberichterstattung von Ströer offen infrage und führt dafür vermeintlich gute Gründe an. Es wird behauptet, dass Ströer falsche Finanzkennzahlen veröffentlicht habe. Auch hier werden die getroffenen Aussagen stets durch Signalwörter eingeleitet, um sie als Meinung zu kennzeichnen. Muddy Waters nimmt nicht für sich in Anspruch, unbedingt richtig zu liegen, versucht aber, den Leser hiervon zu überzeugen.[241] An dieser Stelle ließe sich bereits gut vertreten, dass die Aussagen von Muddy Waters zwar einen tatsächlichen Anknüpfungspunkt vorweisen können, letztlich aber als Werturteile einzuordnen sind, die Aufforderungen zum „Dafürhalten"[242] aufweisen, die in der Gesamtbetrachtung aus Sicht eines objektiven Dritten überwiegen.

241 Tatsachenbehauptungen kennzeichnen sich durch ihren Wahrheitsanspruch, siehe *Wagner*, in: MüKoBGB, § 824, Rn. 18.

242 Siehe dazu auch: F. I.

d) *Gegendarstellung durch Ströer*

In der Gegendarstellung ordnet Ströer die Aussagen von Muddy Waters als falsche Tatsachenbehauptungen ein: „In der Folge stellen wir die wesentlichen unzutreffenden Behauptungen von Muddy Waters Capital wie folgt richtig“ (die „Richtigstellung“[243] erfolgte in bestimmender Wortwahl)[244]: „‚Organic Growth in Digital and Overall Appear to be Greatly Overstated‘ – Diese Behauptung von Muddy Waters Capital ist falsch!“[245] Vorgetragen wird, dass Muddy Waters die Wechselkurseffekte nicht berücksichtigt und die quotale Konsolidierung der Joint Ventures nicht zugerechnet habe. Auch die bereinigte organische Wachstumsrate von Ströer sei – wie marktüblich und angemessen – ohne verkaufte Unternehmen und nicht fortgeführte Geschäftsbereiche (richtig) berechnet worden. Ströer erklärt weiter, dass durch diese Berechnungsmethode das Verantwortungsprinzip (‚Accountability Principle‘) konsequent umgesetzt werde. Gleichzeitig werden akquirierte Unternehmen als Teil des Kerngeschäfts (‚Core of the Company‘) zur organischen Wachstumsrate hinzugerechnet. Ströer erklärt: „Dieses von uns angewendete Prinzip kann positive wie negative Effekte auf das organische Wachstum haben.“[246] Im kritisierten Zeitraum von Muddy Waters ist es so zu einem überdurchschnittlichen positiven Effekt gekommen.

e) *Einordnung als Werturteil oder Tatsache als Conclusio ‚beider Seiten‘*

In Zusammenfassung dieser widerstreitenden Auffassungen lässt sich festhalten, dass Muddy Waters jedenfalls richtigerweise auf eine auffällig hohe organische Wachstumsrate hingewiesen hat. Hierbei unterstellt Muddy Waters jedoch, dass

243 *Ströer SE & Co. KGaA,* DGAP-News: Detaillierte Stellungnahme der Ströer SE & Co. KGaA zur Short-Attacke durch Muddy Waters Capital und Ausblick auf die aktuelle Geschäftsentwicklung (News mit Zusatzmaterial), abrufbar unter: http://ir.stroeer.com/websites/stroeer/German/222/news.html?newsID=1550999 [Stand: 23.09.2022].

244 Hier weiter am Beispiel der organischen Wachstumsraten im digitalen Geschäft.

245 Anmerkung: Nur Tatsachen können richtig oder falsch sein, da Werturteile nicht dem Beweis zugänglich sind. Werturteile können nur auf Zustimmung oder Ablehnung treffen. Ströer unterstellt folglich mit der Richtigstellung eine falsche Tatsachenbehauptung.

246 *Ströer SE & Co. KGaA,* DGAP-News: Detaillierte Stellungnahme der Ströer SE & Co. KGaA zur Short-Attacke durch Muddy Waters Capital und Ausblick auf die aktuelle Geschäftsentwicklung (News mit Zusatzmaterial), abrufbar unter: http://ir.stroeer.com/websites/stroeer/German/222/news.html?newsID=1550999 [Stand: 23.09.2022].

die Berechnung nicht richtig sein könne. Ströer entgegnet, dass die Berechnungen korrekt durchgeführt worden seien. Ließe sich an dieser Stelle anhand eines Beweises entscheiden, dass die ausgewiesene organische Wachstumsrate richtig oder falsch ist, also die organische Wachstumsrate selbst als Tatsachenbehauptungen zu werten ist, hätte dies für die Einordnung der Aussage wesentliche Bedeutung. Ist der Anknüpfungspunkt (hier die organische Wachstumsrate) als Tatsache zu bewerten, wäre weiter in einer Gesamtabwägung die Aussage als Werturteil mit Tatsachenkern oder Tatsache zu qualifizieren. Falls die organische Wachstumsrate indes selbst keine Tatsache, sondern vielmehr als Werturteil einzuordnen ist, könnte auf nachgelagerter Ebene der Leerverkaufsattacke kaum noch von Tatsachenbehauptungen ausgegangen werden, denn dann entfällt der Anknüpfungspunkt an den Tatsachsachenkern und als eine Tatsache. Die Klassifizierung des Bezugspunkts (organische Wachstumsrate) als Tatsache oder Werturteil hat somit das Potenzial, die Einordnung als Tatsache oder Werturteil auf nachgelagerter Stufe der Leerverkaufsattacke vorwegzunehmen.

aa) Untersuchung des Begriffs der organischen Wachstumsrate

Als organische Wachstumsrate wird das Wachstum bezeichnet, das das Unternehmens aus sich selbst heraus generiert und nicht durch externe Akquisitionen.[247] Es liegt keine Veröffentlichungspflicht und demnach auch kein einheitlicher rechtlicher Bilanzierungsstandard vor.

Im vorliegenden Beispiel hat Ströer in Hinblick auf die historischen Fundamentaldaten auffällig hohe organische Wachstumsraten in den Geschäftsberichten 2014[248] und 2015[249] ausgewiesen. Die korrekte mathematische Berechnung wird unterstellt und ist weder Gegenstand dieser Ausführungen noch von weiterführender Relevanz. Betrachtet und streitiger Gegenstand der Leerverkaufsattacke ist der bilanzielle Gestaltungsspielraum.

---

247 Siehe dazu beispielsweise die Definition aus dem Business-Magazin für den Mittelstand, abrufbar unter: https://www.onpulson.de/lexikon/organisches-wachstum/ [Stand: 23.09.2022].

248 Ströer, Geschäftsbericht 2014, siehe Fußnote 3 zur organischen Wachstumsrate, abrufbar unter: http://ir.stroeer.com/download/companies/stroeer/Annual%20Reports/DE0007493991-JA-2014-EQ-D-01.pdf [Stand: 23.09.2022].

249 Ströer, Geschäftsbericht 2015, siehe Fußnote 4 zur organischen Wachstumrate, abrufbar unter: http://ir.stroeer.com/download/companies/stroeer/Annual%20Reports/DE0007493991-JA-2015-EQ-D-00.pdf [Stand: 23.09.2022].

bb) Bilanzielle Gestaltung als Wertungsfrage

Ströer hat seine Berechnungsmethodik der organischen Wachstumsrate im Jahr 2015 geändert hat und sodann „akquirierte Unternehmen – positiv wie negativ – direkt ab dem Zeitpunkt der Erstkonsolidierung in die Berechnung des organischen Wachstums"[250] mit aufgenommen. Die Ansatzfähigkeit von Unternehmensbeteiligungen in bilanziellen Kenngrößen ist das zentrale Diskussionsthema der Rechnungslegung. Es besteht ein erheblicher Beurteilungsspielraum, der subjektiven Wertungen unterliegt und einen vorgeformten Blick auf bestimmte betriebliche Geschäftsvorfälle abbildet. „Denn Rechnungslegung ist nun einmal keine Naturwissenschaft, sondern angewandte Sozialwissenschaft."[251]

Dem Grunde nach widerspricht die Hinzurechnung akquirierter Unternehmen in die organische Wachstumsrate der Definition, die geradezu das interne, also Wachstum aus dem Unternehmen selbst heraus ausweisen soll und nicht das Wachstum durch externe Zukäufe.[252] Diesem Grundverständnis scheint auch Ströer selbst zu folgen, denn an anderer Stelle desselben Geschäftsberichts 2015 wird zwischen „M&A-Transaktionen wie auch auf das organische Umsatzwachstum der bereits vorhandenen Gesellschaften"[253] unterschieden – bei der organischen Wachstumsrate dagegen nicht.

cc) Die organische Wachstumsrate als Zeitpunktproblem

Konkret ist die Höhe der organischen Wachstumsrate im Fall Ströer ein Zeitpunktproblem, ab wann ein übernommenes Unternehmen zum internen Wachstum hinzugerechnet werden kann. Ab einem unbekannten Zeitpunkt ist es sachgerecht, übernommene Unternehmen zum Konzern sowie zum organischen Wachstum hinzuzählen. Dieser Zeitpunkt ist eine Wertungsfrage und kann sich an verschiedenen Charakteristiken orientieren, beispielsweise dem

---

250 Ströer, Geschäftsbericht 2015, S. 26, abrufbar unter: http://ir.stroeer.com/download/companies/stroeer/Annual%20Reports/DE0007493991-JA-2015-EQ-D-00.pdf [Stand: 23.09.2022].

251 *Leibfried*, IRZ 2016, 353.

252 Für eine allgemeine Verständlichkeit wie „organisches Wachstum" vom Verkehr verstanden wird, sei an dieser Stelle auf den Beitrag bei Wikipedia verwiesen, abrufbar unter: https://de.wikipedia.org/wiki/Organisches_Wachstum [Stand: 23.09.2022].

253 Ströer, Geschäftsbericht 2015, S. 33, abrufbar unter: http://ir.stroeer.com/download/companies/stroeer/Annual%20Reports/DE0007493991-JA-2015-EQ-D-00.pdf [Stand: 23.09.2022].

Fortschritt von Eingliederungsprozessen oder an den Personalstrukturen. Ein gangbarer Weg ist auch die Herangehensweise von Ströer, auf den Zeitpunkt der vollständigen bilanziellen Erfassung abzustellen, denn mit der bilanziellen Konsolidierung zählt das übernommene Unternehmen zur Konzernbilanz und folglich zum Konzern. In Hinblick auf die Betrachtung organischen (internen) und zugekauften (externen) Wachstums vermag diese Herangehensweise indes nicht zu überzeugen. ‚Zugekauftes Wachstum' als internes Wachstum zu deklarieren, konterkariert das gängige Verständnis der Kennzahl.

dd) Wertungsfrage und Werturteil im bilanziellen Kontext

An dieser Stelle soll jedoch keine abschließende Bewertung getroffen werden, wann ein Unternehmen zum Konzern und zur organischen Wachstumsrate gezählt werden kann, darf und sollte. Es sollte lediglich aufgezeigt werden, welche bilanziellen und tatsächlichen Problematiken eine nachvollziehbare Einordnung mit sich bringt und welches Missbrauchspotenzial hierin verborgen ist. Im Beispiel von Ströer konnte mit der neu gewählten Betrachtungsweise jedenfalls – im Vergleich zu den vorherigen Geschäftsjahren – eine deutlich erhöhte organische Wachstumsrate ausgewiesen werden. Die erhöhte Kennzahl birgt das Potenzial, den Leser über das Wachstum im digitalen Geschäft zu täuschen. Die Zahlen wurden im Geschäftsbericht bereits zu Beginn einer tabellarischen Zusammenfassung präsentiert, sodass nicht nur professionelle Analysten, sondern auch Privatanleger bei flüchtiger Sichtung des Geschäftsberichts auf die erhöhte Kennzahl aufmerksam gemacht wurden.

f) Ergebnis der Untersuchung des Muddy-Waters-Berichts

Die unterschiedlichen und wechselnden Ansatzmöglichkeiten der organischen Wachstumsrate legen nahe, dass es sich um eine bilanzielle Wertungsfrage handelt, die Missbrauchspotenzial bereithält. In dieser Konsequenz kann die organische Wachstumsrate nicht als Tatsache eigenordnet werden.[254]

Folgerichtig muss es sich dann auch bei den Äußerungen von Muddy Waters im Leerverkaufsbericht um Werturteile handeln und es kann offen bleiben, ob die Äußerungen auf Ebene der Leerverkaufsattacke im Gesamtzusammenhang als Werturteil oder als Tatsache einzuordnen sind, da deren Bezugspunkt (hier

254 Zur Klarstellung: Die korrekte mathematische Berechnung ist nicht Gegenstand dieser Ausführungen und wird als richtig unterstellt. Die mathematische Berechnung ist stets als Tatsache einzuordnen, da sie dem Beweis zugänglich ist.

der organischen Wachstumsrate) Wertungsfragen enthält, die den Tatsachenbegriff wegen fehlenden Tatsachenkerns ausscheiden lassen müssen. Durch diesen Wertungsspielraum auf Bezugsebene der Finanzberichterstattung ist es vorentschieden, dass auf nachgelagerter Ebene der Leerverkaufsattacke ein Werturteil vorliegen muss, das qua Definition einem Beweis nicht zugänglich ist.

In Zusammenfassung dessen lässt sich vereinfacht und abstrahiert Folgendes festhalten: (Bilanzielle) Wertungsfrage bedeutet Werturteil.

2. Aufstellung einer These zu ökonomisch-derivativen Äußerungen

Das Beispiel Muddy Waters sollte die Abgrenzungsproblematik bei Leerverkaufsattacken verdeutlichen, mit dem Ziel, einen generellen Maßstab für die Einordnung von Leerverkaufsattacken in der Kaskade der Äußerungsdelikte – von Werturteil bis Tatsache – zu finden oder neu zu entwickeln.

Nach den erfolgten Untersuchungen lässt sich folgende These aufstellen, die für ökonomisch-derivative Äußerungen im Allgemeinen und für Leerverkaufsattacken im Besonderen gilt:

> *Die Frage, ob ein Werturteil mit Tatsachenkern oder in der Gesamtbetrachtung eine Tatsachenbehauptung vorliegt, kann sich nicht stellen, wenn der Bezugspunkt für den Tatsachenbegriff bereits selbst als Wertungsfrage einzuordnen ist, die nicht dem Beweis, sondern nur subjektiver Einschätzungen wie bilanzieller Bewertungsansätze und -spielräume zugänglich ist, sofern sich die Äußerungen auf nachgelagerter Ebene in diesem Beurteilungsspielraum erschöpfen und keine neuen Tatsachenbehauptungen vorbringen, die von diesem singulär abgrenzbar sind.*

Eingeordnet in die bestehende Rechtsprechung[255] und Lehre[256] zur Abgrenzung von Werturteil und Tatsachenbehauptung, lassen sich die ökonomisch-derivativen

---

255 BVerfGE 82, 272, 282 f. („Zwangsdemokrat"); BVerfG, NJW 1994, 2943, 2944 („Soldaten sind Mörder"); BVerfG, NJW 1995, 3303, 3305 („Soldaten sind Mörder II"); BGHZ 166, 84, 101 Rn. 64 („Kirch"); BGH, NJW 1992, 1312, 1313(„Bezirksleiter Straßenbauamt"); BGH, VersR 2004, 343, 344; OLG Naumburg, NJW-RR 2006, 1029, 1031; vgl. auch BVerfG, NJW 1977, 799, 800 („Flugblatt"); kritisch: *Ricker/Weberling*, Handbuch des Presserechts, Kap. 42, Rn. 25; aber auch: BGH NJW 1979, 1041; 1980, 2801, 2803; BGH, NJW-RR 1994, 1242; BGH, NJW 1997, 2513 f. („Erfahrungen mit dem Rechtswesen"); BGH, NJW 2000, 656, 657 („Korruption am Bau"); BGH, VersR 2004, 343, 344; BGH, VersR 2006, 382, 383 Rn. 16.

256 Siehe anstelle von vielen nur *Grabenarter*, in: Maunz/Dürig, Grundgesetz, Art. 5 Abs. 1, 5 Abs. 2, Rn. 47; *Teichmann*, in: Jauernig § 824, Rn. 14; *Wagner*, in: MüKoBGB § 824, Rn. 16 (jeweils m. w. N.).

Äußerungen mit einem bilanziellen Bewertungsspielraum als Sonderfall des Werturteils mit Tatsachenkern einordnen. Fehlen solche ökonomisch-derivativen Äußerungen, ist auf die bestehende Abgrenzungsdoktrin von Werturteil und Tatsache zurückzugreifen. Diese These soll anhand des Gotham-Berichts validiert werden.

3. Aurelius. /. Gotham City Research

Der Bericht von Gotham City Research steht unter der Überschrift ‚Aurelius Equity Opportunities SE & Co KGaA: The Next Arques AG or the next Philip Green? –Good Home for Companies'. Der Bezug zu den erheblichen Wertverlusten der Arques AG[257] (heute: Gigaset AG) seit 2007 und zum Wirtschaftsskandal um Philip Green[258] lässt die negative Ausrichtung des Berichts erkennen.

Es folgt ein einseitiger Disclaimer, der den ausdrücklichen Hinweis enthält, dass lediglich Werturteile (‚Opinions') dargestellt werden,[259] die auf Grundlage öffentlicher Publikationen von Aurelius gebildet wurden. Gleichzeitig weist Gotham auf die Sorgfältigkeit seiner Untersuchungen und die Überzeugung über die Verlässlichkeit der dargestellten Informationen hin.[260] Anschließend folgen

---

257 Siehe illustrierend der Bericht von *Christoph Hardt*, erschienen im Handelsblatt am 28.06.2006, abrufbar unter: https://www.handelsblatt.com/unternehmen/handel-konsumgueter/arques-ag-geschaefte-mit-der-zukunft/2621640.html [Stand: 23.09.2022].

258 Sir Philip Green wurde vorgeworfen rechtswidrig Aktiva der übernommenden British Homes Store abgezogen zu haben und das Unternehmen künstlich überschuldet zu haben. Die Untersuchung wurden gegen Zahlung von 363 Mio. £ an den britischen Pensionsfond eingestellt. Die Ritterehre wurde nicht aberkannt, siehe zu dazu aus der britischen Tagespresse ein Bericht von *Laura Hughes,* erschienen im Daily Telegraph am 20.10.2006, abrufbar unter: https://www.telegraph.co.uk/news/2016/10/20/mps-to-vote-on-motion-to-strip-sir-philip-green-of-knighthood-ov/ [Stand: 23.09.2022].

259 An dieser Stelle sei angemerkt, dass die Selbsteinschätzung, ob Werturteile oder Tatsachen dargestellt werden, keine rechtliche Relevanz hat, da auf den objektiven Empfänger abzustellen ist. Es bezeugt jedoch das vorhandene Problembewusstsein.

260 Im Originalwortlaut: „*This research and report expresses GOTHAM CITY RESEARCH LLC's opinions, which have* been solely based upon publicly available information, as well as inferences and deductions through our research and analytical process. GOTHAM CITY RESEARCH LLC believes all factual information contained herein to be accurate and reliable, and has obtained such information from public sources believed to be accurate and reliable. However, the issuer may possess or have access to information that materially differs from the information presented herein", *Gotham City Research*, 2017-04-05-Aurelius Equity Opportunities SE-& Co KGaA-AR4-Do Aurelius Swedish Subsidiaries Exist, https://www.gothamcityresearch.com/archive, S. 2 [Stand: 23.09.2022].

ein Inhaltsverzeichnis und ein One-Pager, der neben einem kurzen Porträt von Aurelius mit Stammdaten sowie ausgewählten Kennzahlen eine stichpunktartige Zusammenfassung des Berichts enthält, die in ‚Gotham City Research's opinions' und ‚Summary of Findings' differenziert.[261]

a) *Einleitung und Prägung des Berichts*

Nach diesem einseitigen Überblick leitet Gotham City mit seiner ‚Introduction' den Bericht mit einem Vergleich zwischen Aurelius und Berkshire Hathaway, der Beteiligungsgesellschaft von Warren Buffett, ein und wirft die Frage auf, ob Aurelius besser sei als Buffett[262].[263] Anschließend werden umfangreiche Vergleiche mit der Arques AG gezogen, die Dr. Dirk Markus 2001 (mit-)gründete. Es wird aufgezeigt, dass, nachdem Markus seine Anstellung bei der Arques AG beendet hatte, der Aktienkurs von Arques um 95 % korrigierte. Gotham City fragt weiter, ob „the story of Arques' rise and fall, a roadmap to Aurelius' story – past, present, and future?"[264] sei. Als Begründung wird auf verdächtige Bilanzierungsweisen, insbesondere auf die hohen Gewinne durch negativen Goodwill, verwiesen (auszugsweise):

- „43% - 100%+ of Aurelius's 2012-2015 reported earnings seem suspect, based on our inspection.
- Aurelius' income from negative goodwill has risen dramatically over the last few years, and now accounts for over 120% of 2011-2015 earnings – levels that Arques reached prior to its collapse."

261 *Gotham City Research*, 2017-04-05-Aurelius Equity Opportunities SE-& Co KGaA-AR4-Do Aurelius Swedish Subsidiaries Exist, https://www.gothamcityresearch.com/archive, S. 3 f. [Stand: 23.09.2022].

262 Warren Buffett gilt als einer der erfolgreichsten Investoren und belegt im Forbes Ranking mit einem Vermögen von 118 Mrd $ (Stand: September 2022) Platz 5 der vermögendsten Menschen der Welt, siehe Forbes The Richest in 2022, abrufbar unter: https://www.forbes.com/billionaires/ [Stand: 23.09.2022].

263 Im Originalwortlaut „Aurelius is Better than Warren Buffett?", Gotham City Research, 2017-04-05-Aurelius Equity Opportunities SE-& Co KGaA-AR4-Do Aurelius Swedish Subsidiaries Exist, https://www.gothamcityresearch.com/archive, S. 5 [Stand: 23.09.2022].

264 Gotham City Research, 2017-04-05-Aurelius Equity Opportunities SE-& Co KGaA-AR4-Do Aurelius Swedish Subsidiaries Exist, https://www.gothamcityresearch.com/archive, S. 5 [Stand: 23.09.2022].

Die Einleitung schließt mit der Feststellung: „Gotham City Research believe that Aurelius is, indeed, an exceptional investment company – but for all the wrong reasons." Dem folgt ein 63-seitiger Bericht (inkl. Quellenverzeichnis), der sich im Wesentlichen an der auffälligen Gewinnentwicklung und den Hintergründen des Vorstands Dr. Dirk Markus orientiert.

b) *Gestaltung mit vermeintlichem Tatsachenbezug*

Gestalterisch zeichnet sich der Bericht dadurch aus, dass zahlreiche Suggestivfragen an den Leser gestellt werden, die auf Auffälligkeiten in der Finanzberichterstattung hinweisen sollen. So beginnt der Hauptteil des Berichts beispielsweise mit der Frage: „Arques & Aurelius: Same Questionable Model, Same Destiny? - The CEO of Aurelius is a former Arques Executive and Arques' Long Term Share Performance is a Disaster"[265] Gotham City geht sowohl auf die Bilanzen der Arques AG als auch auf diejenigen von Aurelius ein und veranschaulicht den Einfluss von negativem Goodwill auf die Gewinnentwicklung. Die formulierten Suggestivfragen scheinen mit diesen Einblicken in die Bilanzen beantwortet zu sein (auszugsweise):

INCOME FROM NEGATIVE GOODWILL (ARQUES)

EUR '000	2004	2005	2006	2007	2008	2009	2010	2011	2012	2013
Net income	€ 34,370	€ 47,834	€ 110,576	€ 114,725	-€ 141,622	€ 153,000	-€ 100,571	€ 17,541	-€ 28,572	-€ 36,080
Income from negative goodwill	€ 29,424	€ 38,384	€ 92,770	€ 214,738	€ 112,526	€ 11,336	€ -	€ 1,888	€ -	€ -
Income from negative goodwill as % of net income	86%	80%	84%	187%	over 100%	over 100%	0%	11%	0%	0%

Aurelius: Similar Warning Signs?

Gotham City Research believes Aurelius currently exhibits the same patterns as Arques did immediately before Arques' earnings and share price crashed. Take for example, negative goodwill[6]:

- **Aurelius' income from negative goodwill has grown rapidly in recent years, just as Arques's did before its shares and earnings collapsed**

INCOME FROM RECOGNITION OF NEGATIVE GOODWILL (AURELIUS)

EUR '000	2011	2012	2013	2014	2015	TOTAL
Net income	-€ 63,938	€ 88,056	-€ 1,699	€ 107,591	€ 154,924	€ 284,934
Income from negative goodwill	€ 3,214	€ 55,965	€ 36,742	€ 76,817	€ 176,834	€ 349,572
Income from negative goodwill as % of net income	over 100%	64%	over 100%	71%	114%	123%

Abb. 10: Auszug aus Bericht Gotham City Research, 2017-04-05-Aurelius Equity Opportunities SE-& Co KGaA-AR4-Do Aurelius Swedish Subsidiaries Exist (Quelle: abrufbar unter: https://www.gothamcityresearch.com/archive, S. 7 [23.09.2022])

265 Gotham City Research, 2017-04-05-Aurelius Equity Opportunities SE-& Co KGaA-AR4-Do Aurelius Swedish Subsidiaries Exist, https://www.gothamcityresearch.com/archive, S. 6 [Stand: 23.09.2022].

Vergleichbare Ausführungen finden sich zu anderen Kennzahlen, Bilanzvorfällen und ‚Director's Dealings'.[266]

c) *Angeführte Erkenntnisse von Gotham City Research*

Als Kernthesen (‚Gotham City Research's opinions') werden zwei Punkte angeführt: Erstens seien die Aktien von Aurelius nicht mehr als 8,56 € je Aktie wert, was zum damaligen Zeitpunkt einen Preisabschlag von 88 % zum gehandelten Aktienkurs entsprochen hätte. Zweitens gehe Gotham davon aus, dass Aurelius mit vergleichbaren Untersuchungen wie Philip Green in Großbritannien zu rechnen habe, dem das systematische Abführen von Aktiva vorgeworfen wurde.[267] Als ‚Summary of Findings', aus denen diese Thesen abgeleitet wurden, werden elf Punkte benannt, die sich im Wesentlichen an zwei Themenschwerpunkten orientieren: zum einen an den Ausführungen zum (negativen) Goodwill, die ausdrücklich in vier von elf Ergebnissen und mittelbar in drei weiteren Punkten anklingen, und zum anderen an der Person und Vergangenheit des Gründers und Vorstands Dr. Dirk Markus, dessen Hintergründe bei der Arques AG auf vergleichbare Bilanzirritationen hinweisen sollen. Die überwiegende Kritik der gefundenen Ergebnisse bezieht sich unmittelbar oder mittelbar auf Bilanzierungsmethoden von Unternehmensübernahmen und deren Ansatzmöglichkeiten – mithin das operative Kerngeschäft von Aurelius.

d) *Vergleiche mit dem Muddy-Waters-Bericht*

Der Gotham-Bericht weist prägende Gemeinsamkeiten zum Muddy-Waters-Bericht auf. So werden die Aussagen ebenso durch Signalbegriffe wie „we believe oder „it seems"[268] eingeleitet. Ebenso wie bei Muddy Waters lassen sich

---

266 *Gotham City Research*, 2017-04-05-Aurelius Equity Opportunities SE-& Co KGaA-AR4-Do Aurelius Swedish Subsidiaries Exist, https://www.gothamcityresearch.com/archive, S. 6 ff. [Stand: 23.09.2022].

267 Im Originalwortlaut: „Aurelius' shares are worth no more than €8.56 per share, implying at least -88% downside to its current share price." sowie „Aurelius may face similar scrutiny as Philip Green did in the UK, who was accused of systematically plundering BHS", ", Gotham City Research, 2017-04-05-Aurelius Equity Opportunities SE-& Co KGaA-AR4-Do Aurelius Swedish Subsidiaries Exist, https://www.gothamcityresearch.com/archive, S. 4 [Stand: 23.09.2022].

268 *Gotham City Research*, 2017-04-05-Aurelius Equity Opportunities SE-& Co KGaA-AR4-Do Aurelius Swedish Subsidiaries Exist, https://www.gothamcityresearch.com/archive, S. 4, 5, 6, 9, 10, 17, 19, 20, 22, 23, 25, 26, 28, 33, 36, 41, 42, 43, 45, 49, 61 [Stand: 23.09.2022].

die darin enthaltenen Wertungen nur schwer als Tatsachenbehauptungen definieren. Auch Gotham nimmt nicht für sich in Anspruch, unbedingt richtig zu liegen,[269] versucht aber, den Leser in gleicher Weise hiervon zu überzeugen. Die Aufforderung zum Dafürhalten ist eindeutig erkennbar, was bereits an dieser Stelle für die Einordnung als Werturteil spricht.[270] Ebenso wie Muddy Waters geht auch Gotham auf die Finanzberichterstattung des Zielunternehmens ein (in diesem Beispiel auf den Goodwill).

e) Validierung der aufgestellten These zu ökonomisch-derivativen Äußerungen am Beispiel des Goodwills

Die anhand des Muddy-Waters-Berichts aufgestellte These zu ökonomisch-derivativen Äußerungen bei Leerverkaufsattacken soll nach dieser inhaltlichen Betrachtung durch die Einordnung der Äußerungen von Gotham zum Goodwill validiert werden. Anschließend sollen ebenfalls die Äußerungen des zweiten Themenkreises zur Person von Dr. Dirk Markus untersucht und eingeordnet werden.

aa) Untersuchung des Goodwill-Problemkreises

Der Goodwill ist für die Erfolge von Aurelius von elementarer Bedeutung. Das Geschäftsmodell besteht darin, Unternehmen zu übernehmen, zu restrukturieren und anschließend mit Gewinn zu veräußern. Die übernommenen Unternehmen befinden sich regelmäßig in wirtschaftlichen Schwierigkeiten und können deshalb mit einem negativen Goodwill angesetzt werden, um so die anfallenden Restrukturierungskosten und die wirtschaftlichen Schwierigkeiten bilanziell anzuzeigen. Damit kann der Wertansatz für das aufgekaufte Unternehmen unter dem Buchwert liegen. Durch den Verkauf werden diese Effekte wieder bereinigt und Aurelius kann im Erfolgsfall einen hohen Bilanzgewinn ausweisen. Ob und in welchem Ausmaß beim Goodwill ein bilanzieller Bewertungsspielraum vorliegt, soll vor dem Hintergrund der aufgestellten These untersucht werden.

---

269 Tatsachenbehauptungen kennzeichnen sich durch ihren Wahrheitsanspruch, s. *Wagner*, in: MüKoBGB, § 824, Rn. 18.

270 BVerfG NJW-RR 2017, 1003, Rn. 13 (m. w. Nn.); aufgegriffen auch von *Teichmann*, in: Jauernig § 824, Rn. 4.

bb) Ansatzmöglichkeiten des erworbenen Goodwills

Der Goodwill wird von *Liebfried* als „Gretchenfrage des Accounting“[271] bezeichnet. Die Ansatzmöglichkeit des Goodwills wird sowohl in der Wirtschaftswissenschaft als auch unter Bilanzrechtlern kontrovers diskutiert.[272] Der erworbene Goodwill – wie im Beispiel Aurelius – lässt sich als Unterschiedsbetrag zwischen Kaufpreis und Substanzwert des erworbenen Unternehmens definieren.[273] Der anzusetzende Wert wird im Wege eines Gesamtbewertungsverfahrens ermittelt. Sobald der kontrollierende Einfluss i. S. d. IAS 27.4. i. V. m. IAS 27.13[274] über das erworbene Unternehmen erlangt wurde, ist die Bewertung anhand der Neubewertungsmethode vorzunehmen, wobei sich aus dem Vergleich des neu zu bewertenden Eigenkapitals ein positiver oder negativer Goodwill ergeben kann.[275] Vereinfacht formuliert, wird bei der erstmaligen Wertbestimmung – nach Erwerb des Unternehmens – die Summe der bilanzierungsfähigen und neu bewerteten Einzelgüter in Abzug der übernommenen bilanzierungsfähigen sowie neu bewerteten Verbindlichkeiten gebracht[276] (trivial: Wert der Aktiva abzüglich Schulden). Obwohl nach der Intention der IFRS-3-Regelungen der Umfang des Goodwills gering gehalten werden soll, besteht durch die umfassenden Ansatzmöglichkeiten für immaterielle Einzelwerte[277] ein erheblicher Ansatz- und Bewertungsspielraum, der faktisch zu fast beliebigen Ergebnissen führen kann.[278]

cc) Folgebewertung anhand des Impairment-Tests

Zudem werden immaterielle Vermögenswerte nicht linear abgeschrieben, sondern in der Folgebewertung nur anhand eines Wertminderungstests[279]

---

271 *Liebfried*, IRZ 2016, 353.

272 *Liebfried*, IRZ 2016, 353; *Haaker*, IRZ 2020, 115, 116 ff.

273 *Haaker*, IRZ 2020, 115 f.

274 IAS 27, abrufbar unter: https://www.iasplus.com/de/standards/ias/ias27 [Stand: 23.09.2022].

275 *Busch/Zwirner*, IRZ 2011, 310.

276 *Sigloch/Keller/Meffert*, in: Michalski/Heidinger/Leible/J. Schmidt, GmbH-Gesetz, Anh. §§ 41-41a Rechnungslegung der GmbH, Rn. 659 ff.

277 Vgl. dazu IFRS 3.37 (c) (2004), u. 45 f. wonach rechtlich geschützte immaterielle Vermögenswerte (wie eingetragene Marken oder Patente) und nicht rechtlich geschützte Immaterialgüter (wie bspw. Kundenlisten oder sogar laufende Forschungs- und Entwicklungsprojekte) angesetzt werden können.

278 *Sigloch/Keller/Meffert*, in: Michalski/Heidinger/Leible/J. Schmidt, GmbH-Gesetz, Anh. §§ 41-41a Rechnungslegung der GmbH, Rn. 661.

279 *Haaker*, IRZ 2020, 115.

('Impairment-Test') bewertet – mit der vorgesehenen Möglichkeit einer außerordentlichen Abschreibung.

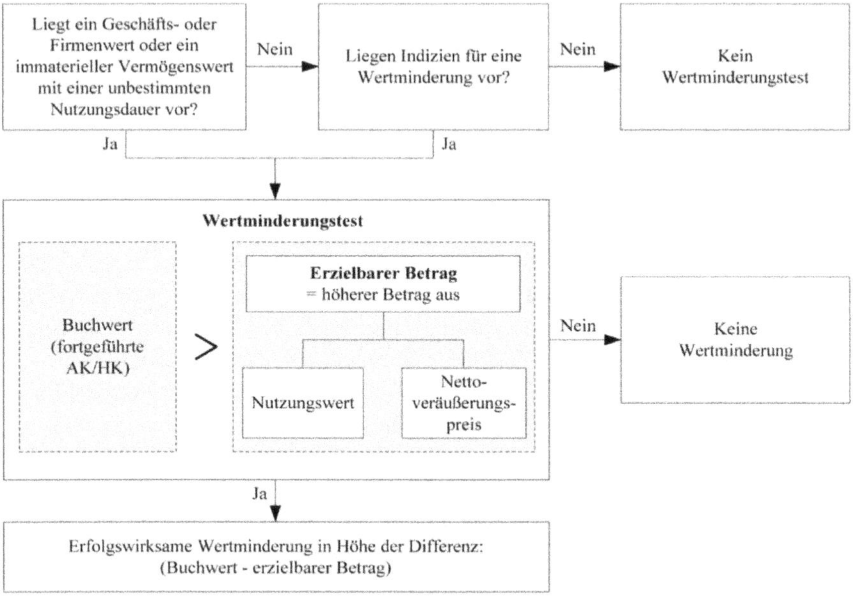

Abb. 11: Übersicht über den Impairment-Test i. S. v. IAS 36[280]

Der Impairment-Test gibt dem Unternehmen die Möglichkeit, die (Folge-) Bewertung akquirierter Unternehmen mit einem weiten Beurteilungsspielraum vorzunehmen. Das Missbrauchspotenzial liegt auf der Hand. *Liebfried* machte in einer eigenen Studie darauf aufmerksam, dass der Goodwill in den DAX-Bilanzen in den vergangen 15 Jahren von 3 % auf 5 % angestiegen sei. Darüber hinaus hätte die durchschnittliche Nutzungsdauer des Goodwills in den Jahren 2000 bis 2004 bei elf Jahren gelegen. Seit Einführung des Impairment-Ansatzes

280 Die Grafik stammt aus *Baetge/Kirsch/Thiele*, S. 317 und enthält weiterführende Erläuterungen, die an dieser Stelle vernachlässigt werden können. Die Abbildung beschreibt den Impairment-Test allgemein, soll aber hier nur auf den Goodwill-Impairment-Test angewendet werden, siehe dazu auch: *Sigloch/Keller/Meffert*, in: Michalski/Heidinger/Leible/J. Schmidt, GmbH-Gesetz, Anh. §§ 41-41a Rechnungslegung der GmbH, Rn. 661.

im Jahr 2005 werde eine Nutzungsdauer von 56 Jahren unterstellt.[281] Der kausale Zusammenhang zum eingeführten Bilanzierungsstandard sei somit offenkundig belegt. Ferner seien in den Jahren 2000 bis 2004 die durchschnittlichen Abschreibungen pro Jahr im DAX bei rund 9 % gelegen, seit 2005 seien sie auf einen Durchschnittswert von rund 1,8 % gesunken. Dessen ungeachtet sei es auffällig, dass bei Ernennung eines neuen Vorstands oftmals Neubewertungen und Abschreibungen auf den Goodwill vorgenommen werden.[282] *Moxter* beschrieb die Bilanzierung immaterieller Vermögenswerte bereits 1979 als „Sorgenkinder der Rechnungslegung"[283]. „Wer aufgrund des Impairment-only-Ansatzes eine unternehmenswertorientierte Rechnungslegung erwartet, wird bitter enttäuscht."[284]

dd) Zwischenergebnis zum Goodwill-Problemkreis

Mit dieser kurzen bilanzrechtlichen Übersicht zum Thema Goodwill ließ sich aufzeigen, welche tatsächlichen und rechtlichen Problempunkte mit dem Geschäftsmodell von Aurelius einhergehen, das aus dem An- und Verkauf von Unternehmen besteht. Es existiert ein erheblicher bilanzieller Bewertungsspielraum bei Erst- und auch bei der Folgebewertung.

ee) Rechtliche Bewertung des Goodwills als Tatsache oder Werturteil

Vor dem Hintergrund dieser bilanzrechtlichen Konturierung sollen die Äußerungen von Gotham City nun rechtlich als Tatsachenbehauptung oder Werturteil anhand des entwickelten Maßstabs für ökonomisch-derivative Äußerungen eingeordnet werden.

Gotham City stellt mit seinem Bericht das Geschäftsmodell von Aurelius mit kritischem Verweis auf die Goodwill-Problematik offen infrage. Aurelius weist die Kritikpunkte von Gotham entschieden zurück und stellt dementgegen fest, dass die Erträge aus der Auflösung negativer Unterschiedsbeträge aus der Kapitalkonsolidierung ein integraler und zulässiger Teil des Geschäftsmodells seien. Die Unterschiede seien durch die Bilanzierungs- und Berechnungsweisen vorgegeben. Zudem würde Aurelius die relevanten Berichtspflichten erfüllen. Ferner wird auf die unterschiedlichen regionalen Bilanzierungsstandards

281 *Liebfried*, IRZ 2016, 353, 354.

282 *Liebfried*, IRZ 2016, 353, 356 mit Verweis auf die Dissertation von *Eichner*, Explaining goodwill write-off decisions under IAS 36 for capital market-implied triggering events.

283 *Moxter*, BB 1979, 1102.

284 *Haaker*, IRZ 2020, 115, 116.

im internationalen Vergleich hingewiesen.[285] Beide Sichtweisen – diejenige von Gotham und jene von Aurelius – stehen im direkten Widerspruch zueinander.

Dieser Widerspruch kann nicht zugunsten einer Seite als richtig oder falsch aufgelöst werden. Vielmehr ist zu konstatieren, dass durch das Geschäftsmodell von Aurelius in Hinblick auf die Bilanzierungsmöglichkeiten des Goodwills umfangreiche Bewertungsspielräume bestehen, die nicht dem Wahrheitsbeweis zugänglich sind. Sie können als ökonomische Wertungsfrage nicht als richtig oder falsch eingeordnet werden. Der kritische Bericht von Gotham City bezieht sich im Wesentlichen auf diese Bewertungsspielräume und erschöpft sich in dieser Konturierung.

ff) Ergebnis zur rechtliche Einordnung des Goodwill als ökonomisch-derivative Äußerung

Da diese ökonomisch-derivativen Äußerungen (bezogen auf den Goodwill) dem Bezugspunkt nach keinem Beweis zugänglich sind, qua dieser Definition also der Tatsachenbegriff ausscheidet, können auch die Äußerungen von Gotham City folgerichtig lediglich als Werturteil eingeordnet werden. Die aufgestellte These zu ökonomisch-derivativen Äußerungen bei Leerverkaufsattacken kristallisierte sich auch in diesem Fall als eine Erleichterung für die teils schwierige Auslegung und Abwägung zwischen Werturteil und Tatsache heraus.

f) Rechtliche Einordnung der Äußerungen zur Person und Historie

Der zweite Themenkomplex des Leerverkaufsberichts widmet sich dem Vorstand Dr. Dirk Markus, insbesondere seiner ehemaligen Tätigkeit bei der Arques AG, die den Vergleich zu ebenfalls verdächtigen Goodwill-Problematiken plausibler gestalten soll. Dazu werden Feststellungen zu seiner Person getroffen. So wird darauf hingewiesen, dass sein Wohnort in London liege, obwohl sich der Hauptsitz von Aurelius in Grünwald (München) befinde.

g) Einordnung der personenbezogenen Äußerungen

Diese Äußerungen beziehen sich überwiegend auf die Person selbst und liegen damit außerhalb des Anwendungsbereichs der aufgestellten These der ökonomisch-derivativen Äußerungen. Es ist deshalb auf die allgemeine

285 Siehe dazu Aurelius, Detailed statement by AURELIUS Equity Opportunities SE & Co. KGaA in response to Gotham's assertions, S. 3 ff., abrufbar unter: https://aureliusinvest.de/statement_aurelius_gotham.pdf [Stand: 23.09.2022].

Abgrenzungsdoktrin zurückzugreifen. Bei den personenbezogenen Äußerungen handelt es sich um wahre, nachprüfbare Tatsachen, die auch von Aurelius in den Stellungnahmen nicht angezweifelt werden. Gotham City baut auf diese Tatsachen weitere Feststellungen auf, beispielsweise könnten die Geschäfte von Markus nicht aus London geführt werden. Solche Äußerungen sind indes unproblematisch als Werturteile einzuordnen.

Die wahren Tatsachen sind für die Leerverkaufsattacke nicht prägend, denn dem objektiven dritten Leser wird es nicht darauf ankommen, wo sich beispielsweise der Erstwohnsitz des Vorstands befindet. Im Gesamtzusammenhang prägend ist vielmehr der Aussagegehalt, dass die Geschäfte nicht ordnungsgemäß geführt werden könnten. Dabei handelt es sich zweifelsfrei um ein Werturteil.

h) Ergebnis der Untersuchung des Gotham-City-Berichts

In der Gesamtbetrachtung des Berichts von Gotham City lässt sich mit dem Hinweis auf die ökonomisch-derivativen Äußerungen sowie den Bezug zu den originären Bewertungsspielräumen des Zielunternehmens, kennzeichnenden Darstellungen als Werturteile durch Signalwörter und den aufgeworfenen Suggestivfragen, die zwar anklagend, aber nicht feststellend bewertet werden müssen, festhalten, dass der Leerverkaufsbericht in Summe als Werturteil eingeordnet werden muss. Pointierte wahre Tatsachenbehauptungen sind für den Bericht nicht prägend. Hierauf bezogene weitergehende Ausführungen sind ebenfalls als Werturteile einzuordnen.

4. Erkenntnisse zur These der ökonomisch-derivativen Äußerungen

Zur These der ökonomisch-derivativen Äußerungen ergibt sich nach den Untersuchungen des Gotham-Berichts die Erkenntnis, dass der neu aufgestellte Maßstab zwar bei ökonomischen Äußerungen eine belastbare Orientierungshilfe für die Auslegung vorgeben kann, es sich hierbei aber nicht um einen generellen Maßstab für alle Äußerungen im wirtschaftlichen Zusammenhang handelt. Er ist keine ‚Allzweckwaffe', die ausschließlich für die Abgrenzung von Werturteil und Tatsachenbehauptung im wirtschaftlichen Kontext dienen kann, sondern nur ergänzend hinzugezogen werden darf, um in der Konfliktlage von Werturteilen und Tatsachenbehauptungen in Bezug auf ökonomische Anknüpfungspunkte mit denkbaren bilanziellen Bewertungsspielräumen und sich hierin erschöpfenden Aussagen auf nachgelagerter Stufe eine nachvollziehbare und belastbare Auslegungslinie vorzugeben. So wird sich bei den folgenden Untersuchungen des Zatarra-Berichts zeigen, dass bei Leerverkaufsattacken auch andere

Argumentationslinien gewählt werden können, um Einfluss auf den Aktienkurs des Zielunternehmens zu nehmen.

5. Wirecard. /. Zatarra Research & Investigations

Das populärste Zielunternehmen für Leerverkaufsattacken der vergangenen Jahre in Europa war Wirecard. Die besonders erfolgreiche[286] Leerverkaufsattacke von Zatarra darf deshalb an dieser Stelle nicht fehlen und soll ebenfalls illustrierend in die juristische Abgrenzung von Werturteil und Tatsachen gebracht werden.

a) Zusammengefasste Wiedergabe des Inhalts

Der 101-seitige Zatarra-Bericht beginnt mit einem einseitigen Disclaimer, der neben einem Haftungsausschluss darauf hinweist, dass eine eigene Überprüfung der angeführten Informationen und Vermutungen vorgenommen werden soll. Der Disclaimer schließt mit dem Verweis, dass in diesem Bericht lediglich Meinungen dargestellt werden: „Any conclusions contained herein are the opinion of Zatarra and are based on interpretation."[287]

Dem Disclaimer folgt eine deckblattartige Übersicht mit der Überschrift „Wide scale corruption and corporate fraud: €0.00 per Share"[288]. Anlass dieses Tatvorwurfs sind die einschlägigen strafrechtlichen Ermittlungen gegen Michael Schütt[289] in den USA, der mit Wirecard in Zusammenhang gebracht werden könne. Dazu zeichnet Zatarra ein Relationsdiagramm und verweist auf die denkbaren Verbindungen von Schütt zum damaligen COO der Wirecard AG Rüdiger Trautmann („Figure 1 Trautman Setup"[290]). Wirecard bestritt damals

---

286 Die Aktie von Wirecard zählt seit dieser Leerverkaufsattacke immer noch zu den am meisten leerverkauften Aktien Deutschlands, vgl. dazu die Meldungen im Bundesanzeiger zu den Netto-Leerverkaufspositionen: https://www.bundesanzeiger.de/ebanzwww/wexsservlet [Stand: 23.09.2022].

287 *Zatarra Research & Investigations*, Wirecard AG (WDI GR): Wide scale corruption and corporate fraud: € 0.00 per Share, S. 2, abrufbar unter: http://www.heibel-ticker.de/downloads/FINALMainreportZatarra.pdf. [Stand: 23.09.2022].

288 *Zatarra Research & Investigations*, Wirecard AG (WDI GR): Wide scale corruption and corporate fraud: € 0.00 per Share, S. 3, abrufbar unter: http://www.heibel-ticker.de/downloads/FINALMainreportZatarra.pdf. [Stand: 23.09.2022].

289 als Privatperson.

290 *Zatarra Research & Investigations*, Wirecard AG (WDI GR): Wide scale corruption and corporate fraud: € 0.00 per Share, S. 3, abrufbar unter: http://www.heibel-ticker.de/downloads/FINALMainreportZatarra.pdf. [Stand: 23.09.2022].

die Verbindungen zu Schütt.[291] Dagegen versuchte Zatarra, die damalige Pressemitteilung von Wirecard in einer Gegenüberstellung mit den herausgefundenen Ergebnissen („The Facts – What the evidence reveals“[292]) zu widerlegen.[293]

Mit dieser Begründung ruft Zatarra einen Aktienkurs von 0,00 € aus. Dieser Übersicht folgt eine stichpunktartige Zusammenfassung (‚Summary of Findings‘), deren Punkte näher in der ‚Executive Summary‘ dargestellt werden. Enthalten ist eine schematische Darstellung des Geschäftsmodells von Wirecard, das nach Auffassung von Zatarra Spielraum für Geldwäsche zuließe. Zudem wird auf die Geschäftsbeziehungen zu Glücksspiel- oder Pornografie-Webseiten-Betreiber hingewiesen, deren Zahlungsabwicklung Wirecard übernommen hatte.[294] Darauf folgt ein 95-seitiger Bericht, der diese angedeuteten Zweifel erhärten soll. Einführend beginnt Zatarra mit einer erneuten Vorstellung des Unternehmens und ordnet sich selbst als investigatives Recherchehaus ein: „Zatarra is a private organization formed to undertake research and investigations into companies. We wish to express our gratitude to members of our team who have assisted in our investigations around the world. The content of this report is entirely based on publicly available documents, albeit some have been difficult to obtain. We appreciate that brevity is a virtue. We have hence provided a summary at the beginning; however, we then provide details with references to evidence our research.“[295]

291 Der Pressebericht von Wirecard ist nicht mehr abrufbar. Zatarra zitiert Wirecard im eigenen Bericht anhand der Gegenüberesteellung. Von der Richtigkeit wird ausgegangen, vgl. *Zatarra Research & Investigations*, Wirecard AG (WDI GR): Wide scale corruption and corporate fraud: € 0.00 per Share, S. 2, abrufbar unter: http://www.heibel-ticker.de/downloads/FINALMainreportZatarra.pdf. [Stand: 23.09.2022].

292 *Zatarra Research & Investigations*, Wirecard AG (WDI GR): Wide scale corruption and corporate fraud: € 0.00 per Share, S. 3, abrufbar unter: http://www.heibel-ticker.de/downloads/FINALMainreportZatarra.pdf. [Stand: 23.09.2022].

293 *Zatarra Research & Investigations*, Wirecard AG (WDI GR): Wide scale corruption and corporate fraud: € 0.00 per Share, S. 3, abrufbar unter: http://www.heibel-ticker.de/downloads/FINALMainreportZatarra.pdf. [Stand: 23.09.2022].

294 Das Geschäft mit Hochrisiko-Kunden und dessen Riskmanagement gehört zum Kerngeschäft von Wirecard.

295 *Zatarra Research & Investigations*, Wirecard AG (WDI GR): Wide scale corruption and corporate fraud: € 0.00 per Share, S. 3, abrufbar unter: http://www.heibel-ticker.de/downloads/FINALMainreportZatarra.pdf. [Stand: 23.09.2022].

b) Aufbau und sprachliche Ausgestaltung

Der Bericht ist mit seiner umfangreichen Bebilderung, zahlreichen (Bild-)Zitaten und Relationsdiagrammen wie eine Ermittlungsakte aufgebaut.[296] Allein in der Einleitung sind bereits 15 Fußnoten enthalten, die überwiegend auf Presseberichte, aber auch auf offizielle Seiten wie diejenigen der US-Ermittlungsbehörde FBI[297] oder des US-Justizministeriums[298] verweisen. Der Bericht kennzeichnet sich durch seine finale Struktur, die aus Zitaten und Schlussfolgerungen besteht. Es werden erstens Informationen und (Bild-)Zitate wie Auszüge aus den sozialen Netzwerken[299] oder anderen öffentlich-zugänglichen Quellen[300] wiedergegeben, die zweitens als Grundlage für Schlussfolgerungen und Vermutungen genutzt werden.

Sprachlich werden vermeintliche Beweise („The evidence shows" oder „evidence suggests")[301] mit dem Meinungsbild von Zatarra verknüpft und mit Signalbegriffen, die die getroffenen Wertungen als Meinungen kennzeichnen sollen (z. B. durch „we believe", „rely", „we discovered", „resemble")[302], eingeleitet.

---

296 Vgl. Dazu beispielsweise *Zatarra Research & Investigations*, Wirecard AG (WDI GR): Wide scale corruption and corporate fraud: € 0.00 per Share, abrufbar unter: http://www.heibel-ticker.de/downloads/FINALMainreportZatarra.pdf. [Stand: 23.09.2022].

297 Abrufbar unter: https://archives.fbi.gov/archives/newyork/press-releases/2012/manhattan-u.s.-attorney-announces-731-million-settlement-of-money-laundering-and-forfeiture-complaint-with-pokerstars-and-full-tilt-poker [Stand: 23.09.2022].

298 Abrufbar unter: https://www.justice.gov/archives/jm/criminal-resource-manual-968-defenses-statute-limitations [Stand: 23.09.2022].

299 Beispielsweise das LinkedIn-Profil von *Vineet Katial* (S. 18) oder von *Dietmar Kuhl* (S. 52), Zatarra Research & Investigations, Wirecard AG (WDI GR): Wide scale corruption and corporate fraud: € 0.00 per Share, S. 9 f. bzw. S. 23 , abrufbar unter: http://www.heibel-ticker.de/downloads/FINALMainreportZatarra.pdf [Stand: 23.09.2022].

300 Vgl. dazu beispielsweise Zatarra Research & Investigations, Wirecard AG (WDI GR): Wide scale corruption and corporate fraud: € 0.00 per Share, S. 17, abrufbar unter: http://www.heibel-ticker.de/downloads/FINALMainreportZatarra.pdf [Stand: 23.09.2022].

301 Vgl. *Zatarra Research & Investigations*, Wirecard AG (WDI GR): Wide scale corruption and corporate fraud: € 0.00 per Share, S. 2ff., abrufbar unter: http://www.heibel-ticker.de/downloads/FINALMainreportZatarra.pdf [Stand: 23.09.2022].

302 Vgl. *Zatarra Research & Investigations*, Wirecard AG (WDI GR): Wide scale corruption and corporate fraud: € 0.00 per Share, S. 2ff., abrufbar unter: http://www.heibel-ticker.de/downloads/FINALMainreportZatarra.pdf [Stand: 23.09.2022].

c) *Gesamtzusammenhang und Einordnung*

Die angeführten (Bild-)Zitate sowie die darauf aufbauenden Vermutungen sollen an dieser Stelle anhand des Gesamtzusammenhang, wie es nach der Abgrenzungsdoktrin üblich ist,[303] als Werturteil oder Tatsachenbehauptung eingeordnet werden.

aa) Implizite Aussage des Zatarra-Berichts

Der Bericht enthält die implizite Kernaussage, dass Zatarra aufgrund eigener Recherchen vermutet, dass das höhere Management von Wirecard in strafrechtlich relevantes Verhalten verwickelt sein könnte und deshalb das Geschäftsmodell und die Bewertung der Aktien infrage gestellt werden müsse.

bb) Einordnung der (Bild-)Zitate

Dazu bedient sich Zatarra wahrer Tatsachen, etwa gerichtlich festgestellter Straftaten anderer Personen, und überträgt solche Zusammenhänge auf Wirecard. Personen-[304] oder aktienbezogene[305] Äußerungen sind unproblematisch als Tatsachen einzuordnen. Diese Tatsachen werden nicht selbst behauptet, sondern als (Bild-)Zitate ausgewiesen.

Diese (Bild-)Zitate können grundsätzlich nach denselben Abgrenzungsmaßstäben als Werturteil oder Tatsachenbehauptungen eingeordnet werden, dürfen aber nicht isoliert aus dem Kontext herausgegriffen und bewertet werden.[306] Im Zatarra-Bericht kennzeichnen sich die (Bild-)Zitate überwiegend als Werturteile, um der Schlussfolgerung und Interpretation Nachdruck zu verleihen. Vereinzelt lassen sich indes auch Aussagen finden, die isoliert betrachtet eher als Tatsachenbehauptung definiert werden könnten. Eine solche punktuelle Betrachtung einzelner Äußerungen würde allerdings den Aussagegehalt des Berichts verkennen. Ein objektiver dritter Leser wird nicht auf einzelne Äußerungen abstellen,

---

303 Siehe dazu oben: F. I.

304 Siehe dazu beispielsweise die Vorstellung der „Officer“ bzw. von *Michael Schütt*, Zatarra Research & Investigations, Wirecard AG (WDI GR): Wide scale corruption and corporate fraud: € 0.00 per Share, S. 9 f. bzw. S. 23 , abrufbar unter: http://www.heibel-ticker.de/downloads/FINALMainreportZatarra.pdf [Stand: 23.09.2022].

305 Siehe dazu beispielsweise den dargestellten und kommentierten Chart von Wirecard, Zatarra Research & Investigations, Wirecard AG (WDI GR): Wide scale corruption and corporate fraud: € 0.00 per Share, S. 24 , abrufbar unter: http://www.heibel-ticker.de/downloads/FINALMainreportZatarra.pdf [Stand: 23.09.2022].

306 Vgl. oben zu F. I.

sondern vielmehr den Aussagehalt des gesamten Berichts bewerten. Bei dieser juristischen Einordnung verbietet es sich deshalb, einzelne Aussagen kontextlos herauszugreifen.[307] Bei Zitaten handelt es sich lediglich um die Wiedergabe von Informationen, die im Gesamtzusammenhang entweder Tatsachen darlegen oder Werturteile verstärken sollen. Zitate ordnen sich mithin dem Gesamtzusammenhang unter.[308]

cc) Einordnung der Vermutungen

An diese (Bild-)Zitate anknüpfend, wirft Zatarra rhetorische Fragen[309] auf und stellt Vermutungen[310] an, wodurch die subjektive Prägung des Berichts erkennbar wird. Zatarra beschuldigt Wirecard nicht ausdrücklich, sondern bezieht sich in den Formulierungen stets auf die angeführten ‚Beweise' und leitet hieraus eigene Schlussfolgerung ab. Der eingangs vorangestellte Disclaimer verdeutlicht, dass es sich bei den Ausführungen ausschließlich um Meinungen handeln soll. Zwar kann dieser Hinweis nicht allein maßgeblich für die Einordnung des Aussagegehalts sein, er entfaltet jedoch durch seine Warnfunktion eine Indizwirkung dahin gehend, dass keine Tatsachen vorliegen, sondern lediglich Meinungen kundgegeben werden. Da für den Leser indessen deutlich erkennbar wird, dass es sich bei den Vermutungen um den streitbaren Standpunkt von Zatarra

---

307 BGH NJW 1979, 1041; 1980, 2801, 2803; BGH, NJW-RR 1994, 1242; BGH, NJW 1997, 2513 f. („Erfahrungen mit dem Rechtswesen"); BGH, NJW 2000, 656, 657 („Korruption am Bau"); BGH, VersR 2004, 343, 344; BGH, VersR 2006, 382, 383 Rn. 16.

308 BGH, NJW 2005, 279, 282 ff.; grundlegend zur Abgrenzung von Tatsachenbehauptung und Werturteil anhand des Gesamtzusammenhangs vor dem Hintergrund des Art. 5 Abs. 1 GG, vgl. bereits BGH-Senat, NJW 1997, 2513 (m. w. N.), vorausgehend dazu: OLG Hamburg, NJW 1996, 1002 und OLG Brandenburg, NJW 1996, 1002.; siehe kommentierend der *Redaktion beck-aktuell* zu BGH, NJW 2005, 279, beck-online, becklink 137155.

309 Vgl. Zatarra Research & Investigations, Wirecard AG (WDI GR): Wide scale corruption and corporate fraud: € 0.00 per Share, S. 15 („ Was Knöchelmann really allowed to create his own payment service company while at Wirecard? Or was this just a way to distance the activities from Wirecard?"), abrufbar unter: http://www.heibel-ticker.de/downloads/FINALMainreportZatarra.pdf [Stand: 23.09.2022].

310 Beispielsweise in Bezug auf Trautmann und Knöchelmann, („We believe that Trautmann and Knöchelmann remain closely affiliated with Wirecard, and that Wirecard acquired the operations of Krores, a prepaid card issuer, from Trautmann and Knöchelmann."), Zatarra Research & Investigations, Wirecard AG (WDI GR): Wide scale corruption and corporate fraud: € 0.00 per Share, S. 24, abrufbar unter: http://www.heibel-ticker.de/downloads/FINALMainreportZatarra.pdf [Stand: 23.09.2022].

handelt, ist im Zweifel sowie mit dem Hinweis auf die überragende Bedeutung von Art. 5 Abs. 1 GG eher von einem Werturteil auszugehen.[311]

dd) Ergebnis zur Einordnung von Werturteil und Tatsachenbehauptung

Zusammenfassend wird hier vertreten, dass beim Zatarra-Bericht zugunsten der Meinungsfreiheit sowohl bei der Benennung der (Bild-)Zitate als auch bei den folgenden Vermutungen von einem Werturteil auszugehen ist. Ebensolche investigativen Berichte müssen im veranschaulichten Rahmen der Meinungsfreiheit, aber auch konkretisierend innerhalb des vorgegebenen rechtlichen Rahmens der denkbar berührten Strafrechtsnormen der §§ 185 ff. StGB zu ertragen sein. In anderen Einzelfällen ist es allerdings denkbar, dass Tatsachen festgestellt werden können, an die weitergehend strafrechtliche Sanktionen geknüpft sein können.

Anhand des Zatarra-Berichts ließ sich skizzieren, wie schmal der Grat zwischen der Einordnung von Werturteil und Tatsachenbehauptung sein kann – wenn nicht auf die Auslegungshilfe ökonomisch-derivativer Äußerungen zurückgegriffen werden kann.

ee) Ermittlungen der Staatsanwaltschaft München gegen Zatarra

Der Fall Wirecard hatte für Zatarra nachteilige juristische Folgen. Die Staatsanwaltschaft München hatte Ermittlungen wegen Marktmanipulation, aber nicht wegen §§ 185 StGB[312] aufgenommen. Die Staatsanwaltschaft sah die gezielte Manipulation des Aktienkurses als erwiesen an.[313] Es wurde Strafbefehl gegen den verantwortlichen Herausgeber Fraser Perring beantragt,[314] der

311 An die denkbaren Straftatbestände der §§ 185 ff. StGB sei an dieser Stelle verwiesen. Jedoch definieren sie nicht, was als Tatsache oder Werturteil zu verstehen ist, sondern knüpfen an die jeweils eingeordnete Äußerung mögliche strafrechtliche Konsequenzen, vgl. dazu: F. I.

312 Was ebenfalls dafür spricht, dass ein Werturteil angenommen werden kann oder der Zatarra-Bericht jedenfalls von der Meinungsfreiheit gedeckt sein dürfte.

313 Aufgrund fehlender Pressemitteilung des Amtsgerichts München, nur zwei übereinstimmende Pressemitteilung anstelle von vielen, siehe: Handelsblatt vom 10.12.2018, abrufbar unter: https://app.handelsblatt.com/finanzen/recht-steuern/strafbefehl-erlassen-ermittler-sehen-manipulation-mit-wirecard-aktien-als-erwiesen-an/23743626.html und Börse-Online vom 10.12.2018, abrufbar unter: https://www.boerse-online.de/nachrichten/aktien/wirecard-und-zatarra-ermittler-sehen-manipulation-als-erwiesen-an-1027795167 [Stand: 23.09.2022].

314 Weitere Strafverfahren gegen Redakteure wurden bereits im Ermittlungsverfahren eingestellt, vgl. dazu: https://app.handelsblatt.com/finanzen/recht-steuern/strafbef

internationale Bekanntheit durch weitere Fälle wie die Aufdeckung des Bilanzskandals von Steinhoff[315] erlangte. Das Verfahren soll nach Pressemitteilungen vom 11.05.2020 mit Zustimmung der Staatsanwaltschaft wegen minderschweren Schuldvorwurfs und gegen eine fünfstellige Einmalzahlung eingestellt worden sein.[316]

ff) Das Aufdeckungspotenzial von Leerverkäufern im Fall Wirecard

Später offenbarte sich, dass die Vorwürfe von Zatarra ‚berechtigt' waren und Wirecard als einer der größten deutschen Betrugsskandale in die Börsengeschichte eingehen wird. Zwar hatte Wirecard zunächst versucht, die Vorwürfe zu widerlegen, und dafür eine Sonderprüfung durch den Wirtschaftsprüfer KPMG in Auftrag gegeben. Mangels Daten konnten die Vorwürfe zum damaligen Zeitpunkt weder bestätigt noch falsifiziert werden.[317] Am 18. Juni 2020 verweigerte der Abschlussprüfer EY das Testat für den Jahresabschluss 2019 wegen des Verdachts auf Bilanzmanipulationen.[318] Die Aktie von Wirecard brach unmittelbar um 60 % ein und ist heute praktisch wertlos. Am 25.08.2020 hat das Amtsgericht München das Insolvenzverfahren über das Vermögen der Wirecard AG eröffnet.[319] Die Staatsanwaltschaft München I hat gegen die verantwortlichen

---

ehl-erlassen-ermittler-sehen-manipulation-mit-wirecard-aktien-als-erwiesen-an/23743626.html [Stand: 23.09.2022].

315 Anstelle von vielen Presseberichte zum Bilanzskandal, hier nur ein Beitrag aus dem Handelsblatt vom 15.03.2019, abrufbar unter: https://www.handelsblatt.com/unternehmen/handel-konsumgueter/pwc-bericht-buchpruefer-sehen-bilanzfaelschung-bei-moebelkonzern-steinhoff/24110434.html [Stand: 23.09.2022].

316 Siehe dazu den Bericht des Handelsblattes vom 11.05.2020, abrufbar unter: https://app.handelsblatt.com/finanzen/boerse-maerkte/kursmanipulation-justiz-will-strafverfahren-gegen-wirecard-kritiker-einstellen/25819450.html?utm_term=Autofeed&social=fb-hb_fi-li-ne-or-&utm_medium=Social&utm_content=hb_fi&utm_source=Facebook&ticket=ST-1967771-efy0etk0abIvywYgeUZ5-ap3#Echobox=1589258748 [Stand: 23.09.2022].

317 KPMG-Bericht, abrufbar unter: https://www.wirecard.com/uploads/Bericht_Sonderpruefung_KPMG.pdf [zuletzt abgerufen am 26.06.2020].

318 Anstelle von vielen Quellen, siehe hier nur die Pressemitteilung des Insolvenzverwalters: *Jaffé*, Insolvenzverfahren über Vermögen der Wirecard AG eröffnet, abrufbar unter: https://www.jaffe-rae.de/index.php/DE/site/listing_aktuelles/insolvenzverfahren-ueber-vermoegen-der-wirecard-ag-eroeffnet [Stand: 23.09.2022].

319 AG München, Pressmitteilung 38 vom 25.08.2020, abrufbar unter: https://www.justiz.bayern.de/gerichte-und-behoerden/amtsgerichte/muenchen/presse/2020/38.php [Stand: 23.09.2022].

Vorstände Haftbefehle wegen gewerbsmäßigen Bandenbetrugs über 3,2 Mrd. € erlassen.[320]

Mit dem Wissen von heute lässt sich nachvollziehen, dass die Leerverkaufsattacke von Zatarra dazu beigetragen hat, einen Wirtschaftsskandal aufzudecken. Das Missbrauchspotenzial von Leerverkaufsattacken wird damit zwar nicht geschmälert. Die Causa Wirecard zeigt jedoch, dass das einseitige negative Bild von aktivistischen Leerverkäufern zu kurz gegriffen ist.

6. Vergleich der dargestellten Leerverkaufsattacken

Nach diesen Untersuchungen in Sachen Zatarra sollen die erörterten Leerverkaufsattacken miteinander verglichen werden, um mit der Beantwortung der eingangs aufgeworfenen Frage nach einem generellen Maßstab für die Einordnung von Leerverkaufsattacken in der Kaskade der Äußerungsdelikte – von Werturteil bis Tatsache – zu schließen.

Die Berichte von Muddy Waters und Gotham City sind ähnlich gestaltet. Während Muddy Waters fast ausschließlich auf die bilanziellen Bewertungsspielräume eingeht, sind im Bericht von Gotham City auch persönliche sowie historische Anknüpfungspunkte zu finden. Dagegen konnten im Zatarra-Bericht keine ökonomischen Bezugspunkte festgestellt werden. Anders als Muddy Waters oder Gotham City bezieht sich Zatarra nicht auf ökonomische Kennzahlen, sondern auf strafrechtlich-relevantes Verhalten einzelner Personen, die vermeintlich mit Wirecard in Verbindung stehen sollen.[321] Ob dies auch ein Indiz für die ‚Begründetheit' von Leerverkaufsberichten ist, lässt sich anhand dieser Stichprobe nicht beantworten.

7. Abschließende Anmerkungen zu ökonomisch-derivativen Äußerungen

Die aufgestellte These zu ökonomisch-derivativen Äußerungen konnte bei der Untersuchung des Muddy-Waters-Berichts eine Auslegungshilfe bieten. Die Untersuchungen des Gotham-Berichts zeigten anschließend, dass sich dieser

---

320 AG München, Pressemitteilung 05 vom 22.07.2020, abrufbar unter: https://www.justiz.bayern.de/gerichte-und-behoerden/staatsanwaltschaft/muenchen-1/presse/2020/5.php [Stand: 23.09.2022].

321 Siehe beispielswiese die Vergleiche zu Schütt, *Zatarra Research & Investigations*, Wirecard AG (WDI GR): Wide scale corruption and corporate fraud: € 0.00 per Share, S. 2ff., abrufbar unter: http://www.heibel-ticker.de/downloads/FINALMainreportZatarra.pdf [Stand: 23.09.2022].

Maßstab auf weitere Leerverkaufsattacken übertragen lässt und sich als konkreter Maßstab bei Leerverkaufsattacken im Besonderen, aber auch in weiteren denkbaren Fallkonstellationen mit ökonomischem Kontext im Allgemeinen eignen kann. Darüber hinaus konnte in Hinblick auf die personellen und historischen Ausführungen des Gotham-Berichts sowie des Zatarra-Berichts veranschaulicht werden, dass der entwickelte Maßstab nicht für jede Leerverkaufsattacke geeignet ist, sondern nur, sofern sich diese auf ökonomische Anknüpfungspunkte bezieht. In anderen Fällen ist an den allgemeinen Regeln zur Abgrenzung von Werturteil und Tatsachenbehauptung anzuknüpfen. Mithin konnte zwar kein genereller Maßstab für sämtliche Leerverkaufsattacken gefunden, jedoch eine konkretisierende Auslegungshilfe herausgearbeitet werden, um Äußerungen im ökonomischen Kontext zielführend und nachvollziehbar einzuordnen. Dieser Maßstab ist nicht auf Leerverkaufsattacken beschränkt, sondern lässt sich sinnvoll auf weitere Fallkonstellationen mit ökonomischem Hintergrund übertragen.

8. Ergebnis der Untersuchungen

Die illustrierenden Darstellungen sowie die Einordnung der Leerverkaufsattacken zeigen, dass die konkrete Abgrenzung zwischen Werturteil und Tatsache regelmäßig wertend zu treffen ist. Als Orientierungshilfe wurde dazu der Begriff der ökonomisch-derivativen Äußerungen herausgearbeitet, derer sich Leerverkaufsattacken überwiegend – indes nicht ausschließlich – bedienen. So veranschaulichte der Fall Zatarra in Abgrenzung zu den Berichten von Muddy Waters und Gotham City, dass auch auf andere Gestaltungsmöglichkeiten zurückgegriffen wird. Eine Einzelfallbetrachtung ist dementsprechend unumgänglich. Übertragen auf die tatbestandlichen Möglichkeiten des Delikts- und Strafrechts, geht aus diesen Beispielen hervor, dass Leerverkaufsattacken regelmäßig als Werturteile eingeordnet werden müssen, im Einzelfall aber nicht ausgeschlossen ist, dass sich auch Tatsachensachenbehauptungen finden lassen.

G. Einordnung von Leerverkaufsattacken nach der Marktmissbrauchsverordnung

Nach diesem Vorspann stellt sich die Frage, wie das Kapitalmarktrecht de lege lata Leerverkaufsattacken begegnet. Zunächst könnten Leerverkaufsattacken in den Anwendungsbereich der Marktmissbrauchsverordnung[322] fallen oder mitunter als falsche Anlageempfehlung oder als Marktmanipulation eingestuft werden.

I. Falsche Anlageempfehlungen i. S. v. Art. 20 Abs. 1 MAR

Leerverkaufsattacken könnten als falsche Anlageempfehlung i. S. v. Art. 20 Abs. 1 MAR betrachtet werden. Die Vorschrift wird durch die Delegierte Verordnung 2016/958[323] und Q&A der ESMA[324] näher konkretisiert.[325] Der Begriff der Anlageempfehlung ist in Art. 3 Abs. 1 Nr. 35 und 34 MAR legaldefiniert und entspricht dem früheren Begriff der Finanzanalyse.[326] In Deutschland

---

322 Verordnung (EU) Nr. 596/2014 des Europäischen Parlaments und des Rates vom 16. April 2014 über Marktmissbrauch (Marktmissbrauchsverordnung) und zur Aufhebung der Richtlinie 2003/6/EG des Europäischen Parlaments und des Rates und der Richtlinien 2003/124/EG, 2003/125/EG und 2004/72/EG der Kommission, ABl. L 173/1.

323 Delegierte Verordnung (EU) 2016/958 der Kommission vom 9. März 2016 zur Ergänzung der Verordnung (EU) Nr. 596/2014 des Europäischen Parlaments und des Rates im Hinblick auf die technischen Regulierungsstandards für die technischen Modalitäten für die objektive Darstellen von Anlageempfehlungen oder anderen Informationen mit Empfehlungen oder Vorschlägen u Anlagestrategien sowie für die Offenlegung bestimmter Interessen oder Anzeichen für Interessenkonflikte, ABl. 2016 L 160/15, S. 15 ff.

324 ESMA, Questions and Answers on the Market Abuse Regulation – Investment recommendation and information recommending or suggesting an investment strategy, ESMA 70-145-11., S. 20 ff.; abrufbar unter: https://www.esma.europa.eu/sites/default/files/library/esma70-145-111_qa_on_mar.pdf [Stand: 23.09.2022].

325 Daneben sind definierten Begriffe zur Finanzanalyse des Art. 36 Abs. 1 der Delegierten Verordnung (EU) 2017/565 der MiFID II zu beachten, dazu vgl. auch: *Rothenhöfer*, in: Meyer/Veil/Rönnau, Handbuch zum Marktmissbrauchsrecht, § 21, Rn. 1, 6; §23, Rn. 2.

326 *Rothenhöfer*, in: Meyer/Veil/Rönnau, Handbuch zum Marktmissbrauchsrecht, § 21, Rn. 6.

sind die Vorschriften in § 85 WpHG umgesetzt worden,[327] worauf das BaFin-Rundschreiben[328] Bezug nimmt.

1. Anwendungsbereich des Art. 20 Abs. 1 MAR

Der Anwendungsbereich des Art. 20 Abs. 1 MAR wird durch die Definitionen des Art. 3 Abs. 1 Nr. 35, 34 MAR vorgegeben.

Nach Art. 3 Abs. 1 Nr. 34 MAR werden Anlageempfehlungen von einem unabhängigen Analysten, einer Wertpapierfirma, einem Kreditinstitut oder einer sonstigen Person, deren Haupttätigkeit in der Erstellung von Anlageempfehlungen besteht, oder einer vergleichbaren Person[329] abgegeben. Art. 3 Abs. 1 Nr. 34 MAR normiert den persönlichen Anwendungsbereich von Art. 20 Abs. 1 MAR.[330]

Dagegen wird der sachliche Anwendungsbereich des Art. 20 Abs. 1 MAR von Art. 3 Abs. 1 Nr. 35 MAR konturiert, wonach Anlageempfehlungen als Informationen mit expliziten oder impliziten Empfehlungen oder Vorschlägen in Bezug auf ein oder mehrere Finanzinstrumente oder Emittenten definiert sind, die für Verbreitungskanäle oder die Öffentlichkeit vorgesehen sind und eine Beurteilung des aktuellen oder künftigen Werts oder Kurses solcher Instrumente darstellen.[331] Beide Definitionen stehen nicht im Widerspruch zueinander, sondern müssen vielmehr kumulativ angewendet werden und bilden so den sachlichen sowie persönlichen Anwendungsbereich des Art. 20 Abs. 1 MAR.[332]

---

327 § 85 WpHG unterscheidet zwischen Anlageempfehlung i. S. v. Art. 3 Abs. 1 Nr. 35 MAR und Anlagestrategieempfehlung i. S. v. Art. 3 Abs. 1 Nr. 34 MAR. Hierbei handelt es sich unionsrechtlich jedoch nicht um zwei selbständige Tatbestände, sondern um den sachlichen und persönlichen Anwendungsbereich, der kumulativ vorliegen muss. Somit ist § 85 WpHG dahingehend unionsrechtskonform auszulegen, vgl. dazu: *Rothenhöfer*, in: Meyer/Veil/Rönnau, Handbuch zum Marktmissbrauchsrecht, § 21, Rn. 9 f.

328 BaFin, BT 5 MaComp (in der Fassung vom 08.03.2017).

329 Für den exakten Wortlaut siehe: Art. 3 Abs. 1 Nr. 34 i) und ii) MAR.

330 Vgl. dazu auch: *Rothenhöfer*, in: Meyer/Veil/Rönnau, Handbuch zum Marktmissbrauchsrecht, § 21, Rn. 9.

331 Vgl. dazu auch: *Rothenhöfer*, in: Meyer/Veil/Rönnau, Handbuch zum Marktmissbrauchsrecht, § 21, Rn. 9

332 *Rothenhöfer*, in: Meyer/Veil/Rönnau, Handbuch zum Marktmissbrauchsrecht, § 21, Rn. 9 f.; so auch: *Grundmann*, in: Großkommentar-HGB, Bankvertragsrecht, Rn. 540.

a) Sachlich

Sachlich muss nach Art. 3 Abs. 1 Nr. 35 MAR eine Information über Finanzinstrumente oder den Emittenten vorliegen, die eine explizite oder implizite Empfehlung enthält und für Verbreitungskanäle oder die Öffentlichkeit vorgesehen war.

aa) Information über Finanzinstrumente oder den Emittenten

Der Informationsbegriff der MAR umfasst innere und äußere Tatsachen sowie Kommentare und Meinungen[333] und ist damit weit zu verstehen[334]. Die Informationen müssen auf Finanzinstrumente oder den Emittenten Bezug nehmen. Finanzinstrumente sind in Anhang I Abschnitt C der MiFID II definiert, auf die in Art. 3 Abs. 1 Nr. 1 MAR verwiesen wird. Darunter fallen zusammengefasst jede Art von Wertpapieren, die über den geregelten Markt oder ein multilaterales Handelssystem gehandelt werden können.[335] Als Emittent sind nach Art. 3 Abs. 1 Nr. 22 MAR juristische Personen zu verstehen, die Finanzinstrumente emittieren oder deren Emission vorschlagen.[336] Damit sich eine Information auf ein Finanzinstrument oder den Emittenten bezieht, muss die Bezugnahme bestimmt oder zumindest bestimmbar sein.[337] Die ESMA stellt darauf ab, dass der verständige Anleger aus der Information erkennen kann, auf welches Finanzinstrument oder welchen Emittenten Bezug genommen wird.[338]

Bei Leerverkaufsattacken liegen zweifelsfrei Informationen vor, deren notwendige Bedingung der Bezug zum Finanzinstrumente oder Emittenten ist, sodass an dieser Stelle keine Probleme angezeigt sind.

---

333 *Rothenhöfer*, in: Meyer/Veil/Rönnau, Handbuch zum Marktmissbrauchsrecht, § 21, Rn. 12; zum Begriff der Information im Vergleich zur Analyse, siehe: *Fuchs*, in: Fuchs/Zimmermann, WpHG, § 34b, Rn. 5; aber auch: *Koller*, in: Assmann/Schneider/Mülbert, Wertpapierhandelsrecht, § 34b Rn. 9.

334 *Rothenhöfer*, in: Meyer/Veil/Rönnau, Handbuch zum Marktmissbrauchsrecht, § 21, Rn. 12, hier auch mit Erklärungen zur ehemaligen Definition der MAD in Fn. 39.

335 Vgl. zum Handel die Ausführungen: B. II. 1. f); konkret zu Anlageempfehlungen dann: *Rothenhöfer*, in: Meyer/Veil/Rönnau, Handbuch zum Marktmissbrauchsrecht, § 21, Rn. 13 f.

336 Siehe dazu auch: *Rothenhöfer*, in: Meyer/Veil/Rönnau, Handbuch zum Marktmissbrauchsrecht, § 21, Rn. 15.

337 *Rothenhöfer*, in: Meyer/Veil/Rönnau, Handbuch zum Marktmissbrauchsrecht, § 21, Rn. 16.

338 ESMA, Questions and Answers On the Market Abuse Regulation (MAR), EMSA 70-145-1118.2. S. 20 f., abrufbar unter: https://www.esma.europa.eu/sites/default/files/library/esma70-145-111_qa_on_mar.pdf [Stand 09.10.2020].

bb) Explizite oder implizite Empfehlung

Ferner müssten Leerverkaufsattacken als explizite oder implizite Empfehlung[339] eingestuft werden. Der Empfehlungsbegriff ist in der MAR nicht legaldefiniert, wird jedoch allgemein als Vorschlag zu einer bestimmten Handlungsalternative verstanden, die aus Sicht des Empfehlenden sinnvoll ist.[340]

Bei einer expliziten Empfehlung wird eine konkrete Handlung für eine bestimmte Transaktion am Finanzmarkt vorgeschlagen (z. B. kaufen, halten, verkaufen).[341] Das Ausrufen eines bestimmten Kursziels ist nicht erforderlich.[342]

Implizite Empfehlungen verzichten auf diese ausdrückliche Empfehlung, bringen aber durch ihren Gesamteindruck eine erkennbare Präferenz zum Ausdruck, die einer konkreten Empfehlung entspricht.[343] So lässt sich beispielweise aus der Aussage, eine Aktie sei über- oder unterbewertet, eine Empfehlung zum Kauf oder Verkauf entnehmen.[344]

Leerverkaufsattacken können explizite oder implizite Empfehlungen enthalten. Das Ziel von Leerverkaufsattacken besteht darin, einen Angebotsüberhang am Markt zu erzeugen, der dadurch erreicht werden soll, dass mehr Finanzinstrumente verkauft als nachgefragt werden. Ob eine explizite oder implizite Empfehlung vorliegt, liegt in der Gestaltungsfreiheit des Leerverkäufers. Da Leerverkaufsattacken typischerweise als eine Art Finanzanalyse aufgebaut sind, wird jedenfalls eine implizite Empfehlung vorliegen.[345]

---

339 Das Tatbestandsmerkmal des Vorschlags zur Anlagestrategie geht nicht über den Empfehlungsbegriff hinaus, weshalb hierfür kein eigener Anwendungsbereich verbleibt, siehe dazu: *Rothenhöfer*, in: Meyer/Veil/Rönnau, Handbuch zum Marktmissbrauchsrecht, § 21, Rn. 22.

340 *Rothenhöfer*, in: Meyer/Veil/Rönnau, Handbuch zum Marktmissbrauchsrecht, § 21, Rn. 16 mit Bezugnahme auf § 34b WpHG a. F. und der MaComp, vgl. dazu insbesondere auch Fn. 62, wonach die ESMA darauf hinwies, dass mit der Novellierung an diesem Begriffsverständnis festgehalten werden sollte.

341 Vgl. dazu: BaFin, BT 5 MaComp (in der Fassung vom 08.03.2017).

342 *Fuchs*, in: Fuchs/Zimmermann, WpHG, § 34b, Rn. 23; *Rothenhöfer*, in: Meyer/Veil/Rönnau, Handbuch zum Marktmissbrauchsrecht, § 21, Rn. 20.

343 Vgl. dazu: BaFin, BT 5 MaComp (in der Fassung vom 08.03.2017); aber auch: *Rothenhöfer*, in: Meyer/Veil/Rönnau, Handbuch zum Marktmissbrauchsrecht, § 21, Rn. 21.

344 BaFin, BT 5 MaComp (in der Fassung vom 08.03.2017).

345 Vgl. dazu: G. I. 1. A) bb); so sehen es auch: *Schockenhoff/Culmann*, AG 2016, 517, 522 f.

cc) Für Verbreitungskanäle oder die Öffentlichkeit vorgesehen

Darüber hinaus müsste die Äußerungen für Verbreitungskanäle oder die Öffentlichkeit vorgesehen sein. Unter Verbreitungskanälen wird ein Vermittlungsmedium verstanden, das die Information einer großen Anzahl an Personen zugänglich macht und der Vermittlung an die Öffentlichkeit gleichkommt.[346] Als Öffentlichkeit wird eine unbegrenzte Vielzahl an Personen betrachtet.[347] Vorgesehen zu sein, bedeutet, hierfür bestimmt zu sein. Die tatsächliche Verbreitung muss nicht erfolgen.[348]

Leerverkaufsattacken bedienen sich gezielt technischer Hilfsmittel wie sozialer Medien oder des Internets zur Verbreitung ihrer Berichte, sodass zweifelsfrei festgestellt werden kann, dass diese für die Öffentlichkeit vorgesehen sind.

dd) Weitere sachliche Voraussetzungen und Zwischenergebnis

Leerverkaufsattacken bewegen sich im sachlichen Anwendungsbereich des Art. 20 Abs. 1 MAR. Teilweise wird noch gefordert, dass sich die getroffenen Empfehlungen mit dem Finanzinstrument bzw. dem Emittenten inhaltlich auseinandersetzen.[349] Ebenso wird teilweise aus dem Informationsbegriff ein Mindestgehalt an Informationen neben der bloßen Handlungsempfehlung hergeleitet.[350] Für beide Ansichten lassen sich keine Hinweise in der MAR finden. Darüber hinaus würden Leerverkaufsattacken regelmäßig auch diese sachlichen Voraussetzungen erfüllen, sodass im Rahmen des sachlichen Anwendungsbereichs des Art. 20 Abs. 1 MAR keine Probleme angezeigt sind.

---

346 Vgl. dazu die ehemalige Definition des Art. 1 Abs. 7 der Richtlinie 2003/125/EG, die mit der MAR fortgelten sollte und auch von der ESMA herangezogen wird, siehe dazu auch: *Rothenhöfer*, in: Meyer/Veil/Rönnau, Handbuch zum Marktmissbrauchsrecht, § 21, Rn. 24.

347 Siehe dazu: BaFin, BT 5 MaComp (vom 7.8.2014, aufgehoben durch die Fassung vom 08.03.2017), aber auch dazu: *Rothenhöfer*, in: Meyer/Veil/Rönnau, Handbuch zum Marktmissbrauchsrecht, § 21, Rn. 25.

348 Mit Bezug auf die englische Sprachfassung von Art. 3 Abs. 1 Nr. 35 MAR und der Vorgängervorschrift des Art 6 Abs. 5 MAD siehe: *Rothenhöfer*, in: Meyer/Veil/Rönnau, Handbuch zum Marktmissbrauchsrecht, § 21, Rn. 26.

349 *Rothenhöfer*, in: Meyer/Veil/Rönnau, Handbuch zum Marktmissbrauchsrecht, § 21, Rn. 28 f.

350 Vgl. dazu: *Fuchs*, in: Fuchs/Zimmermann, WpHG, § 34b, Rn. 24.

b) *Persönlich*

In den persönlichen Anwendungsbereich des Art. 20 Abs. 1 MAR fallen nach Art. 3 Abs. 1 Nr. 34 MAR unabhängige Analysten, Wertpapierfirmen und Kreditinstitute sowie Personen, deren Haupttätigkeit in der Erstellung von Anlageempfehlung besteht, und sonstige Personen, die damit vergleichbar sind.

Wertpapierfirmen sind mit einem Verweis in Art. 3 Abs. 1 Nr. 2 MAR auf Art. 5 Abs. 1 Nr. 1 MiFID II legaldefiniert. Gleiches gilt für Kreditinstitute mit dem Hinweis auf Art. 3 Abs. 1 Nr. 3 MAR i. V. m. Art. 4 Abs. 1 Nr. 1 CRR[351]. Für Leerverkaufsattacken kommen sie nicht in Betracht.

Unabhängige Analysten geben im Rahmen ihrer Berufs- oder Geschäftstätigkeit Empfehlungen ab, sodass sie für sich eine besondere Vertrauensstellung in Anspruch nehmen.[352] Die Analyseleistung muss keine Haupttätigkeit sein,[353] gegensätzlich dürfen sie aber auch nicht ausschließlich als Privatperson auftreten, da es dann an der entsprechenden Vertrauensstellung fehlt.[354] Personen, die keine unabhängigen Analysten sind, aber deren Haupttätigkeit in der Erstellung von Anlageempfehlungen besteht, werden ergänzend vom persönlichen Anwendungsbereich erfasst.[355] Gleiches gilt für Personen, die ebensolche Tätigkeiten in einem Anstellungs- oder Beschäftigungsverhältnis durchführen, sowie weitere Personen, die sinngemäß eine vergleichbare Garantenstellung einnehmen.[356]

Ebenso fallen (Finanz-)Journalisten in den persönlichen Anwendungsbereich des Art. 20 Abs. 1 MAR, was angesichts der erheblichen Bedeutung von Anlageempfehlungen in Fachzeitschriften und Tageszeitungen sinnvoll erscheint.[357]

---

351 Verordnung (EU) Nr. 575/2013 des Europäischen Parlaments und des Rates vom 26. Juni 2013 über Aufsichtsanforderungen an Kreditinstitute und Wertpapierfirmen und zur Änderung der Verordnung (EU) Nr. 646/2012 (CRR), ABl. 2012 L 176/1.

352 Zum Überblick verschiedener Analysten siehe: *Möllers*, in: KK-WpHG §34b, Rn. 51 ff.; *Rothenhöfer*, in: Meyer/Veil/Rönnau, Handbuch zum Marktmissbrauchsrecht, § 21, Rn. 33.

353 *Möllers*, in: KK-WpHG § 34b, Rn. 108; so wohl auch: *Rothenhöfer*, in: Meyer/Veil/Rönnau, Handbuch zum Marktmissbrauchsrecht, § 21, Rn. 33.

354 *Rothenhöfer*, in: Meyer/Veil/Rönnau, Handbuch zum Marktmissbrauchsrecht, § 21 Rn. 33.

355 *Rothenhöfer*, in: Meyer/Veil/Rönnau, Handbuch zum Marktmissbrauchsrecht, § 21, Rn. 35, in Abgrenzung zu Analysten siehe auch Rn. 33 (m. w. N.).

356 *Rothenhöfer*, in: Meyer/Veil/Rönnau, Handbuch zum Marktmissbrauchsrecht, § 21, Rn. 36 ff. (m. w. N.)

357 *Möllers*, in: KK-WpHG, § 34b Rn. 115; *Rothenhöfer*, in: Meyer/Veil/Rönnau, Handbuch zum Marktmissbrauchsrecht, § 21, Rn. 40.

In diesem Zusammenhang wird ausdrücklich die Meinungs- und Pressefreiheit in Art. 21 MAR berücksichtigt, indem journalistische Beiträge privilegiert werden.[358] Gleichwohl stellt Art. 21 lit. a) und b) MAR Rückausnahmen auf, sofern aus den journalistischen Tätigkeiten mittelbar oder unmittelbare weitergehende Vorteile entstehen oder der Markt absichtlich in die Irre geführt werden sollte.[359]

Leerverkäufer bewegen sich im persönlichen Anwendungsbereich zwischen der Einstufung als unabhängiger Analyst und einem Finanzjournalist. Im Einzelfall kann beides bejaht werden. Die Berichterstattung aktivistischer Leerverkäufer weist sowohl analytische als auch journalistische Züge auf, sodass zwar nicht die gleiche Vertrauensstellung wie bei einem Analysten einer Wertpapierfirma erreicht wird, jedoch mehr Überzeugungskraft vorliegt als bei einem Fachzeitschriftenartikel.

Dies ist gleichsam unter Beachtung der Rückausnahmen in Art. 21 lit. a) und b) MAR anzunehmen. Neben einer absichtlichen[360] möglichen Irreführung des Markts ergibt sich ein mittelbarer wirtschaftlicher Vorteil durch die Rückübertragung der betroffenen Finanzinstrumente im Rahmen des Deckungsgeschäfts.[361] In der Gesamtbetrachtung ist der so erzielte Differenzbetrag zwischen verkauften Wertpapieren und günstigerem Rückerwerb als mittelbarer Vorteil zu bewerten.

c) Zwischenergebnis

Der sachliche und persönliche Anwendungsbereich des Art. 20 Abs. 1 MAR ist eröffnet. Demzufolge treffen den aktivistischen Leerverkäufer neben in diesem Kontext zu vernachlässigenden Organisationspflichten[362] konkrete Sorgfaltspflichten hinsichtlich der Offenlegung von Interessenkonflikten und Objektivität.

---

358 Siehe dazu auch: *Rothenhöfer*, in: Meyer/Veil/Rönnau, Handbuch zum Marktmissbrauchsrecht, § 21, Rn. 40.

359 Mit einem Vergleich zu § 34b WpHG a. F. siehe: *Möllers*, in: KK-WpHG, § 34b, Rn. 115 f.

360 Siehe dazu unten: K. II. 6. a) ee).

361 Vgl. B. I. 4.

362 Vgl. dazu *Rothenhöfer*, in: Meyer/Veil/Rönnau, Handbuch zum Marktmissbrauchsrecht, § 22, Rn. 3 ff (m. w. N.).

2. Offenlegung des Interessenkonflikts

Zunächst sind sämtliche Interessenkonflikte offenzulegen, damit der Leser die Objektivität und Zuverlässigkeit der Informationen bewerten kann.[363] Als Interessenkonflikt sind alle Umstände zu verstehen, die eine voreingenommene Bewertung bedingen könnten.[364] Hierbei sind nicht zu hohe Anforderungen an den Begriff des Interessenkonflikts zu stellen.[365] Aus dem Umkehrschluss der Verpflichtung zur Offenlegung der Interessenkonflikte kann geschlossen werden, dass Anlageempfehlungen bei bestehenden Interessenkonflikten abgegeben werden dürfen und keine Unterlassungspflicht besteht.[366] Unerheblich ist, ob sich der Interessenkonflikt auf die Empfehlung ausgewirkt hat.[367]

Die Anzeige- und Mitteilungspflicht für Leerverkäufe aus Art. 5 f. EU-LVVO genügt nicht für die Offenlegung des Interessenkonflikts im Rahmen von Art. 20 Abs. 1 MAR, sondern ist als eigenständige Transparenzpflicht zu werten,[368] die an das Halten einer kritischen Netto-Leerverkaufsposition anknüpft. Bei Art. 20 Abs. 1 MAR wird dagegen auf die Empfehlung abgestellt. Im Rahmen von Art. 5 f. EU-LVVO wird lediglich mitgeteilt, dass Leerverkaufspositionen gehalten werden, nicht, dass Empfehlungen ausgesprochen werden, die mit diesen Positionen im Einklang stehen. Bei den untersuchten Leerverkaufsattacken trete indes zutage, dass stets ein ausführlicher Disclaimer vorangestellt wurde, der diese Interessenkonflikte offenlegt, sodass keine weitere Problematisierung in diesem Kontext angezeigt ist.

---

363 Insoweit auch der Erwägungsgrund (5) VO (EU) 2016/958, ABl. 2016 L 160/16; *Rothenhöfer*, in: Meyer/Veil/Rönnau, Handbuch zum Marktmissbrauchsrecht, § 22, Rn. 33.

364 *Koller*, in: Assmann/Schneider/Mülbert, Wertpapierhandelsrecht, §34b, Rn. 47; *Rothenhöfer*, in: Meyer/Veil/Rönnau, Handbuch zum Marktmissbrauchsrecht, § 22, Rn. 33.

365 *Koller*, in: Assmann/Schneider/Mülbert, Wertpapierhandelsrecht, §34b, Rn. 47; *Fett*, in: Schwark/Zimmer, Kapitalmarktrecht, § 34b, Rn. 24; *Rothenhöfer*, in: Meyer/Veil/Rönnau, Handbuch zum Marktmissbrauchsrecht, § 22, Rn. 33.

366 *Rothenhöfer*, in: Meyer/Veil/Rönnau, Handbuch zum Marktmissbrauchsrecht, § 22, Rn. 33

367 *Rothenhöfer*, in: Meyer/Veil/Rönnau, Handbuch zum Marktmissbrauchsrecht, § 22, Rn. 37.

368 Vgl. dazu: C. III. 2., dazu aber konkret auch: *Rothenhöfer*, in: Meyer/Veil/Rönnau, Handbuch zum Marktmissbrauchsrecht, § 23, Rn. 26 ff.

3. Objektivität

Darüber hinaus besteht bei Anlageempfehlungen die Pflicht zur objektiven Darstellung. In Art. 3 DelVO (EU) 2016/958[369] wird der Begriff der Objektivität i. S. d. Art. 20 Abs. 1 MAR näher konkretisiert. Verlangt wird die ersichtliche Differenzierung zwischen Werturteilen und Tatsachen (Trennungsgebot),[370] die unmissverständliche Angabe der Informationsquellen sowie als solches gekennzeichnete Prognosen und Vorhersagen.

a) Trennungsgebot

Im Sinne des Trennungsgebots müssen Tatsachen von Werturteilen wie „Auslegungen, Schätzungen, Stellungnahmen und anderen Arten nicht sachbezogener Informationen unterschieden werden“[371]. Somit soll verhindert werden, dass subjektive Ansichten als Fakten präsentiert werden.[372] Es ist keine bestimmte Form der Kennzeichnung vorgegeben. Gleichwohl sollten keine zu hohen Anforderungen an die Kennzeichnungspflicht gestellt werden. Das Trennungsgebot ist gewahrt, sofern der verständige Anleger[373] einschätzen kann, ob es sich bei den Äußerungen um Tatsachen oder Werturteile handelt.[374]

Leerverkaufsattacken kennzeichnen sich oftmals durch ökonomisch-derivative Äußerungen, die als Werturteile einzustufen sind.[375] Durch die gewählten Formulierungen werden die getroffenen Äußerungen als Werturteile

369 Siehe dazu Art. 3 Delegierte Verordnung (EU) 2016/958 der Kommission vom 9. März 2016 (wie Fn. 312).

370 Vgl. G. I. 3. a).

371 Vgl. hierzu schon Art. 3 Abs. 1 lit. a) Richtlinie 2003/125/EG vom 22. Dezember 2003 zur Durchführung der Richtlinie 2003/6/EG des Europäischen Parlaments und des Rates in Bezug auf die sachgerechte Darbietung von Anlageempfehlungen und die Offenlegung von Interessenkonflikten, ABl. L 339/73 sowie dessen Umsetzung in § 3 Abs.1 FinAnV a. F.; dazu auch: *Rothenhöfer*, in: Meyer/Veil/Rönnau, Handbuch zum Marktmissbrauchsrecht, § 22, Rn. 21; aber auch:

372 Vgl. dazu: *Koller*, in: Assmann/Schneider/Mülbert, Wertpapierhandelsrecht, § 34b, Rn. 128; *Rothenhöfer*, in: Meyer/Veil/Rönnau, Handbuch zum Marktmissbrauchsrecht, § 22, Rn. 21

373 Zur Bestimmung der Adressatengruppe vgl. *Rothenhöfer*, in: Meyer/Veil/Rönnau, Handbuch zum Marktmissbrauchsrecht, § 22, Rn. 17.

374 *Rothenhöfer*, in: Meyer/Veil/Rönnau, Handbuch zum Marktmissbrauchsrecht, § 22, Rn. 21.

375 Vgl. F. II. 8.

gekennzeichnet.[376] Der verständige Anleger kann die Äußerungen als Werturteil einstufen.

b) Angaben und Bewertung der Informationsquellen

Darüber hinaus müssen nach Art. 3 Abs. 1 lit. b) VO (EU) 2016/958 „alle wesentlichen Informationsquellen klar und unmissverständlich angegeben werden". Zudem müssen nach Art. 3 Abs. 1 lit. c) VO (EU) 2016/958 die angegebenen Quellen als zuverlässig eingestuft werden. Bei möglichen Zweifeln ist hierauf hinzuweisen.[377]

Leerverkaufsattacken sind regelmäßig als investigative Bereiche ausgestattet, die ihre Quellen angeben und hierauf weitere Vermutungen stützen. Quellen werden unmissverständlich angegeben. Die Zuverlässigkeit der Informationsquellen ist nicht immer gegeben. Allerdings weisen die häufig vage getroffenen Formulierungen daraufhin, dass lediglich auf Verdacht berichtet wird, sodass ein verständiger Anleger die zweifelhafte Herkunft einordnen kann.[378]

c) Klarheitsgebot

Nach dem Klarheitsgebot i. S. v. Art- 3 Abs. 1 lit. d) VO (EU) 2016/958 müssen „alle Prognosen, Vorhersagen und angestrebte Kursziele als solche gekennzeichnet werden und auf die bei der Erstellung oder Verwendung zugrunde gelegten Annahmen hingewiesen werden". Die konkreten Anforderungen an das Klarheitsgebot sind anhand der Anlageempfehlung, ihrer Darstellung sowie unter Berücksichtigung des Adressatenkreises auszurichten.[379] Höhere Anforderungen sind zu stellen, wenn sich die Anlageempfehlung an einen privaten Empfängerkreis richtet.[380] So sind dann beispielsweise Fachbegriffe zu vermeiden oder entsprechend zu erläutern.[381] Gleichwohl dürfen an das Klarheitsgebot keine zu

---

376 Vgl. die untersuchten Beispiele oben: F. II 1., 3., 5.

377 Vgl. dazu *Rothenhöfer*, in: Meyer/Veil/Rönnau, Handbuch zum Marktmissbrauchsrecht, § 22, Rn. 23.

378 Siehe dazu die illustrierenden Beispiele unter: F.

379 *Rothenhöfer*, in: Meyer/Veil/Rönnau, Handbuch zum Marktmissbrauchsrecht, § 22, Rn. 24.

380 Vgl. zu dieser Abgrenzungsfrage dem Grunde nach auch § 67 WpHG.

381 Vgl. Delegierte Verordnung (EU) 2017/565 vom 24.04.2016 zur Ergänzung der Richtlinie 2014/65/EU des Europäischen Parlaments und des Rates in Bezug auf die organisatorischen Anforderungen an Wertpapierfirmen und die Bedingungen für die Ausübung ihrer Tätigkeit sowie in Bezug auf Definition bestimmter Begriffe für

großen Anforderungen geknüpft werden. So müssen nicht separate Kennzeichnungen von Vorhersagen erfolgen. Es reicht aus, wenn Prognosen oder Kursziele aus dem Kontext als zukunftsbezogene Aussagen einzuordnen sind.[382]

Leerverkaufsattacken zielen regelmäßig auf ein breites Publikum von Anlegern ab, was private Anleger einschließt. Wenigstens implizit werden Kursziele und Prognosen abgegeben.[383] Es lässt sich auch von privaten Anlegern nachvollziehen, dass es sich um zukunftsbezogene Angaben handelt, sodass das Klarheitsgebot gewahrt sein wird.

d) Zwischenergebnis zu den Objektivitätsanforderungen

Empfehlungen sind stets von einem subjektiven Dafürhalten geprägt. So beweist der Anforderungskatalog an die Objektivität von Anlageempfehlungen, dass diese gerade nicht objektiv sein müssen, sondern lediglich eine gesteigerte Informations- und Kennzeichnungspflicht für subjektiv-intendierte Äußerungen aufgeworfen wird. Dieser Anforderungskatalog an die Objektivität von Anlageempfehlungen wird von den aktivistischen Leerverkäufern eingehalten.[384]

4. Ergebnis

Aktivistische Leerverkäufer fallen in den sachlichen und persönlichen Anwendungsbereich des Art. 20 Abs. 1 MAR. Sofern sie als Journalisten zu werten sind, fallen sie unter die Rückausnahme des Art. 21 MAR. Es konnte nachvollzogen werden, dass Leerverkaufsattacken in aller Regel die Anforderungen an die Objektivität wahren und bestehende Interessenkonflikte angezeigt werden. Im Ergebnis sind Leerverkaufsattacken damit nicht als falsche Anlageempfehlungen i. S. d. Art. 20 Abs. 1 MAR einzuordnen.

---

die Zwecke der genannten Richtlinie, ABl. 2016 L 87/1; siehe dazu auch: *Rothenhöfer*, in: Meyer/Veil/Rönnau, Handbuch zum Marktmissbrauchsrecht, § 22, Rn. 24.

382 *Rothenhöfer*, in: Meyer/Veil/Rönnau, Handbuch zum Marktmissbrauchsrecht, § 22, Rn. 24, der auch auf die Vorgaben nach § 67 Abs. 6 WpHG, Art. 44 VO (EU) 2017/565 und die BT 3 MaComp der BaFin verweist.

383 Vgl. F. II. 1., 3., 5.

384 Von einer verhältnismäßigen Objektivität sprechen: *Schockenhoff/Culmann*, AG 2016, 517, 523.

II. Marktmanipulation i. S. v. Art. 15, 12 MAR

Leerverkaufsattacken könnten als verbotene Marktmanipulation betrachtet werden. Das Marktmanipulationsverbot ist in Art. 15 MAR geregelt. Die unterschiedlichen Tatbestandsvarianten sind in Art. 12 MAR definiert und werden von einer Liste von Indikatoren in Anhang I der MAR sowie der Delegierten Verordnung (EU) 2016/522[385] ergänzt. Grundsätzlich legt Art. 12 Abs. 1 MAR fest, welche Handlungen als Marktmanipulation einzustufen sind. Dazu nennt Art. 12 Abs. 2 MAR weitere Beispiele, die als Marktmanipulation ‚gelten' sollen. Darüber hinaus verweist Art. 12 Abs. 3 MAR auf eine Liste von Indikatoren des Anhangs I zur MAR, in der weitere verbotene Handlungsweisen aufgezählt werden. Die Delegierte Verordnung (EU) 2016/522 sowie deren Anhänge I und II konkretisieren diese Definitionen.[386] Die Norminhalte sind anhand dieser Struktur nicht klar voneinander abgrenzbar. Aufgrund der offenen Tatbestandsformulierungen, der Beispiele, die nur als solche ‚gelten' sollen, und der Indikatoren, die auf mehrere Tatbestandsvarianten verweisen, sind die Übergänge fließend.

1. Aufbau der Normstruktur

Die Literatur systematisiert die unterschiedlichen Erscheinungsformen der Marktmanipulation anhand der Angriffsmittel[387] und orientiert sich hierzu an der ökonomischen Literatur, die zwischen „info-, action- [und] trade-based market manipulation" unterscheidet.[388] Innerhalb der deutschen Literatur wird spiegelbildlich zwischen informations-, handlungs- und handelsgestützten

385 Delegierte Verordnung (EU) 2016/522 der Kommission vom 17. Dezember 2015 zur Ergänzung der Verordnung (EU) Nr. 596/2014 des Europäischen Parlaments und des Rates im Hinblick auf eine Ausnahme für bestimmte öffentliche Stellen und Zentralbanken von Drittstaaten, die Indikatoren für Marktmanipulation, die Schwellenwerte für die Offenlegung, die zuständige Behörde, der ein Aufschub zu melden ist, die Erlaubnis zum Handel während eines geschlossenen Zeitraums und die Arten meldepflichtiger Eigengeschäfte von Führungskräften, ABl. 2016 L 88/1.

386 Ein Schaubild über das gesamte Regelwerk des Marktmanipulationsverbot ist abgebildet bei: *Schmolke*, in: Klöhn, Marktmissbrauchsverordnung, Vor Artikel 12, Rn. 80.

387 *Teigelack*, in: Meyer/Veil/Rönnau, Handbuch zum Marktmissbrauchsrecht, § 12, Rn. 15, siehe dazu auch: *Mock*, in: KK-WpHG, § 20a, Rn. 7 ff; *Fleischer*, in: Fuchs/Zimmermann, WpHG, § 20a, Rn. 4.

388 *Putniņš*, 26 J. Econ. Surv. 952, 955-957 (2012); siehe dazu auch die Übersicht bei: *Schmolke*, in Klöhn, Marktmissbrauchsverordnung, Vor Art. 12, Rn. 23.

Marktmanipulationen differenziert.[389] Die Einordnung dient lediglich als Orientierungshilfe, da die gestufte Normenstruktur eine konsequente Einteilung kaum zulässt. Es wird sich zeigen, dass die tatbestandliche Einordnung an zahlreichen Stellen durchbrochen wird, sodass die Tatbestandsvarianten weniger aus einem systematischen Blickwinkel, sondern eher aus einer teleologischen Sicht betrachtet werden sollten. *Schmolke* sieht diese Einordnung damit als „überkommen" an.[390] Jedoch kann diese Einordnung noch als Kompass dienen, um die Intention des Verordnungsgebers bei Marktmanipulationen nachzuvollziehen. Der fehlerhaften Systematisierung muss keine große Bedeutung zugesprochen werden.[391] Im Ausgangspunkt greift Art. 12 Abs. 1 lit. c) MAR die informationsgestützte Marktmanipulation auf, wohingegen unter Art. 12 Abs. 1 lit. a) und lit. b) MAR sowohl als handels- als auch handlungsbasierte Marktmanipulationen eingeordnet werden können.[392]

Marktmanipulationen sind sehr vielseitig, weshalb das Regelungskonzept fast ausufernd wirkt. Im Folgenden sollen die umfangreichen Tatbestandsvarianten der Marktmanipulation nicht erschöpfend dargestellt,[393] sondern mit einem ausgewiesenen Fokus auf Leerverkaufsattacken untersucht werden.

---

389 *Anschütz/Kunzelmann*, in: Meyer/Veil/Rönnau, Handbuch zum Marktmissbrauchsrecht, § 14, Rn. 1; ähnlich aber auch: *Teigelack*, in: Meyer/Veil/Rönnau, Handbuch zum Marktmissbrauchsrecht, § 12 Rn. 15 ff.; zur ökonomischen Einordnung: *Fleischer*, in: Fuchs/Zimmermann, WpHG § 20a, Rn. 4.

390 *Schmolke*, in: Klöhn, Marktmissbrauchsverorndung, Artikel 12, Rn. 6 ff.

391 *Anschütz/Kunzelmann*, in: Meyer/Veil/Rönnau, Handbuch des Marktmissbrauchsrecht, § 14, Rn. 6.

392 Zur Abgrenzungsfrage und Kategorisierung: *De Schmidt*, in: Just/Voß/Ritz/Becker, WpHG, § 20a, Rn. 380 f.; ähnlich auch: *Moloney*, EU Securities and Financial Markets Regulation, S. 741; *Kiesewetter/Parmentier*, BB 2013, 2371, 2375; *Poelzig*, NZG 2016, 528, 535 f.; *Zetzsche*, in: Gebauer/Teichmann, EnzEuR, § 7. C, Rn. 65; *Sorgenfrei/Saliger*, in: HK-KapMStrafR, Kap. 6. 1, §§ 38, 39 WpHG i. V. m. Art. 15, 12 MAR, Rn. 70; abweichend dazu: *Grundmann*, in: Großkommentar-HGB, Bankvertragsrecht, Rn. 444, zur Differenzierung auch: *Schmolke*, in: Klöhn, Marktmissbrauchsverordnung, Vor Art. 12, Rn. 14 ff; ebenso wegen der grundlegenden Bedeutung hervorzuheben: *Allen/Gale*, 5 Rev Fin. Stud. 503, 505 (1992).
Schmolke, in: Klöhn, Marktmissbrauchsverordnung, Art. 12, Rn. 5, zuvor bereits: *Schmolke*, AG 2016, 434, 439; dazu aber auch: *Zetzsche*, in: Gebauer/Teichmann, EnzEuR, § 7. C, Rn. 6; so auch: *Anschütz/Kunzelmann*, in: Meyer/Veil/Rönnau, § 14 Rn. 78.

393 Eine grafische Aufbereitung lässt sich finden bei: *Schmolke*, in: Klöhn, Marktmissbrauchsverordnung, Artikel 12, Rn. 188.

2. Art. 12 Abs. 1 lit. a) MAR

Eine verbotene Marktmanipulation nach Art. 12 Abs. 1 lit. a) MAR liegt vor, wenn durch Abschluss eines Geschäfts oder eine andere Handlung falsche oder irreführende Signale hinsichtlich des Angebots, der Nachfrage oder des Preises eines Finanzinstruments abgegeben wurden oder wahrscheinlich ist, dass durch diese Handlung ein anormales oder künstliches Kursniveau eines oder mehrerer Finanzinstrumente erreicht wird und dieses gerade nicht im Einklang mit der zulässigen Marktpraxis (Art. 13 MAR) steht.

a) Abschluss eines Geschäfts und jede andere Handlung

Der Begriff des ‚Geschäfts' ist nicht legaldefiniert. Umfasst sind sämtliche Transkationen am Kapitalmarkt, sodass von einem weiten Verständnis ausgegangen wird.[394] Aufgrund dieses weiten Anwendungsbereichs wird teilweise geschlossen, dass von ‚jeder anderen Handlung' auch informations- und handlungsgestützte Marktmanipulationen umfasst sind.[395] In einem systematischen Vergleich kann dies nicht überzeugen. Vielmehr öffnet diese Auffangklausel den Art. 12 Abs. 1 lit. a) MAR nur für sämtliche handelsgestützten Marktmanipulationen.[396]

Die Manipulationswirkung bei Leerverkaufsattacken geht nicht von den eingegangenen Leerverkaufspositionen aus, sondern von dem veröffentlichten Bericht, der den Aktienkurs sinken lässt. Deshalb kommt grundsätzlich keine handelsgestützte Marktmanipulation i. S. v. Art. 12 Abs. 1 lit. a) MAR infrage.

b) ‚Trash and cash' als Fall des Art. 12 Abs. 1 lit. a) MAR

Gleichwohl weist Anhang I Abschnitt A lit. d) MAR i. V. m. Anhang II Abschnitt 1 Nr. 4 lit. d) der Delegierten Verordnung (EU) 2016/522 das sog. „trash and cash"[397] als Marktmanipulation i. S. v. Art. 12 Abs. 1 lit. a) MAR aus.

394 *Anschütz/Kunzelmann*, in: Meyer/Veil/Rönnau, Handbuch des Marktmissbrauchsrecht, § 14, Rn. 12; *Grundmann*, in: Großkommentar-HGB, Bankvertragsrecht, Rn. 455.

395 Vgl. dazu: *Vogel*, in: Assmann/Schneider/Mülbert, Wertpapierhandelsrecht, § 38, Rn. 147.

396 *Anschütz/Kunzelmann*, in: Meyer/Veil/Rönnau, Handbuch des Marktmissbrauchsrecht, § 14, Rn. 16.

397 Vollständige Definition von „trash and cash" des Anhang II Nr. 4 lit. d) Delegierten Verordnung (EU) 2016/522 (wie Fn. 373): „Einnahme einer Short-Position bei einem Finanzinstrument, einem verbundenen Waren-Spot-Kontrakt oder einem auf Emissionszertifikaten beruhenden Auktionsobjekt mit anschließenden weiteren Verkäufen

Hierbei werden zunächst Verkaufspositionen von einem Finanzinstrument aufgebaut, die dann bedient werden, sobald der Kurs gefallen ist. Der Kursrückgang kann mit dem Abschluss von Handelsgeschäften, aber auch mit der Verbreitung irreführender negativer Informationen über das Finanzinstrument erreicht werden.[398] Diese Art von Marktmanipulation kann somit nicht nur ausschließlich handelsbasiert, sondern auch informationsgestützt erfolgen.

Die Manipulationswirkung bei Leerverkaufsattacken geht von der Veröffentlichung des negativen Berichts aus. Zuvor werden Verkaufspositionen eröffnet, die nach dem Kursrückgang ‚glattgestellt' werden.[399] Leerverkaufsattacken können demnach die informationsgestützte Variante des ‚Trash and Cash' darstellen, die aufgrund der Normverkettung von Anhang I Abschnitt A lit. d) MAR i. V. m. Anhang II Abschnitt 1 Nr. 4 lit. d) der Delegierten Verordnung (EU) 2016/522 MAR konzeptionswidrig der handelsbasierten Marktmanipulation nach Art. 12 Abs. 1 lit. a) MAR zugeordnet werden, obwohl die einschlägige Variante eine informationsbasierte Marktmanipulation repräsentiert.

3. Art. 12 Abs. 1 lit. b) MAR

Art. 12 Abs. 1 lit. b) MAR bildet einen weiteren Grundtatbestand der handelsgestützten Marktmanipulation und verankert die handlungsgestützte Marktmanipulation,[400] der wiederum systemwidrig über Anhang I B. MAR sowie die Delegierten Verordnung (EU) 2016/522 auch Charakteristika der informationsgestützten Marktmanipulation entnommen werden können. Aufgrund dieser breiten Ausgestaltung kommt Art. 12 Abs. 1 lit. b) MAR ein Auffangcharakter

---

und/oder Ausstreuung irreführender negativer Informationen über das Finanzinstrument, den verbundenen Waren-Spot-Kontrakt oder das auf Emissionszertifikaten beruhende Auktionsobjekt in der Absicht, den Kurs des Finanzinstruments, des verbundenen Waren-Spot-Kontrakts oder des auf Emissionszertifikaten beruhenden Auktionsobjekts mittels Anlocken weiterer Verkäufer abstürzen zu lassen. Wenn der Kurs dann im Keller ist, wird die gehaltene Position geschlossen, was gewöhnlich als „Trash und Cash" bezeichnet wird.".

398 *Anschütz/Kunzelmann*, in: Meyer/Veil/Rönnau, Handbuch des Marktmissbrauchsrecht, § 14, Rn. 66; *Graßl/Nikoleyczik*, AG 2007, 49, 51; *Möllers*, NZG 2018, 649, 651; *Weiner/Weber/Hsu*, 23 No. 9 Westlaw Journal Securities Litigation & Regulation 1 (2017).

399 Vgl. D. III.

400 *Anschütz/Kunzelmann*, in: Meyer/Veil/Rönnau, Handbuch des Marktmissbrauchsrecht, § 14, Rn. 78.

zu.[401] In Bezug auf die handelsgestützte Marktmanipulationen ergeben sich in Art. 12 Abs. 1 lit. b) MAR keine Unterschiede zu Art. 12 Abs. 1 lit. a) MAR.[402] Bei Leerverkaufsattacken sind diese Varianten zu vernachlässigen.

a) Streitpunkt der handlungsgestützten Marktmanipulationen

Die handlungsgestützte Tatbestandsvariante der Marktmanipulation stützt sich auf „jede andere Tätigkeit oder Handlung an Finanzmärkten“[403]. Diskutiert wird,[404] ob darunter auch finanzmarktfremde Handlungen erfasst werden, die den Finanzmarkt mittelbar betreffen.[405] Ein Beispiel dafür ist der Terroranschlag mit Sprengstoff auf den Mannschaftsbus eines Fußballvereins, mit dem Ziel, den Aktienkurs einbrechen zu lassen, wenn professionelle Fußballspieler sterben oder verletzt werden.[406] Nach diesem weiten Verständnis wären fast sämtliche Handlungen, die gezielt auf die Finanzmärkte einwirken, als handlungsgestützte Marktmanipulation einzuordnen. In Bezug auf Leerverkaufsattacken kann dieser Problemkreis unbeantwortet bleiben, da dieser Diskurs aufgrund der

---

401 *Anschütz/Kunzelmann*, in: Meyer/Veil/Rönnau, Handbuch des Marktmissbrauchsrecht, § 14, Rn. 78, *Poelzig*, NZG 2016, 528, 536; *Sorgenfrei/Saliger*, in: Park, Kapitalmarktstrafrecht Teil 3 Kap. 6.1, Rn. 171; *Zetzsche*, in: Gebauer/Teichmann EnzEuR § 7 C Rn. 81; *Diversy/Köpferl*, in: Graf/Järger/Wittig, § 38 WpHG, Rn. 91.

402 *Anschütz/Kunzelmann*, in: Meyer/Veil/Rönnau, Handbuch des Marktmissbrauchsrecht, § 14, Rn. 82.

403 *Anschütz/Kunzelmann*, in: Meyer/Veil/Rönnau, Handbuch des Marktmissbrauchsrecht, § 14, Rn. 82.

404 *Mülbert*, in Assmann/Schneider/Mülbert, Wertpapierhandelsrecht, Art. 12 MAR, Rn. 50, 59; zurückhaltender: De *Schmidt*, in: Just/Voß/Ritz/Becker, § 20a WpHG Rn. 380; ohne eingehende Auseinandersetzung von einer Erfassung handlungsgestützter Manipulationen ausgehend: *Poelzig*, ZGR 2015, 801, 802: dagegen siehe aber auch: *Sorgenfrei/Saliger*, in: Park, Kapitalmarktstrafrecht, 4. Aufl., §§ 38, 39 WpHG i. V. m. Art. 15 MAR, Rn. 70; *Stoll*, in: KK-WpHG, § 20a WpHG, Rn. 171; im Ergebnis auch: *Renz/Leibold*, CCZ 2016, 157, 165.

405 *Zimmer/Bator*, in: Schwark/Zimmer, Kapitalmarktrecht, VO (EU) 596/2014 Art. 12, Rn. 18 ff, siehe auch Rn. 13 f.

406 Anstelle von vielen Presseberichten nur beck-aktuell, LG Dortmund verurteilt BVB-Attentäter wegen versuchten Mordes zu 14 Jahren Haft, abrufbar unter: https://rsw.beck.de/aktuell/daily/meldung/detail/lg-dortmund-14-jahre-haft-fuer-bvb-attentaeter-wegen-versuchten-mordes [Stand: 23.09.2022]; dieses Beispiel wurde auch aufgegriffen von: *Anschütz/Kunzelmann*, in: Meyer/Veil/Rönnau, Handbuch des Marktmissbrauchsrecht, § 14, Rn. 82; ausführlich dazu: *Köpferl/Wegner*, WM 2017, 1924.

informationsgestützten Spurenelemente des Art. 12 Abs. 1 lit. b) MAR überwunden werden kann.

b) Informationsgestützte Marktmanipulationen unter Art. 12 Abs. 1 lit. b) MAR

In Anhang I B. MAR sind als Fälle des Art. 12 Abs. 1 lit. b) MAR die Verbreitung falscher oder irreführender Informationen (a) sowie unrichtige oder verzerrte oder nachweislich von materiellen Interessen beeinflusste Anlageempfehlungen (b) genannt. Die Delegierte Verordnung (EU) 2016/522 stellt dagegen auf die Verbreitung falscher oder fehlerhafter Marktinformationen über die Medien einschließlich des Internets ab.[407] Ferner werden erneut die Praktiken des ‚Trash and Cash'[408] von der Delegierten Verordnung 2016/522 Abschnitt 2 Nr. 1 lit. d) dargelegt.

Bei Leerverkaufsattacken werden potenziell irreführende Informationen abgegeben, die gleichwohl als Marktinformation einzustufen sind.[409] Darüber hinaus wurde im Rahmen von Art. 12 Abs. 1. lit. a) MAR festgestellt,[410] dass Leerverkaufsattacken als ‚Trash and Cash' eingeordnet werden können, sodass jedenfalls anhand dieser Konkretisierungen zu konstatieren ist, dass Leerverkaufsattacken ebenfalls eine Marktmanipulation i. S. v. Art. 12 Abs. 1 lit. b) MAR verkörpern können.

c) Scalping als Unterfall des Art. 12 Abs. 1 lit. b) MAR

Darüber hinaus wird auch das ‚Scalping' gem. den Indikatoren des Anhangs I Abschnitt B lit. b) MAR i. V. m. Anhang II Abschnitt 2 Nr. 2 lit. c) der Delegierten Verordnung (EU) 2016/522 als ein zwingendes Beispiel[411] für Art. 12 Abs. 1 lit. b) MAR eingeordnet. Darüber hinaus gilt Scalping ebenfalls nach Art. 12 Abs. 2 lit. d) MAR als Marktmanipulation.

Beim Scalping handelt es sich um einen mehrstufigen Tatbestand. Zunächst werden Positionen in ein bestimmtes Finanzinstrument aufgebaut. Anschließend wird unter Ausnutzung eines Zugangs zu den Medien eine Stellungnahme

---

407 Vgl. dazu auch: *Anschütz/Kunzelmann*, in: Meyer/Veil/Rönnau, Handbuch des Marktmissbrauchsrecht, § 14, Rn. 86 f.

408 Siehe dazu: G. II. 2. b).

409 Der Informationsbegriff ist denkbar weit zu verstehen, vgl. dazu *Anschütz/Kunzelmann*, in: Meyer/Veil/Rönnau, Handbuch des Marktmissbrauchsrecht, § 14, Rn. 87.

410 Siehe dazu: G. II. 2.

411 *Schmolke*, in: Klöhn, Marktmissbrauchsverordnung, Artikel 12, Rn. 358.

zu diesem Finanzinstrument abgegeben, die sich unmittelbar auf den Aktienkurs auswirken soll – ohne dass der Interessenkonflikt gleichzeitig ordnungsgemäß und wirksam offengelegt wurde (vgl. Art. 12 Abs. 2 lit. d) MAR). Anschließend wird das Finanzinstrument mit regelmäßig weit überdurchschnittlichem Gewinn verkauft.

Bei Leerverkaufsattacken wird durch den Leerverkauf auf fallende Aktienkurse spekuliert. Anschließend wird ein negativer Bericht über das Zielunternehmen veröffentlicht, der sich auf den Aktienkurs auswirken soll. Wird der Interessenkonflikt nicht wirksam offengelegt, sind die Tatbestandsvoraussetzungen des Scalping erfüllt.[412] Gleichwohl werden die Interessenkonflikte von den aktivistischen Leerverkäufern regelmäßig offengelegt, sodass Scalping ausscheiden wird.[413]

4. Art. 12 Abs. 1 lit. c) MAR

Der Grundtatbestand der informationsgestützten Marktmanipulation ist in Art. 12 Abs. 1 lit. c) MAR festgeschrieben, der auf die Verbreitung von Informationen oder Gerüchten über die Medien Bezug nimmt, sofern diese geeignet sind, irreführende Signale hinsichtlich des Angebots oder des Kurses eines Finanzinstruments auszusenden oder ein anormales oder künstliches Kursniveau herbeizuführen.[414]

Sofern durch die Berichte der Leerverkäufer irreführende oder falsche Signale hinsichtlich des Kurses eines Finanzinstruments ausgesendet werden oder hierdurch ein anormales oder künstliches Kursniveau hervorgerufen wird, können Leerverkaufsattacken unter Art. 12 Abs. 1 lit. c) MAR subsumiert werden. Ein Signal ist irreführend, wenn es Fehlvorstellung hervorruft.[415] Leerverkaufsattacken sind regelmäßig nicht falsch,[416] können aber ein Irreführungspotenzial entwickeln, sodass sie als informationsgestützte Marktmanipulation eingestuft

412 Jedoch konnten bei den untersuchten Leerverkaufsattacken keine Verletzung der Offenlegungspflicht festgestellt werden, vgl. oben F. II. 8.

413 Vgl. dazu die Beispiele in F. II. aber auch die Ausführungen zu G. I.

414 Siehe dazu auch: *Schmolke*, in: Klöhn, Marktmissbrauchsverordnung, Artikel 12, Rn. 11.

415 *Grundmann*, in: Großkommentar-HGB, Bankvertragsrecht, Rn. 447; BGH, NZG 2014, 315, 317; *Stoll*, in: KK-WpHG, § 20 a, Rn. 223 zu § 20 a WpHG Abs. 1 S. 1 Nr. 2 WpHG a. F.

416 Vgl. F. II. 8.

werden können.[417] Darüber hinaus weisen *Bayram/Meier* richtigerweise darauf hin, dass Art. 12 Abs. 1 lit. c) MAR auch konkludente Signale umfasst, sodass ohne Hinweis auf einen bestehenden Interessenkonflikt die konkludente Aussage aus dem Bericht hervorgeht, dass kein Interessenkonflikt vorliegt. Das Irreführungspotenzial erschöpft sich hierbei jedoch auf die Fehlvorstellung über das Bestehen des Interessenskonflikts.

Leerverkaufsattacken können als eine Marktmanipulation i. S. d. Art. 12 Abs. 1 lit. c) MAR eingestuft werden.

5. Art. 12 Abs. 1 lit. d) MAR

In Abgrenzung hierzu regelt Art. 12 Abs. 1 lit. d) MAR die Referenzwert-Manipulation, die als Tathandlung die Übermittlung falscher oder irreführender Angaben oder die Bereitstellung falscher oder irreführender Ausgangsdaten bezüglich eines Referenzwerts voraussetzt, wenn die bereitstellende Person die Unrichtigkeit wusste oder hätte wissen müssen; erfasst werden auch sonstige Handlungen. Anders als die vorangegangenen Tatbestandsvarianten setzt Art. 12 Abs. 1 lit. d) den Bezug zu einem Referenzwert voraus. Leerverkaufsattacken werden diese Tatbestandsvariante deshalb in aller Regel nicht erfüllen.

6. Zwischenergebnis und Abgrenzung von ‚Trash and Cash' sowie Scalping

Das Angriffsmittel[418] bei Leerverkaufsattacken ist der negative Bericht, weshalb diese sinnvollerweise als informationsgestützte Marktmanipulation i. S. v. Art. 12 Abs. 1 lit. c) MAR eingestuft werden können. Es wurde indes versäumt, die Indikatoren und konkretisierenden Anhänge systematisch zu kategorisieren, sodass Leerverkaufsattacken auch unter weitere Grundtatbestände des Art. 12 Abs. 1 lit. a) und b) MAR fallen können.

Dem Grunde nach sind Leerverkaufsattacken allerdings den informationsgestützten Marktmanipulationen zuzuordnen. Näher konkretisiert, können Leerverkaufsattacken die Voraussetzungen des ‚Trash and Cash' sowie Scalping erfüllen, die von den Tatbestandsvoraussetzungen ähnlich klingen, sich aber anhand der Zielrichtung gegeneinander abgrenzen lassen. Beim ‚Trash and

---

417 Vgl. dazu: *Bayram/Meier*, BKR 2018, 56, 59 f.; *Schockenhoff/Culmann*, AG 2016, 517, 420 f.; zustimmend, wenngleich im Ergebnis offen gelassen von: *Schmolke*, in: Klöhn, Marktmissbrauchsverordnung, Artikel 12, Rn. 144

418 Vgl. D.

Cash' wird auf die künstliche Erzeugung eines Angebotsüberhangs am Markt durch die Ausstreuung irreführender negativer Informationen über das Finanzinstrument abgestellt. Hier liegt die Missbilligung des Verordnungsgebers in der Irreführung des Markts und dem Ausnutzen des niedrigeren Kursniveaus. Auch beim Scalping werden geringere Kursniveaus ausgenutzt, die im Wege negativer Stellungnahmen künstlich herbeigeführt wurden. Dennoch ist die Missbilligung beim Scalping im Verschweigen des bestehenden Interessenkonflikts zu sehen. Sofern die bestehenden Interessenkonflikte gleichzeitig und wirksam offengelegt werden, scheidet Scalping als Manipulationshandlung aus, da dann keine Täuschungswirkung mehr vorliegen kann. Die Tatbestandsvarianten können kumulativ vorliegen. Konkurrenzprobleme sind nicht angezeigt.[419]

III. Ergebnis

Es wurde veranschaulicht, welchen Einfluss Leerverkaufsattacken auf die Preisbildung am Aktienmarkt haben können. Anschließend erfolgte eine einführende Einordnung von Leerverkaufsattacken in die Tatbestandsvarianten der verbotenen Marktmanipulation (Art. 12, 15 MAR). Es wurde erläutert, dass gleich mehrere Tatbestandsvarianten kumulativ erfüllt sein können.

---

419 Zu den Konkurrenzverhältnisse siehe: *Schmolke*, in: Klöhn, Marktmissbrauchsrecht Artikel 12, Rn. 15 ff.

H. Sanktionskatalog bei Marktmanipulationen

Marktmanipulationen sind ausweislich Art. 15 MAR verboten. Was unter Marktmanipulationen zu verstehen ist, wird in den Tatbestandsvarianten des Art. 12 Abs. 1, 2 MAR sowie den weiterführenden Indikatoren konkretisiert.[420] An deren Verstöße werden ausdrücklich sowohl verwaltungsrechtliche (Art. 30 ff. MAR) als auch strafrechtliche (Art. 5 ff. Crim-MAD) Rechtsfolgen geknüpft.

I. Verwaltungsrechtliche Sanktionen und Maßnahmen

Art. 30 Abs. 1 lit. a) MAR verpflichtet die Mitgliedstaaten, den zuständigen Behörden die Befugnis zu erteilen, angemessene Sanktionen und Maßnahmen zu ergreifen. Art. 30 Abs. 2 MAR definiert einen festzulegenden Katalog von Mindestsanktionen. Es kann zwischen personellen und monetären Sanktionen sowie Maßnahmen differenziert werden. Zudem wird auf das sog. ‚Naming and Shaming' (Art. 34 MAR) hingewiesen, das ebenfalls als verwaltungsrechtliche Maßnahme eingeordnet werden kann und Sanktionscharakter entfalten soll.

1. Personelle Sanktionen

Zunächst kann der Normverletzer zum Unterlassen des Verstoßes aufgefordert werden (Art. 30 Abs. 2 lit. a) MAR). Darüber hinaus kann eine öffentliche Warnung über die verantwortliche Person und die Art des Verstoßes ausgesprochen werden (Art. 30 Abs. 2 lit. c) MAR). Ferner kann die Zulassung als Wertpapierunternehmen entzogen oder ausgesetzt (Art. 30 Abs. 2 lit. d) MAR) und die handelnde Person von Führungsaufgaben in Wertpapierunternehmen zeitweise ausgeschlossen werden (Art. 30 Abs. 2 lit. e) MAR). Bei wiederholten Verstößen kann die Tätigkeit dauerhaft untersagt werden (Art. 30 Abs. 2 lit. f) MAR). Letztlich können noch Eigengeschäfte für Personen, die in einem Wertpapierunternehmen Führungsaufgaben wahrnehmen, eingeschränkt oder verboten werden (Art. 30 Abs. 2 lit. g) MAR).

---

420 Siehe dazu: G. II.

2. Monetäre Sanktionen

Unter den monetären Sanktionen können die Gewinnabschöpfung sowie weitere monetäre Sanktionen zusammengefasst werden.

Die infolge des Verstoßes erzielten Gewinne oder vermiedenen Verluste können eingezogen werden, sofern sich diese beziffern lassen (Art. 30 Abs. 2 lit. b) MAR).

Dessen ungeachtet können weitere monetäre Sanktionen verhängt werden. Art. 30 Abs. 2 lit. h)–k) regelt die Höhe der finanziellen Sanktionen: Die Behörden können eine Sanktion verhängen, die mindestens bis zur dreifachen Höhe des erzielten Gewinns oder vermiedenen Verlusts beträgt. Bei Marktmanipulationen können diese gegen natürliche Personen gem. Art. 30 Abs. 2 lit. i) ii) MAR bis zu 5.000.000 EUR betragen. Bei juristischen Personen können diese Sanktionen gem. Art. 30 Abs. 2 lit. j), i) MAR sogar bei bis zu 515.000.000 EUR oder 15 % des Gesamtumsatzes liegen. Art. 30 Abs. 3 MAR enthält eine Öffnungsklausel, die es den Mitgliedstaaten ermöglicht, weitere und höhere Sanktionen einzuführen. Art. 31 MAR verpflichtet die Mitgliedstaaten dazu, dass die zuständigen Behörden bei der Bestimmung der Art und der Höhe der Sanktionen alle relevanten Umstände zu berücksichtigen haben.

3. ‚Naming and Shaming'

Zudem wird gem. Art. 34 MAR jede Entscheidung über die Verhängung verwaltungsrechtlicher Maßnahmen oder Sanktionen, die Art und der Charakter öffentlich gemacht (sog. Naming and Shaming). Diese Maßnahme lässt sich als Pranger der digitalen Zeit bezeichnen.

4. Ergebnis

Es lässt sich zusammenfassen, dass die Mitgliedstaaten verpflichtet werden, die zuständigen Behörden mit einem umfangreichen Katalog empfindlicher verwaltungsrechtlicher Maßnahmen und Sanktionen auszustatten. Der Umfang des Maßnahmenkatalogs sowie die Höhe der monetären Sanktionen unterstreichen, welche Missbilligung der Verordnungsgeber Marktmanipulationen entgegenbringt und mit welcher Drohkulisse Normverletzungen präventiv verhindert werden sollen.

II. Strafrechtliche Sanktionen

Flankiert werden diese verwaltungsrechtlichen Sanktionen und Maßnahmen von strafrechtlichen Konsequenzen. Auf europäischer Ebene enthält die

Marktmissbrauchsrichtlinie über strafrechtliche Sanktionen bei Marktmanipulation (Crim-MAD) Mindestvorgaben für schwere Fälle der Marktmanipulation.

1. Europäische Vorgaben zur Strafbarkeit nach der Crim-MAD

Die Crim-MAD[421] enthält selbstständige Tatbestandvarianten der Marktmanipulation (Art. 5 Crim-MAD), Vorgaben zur Täterschaft und Teilnahme (Art. 6 Crim-MAD) sowie Mindeststrafen für natürliche (Art. 7 Crim-MAD) und juristische (Art. 8 f. Crim-MAD) Personen.

a) Selbstständige Tatbestandsvarianten der Crim-MAD

Art. 5 Abs. 1 Crim-MAD verpflichtet die Mitgliedstaaten dazu, sicherzustellen, dass schwere Fälle der Marktmanipulation als Straftat eingestuft werden. In Art. 5 Abs. 2 Crim-MAD werden die strafbaren Tathandlungen der Marktmanipulation selbstständig,[422] aber angelehnt an die Tathandlungsvarianten des Art. 12 Abs. 1 MAR definiert. Ebenso wie Art. 12 Abs. 1 MAR enthält auch Art. 5 Abs. 2 Crim-MAD vier Tathandlungsvarianten, die sich überwiegend entsprechen, sodass an dieser Stelle lediglich die wesentlichen Unterschiede dargestellt werden sollen.

b) Unterschiede zwischen MAR und Crim-MAD

Die wesentlichen Unterschiede lassen sich an drei Aspekten festmachen: die Preisbeeinflussung, das Vorsatzerfordernis und das Vorliegen eines schweren Falls.

aa) Tatsächliche Preisbeeinflussung

Anders als in Art. 12 Abs. 1 lit. a)–c) MAR reicht nach Art. 5 Abs. 2 lit. a)–c) Crim-MAD eine bloße Wahrscheinlichkeit der Beeinflussung der Preisbildung am Markt nicht aus. Die Preisbeeinflussung muss vorliegen.

---

421 Richtlinie 2014/57/EU des Europäischen Parlaments und des Rates vom 16. April 2014 über strafrechtliche Sanktionen bei Marktmanipulation (Marktmissbrauchsrichtlinie), ABl. L 173/70.

422 Vgl. dazu Art. 5 Abs. 2 Crim-MAD (wie Fn. 408): „*Für die Zwecke dieser Verordnung umfasst der Begriff der Marktmanipulation folgende Handlungen*“; dazu auch Erwägungsgrund (12): „*Für die Zwecke dieser Richtlinie*“.

bb) Vorsatzerfordernis

Zudem müssen die Mitgliedstaaten gem. Art. 5 Abs. 1 Crim-MAD Vorsatz voraussetzen.[423] In Deutschland umstritten ist, ob bereits dolus eventualis ausreichend ist.[424] Die subjektive Tatseite ist in den verschiedenen nationalen Mitgliedstaaten nicht einheitlich geregelt. So umfasst beispielsweise der ‚Criminal Intent', der in der englischen Sprachfassung des Art. 5 Abs. 1 a. E. Crim-MAD durch ‚intentionelly' gekennzeichnet ist, nur Absicht (dolus directus 1. Grades) und direkten Vorsatz (dolus directus 2. Grades).[425] Da es keinen harmonisierten allgemeinen Teil des europäischen Strafrechts gibt, ist die unterschiedliche Auslegung der „mens rea"[426] ein allgemeines Problem des europäisch-intendierten Strafrechts. Der EuGH hat bis dato noch nicht zur Auslegung des Vorsatzerfordernisses des Art. 5 Abs. 1 Crim-MAD entschieden. Mit Hinweis auf die Mindestharmonisierung der Crim-MAD wird das Einbeziehen des bedingten Vorsatzes in Deutschland jedoch europarechtskonform sein, sodass die weite Auslegung der deutschen Strafrechtsdoktrin jedenfalls zulässig ist.[427]

cc) Vorliegen eines schweren Falls

Darüber hinaus besteht die Regelungspflicht der Mitgliedstaaten zur Strafbewährtheit nur in schweren Fällen der Marktmanipulation (Art. 5 Abs. 1 Crim-MAD). Der Erwägungsgrund (12) Crim-MAD differenziert anhand einer nicht abschließenden Aufzählung von Beispielen zwischen sachlicher und persönlicher Schwere der Marktmanipulation. Sie ist demnach als sachlich schwerwiegend zu betrachten, wenn die Auswirkungen der Marktmanipulation auf die Integrität des Markts, der tatsächlich oder potenziell erzielte Gewinn oder vermiedene Verlust, das Ausmaß des auf dem Markt entstandenen Schadens, die Änderung des Werts der Finanzinstrumente oder Waren-Spot-Kontrakte oder der Betrag der ursprünglich genutzten Mittel hoch sind. Persönlich soll die Marktmanipulation schwer wiegen, wenn die Manipulation von einer Person

423 Zu den subjektiven Voraussetzungen und der deutschen Umsetzung vgl. auch: *Poller*, S. 36.

424 Grundsätzlich kritisch zu den damit verbundenen Beweisproblemen des Vorsatzerfordernisses: *Luchtmann/Vervaele*, 5 NJECL 192, 210 (2014); dagegen: *DeSchmidt*, in: Just/Voß/Ritz/Becker, § 20a WpHG, Rn. 396.

425 Vgl.: *Schmolke*, in: Klöhn, Marktmissbrauchsverordnung, Art. 15, Rn. 58 (m. w. N.).

426 Vgl. grundsätzlich zu diesem Problemkreis: *Keiler*, S. 391 (m. w. N.).

427 So auch: *Schmolke*, in: Klöhn, Marktmissbrauchsverordnung, Art. 15, Rn. 117, 58.

begangen wird, die im Finanzsektor oder in einer Aufsichts- bzw. Regulierungsbehörde angestellt oder tätig ist.

c) *Strafandrohung*

Bei natürlichen Personen verpflichtet Art. 7 Abs. 1 i. V. m. Art. 5 MAR die Mitgliedstaaten zu wirksamen, verhältnismäßigen und abschreckenden strafrechtlichen Sanktionen. Als Mindestvorgabe wird eine Freiheitsstrafe mit einem Höchstmaß von mindestens vier Jahren vorgesehen (Art. 7 Abs. 2 i. V. m. Art. 5 MAR).

Dessen ungeachtet können auch juristische Personen zur Verantwortung gezogen werden, sofern das Verhalten natürlicher Personen zugerechnet werden kann (Art. 8 f. i. V. m. Art. 5 Crim-MAD). Dabei lässt Art. 9 Crim-MAD ausdrücklich auch nicht ‚strafrechtliche Geldbußen' zu, sodass zur Umsetzung der Richtlinie aus deutscher Sicht kein Unternehmensstrafrecht eingeführt werden muss, das dem deutschen Recht bislang nach ganz herrschender Auffassung fremd ist.[428] Auf die umfangreiche Diskussion rund um die Verbands- bzw. Unternehmensstrafbarkeit sei an dieser Stelle lediglich verwiesen.[429] Auf Grundlage von Art. 9 Crim-MAD können ferner weitere Maßnahmen gegen juristische Personen ergriffen werden, wie der Ausschluss öffentlicher Zuwendungen oder Hilfen, ein vorübergehendes oder ständiges Verbot der Ausübung einer Handelstätigkeit, die Unterstellung unter richterliche Aufsicht bis hin zur richterlich angeordneten Auflösung. Die Maßnahmen können bis zur vorübergehenden oder endgültigen Schließung von Einrichtungen reichen, die zur Begehung der Straftat genutzt wurden.

2. Nationale Umsetzung des Verbotstatbestands und der Crim-MAD

In Deutschland wurden die europäischen Vorgaben zur Marktmanipulation durch das Erste Finanzmarktnovellierungsgesetz[430] umgesetzt und mit dem Zweiten[431] FiMaNoG angepasst.

---

428 So heißt es auch in Erwägungsgrund (18) Crim-MAD; vgl. dazu auch: *Schmolke*, in: Klöhn, Marktmissbrauchsverordnung, Art. 15, Rn. 64 ff. (m. w. N.).

429 *Becker/Rodde*, ZBB 2016, 11, 17; *Poelzig*, NZG 2016, 492, 496; *Seibt/Wollenschläger*, AG 2014, 593, 606 (je m. w. N.).

430 Erste Finanzmarktnovellierungsgesetz (1. FiMaNoG), BGBl. 2016 I 1514.

431 Zweites Finanzmarktnovellierungsgesetz (2. FiMaNoG), BGBl. 2017 I 1693.

a) *Umsetzung der Vorgaben zu verwaltungsrechtlichen Maßnahmen und Sanktionen*

Die zuständige Behörde i. S. d. Art. 22 MAR und der Crim-MAD ist gem. § 6 Abs. 5, § 1 Abs. 1 Nr. 8 lit. e) WpHG die Bundesanstalt für Finanzdienstleistungsaufsicht (BaFin). Die Aufsichts- und Ermittlungsbefugnisse[432] sind in § 6 Abs. 5–9, 11, 12 WpHG sowie den §§ 7 und 8 WpHG geregelt. Zudem enthalten die §§ 6 Abs. 7, 9 WpHG die Regelungen zu den öffentlichen Warnungen (Art. 30 Abs. 2 UAbs. 1 lit. c) MAR) sowie zur zeitweilen Untersagung von Eigengeschäften (Art. 30 Abs. 2 UAbs. 1 lit. g) MAR). Die weiteren nichtmonetären Maßnahmen gegen die verantwortlichen Personen oder die Wertpapierunternehmen (vgl. Art. 30 Abs. 2 UAbs. 1 lit. d)–f) MAR) sind in den §§ 35, 36 Abs. 2, 36a Abs. 1 KWG geregelt.

Das sog. Naming and Shaming ist in § 125 WpHG umgesetzt worden.

Bußgelder nach Maßgabe der Art. 30 Abs. 2 UAbs. 1 lit. h)–j) MAR können in Deutschland nach § 120 Abs. 15 Nr. 2, Abs. 18, 23 WpHG verhängt werden, sofern vorsätzlich oder leichtfertig[433] gehandelt wurde, was dolus eventualis inkludiert. Abweichend dazu verlangt Art. 30 MAR keinen Vorsatz, sodass sich die Frage stellt, ob der nationale Gesetzgeber mit dem Aufstellen subjektiver Tatbestandsmerkmale hinter den europäischen Vorgaben zurückgeblieben ist. Dies ist aus zwei Gründen zu verneinen: Erstens stellt Art. 30 Abs. 2 MAR klar, dass die zuständigen Behörden bei der Umsetzung der Sanktionen im Einklang mit dem nationalen Recht handeln sollen. Im Erwägungsgrund (77) MAR wird nochmals deklaratorisch darauf hingewiesen, dass die MAR im Einklang mit den Grundrechten und den Grundsätzen der Europäischen Grundrechtscharta ausgelegt und angewendet werden soll.[434] Mithin kann auf das nationale Verfassungsrecht und ein entsprechendes Grundrechtsschutzniveau rekurriert werden, woraus sich die subjektiven Tatbestandseinschränkungen angemessen ableiten lassen.[435] Zweitens haben die Mitgliedstaaten sicherzustellen, dass die

---

432 Vgl. Begr. RegE 1. FiManoG, BT-Drs. 18/7492, S. 58 f. zu den Vorgängervorschriften in § 4 Abs. 3b bis 3k, 4a und 4b WpHG i. d. F. d. 1. FiMaNoG.

433 Leichtfertigkeit ist als besonders schwerer Sorgfaltspflichtverstoß zu verstehen, siehe für Einzelheiten: *Buttlar/Hammermeier*, ZBB 2017, 1 ff. sowie *Schmolke*, in: Klöhn, Marktmissbrauchsverordnung, Art. 15, Rn. 57 ff. und Rn. 109 f.

434 Vgl. auch: EuGH v. 23.12.2009, Rs. C-45/08, ECLI:EU:C2009:806 („Spector Photo Group"), dazu auch: *Zetzsche*, in: Gebauer/Teichmann, EnzEuR, § 7. C., Rn. 42.

435 BVerfG, DÖV 2016, 435 („Identitätskontrolle"), *Zetzsche*, in: Gebauer/Teichmann, EnzEuR, § 7. C., Rn. 42.; zu den Aufsichts- und Ermittlungsbefugnissen der

zuständigen Behörden die Zumessungskriterien des Art. 31 MAR berücksichtigen, wonach auch die Schwere des Verstoßes (Art. 31 Abs. 1 lit. a) Alt. 1 MAR) und der Grad der Verantwortung (Art. 31 Abs. 1 lit. b) MAR) einzubeziehen sind. Vor dem Hintergrund dieses doppelten Vorbehalts ist es geradezu geboten, die subjektive Tatseite als Angemessenheitskriterium heranzuziehen – insbesondere bei empfindlichen finanziellen Sanktionierungen.[436]

In Bezug auf die Bußgeldhöhe macht § 120 Abs. 18, 23 WpHG konkretisierende Vorgaben, die den vorgesehenen Mindestanforderungen an die Höchstgrenze des Art. 30 Abs. 2 MAR entsprechen. Der deutsche Gesetzgeber geht insoweit nicht über die strengen Vorgaben der MAR hinaus, lässt in § 120 Abs. 18 S. 4 WpHG aber eine Schätzung[437] des wirtschaftlichen Vorteils zu.

b) Umsetzung der Vorgaben der strafrechtlichen Maßnahmen und Sanktionen

Die strafrechtlichen Konsequenzen wegen Verstößen gegen Art. 5 f. Crim-MAD sind in § 119 Abs. 1, 4, bis 6 WpHG i. V. m. § 120 Abs. 15 Nr. 2 WpHG[438] umgesetzt worden. Demnach wird nach § 119 Abs. 1 i. V. m. § 120 WpHG bestraft, wer vorsätzlich[439] eine Marktmanipulation i. S. v. Art. 12, 15 MAR begeht. Anders als von der Crim-MAD vorgesehen, wird kein schwerer Fall der Marktmanipulation verlangt. Demzufolge geht der nationale Gesetzgeber strafrechtlich insofern

---

zuständigen Behörden: Rn. 37; zustimmend zu den subjektiven Vorgaben des nationalen Gesetzgebers: *Schmolke*, in: Klöhn, Marktmissbrauchsverordnung, Art. 15, Rn. 111.

436 Ähnlich deutlich formulierte es auch *Schmolke*, in: Klöhn, Marktmissbrauchsverordnung, Art. 15, Rn. 110 f., siehe zu den Mindestvorgaben und die Umsetzung en detail: *Zetzsche*, in: Gebauer/Teichmann, EnzEuR, § 7. C., Rn. 42.

437 Art. 30 Abs. 2 UAbs. 1 lit. h) MAR verlangt dagegen, dass sich die wirtschaftlichen Vorteile „beziffern lassen", siehe dazu auch: *Schmolke*, in: Klöhn, Marktmissbrauchsverordnung, Art. 15, Rn. 113; *Veil//Brüggemeier*, in: Fleischer/Kalss/Vogt (Hrsg.), Enforcement im Gesellschafts- und Kapitalmarktrecht, S. 277; anders sehen es: *Teigelack/Dolff*, BB 2016, 387, 390, die ein Wahlrecht aus den unionsrechtlichen Vorgaben herauslesen wollen; dagegen offengelassen von: *Poelzig*, NZG 2016, 492, 497 f.

438 Durch die Bezugnahme soll eine Vereinheitlichung der Straftatbestände erreicht werden, vgl. dazu *Schmolke*, in: Klöhn, Marktmissbrauchsverordnung, Art. 15, Rn. 116; grundlegend zur Normstruktur des WpHG in diesen Fällen, *Sorgenfrei/Saliger*, in: HK-KapMStrafR, Kap. 6. 1, §§ 38, 39 WpHG i. V. M. Art. 15, 12 MAR, Rn. 305 f.

439 Dolus eventualis genügt hier, siehe auch: *Schmolke*, in: Klöhn, Marktmissbrauchsverordnung, Art. 15, Rn. 116 f. (m. w. N.).

über die Mindestvorgaben der Crim-MAD hinaus.[440] Das angedrohte Strafmaß liegt bei einer Freiheitsstrafe von fünf Jahren oder Geldstrafe und damit ebenfalls über den unionsrechtlichen Vorgaben, die ein Höchststrafmaß von vier Jahren vorsehen. § 119 Abs. 4 WpHG (Art. 6 Abs. 2 Crim- MAD) enthält die Versuchsstrafbarkeit, § 119 Abs. 5 WpHG die Qualifikationstatbestände und § 119 Abs. 6 WpHG die minderschweren Fälle.

c) Zwischenergebnis und Einordnung der Sanktionsvorgaben

Zusammenfassend ist festzuhalten, dass die verwaltungsrechtlichen und strafrechtlichen Sanktionsmöglichkeiten erheblich sind und der nationale Gesetzgeber in Teilen sogar über die hohen unionsrechtlichen Mindestvorgaben hinausgeht. Der europäische Rechtssetzer hat sich trotz der Ultima-Ratio-Funktion des Strafrechts[441] für eine dualistische Sanktionierung – bestehend aus verwaltungsrechtlichen und strafrechtlichen Maßnahmen – entschieden, was die damit einhergehende Missbilligung[442] des sanktionierenden Verhaltens unterstreicht.[443] Grundsätzlich wird der Strafbewehrung mit Androhung von Freiheitsstrafen eine stärkere Präventionswirkung zugeschrieben als reinen monetären Sanktionen.[444] Die empfindlichen Strafen und der dualistische Sanktionierungskatalog sind auf die abgeleiteten Postulate des De-Larosiére-Berichts[445] zurückzuführen,

440 Zum schweren Fall der Markmanipulation siehe: Beschlussempfehlung und Bericht des Finanzausschusses zum 1. FiMaNoG (wie Fn. 417), S. 124; aber auch: *Schmolke*, in: Klöhn, Marktmissbrauchsrecht, Art. 15, Rn. 115 ff.; in Sachen dolus eventualis, siehe auch: in Art. 15 Rn. 58, 117 (m. w. N.).

441 Die Ultima-Ratio-Funktion des Strafrechts ist unionsrechtlich anerkannt, vgl. dazu einführend: *Franssen*, in: Banach-Gutierrez/Hadring, EU Criminal Law and Policy, S. 84, 109 (m. w. N.).

442 Vgl. dazu auch Erwägungsgrund (6) CRIM-MAD; COM MEMO/14/78 v. 04.02.104, Directive on criminal sanctions for market abuse - FAQ Nr. 4; *Veil*, ZBB 2014, 85, 86; *Möllers*, AcP 208 (2008), 1, 33f.; *Moloney*, EU Securities and Financial Markets Regulation, S. 766.

443 So auch *Schütt*, S. 25 f., *Kudlich*, AG 2016, 459, 461.

444 Vgl. dazu auch: *Kudlich*, AG 2016, 459, 461.

445 *De Larosiére et. al.*, Report der High-Level Group on Financial Supervision in the EU (de Lerosiére), abrufbar unter: https://ec.europa.eu/economy_finance/publications/pages/publication14527_en.pdf [Stand: 23.09.2022] („de Larosière-Bericht"); zur Entwicklung siehe übersichtsartig: *Becker/Rodde*, ZBB 2016, 11 ff.; zudem: *Moloney*, EU Securities and Financial Markets Reglations, S. 764 ff.; *Zetzsche/Eckner*, in: Gebauer/Teichmann, EnzEuR, § 7. A., Rn. 88.

um eine adäquate Antwort auf die Finanzkrise 2008/2009 zu finden. Das Fehlen ausreichender und wirksamer Sanktionen wurde als zentraler Auslöser der Finanzkrise erkannt.[446] Die ausgewiesene Bestrebung bestand darin, eine höhere abschreckende Wirkung zu erzielen.[447]

III. Verhältnis der verwaltungsrechtlichen und strafrechtlichen Sanktionen

Das Verhältnis der verwaltungsrechtlichen und strafrechtlichen Sanktionen wird vom Unionsrechtssetzer lediglich angedeutet. Ausweislich des Erwägungsgrunds (72) MAR soll es den Mitgliedstaaten freistehen, verwaltungsrechtliche und strafrechtliche Sanktionen für den gleichen Verstoß zu verhängen, sofern es das nationale Recht zulässt. Sie sind dazu aber nicht verpflichtet. Zudem stellt der Erwägungsgrund (23) Crim-MAD klar, dass der Anwendungsbereich der Crim-MAD als Ergänzung der MAR anzusehen ist. Da die Crim-MAD höhere Tatbestandshürden an die verbotene Marktmanipulation stellt, lässt sich spiegelbildlich eine Abstufung der Rechtsfolgen darstellen. So können ‚einfache' Marktmanipulationen i. S. d. der Art. 15, 12 MAR mit verwaltungsrechtlichen Sanktionen sowie Maßnahmen verbunden werden. An ‚qualifizierte' Marktmanipulationen i. S. d. Art. 5 Crim-MAD können härtere strafrechtliche Konsequenzen geknüpft werden.

Da die Crim-MAD indes nur Mindestvorgaben definiert und strengere nationale Reglementierungen zulässt, die sich auch tatbestandsseitig durch geringere Voraussetzungen ausdrücken können, lässt sich die Abstufung verwaltungsrechtlicher und strafrechtlicher Sanktionen nicht konsequent ziehen. Beispielsweise verzichtet Deutschland in der Umsetzung des Art. 5 Crim-MAD in § 119 Abs. 1 WpHG auf das Vorliegen einer schweren Marktmanipulation und lässt in subjektiver Hinsicht Eventualvorsatz ausreichen.[448] Tatbestandlich kommt somit eine doppelte Sanktionierung durch Verwaltungs- und Strafrecht in Betracht. Aufgrund der dualistischen Sanktionierung aus einerseits dem scharfen Schwert des Strafrechts sowie andererseits verwaltungsrechtlichen Maßnahmen, denen ebenfalls Strafcharakter zukommen soll, kann eine Verletzung des Grundsatzes ‚ne bis in idem' vorliegen, der auch auf Ebene des Unionsrecht in Art. 50 EUGrCh sowie in Art. 4 des Zusatzprotokolls zur EMRK

---

446 *De Larosiére Bericht* (wie Fn. 432), S. 23; so wohl auch: *Poelzig*, ZGR 2015, 801 f.
447 Vgl. dazu auch: *Schmolke*, in: Klöhn, Marktmissbrauchsverordnung, Art. 15, Rn. 37 f.
448 Vgl. dazu H. II. 1. B) bb).

festgeschrieben ist.[449] Dazu stellt der Erwägungsgrund (23) Crim-MAD klar, dass es Aufgabe der Mitgliedstaaten ist, eine Verletzung des Doppelbestrafungsverbots zu verhindern.[450]

In Deutschland ist auf § 21 OWiG als konkretisierende Ausprägung des Art. 103 Abs. 3 GG zu verweisen, der als Konkurrenzvorschrift die Verhängung einer Strafe als Ordnungswidrigkeit bei Vorliegen einer Straftat ausschließt und dementsprechend den Ne-bis-in-idem-Grundsatz wahrt.[451] Ungeklärt bleibt die Frage der grenzüberschreitenden Doppelbestrafung: Ist eine begangene Marktmanipulation bereits in einem Mitgliedstaat bestraft worden ist – inwieweit darf dann noch eine weitere Bestrafung in einem anderen Mitgliedstaat erfolgen?[452] Vor dem Hintergrund des übergeordneten Ziels der Kapitalmarktunion und Art. 50 EUGrCh dürfte eine doppelte Bestrafung ausgeschlossen sein, was jedoch zu einem Wettbewerb der Strafverfolgungen führen könnte. Wird eine transnationale Geltung unterstellt, bedarf es dann wenigstens eines überzeugenden Prioritätsgrundsatzes[453] oder noch besser einer zentralisierten Stelle für die unionsweite Strafverfolgung von Kapitalmarktdelikten.

IV. Ergebnis und Einordnung als ‚Public Enforcement'

Die umfangreichen Sanktionen und Maßnahmen der MAR und Crim-MAD sind ausschließlich verwaltungsrechtlicher und strafrechtlicher Natur. Zur Rechtsdurchsetzung wird also auf den sog. Public-Enforcement[454]-Ansatz zurückgegriffen.[455] Dabei hat sich der Unionsrechtssetzer nicht vollends zu einem einheitlichen und abgeschlossenen unionsrechtlichen Rechtsrahmen

449 Dazu in Sachen einer doppelten Bestrafung wegen Marktmanipulation Italien: EGMR, NJOZ 2015, 712 („Grande Stevens v. Italien"); siehe darüber hinaus: EuGH v. 26.2.2013, Rs. C-617/210 (2014); *Ventoruzzo*, EBOR 16 (2015), 145 ff. (vergleicht USA und EU); *Zetzsche*, in: Gebauer/Teichmann, EnzEUR, § 7. C Rn. 39; *Poelzig*, NZG 2016, 492, 500 f.; *Veil*, ZGR 2016, 305, 308 f.

450 Siehe dazu auch: *Schmolke*, in: Klöhn, Marktmissbrauchsverordnung, Art. 15, Rn. 74 f.

451 *Kudlich*, AG 2016, 459, 464; *Schmolke*, in: Klöhn, Marktmissbrauchsverordnung, Art. 15, Rn. 76.

452 „yet unclear", so: *Lutchman/Vervaele*, 5 NJECL 192, 200, 214-215 (2014).

453 *Schmolke*, in: Klöhn, Marktmissbrauchsverordnung, Art. 15, Rn. 75.

454 Einen Überblick dazu lieferte: *Poelzig*, ZGR 2015, 801, 809 ff.

455 *Schmolke*, in: Klöhn, Marktmissbrauchsverordnung, Art. 15, Rn. 37.

durchgerungen, sondern gibt den einzelnen Mitgliedstaaten[456] nur durch die ausdrücklichen Abwägungs- und Öffnungsklauseln im Rahmen einer Mindestharmonisierung eine einheitliche Linie für die Sanktionsrichtung vor. Im Gegensatz dazu ist die Möglichkeit der privaten Schadensersatzklagen (sog. Private Enforcement) als Sanktionsmittel nicht ausdrücklich[457] geregelt. Zwar nimmt der Erwägungsgrund (70) MAR Bezug auf die Mitteilung der Kommission vom 8. Dezember 2010 über die Stärkung der Sanktionsregelungen im Finanzdienstleistungssektor,[458] in der die Möglichkeit privater Schadensersatzklagen als Anreiz für die Einhaltung der Sanktionsvorgaben in Aussicht gestellt wurden.[459] Anklang haben diese in der MAR indes nicht gefunden.

V. Ausschluss zivilrechtlicher Sanktionen

Im Folgenden soll untersucht werden, ob und inwieweit eine zivilrechtliche Sanktionierung im Wege privater Schadensersatzansprüche im Rahmen eines Private-Enforcement-Ansatzes möglich und geboten ist.

1. Schweigen der MAR und Crim-MAD

Die MAR enthält keine ausdrücklichen zivilrechtlichen Folgen bei Verstößen gegen die MAR. *Schmolke* sieht hierin richtigerweise ein bewusstes Schweigen des Unionsgesetzgebers,[460] was nichts anderes bedeutet, als dass

---

456 Zum vorherigen Gestaltungsspielraum und Rechtssetzung der Mitgliedstaaten im Vergleich, siehe auch: *Wilman*, Private Enforcement of EU Law Beforce National Courts, 2015, 1.06.

457 Eine Indienstnahme Privater durch die Whistleblower-Klausel des Art. 32 MAR ist gegeben, jedoch wird in der weiteren Sanktionierung auf öffentlich-rechtliche oder strafrechtliche Grundalgen zurückgegriffen, sodass nur Spurenelemente des private enforcement anklingen.

458 Mitteilung der Kommission an das Europäische Parlament, den Rat, den Europäischen Wirtscchafts- und Sozialausschuss und den Ausschuss der Regionen zur Stärkung der Sanktionsregelungen im Finanzdienstleistungssektor vom 08. Dezember 2010, KOM 2010 (endgültig), abrufbar unter: https://ec.europa.eu/transparency/regdoc/rep/1/2010/DE/1-2010-716-DE-F1-1.Pdf [Stand: 23.09.2022].

459 Siehe KOM (2010) 716, Mitteilung der Kommission an das Europäische Parlament, den Rat, den Europäischen Wirtschaft- und Sozialausschuss und den Ausschuss der Regionen zur Stärkung der Sanktionsregelungen im Finanzdienstleistungssektor vom 08. Dezember 2010, (endgültig), S. 4 f., abrufbar unter: https://ec.europa.eu/transparency/regdoc/rep/1/2010/DE/1-2010-716-DE-F1-1.Pdf [Stand: 23.09.2022].

460 *Schmolke*, in: Klöhn, Marktmissbrauchsverordnung, Art 15, Rn. 82.

der Gesetzgeber die Möglichkeit zivilrechtlicher Sanktionen im Rahmen von Marktmanipulationen erkannt hatte, hiervon aber bewusst abgesehen hat.

So sind Forderungen für zivilrechtliche Haftung im kapitalmarktnahen Bereich nicht neu. Erst 2004 wurde im Rahmen des Entwurfs des Kapitalmarktinformationshaftungsgesetzes (KapInHaG)[461] die Verbesserung der Haftung in Deutschland angestrebt, konnte sich aber nicht durchsetzen. Seitdem herrscht eine breite Diskussion, ob und wie eine Haftung notwendig ist.[462] Einen Grundlagenbeitrag lieferte *Hellgardt*, der die unzureichende Sanktionierung – auch im Sinne einer Haftung – herausarbeitete.[463] *Poelzig*[464] und *Mock*[465] befürworteten im Ergebnis eine spezialgesetzliche Regelung bei Marktmissbräuchen. Auch *Veil*[466] hielt eine Haftung für geboten und forderte ein Tätigwerden des Gesetzgebers. *Schmolke* lehnt dies weiterhin ab.[467]

Auch auf Unionsebene ist diese Diskussion nicht neu. So fehlen zwar Ansätze für eine zivilrechtliche Haftung im De-Larosière-Bericht,[468] dafür wurden vereinzelte Individualansprüche im harmonisierten Kapitalmarktrecht kodifiziert. Beispiele finden sich bei der Prospekthaftung (Art. 11 Prospekt-VO[469]), der Haftung für fehlerhafte Kurzinformationsblätter

---

461 Entwurf eines Gesetzes zur Verbesserung der Haftung für falsche Kapitalmarktinformationen (Kapitalmarktinformationshaftungsgesetz – KapInHaG) vom 7. Oktober 2004, abrufbar unter: https://www.wpk.de/fileadmin/documents/Oeffentlichkeit/Stellungnahmen/wpk-stellungnahmen_kapinhag-diskussionsentwurf.pdf [Stand: 23.09.2022].

462 *Schütt*, S. 366.

463 *Hellgardt*, AG 2012, 154.

464 *Poelzig*, ZGR 2015, 801, 803.

465 *Mock*, in: KK-WpHG, § 20a Rn. 72.

466 *Veil*, ZGR 2016, 305, 325.

467 Schmolke, NZG 2016, 721; ders., in: Klöhn, Marktmissbrauchsverordnung, Art 15, Rn. 82.

468 De Larosiére-Bericht (wie Fn. 432), dazu auch: *Becker/Rodde*, ZBB 2016, 11 ff.; zudem: *Moloney*, EU Securities and Financial Markets Reglations, S. 764 ff.; *Zetzsche/Eckner*, in: Gebauer/Teichmann, EnzEuR, § 7. A., Rn. 88.

469 Verordnung (EU) 2017/1129 des Europäischen Parlaments und des Rates vom 14. Juni 2017 über den Prospekt, der beim öffentlichen Angebot von Wertpapieren oder bei deren Zulassung zum Handel an einem geregelten Markt zu veröffentlichen ist und zur Aufhebung der Richtlinie 2003/71/EG, ABl. 2017 L 68/12.

(Art. 11 Abs. 1 a. E. PRIIP-VO[470])[471] oder der Haftung für Ratingagenturen nach Art. 35a Ratingagenturen-VO[472].

2. Schweigen mit Negativerklärung

Entscheidend ist indessen, ob sich aus dem bewussten Schweigen des Unionsgesetzgebers eine Negativerklärung ableiten lässt, mit der Folge, dass zivilrechtliche Sanktionen auszuschließen sind, diesem also eine Sperrwirkung zukommt,[473] oder zivilrechtliche Sanktionen nur nicht auf Unionsebene geregelt werden sollten.

a) Methodische Problemstellung beim gesetzgeberischen Schweigen

Das gesetzgeberische Schweigen und die darauffolgende richterliche Rechtsfortbildung sind als rechtsmethodische Probleme einzuordnen.[474] Den konkreten Ausführungen zu den zivilrechtlichen Sanktionen durch das Marktmanipulationsregime sei ein Problemaufriss vorangestellt, um die notwendige Sorgsamkeit bei der Auslegung der MAR zu unterstreichen. Weniger inhaltlich, aber methodisch bedeutsam sind die *Rs. CNL-SUCAL. /. Hag*[475] und *Rs. Sturgeon*[476] anzuführen.

In der *Rs. CNL-SUCAL. /. HAG*[477] wies die Generalstaatsanwaltschaft darauf hin, dass nicht zu viel rechtliche Konsequenz in das Schweigen des Gesetzgebers

470 Verordnung (EU) Nr. 1286/2014 des Europäischen Parlaments und des Rates vom 26. November 2014 über Basisinformationsblätter für verpackte Anlageprodukte für Kleinanleger und Versicherungsanlageprodukte (PRIIP), ABl. 2014 L 352/1.

471 Eindeutig ist auch hier der Art. 11 Abs. 4 PRIIP-VO (wie Fn. 450) zu nennen: „Dieser Artikel verbietet keine weiteren zivilrechtlichen Haftungsansprüche im Einklang mit dem nationalen Recht."

472 Verordnung (EU) Nr. 462/2013 des Europäischen Parlaments und des Rates vom 21. Mai 2013
zur Änderung der Verordnung (EG) Nr. 1060/2009 über Ratingagenturen, ABl. 2014 L 146/1.

473 Vgl. so auch: *Cless*, S. 34 ff.

474 Siehe dazu die Pionierarbeit von: *Canaris*, Die Feststellung von Lücken im Gesetz, passim.

475 *Generalanwalt Jacobs*, Schlussanträge v. 13.3.1990–C-10/89, Slg. 1990,I-3725, Rn. 53 („CNL-SUCAL. /. HAG").

476 EuGH, Urt. v. 19.11.2009 –Verb.R s. C-402/07 und C-432/07, Slg. 2009, I-10923 („Sturgeon").

477 *Generalanwalt Jacobs*, Schlussanträge v. 13.3.1990–C-10/89,Slg. 1990,I-3725Rn. 53 („CNL-SUCAL. /. HAG").

hineingelesen werden sollte. Gesetzbergisches Schweigen sei ambivalent.[478] So hatte der EuGH in der *Rs. Sturgeon*[479] einen Ausgleichsanspruch für Flugverspätungen nach Art. 7 Fluggastrechteverordnung zugestanden, obwohl nur eine Entschädigung für kurzfristige Annullierungen und Beförderungsverweigerungen vorgesehen werden sollte. Der EuGH nahm bei Flugverspätungen mit dem Hinweis auf den allgemeinen Gleichbehandlungsgrundsatz eine „vergleichbare Lage"[480] an. Der Unionsrechtssetzer wollte allerdings bewusst nur Ausgleichszahlungen bei Nichtbeförderungen oder Annullierungen zugestehen. Dagegen seien Flugverspätungen oftmals nicht von den Fluggesellschaften verschuldet, sondern überwiegend externen Einflüssen zuzuschreiben.[481] Die Verordnung wurde mit dem Ziel erlassen, die Fluggesellschaften zu verbrauchsfreundlichen Praktiken zu bewegen, auf die sie Einfluss haben.[482] Die richterliche Rechtsfortbildung durch den EuGH war deshalb erheblicher Kritik ausgesetzt.[483]

Die mahnenden Worte des *GA Jacobs* in der *Rs. CNL-SUCAL. /. HAG* vor der Angst einer Überinterpretation des gesetzgeberischen Schweigens wurde in der *Rs. Sturgeon* anschaulich bewiesen. So wurde gezeigt, wie durch richterliche Rechtsfortbildung die intentionale Rechtssetzung des Unionsrechtssetzers konterkariert werden konnte.[484] Dieser Querbezug soll für die weiteren Ausführungen zu den zivilrechtlichen Sanktionen des Marktmanipulationsregimes ein Weckruf sein, nicht zu vorschnell ein gesetzgeberisches Schweigen anzunehmen, sondern mit der notwendigen intentionalen Tiefe die grundsätzliche Frage nach Haftungsansprüchen zu beantworten.

---

478 Siehe grundsätzlich zur technischen Austauschbarkeit von „argumentum e contratio" und Gesetzeslücken: *Canaris*, Die Feststellung von Lücken im Gesetz, 1964, S. 44.

479 EuGH, Urt. v. 19.11.2009 –Verb.R s. C-402/07 und C-432/07, Slg. 2009, I-10923 („Sturgeon").

480 EuGH, Urt. v. 19.11.2009 –Verb.R s. C-402/07 und C-432/07, Slg. 2009, I-10923 („Sturgeon"), Rn. 54 f.

481 Aus dem Vorschlag der Kommission, KOM (2001), 784 endg., Nr. 23: „Die Kommission hatte bereits in ihrer Mitteilung über den Schutz der Fluggäste zum Ausdruck gebracht, dass Luftfahrt-und Reiseunternehmen in der gegenwärtigen Situation nicht verpflichtet werden sollten, Fluggäste bei Verspätungen zu entschädigen."

482 Vgl. dazu auch: *Politis*, EuZW, 2014, 8, 10; in Zusammenhang mit der MAR ebenso: *Cless*, S. 34 f.

483 *Politis*, EuZW2014,8, 10; AG Nürtingen, BeckRS 2010, 23900; LG Köln, BeckRS 2011, 27370; auf Seiten des EuGH aber dann: BGH NJW-RR 2013, 1065.

484 Genauso treffend: *Cless*, S. 35.

Ein solcher „allgemeiner negativer Satz“[485], der ohne jede Klarstellung keine weiteren Ansprüche zulässt,[486] wird zu Recht aus methodischen Gründen[487] abgelehnt. Aus den zahlreichen überzeugenden Gründen lässt sich vor allem darauf abstellen, dass die Pauschalität eines allgemeinen negativen Satzes den Kodifikationsgedanken übersteigen und die Rechtsfortbildung der Judikative ausschließen würde.[488] Vielmehr muss deshalb dem gesetzgeberischen Schweigen ein Erklärungswert[489] zukommen, der sich hinreichend im Ausschluss anderer Sanktionierungsmöglichkeiten qualifizieren lässt.[490] Liegt dieser Erklärungswert nicht vor, ist im Zweifel nicht von einem Ausschluss auszugehen.

b) Qualifiziertes Schweigen der MAR auf Unionsrechtsebene

Für die Möglichkeit der zivilrechtlichen Sanktionierung ist es von entscheidender Bedeutung, wie das Schweigen der MAR zu bewerten ist. Wird unterstellt, dass in der positiven Normierung von Maßnahmen des Public Enforcement eine allgemeine Negativerklärung zu entnehmen und von einer zivilrechtlichen Sanktionierung abzusehen ist, würden zwangsläufig private Schadensersatzansprüche ausscheiden müssen.

Ein qualifizierter negativer Erklärungswert muss sich an konkreten Anknüpfungspunkten festmachen lassen.[491] Als relevante Anknüpfungspunkte können die Gesetzgebungsmaterialien oder die Erwägungsgründe herangezogen werden. Ein ausdrücklicher Ausschluss zivilrechtlicher Sanktionierungen durch die Regelung einer öffentlich-rechtlichen und strafrechtlichen Sanktionierung lässt sich im Marktmanipulationsregime indes nicht finden. Im Gegenteil werden den Mitgliedstaaten weite Gestaltungsspielräume zugestanden, um eine möglichst hohe Abschreckungswirkung zu erreichen.[492] Am eindeutigsten lässt sich die

---

485 Historisch: *Zitelmann*, S.17 ff.

486 *Martens*, S. 506; *Fazzone*, 1980 Duke L. J., 928, 932.

487 Anstelle von vielen, hier nur: *Canaris*, Die Feststellung von Lücken im Gesetz, 1964, S. 49 f.: ‚überholt‘; *Martens*, S. 506 f.; *Larenz/Canaris*, S. 199 (jeweils m. w. N.).

488 *Cless*, S. 35.

489 Zum „beredten Schweigen“, vgl. *Basedow*, ZEuP 2014, 400, 402.

490 So ähnlich sieht es auch der *GA Geelhoed*, Schlussanträge v. 13.12.2001 –C-253/00, I-7291 Rn. 55 – Muñoz und Superior Fruiticola („Rs. Muñoz“); dazu auch *Biondi*, CMLR 40 (2003), 1241, 1246.

491 Vgl. *Basedow*, ZEuP, 2014, 400, 402.

492 Vgl. Erwägungsgrund (40) MAR, aber auch sehr eindeutig: Erwägungsgrund (18) Crim-MAD (wie Fn. 408); siehe auch die Mitteilung der Kommission an das Europäische Parlament, den Rat, den Europäischen Wirtschaft- und Sozialausschuss und

offene Gestaltung am Erwägungsgrund (18) der Crim-MAD festmachen, der auf die MAR rekurriert und die Mitgliedstaaten dazu auffordert, „wirksame, verhältnismäßige und abschreckende strafrechtliche oder nicht strafrechtliche Sanktionen oder andere Maßnahmen" zu ergreifen. Unter ‚anderen Maßnahmen' lassen sich auch zivilrechtliche Sanktionierungen subsumieren. Eine Öffnungstendenz ist erkennbar. Ohne Widerspruch der Rechtssetzung kann folglich kein qualifiziertes Schweigen angenommen werden.

c) Auswirkungen des Schweigens auf das Recht der Mitgliedstaaten

Für die Mitgliedstaaten bleibt es damit offen, weitere (zivilrechtliche) Sanktionen zuzulassen, um die Effektivität der Normdurchsetzung zu gewährleisten. Dies steht im Einklang mit der grundlegenden Struktur auf Unionsrechtsebene, wobei die Union grundsätzlich als Rechtssetzer und die Mitgliedstaaten als Rechtsdurchsetzer mit eigener Verfahrensautonomie tätig werden.[493] *Hellgardt* spricht von Rechtsdurchsetzungsautonomie der Mitgliedstaaten.[494] Diese gilt gerade dann, wenn ein beredtes Schweigen des Unionrechtsetzers dogmatisch ausgeschlossen werden konnte. Dieses Ergebnis deckt sich mit der Zielsetzung und der indikativen Zuweisung der Zuständigkeiten zwischen nationalen und Aufsichtsbehörden sowie den Behörden des ESFS im Anhang V des De-Larosière-Bericht[495], wonach die Durchsetzung von Sanktionen auf nationaler Ebene verbleiben soll.

3. Aussagekraft des Art. 32 MAR für das Private Enforcement

Im Rahmen der Diskussion eines Private Enforcement wird die sog. Whistleblower-Regelung (Art. 32 MAR) angeführt, anhand derer ausdrücklich Private mobilisiert werden sollen, um Verstöße gegen die MAR der zuständigen Behörde anzuzeigen. *Poelzig* leitet hieraus die Intention des Verordnungsgebers ab, dass Private stärker in die Kapitalmarktaufsicht eingebunden werden sollen.[496] Dagegen sieht *Schmolke* in Art. 32 MAR eine klare Entscheidung des

den Ausschuss der Regionen zur Stärkung der Sanktionsregelungen im Finanzdienstleistungssektor vom 08. Dezember 2010, (endgültig), S. 4 f. , abrufbar unter: https://ec.europa.eu/transparency/regdoc/rep/1/2010/DE/1-2010-716-DE-F1-1.Pdf [Stand: 23.09.2022].

493 Vgl. dazu ausführlicher unten:

494 *Hellgard*, S. 180.

495 Wie Fn.

496 *Poelzig*, NZG 2016, 492, 493 ff.

Verordnungsgebers, die Durchsetzung von Sanktionen wegen Verstößen gegen das Marktmissbrauchsrecht „im Rahmen seines Public-Enforcement-Regimes“ zu verwirklichen.[497]

Ein solcher ausdrücklicher Erklärungsgehalt kann Art. 32 MAR jedoch nicht entnommen werden. Vielmehr zeigt die Whistleblower-Vorschrift, dass der Verordnungsgeber selbst davon ausgegangen ist, dass die behördliche Kontrolle aufgrund der Komplexität der Tatbestandsverwirklichung nicht ausreichend sein wird und deshalb Private zur Rechtsdurchsetzung in Anspruch genommen werden müssen. Art. 32 MAR ist mithin eher als ein Hilferuf des Verordnungsgebers zu werten und nicht als eine Selbstbeschränkung des Unionsrechts.[498]

4. Sperrwirkung durch die Einheitlichkeit der Kapitalmarktunion

Gegen eine zivilrechtliche Sanktionierung könnte das übergeordnete Ziel der Einheitlichkeit der Kapitalmarktunion sprechen, wenn also die zivilrechtliche Sanktionierung durch den Einheitlichkeitsgedanken im Binnenmarkt angenommen oder abgelehnt werden müsste.

Ausgewiesenes Ziel[499] des Unionsgesetzgebers war die Rechtsvereinheitlichung[500] zur Schaffung einer Kapitalmarktunion. Vor der Novellierung durch die MAR waren das Marktmissbrauchsrecht im Allgemeinen und die Haftungsfragen im Besonderen unionsweit sehr unterschiedlich geregelt.[501] Um dem Argument der Einheitlichkeit juristisches Gewicht zu verleihen, hätte der Unionrechtssetzer klar Stellung beziehen müssen. Dafür spricht die Wahl der Verordnung als besonders harmonisierenden Rechtsakt. Stärkstes methodisches Gegenargument ist indes die Mindestharmonisierung, insbesondere im Rechtsfolgenbereich, die den Einheitlichkeitsgedanken relativiert.[502] Auch

---

497 *Schmolke*, in: Klöhn, Marktmissbrauchsverordnung, Art. 15, Rn. 94; *Schmolke*, NZG 2016, 721, 727; zum Entwurfsstadium siehe bereits: *Fleischer/Schmolke*, NZG 2012, 361 ff.

498 Vgl. dazu: J. IV. 2. a) bb).

499 Dieses Ziel wird in zahlreichen Erwägungsgründen immer wieder betont, so z. B. im Erwägungsrund (3), (4), (5), (45), (56), (65), (82), (83) MAR (wie Fn. 311), aber auch in Erwägungsgrund (25) Crim-MAD (wie Fn. 408), siehe ebenso die Erwägungsgründe (3), (4), (5), (7), (8), (18), (26) Crim-MAD (wie Fn. 408).

500 Und gerade keine bloße Rechtsangleichung, vgl. dazu: *Schroeder*, in: Streinz, EUV/ AEUV, Art. 288, Rn. 38; *von Danwitz*, in: Dauses/Ludwigs, Handbuch EU-Wirtschaftsrecht, 44. EL Februar 2018, B. II., Rn. 83 f.

501 *Cless*, S. 37.

502 *Cless*, S. 37.

die flankierenden strafrechtlichen Vorgaben der Crim-MAD, die in der Ausgestaltung einer Richtlinie den Mitgliedstaaten weitere Gestaltungsspielräume zulassen, sprechen gegen den Einheitlichkeitsgedanken. Zudem ist die Wahl des Rechtsakts stets im Lichte ihres Regelungsziels zu lesen und demnach in sich selbst begrenzt.[503]

Die Einheitlichkeit der Kapitalmarktunion ließe sich deshalb nur als Sperrargument heranziehen, wenn sich die zivilrechtliche Sanktionierung im Harmonisierungsgedanken wiederfindet, also eine unionseinheitliche Regelung – sei sie positiv oder negativ – mitgeregelt worden ist. Wie nachgewiesen, enthält die MAR allerdings gerade kein qualifiziertes Schweigen zu zivilrechtlichen Sanktionen.[504] Dieses Nichtregeln im Rahmen der Minderharmonisierung spricht gegen den Einheitlichkeitsgedanken und disqualifiziert die harmonisierte Kapitalmarktunion als Sperrwirkung für zivilrechtliche Sanktionierungen.[505] Um das Argument der Einheitlichkeit der Kapitalmarktunion aber vollends zu entkräften, soll ein rechtsvergleichender Blick in exemplarisch gewählte[506] Mitgliedstaaten erfolgen, mit dem Ziel, die nationalen Haftungsmöglichkeiten in Sachen Marktmanipulation vor und nach Inkrafttreten der MAR darzustellen und die Vereinheitlichung in Hinblick auf die gelebte Rechtspraxis zu widerlegen.

a) Österreich

Das österreichische Recht weist zahlreiche Parallelen zum deutschen Recht auf. Anders als die deutsche Rechtsprechung zu § 20a WpHG a. F., die eine Schutzgesetzhaftung im IKB-Urteil[507] ablehnte, hat der österreichische OGH[508] zusammen mit der überwiegenden Lehre[509] nach der damaligen Parallelvorschrift des § 48a Abs. 1 Z. 2 BörseG a. F. eine Schutzgesetzhaftung im Rahmen von § 1311 ABGB angenommen. Die MAR bedingte keine nationalen Novellierungen

503 Vgl. ähnliche Ausführungen: *Kiesewetter/Parmentier*, BB 2013, 2371.

504 Vgl. dazu: H. V. 1. und 2.

505 Anders sieht es *Cless*, Unionsrechtliche Vorgaben für eine zivilrechtliche Haftung bei Marktmissbrauch, S. 37, der weder von einem positiven noch negativen Ergebnis ausgeht.

506 Ebensolchen, die auch in der Literatur häufig angeführt werden.

507 BGHZ 192, 90 („IKB-Urteil")

508 ÖOGH, Beschl. v. 15.3.2012 –6Ob 28/12d S. 12; siehe dann auch aus der österreichischen Literatur: *Kalss/Oppitz/Zollner*, Kapitalmarktrecht, § 22, Rn. 72 f.

509 Siehe an dieser Stelle aus der österreichischen Literatur nur: *Kalss/Oppitz/Zollner*, Kapitalmarktrecht, §22, Rn. 72 f. (m. w. N.).

bezüglich einer spezielleren Haftung. Es ist davon auszugehen und im Schrifttum auch vorherrschender Meinungsstand, dass die Rechtsprechung mit Art. 15 MAR als Anknüpfungspunkt fortbesteht.[510]

b) Frankreich

Frankreich weist eine restriktivere Handhabe bei zivilrechtlichen Sanktionierungen auf. So wurde vor dem Inkrafttreten der MAR keine Haftung auf Schadensersatz über den Règlement général de l'Autorité des marchés financiers statuiert. Teilweise nahmen die französischen Gerichte jedoch nach Art. 1382 Code civil bei verbotenen Insidergeschäften eine Schadensersatzhaftung im Adhäsionsverfahren an.[511] Die nationale Anpassung an die Vorgaben der MAR und Crim-MAD erfolgte mit der LOI n° 2016–819 du 21 juin 2016 réformant le système de répression des abus de marché (1)[512]. Eine zivilrechtliche Haftung lässt sich weder in der aktualisierten Fassung des Code monètaire et financier noch in dessen Vorgängervorschriften finden.[513]

c) Irland

Gegensätzlich dazu hatte Irland zuvor eine zivilrechtliche Haftung wegen Marktmanipulation und Insidergeschäften in Nr. 6 (2) bzw. Nr. 5 (6) Market Abuse Regulations 2005, Part 2,[514] vorgesehen, die mit Inkrafttreten der MAR und Crim-MAD allerdings durch den Companies Act 2014 (No. 38/2014) zum 01.06. 2015 wieder zurückgenommen wurde.[515] Die unionsrechtlichen Vorgaben sind heute im Wesentlichen in der Irland European Union (Market Abuse)

---

510 Auch hier vgl. nur: *Kalss/Oppitz/Zollner*, Kapitalmarktrecht, §21, Rn. 89 (m. w. N.); so sieht es auch: *Cless*, S. 42.

511 *Veil*, in: Veil, Europäisches Kapitalmarktrecht, 2. Aufl. 2014, §13 Rn. 156 (m. w. N. und Bezugnahme zur französischen Rechtsprechung, siehe auch: *Veil/Koch*, Französisches Kapitalmarktrecht, S. 20 ff.; *Hopt*, WM 2013, 101, 112, hier auch Fn. 6; *Sergakis*, S. 170 f.

512 In Originalsprache abrufbar unter: https://www.legifrance.gouv.fr/affichTexte.do?cidTexte=JORFTEXT000032743112&categorieLien=id [Stand: 23.09.2022].

513 In Originalsprache abrufbar unter: https://www.legifrance.gouv.fr/affichCode.do?cidTexte=LEGITEXT000006072026 [Stand: 23.09.2022].

514 Vorschrift S.I. 349 of 2016 (2016 Regulations), abrufbar unter: http://www.irishstatutebook.ie. [Stand 05.07.2020].

515 Siehe dazu: Act 2014 (No. 38/2014) 4 (1) i. V. m. Schedule 2 Part 1).

Regulation 2016 umgesetzt worden.[516] Irland hatte die Novellierung auf europäischer Ebene zum Anlass genommen, sich (wieder) von den zivilrechtlichen Sanktionierungen zu distanzieren.[517]

d) Zypern

Eine vergleichbare Entwicklung war auf Zypern zu beobachten. Mit der Umsetzung der unionsrechtlichen Vorgaben durch die Zypern Market Abuse Law 2016 L. 2012 (I)/2016[518] ist die bisherige Sec. 47 Law on Insider Dealing an Market Manipulations (Market Abuse) 2005[519] weggefallen,[520] die umfangreiche zivilrechtliche Haftungsmöglichkeiten vorgesehen hatte.[521] Auch Zypern hatte somit die unionsrechtlichen Novellierungen zum Anlass genommen, um zivilrechtliche Haftungsmöglichkeiten zurückzunehmen.

e) Großbritannien (historisch[522])

Traditionell restriktiv war die britische Kapitalmarkthaftung.[523] Spezielle Schadensersatzansprüche bei Marktmissbrauch wurden nicht ausdrücklich geregelt. Die europäischen Novellierungen wurden überwiegend durch den Financial Services and Markets Act 2000 (Market Absue) Regulations 2016[524] umgesetzt,[525]

---

516 Siehe dazu in Originalsprache auch: Irland European Unions (Market Abuse) Regulations 2016, S. I. No. 349/2016, S. 54.

517 Siehe dazu auch: *Schmolke*, in: Klöhn, Marktmissbrauchsverordnung, Art. 15, Rn. 80.

518 In Originalsprache abrufbar unter: https://www.cysec.gov.cy/en-GB/legislation/market-manipulation/ [Stand: 23.09.2022].

519 In Originalsprache N. 116 (I)/2005, abrufbar unter: https://www.cysec.gov.cy/en-GB/legislation/market-ma nipulation/ [Stand: 23.09.2022].

520 Vgl. dazu im Wesentlichen Art. 13 ‚Zypern' Market Abuse Law of 2016, L. 102 (I)/2016.

521 Siehe dazu auch kurz eingehend: *Schmolke*, in: Klöhn, Marktmissbrauchsverordnung, Art. 15, Rn. 80.

522 Trotz des Austritts Großbritanniens aus der Europäischen Union erscheint ein (zumindest historischer) Seitenblick zum größten Finanzmarkt Europas und deren damalige Rechtsumsetzung geboten.

523 *Veil/Wundenberg*, Englisches Kapitalmarktrecht, S. 84; *Wundenberg*, ZGR 2015, 124, 136; siehe auch: *Avgouleas*, S. 389 ff.

524 S.I. 349 of 2016 (2016 Regulations), abrufbar unter: http://www.irishstatutebook.ie [Stand: 23.09.2022].

525 Vgl. Anpassung dieser Bestimmung an die MAR in The Financial Services and Markets Act 2000 (Market Abuse) Regulations 2016 (= S.I. 2016 No. 680) in Ziff. 10 (15).

der in Ziff. 9 (3) den vorherigen Abschnitt zum Marktmissbrauchsrecht FSMA 200 aufgehoben hatte. Was verblieb, waren eine behördliche Restitutionsmöglichkeit[526] nach s. 383 FSMA 2000 und die allgemeine Informationshaftung für Emittenten nach s. 90 A FSMA i. V. m. schedule 10 A. Weitere zivilrechtliche Sanktionen waren nicht oder nur sehr restriktiv[527] über die Annahme eines impliziten Klagerechts (‚Implicit Cause of Action') denkbar, das jedoch in Sachen Hall v. Cable and Wireless Plc.[528] vom Commercial Court abgelehnt wurde.

f) Zwischenergebnis zur transnationalen Betrachtung

Dieser kurze Überblick zu den zivilrechtlichen Sanktionierungen in exemplarischen Mitgliedstaaten zeigt pars pro toto, dass sowohl nach der unionsrechtlichen Novellierung durch die MAR und Crim-MAD als auch nach der vorherigen Rechtslage nicht von einer einheitlichen Kapitalmarktunion ausgegangen werden kann und konnte. Bereits im De-Larosière-Bericht wurde als Antwort auf die Finanzkrise 2008/2009 eine Harmonisierung der teils sehr unterschiedlichen Durchsetzungsbefugnisse der Aufsichtsbehörden in den Mitgliedstaaten angeführt, die in der Folge dann eine Verschärfung des Sanktionsregime bewirken werde.[529] Heute lässt sich bezüglich Maßnahmen des Public Enforcement durch die Novellierungen zwar eine Vereinheitlichung der Mindeststandards feststellen, bei zivilrechtlichen Sanktionen bleibt es indes ein heterogener Flickenteppich. Damit kann jedenfalls das Argument, die Einheitlichkeit der Kapitalmarktunion würde eine Sperrwirkung gegenüber einer zivilrechtlichen Sanktionierung entfalten, verworfen werden.

---

526 Siehe zu dieser Betrachtung auch *Cless*, S. 179.

527 Zum grundsätzlichen sehr restriktiven britischen Kapitalmarktrecht, *Wundenberg*, ZGR 2015, S. 144.

528 Hall v. Cable and Wireless Plc *[2009]*, EWHC 1793 (Comm); bestätigt in der Entscheidung Brown v. Innovatorone Plc [2012], EWHC 1321 (Comm); vgl. Doe d. Murray v. Bridges 109 E. R. 1001 [859*]:„(…) where an Act creates an obligation, and enforces the performance in aspecified manner, we take it to be a general rule that performance cannot be enforced in any other manner.*"; siehe auch: *Avgouleas*, S. 393; dazu aber auch mit einem Vergleich zum impliziten Klagerecht USA und UK: *Cless*, S. 38 ff., insbesondere ab S. 40 zum Recht des Vereinigten Königreichs.

529 wie Fn. 432, S. 47.

VI. Ergebnis

Es konnte veranschaulicht werden, dass zivilrechtliche Sanktionen bei Marktmanipulationen nicht ausdrücklich vorgesehen sind, aber genauso wenig durch einen Negativsatz ausgeschlossen wurden. Weitergehend soll überprüft werden, ob und unter welchen Voraussetzungen sich ein implizites Klagerecht aus Art. 15, 12 MAR in Hinblick auf den primärrechtlich statuierten Effektivitätsgrundsatz des Art. 4 Abs. 3 EUV als Sanktionsmittel begründen lässt.

I. Voraussetzungen für zivilrechtliche Ansprüche als Sanktion nach dem Unionsrecht

Dazu soll zunächst grundlegend aufgezeigt werden, wie unionsrechtliche Vorgaben die Mitgliedstaaten dazu bewegen können, zivilrechtliche Sanktionen aufzustellen. In diesem Zusammenhang wird sich die Frage aufwerfen, inwieweit das Unionsrecht Privaten subjektive Rechte verleihen kann. Mit einem methodischen Seitenblick in die Entscheidungen *Courage*, *Manfredi* und *Muñoz* soll anschließend ein subsumtionsfähiges Prüfungsvorgehen entwickelt werden, das eine Übertragbarkeit dieser Grundsätze auf das Marktmissbrauchsregime zulässt.

I. Effektive Durchsetzung des Unionsrechts

Grundsätzlich verpflichtet der Effektivitätsgrundsatz des Art. 4 Abs. 3 EUV die Mitgliedstaaten zur loyalen Zusammenarbeit, was beinhaltet, alle geeigneten Maßnahmen allgemeiner und besonderer Art zur Erfüllung der Verpflichtungen zu treffen, die sich aus den Verträgen oder den Handlungen der Organe der Union ergeben. Die Befolgung von Unionsrecht ist von den Mitgliedstaaten sicherzustellen,[530] unabhängig davon, ob es sich um Verordnungen oder Richtlinien handelt.[531] Die Vorschrift hat den Charakter eines Optimierungsgebots[532] in Bezug auf die Auslegung unionsrechtlicher Normen, um eine möglichst große praktische Wirksamkeit zu erreichen.[533] Die traditionelle Konzeption der Europäischen Union impliziert eine dualistische Aufgaben- und Kompetenzverteilung,[534] in der es dem Unionsrechtssetzer zukommt, Verhaltensvorschriften aufzustellen,[535] die von den Mitgliedstaaten auf nationaler Ebene durchgesetzt

---

530 *Weyer*, ZEuP 2003, 318, 322, Fn. 32. (m. w. N.).

531 Anstelle von vielen nur: *Calliess/Kahl/Puttler*, in: Calliess/Ruffert, EUV/AEUV, 5. Aufl. 2016, Art. 4 EUV Rn. 59 (m.w.N.); in Bezug auf Primärrecht und Sekundärrecht: *Steindorff*, S. 312; siehe auch: *Poelzig*, Normdurchsetzung durch Privatrecht, S. 260.

532 *Veil*, Europäisches Kapitalmarktrecht, § 5 Rn. 57.

533 *Veil*, Europäisches Kapitalmarktrecht, § 5 Rn. 57.

534 Zur dualistischen Theorie siehe *Steindorff*, S. 309; *Poelzig*, S. 259.

535 *Poelzig*, S. 258.

werden müssen.[536] Auf nationaler Stufe besteht grundsätzlich „Rechtsdurchsetzungs- und Verfahrensautonomie“[537]. Aufgrund dieser horizontal-autonomen Aufgabenteilung zwischen Europäischer Union und Mitgliedstaaten besteht die strukturell begründete Gefahr eines Durchsetzungsdefizits, in dem es den Mitgliedstaaten überlassen bleibt, rechtsfolgenseitig tätig zu werden.[538] Das Unionsrecht enthält kaum oder nur sehr wenig detaillierte Vorgaben für eine Sanktionierung.[539] Eine ausdrückliche Regelung, die es vorsieht, Verstöße gegen unionrechtliche Verhaltensnormen zu sanktionieren, existiert nicht.[540] Vielmehr muss auf die Verletzung der konkreten Verhaltensnorm in Hinblick auf den Effektivitätsgrundsatz rekurriert werden.[541] Dazu hat der EuGH in Sachen *Kommission./. Griechenland* und *Hansen* ganz grundlegend konkretisiert: Sofern eine gemeinschaftsrechtliche Regelung keine besondere Vorschrift zur Sanktionierung eines Verstoßes vorsieht oder sofern sie nur auf die nationale Rechtsdurchsetzung verweist, sind alle geeigneten Maßnahmen von den Mitgliedstaaten zu treffen, um die Geltung sowie die Wirksamkeit des Unionsrechts zu gewährleisten.[542] In dieser Autonomie müssen die Mitgliedstaaten dafür Sorge tragen, dass die Verstöße jedenfalls „wirksam, verhältnismäßig und abschreckend“[543] sind und sie genauso sanktioniert werden wie Verstöße gegen nationale Vorschriften (Gleichbehandlungsgebot[544]).[545] Sanktionen lassen sich somit grundsätzlich als

---

536 Vgl. dazu: EuGH, Urteil vom 8.6.1994, Rs. C-382/92 (Kommission. /. Vereinigtes Königreich Großbritannien und Nordirland, Slg. 1994, I-2435, 2475, Rn. 55; siehe dazu auch: *Poelzig*, S. 258 (m. w. N.).

537 „Rechtsdurchsetzungsautonomie“ begrifflich geprägt von *Hellgard*, S. 180.

538 *Poelzig*, S. 262.

539 *Poelzig*, S. 258.

540 *Wagner*, AcP 206 (2006), 352, 418.

541 Vgl. dazu: EuGH, Urteil vom 5.10.2004, Rs. C-323/93 („Crespelle“), Slg. 1994, I-5077, Rn. 15; *Steindorff*, S. 305, 312; *Poelzig*, S. 258 ff.

542 Grundlegend EuGH, Urteil vom 21.9.1989 – C-68/88, Slg. 1989, I-2965 Rn. 23 („Kommission. /. Griechenland“); EuGH, Urt. v. 10.7.1990 – C-326/88, Slg. 1990, I-2911 Rn. 17 („Hansen“).

543 Siehe hierzu auch Art. 4 Abs. 3 EUV; EuGH, Urteil vom 2.10.1991, Rs. C-7/90 („Strafverfahren gegen Vandevenne), Slg. 1991, I-4371, Rn. 1; EuGH, Urteil vom 10.7.1990, Rs. C-326/88 („Anklagemyndigheden“), Slg. 1990, I-2911, 2935, RN. 17; EuGH, Urteil vom 21.9.1989, Rs. 68/88 („Kommission. /. Griechenland“), Slg. 1989, 2695, 2985, Rn. 24.

544 *Zuleeg*, JZ 1992, 761; *Wagner*, AcP 206 (2006), 352, 411.

545 EuGH, Urt. v. 10.7.1990 –C-326/88, Slg. 1990, I-2911 Rn. 17 („Hansen); vgl. auch EuGH, Urt. v. 21.9.1989 –C-68/88, Slg. 1989, I-2965 Rn. 23 („Kommission. /.

Mittel zur Normdurchsetzung definieren.[546]

In diese Vorgaben reiht sich das sog. „Äquivalenz- und Effektivitätsgebot“[547] ein, nach dem die Mitgliedstaaten darauf zu achten haben, dass Verstöße gegen das Unionsrecht – je nach Art und Schwere der Verstöße – mit den gleichen sachlichen und verfahrensrechtlichen Regeln geahndet werden wie gleichartige Verstöße gegen nationales Recht.[548] Welche Art und Weise die Mitgliedstaaten bei der Sanktionierung wählen, liegt grundsätzlich im eigenen Beurteilungsspielraum, der sich jedoch an den unionsrechtlichen Vorgaben – und hier maßgeblich am Regelungsziel der Normen – auszurichten hat.[549]

Aus Art. 4 Abs. 3 EUV sowie der sich daraus ergebenden Pflicht der Mitgliedstaaten zur wirksamen Durchsetzung des Unionsrechts kann sich folglich eine Sanktionierungspflicht für Verstöße gegen unionsrechtliche Normen ableiten lassen.[550]

1. Unionsrechtlicher Sanktionsbegriff

Ein allgemeiner unionsrechtlicher Sanktionsbegriff ist indessen nicht ausdrücklich festgeschrieben.[551] Zu klären bleibt, ob und unter welchen Voraussetzungen subjektive Ansprüche Einzelner als unionsrechtliche Sanktion verstanden werden können.

a) Ziel der Einhaltung von Verhaltensnormen

Sanktionen lassen sich systematisch einordnen. Mit Blick auf die Mechanik der Normdurchsetzung lässt sich zwischen Normzweck (ratio legis), dem

---

Griechenland“); EuGH, Urt. v. 2.10.1991–C-7/90, Slg. 1991, I-4371, Rn. 11 („Vandevenneu“); EuGH, Urt. v. 30.9.2003 –C-167/01 („Inspire Art“), Rn. 62; EuGH, Urt. v. 15.1.2004 –C-230/01, Slg. I-937 Rn. 36 („Penycoed“); EuGH, Urt. v. 26.4.2007– C-348/04, Slg. 2007, I3391 Rn. 59 („Boehringer Ingelheim“); EuGH, Urt. v. 10.7.2008, –C-54/07, Slg. 2008, I5187 Rn. 38 („Feryn“).

546 Vgl. dazu auch: *Poelzig*, S. 18 ff.

547 Grundlegend zum Effektivitätsgebot siehe nur: Schill/Krenn, in: Grabitz/Hilf/Nettesheim, EUV Art. 4, Rn. 93 (m. w. N.); ebenso zum Äquivalenzgrundsatz nur: *Schill/Krenn*, in: Grabitz/Hilf/Nettesheim, EUV Art. 4, Rn. 92 (m. w. N.).

548 EuGH, Urteil vom 5.10.2004, Rs. C-323/92 („Crespelle“), Slg. 1994, I-5077, Rn. 15; siehe auch *Steindorff*, S. 305, 312 und *Poelzig*, S. 259 ff.

549 Vgl. *Steindorff*, S. 306, 308; *Poelzig*, S. 260; *Harnos*, ZEuP 2015, 546, 559; aber auch *Schütt*, S. 162 f.

550 *Hellgardt*, AG 2012, 154, 156, 165.

551 *Ebers*, S. 263.

Norminhalt und der Normdurchsetzung unterscheiden.[552] Werden Marktverhaltensregeln nicht durch ihre (nichtrechtlichen) Konsequenzen[553] eingehalten, verlieren sie an tatsächlicher Verbindlichkeit und Geltungskraft, da die Bereitschaft der Normadressaten zu deren Einhaltung sinkt.[554] Verhaltensnormen könnten in dieser Folge auf bloße Absichtserklärungen des Gesetzgebers reduziert werden.[555]

Aus diesem Grund ist es angezeigt, rechtliche Lösungen zur Verhinderung des Fehlverhaltens aufzustellen. Dies kann präventiv, beispielsweise durch Genehmigungspflichten, aber auch nachträglich durch eine Sanktionierung bei Fehlverhalten erfolgen.

Tradiert werden Sanktionen als negative rechtliche Konsequenzen des Fehlverhaltens verstanden. Sanktionen erschöpfen sich aber nicht in ihrer unmittelbaren Wirkung, sondern entfalten gleichzeitig ein Element der Generalprävention.[556] Sanktionen sind ganz überwiegend[557] pönalisierend in Form von Verwarn- und Bußgeldern, Geld- und Freiheitsstrafen, aber auch als Abschöpfung von Vorteilen ausgestaltet. Ziel dieser negativen Folgen ist es, die Einhaltung der Verhaltensnormen durch eine präventive Abschreckungswirkung zu erreichen.[558] Neben der öffentlich-rechtlichen Sanktionierung durch das Verwaltungs- und Strafrecht (Public Enforcement) kann auch das Privatrecht der Normdurchsetzung dienen (Private Enforcement). Die privatrechtliche Normdurchsetzung wird oftmals dann als Sanktionsinstrument gewählt, wenn ein behördliches Vollzugsdefizit vorliegt.[559] Insofern schließt sich hier der Kreis zum Effektivitätsgrundsatz, nach dessen Maßgabe der EuGH in *Rs. Kommission. /. Griechenland*

---

552 *Poelzig*, S. 11 ff., zur Unterscheidung in Zweck, Inhalt und Durchsetzung, siehe: *Hecker*, S. 87.

553 Vgl. hier beispielsweise die umfangreiche Diskussion zur Einführung von Corporate Governance, anstelle von vielen hier nur: *Spindler*, in: MüKoAktG, Vor § 76, Rn. 69 ff. (m. w. N.).

554 *Poelzig*, S. 16.

555 Vgl. dazu: *Masing*, S. 232; aber auch *Poelzig*, S. 16.

556 In die gleiche Richtung geht das BVerfG mit dreifaltigen Vereinigungstheorie der General- und Individualprävention des Strafrechts, BVerfGE, 45, 187, 253 ff.

557 Positive Sanktionen sind äußerst selten. Als Beispiel wird der Finderlohn in § 971 BGB genannt. Umstritten ist es bei Subventionen oder Steuervergünstigungen, dazu s. *Röhl/Röhl*, S. 218; aber auch bei: *Poelzig*, S. 17 in Fn. 45.

558 *Poelzig*, S. 17 („Prävention erfolgt hier durch Abschreckung").

559 *Poelzig*, S. 24; konkret für überindividuelle Verbandsklagen; im Zusammenhang des Kapitalmarktrecht, siehe: *Möllers*, AcP 208 (2008), 1, 24.

und *Hansen* festgestellt hat, dass die Sanktionen wirksam, verhältnismäßig und abschreckend[560] sein müssen. Aus diesen Ausführungen ergibt sich, dass der Sanktionsbegriff selbst als Instrument der Normdurchsetzung denkbar offen, aber final und intentional zu verstehen ist.

b) Abschreckende Wirkung

Subjektive Ansprüche können nur als Sanktion geeignet sein, wenn sie abschreckend sind. Sanktionen sind abschreckend, wenn die angedrohte Konsequenz dazu geeignet ist, den Normadressaten vom bestimmten Fehlverhalten abzuhalten.[561] Die Rechtswissenschaft hat dazu kein eigenes Verhaltensmodell entwickelt, sondern bedient sich in wirtschaftsrechtlichen[562] Zusammenhängen des spieltheoretischen Verhaltensmodells des ‚homo oeconomicus', der stets rational sowie im Bewusstsein seiner sämtlichen wirtschaftlichen Entscheidungsmöglichkeiten vollständig informiert und nutzenmaximiert handelt.[563]

In diesem Sinne wird unterstellt, dass Sanktionen einer rationalen Abwägung zwischen Kosten für den Verstoß der Verhaltensnorm einerseits und dem Nutzen aus dem rechtswidrigen Fehlverhalten andererseits unterliegen. Sofern der Nutzen aus dem Fehlverhalten größer ist als dessen Sanktion, kann nicht von einer abschreckenden Wirkung ausgegangen werden. In diese Abwägung sind die Wahrscheinlichkeiten für die Aufdeckung und für die Rechtsverfolgung des Fehlverhaltens einzupreisen.[564] Da Sanktionen mit dem Ziel der Normdurchsetzung aufgestellt werden, kann mit Blick auf die Generalprävention von einer Wirksamkeit ausgegangen werden, wenn die aufgestellten Sanktionen hinreichend abschreckend sind. Der EuGH hatte in der *Rs. LCL Le Crédit*

---

560 Siehe dazu oben: I. I. 1.

561 Vgl. *GA Kokott*, Schlussanträge v. 14.10.2004 („verb.") Rs. C-387/02, C-391/ 02 und C-403/02, Slg. 2005, I-3568, 3568 Rn. 89 („Berlusconi"); siehe dann auch *Poelzig*, S. 302; *Heinze*, S. 41 ff.

562 Für das Wettbewerbsrecht sieh beispielsweise: *Götting/Hetmank*, in: Fezer/Büscher/ Obergfell, Lauterkeitsrecht: UWG, Vor § 1, Rn. 421; für das Steuerrecht siehe: *Wagner*, DStR 2014, 1133, 1134; für das Kapitalmarktrecht, siehe: *Zieschang*, in: Park, HK-KapMarktStrafR, § 263, Rn. 61.

563 Aus den unzähligen Quellen zum homo oeconomicus hier nur eine wirtschaftswissenschaftliche Betrachtung im Zusammenhang mit der Verhaltensökonomik: *Brzezicka/ Wiśniewski*, Contemporary Economics 2014, 353, 364.

564 Denn wer einen Rechtsverstoß begeht, muss tatsächlich befürchten sanktioniert zu werden, vgl. dazu: *GA Kokott*, Schlussanträge v. 14.10.2004 („verb."), Rs. C-387/02, C-391/02 und C-403/02, Slg. 2005, I-3568, 3568 Rn. 89 („Berlusconi").

Lyonnais[565] auf ähnliche Weise zur Verbraucherkreditlinie entschieden, bei der die Pflichtverletzung des Darlehensgebers zur Verwirkung des vertraglichen Zinsanspruchs führte, der Darlehensnehmer aber in dieser Folge dann einen höheren gesetzlichen Zins schuldete. In dieser Konstellation hätten die Vorteile des Fehlverhaltens der Sanktion überwogen, da der Darlehensgeber mit der Aufdeckung des Fehlverhaltens noch einen wirtschaftlichen Vorteil in Form eines höheren Zinses erhalten hätte. Eine abschreckende Wirkung der Sanktion wurde verneint, indem gedanklich auf die Abwägungsfrage von Kosten und Nutzen abgestellt wurde.

c) Verhältnismäßigkeit

Sanktionen müssen verhältnismäßig sein. Der Grundsatz der Verhältnismäßigkeit ist in Art. 5 Abs. 3 UAbs. 1 EUV primärrechtlich verankert, aber nicht ausdrücklich definiert. Der EuGH musste sich in zahlreichen Entscheidungen mit der Verhältnismäßigkeit befassen, sodass ein Definitionsmaßstab konturiert werden konnte.[566] Der unionsrechtliche Verhältnismäßigkeitsgrundsatz ähnelt dem deutschen Verständnis. So soll auf unionsrechtlicher Ebene eine Maßnahme verhältnismäßig sein, wenn legitime Ziele verfolgt werden und die Maßnahmen geeignet, erforderlich sowie angemessen sind. Anders als die deutsche Verhältnismäßigkeitsprüfung, die ihren Schwerpunkt überwiegend in der Angemessenheit findet, legt der EuGH einen stärkeren Fokus auf die Geeignetheit und die Erforderlichkeit. Regelmäßig wird darauf abgestellt, dass die betreffende Regelung zur Erreichung der verfolgten Ziele geeignet ist und nicht über das Erforderliche hinausgeht,[567] wobei auch hier maßgeblich auf Aspekte der

---

565 EuGH, Urteil vom 27.3.2014, C-565/12, ECLI:EU:C:2014:190 („LCL Le Crédit Lyonnais"), Rn. 52, dann auch Rn. 43 und Rn. 50; ähnliche Ausführungen zu diesem Beispiel siehe: *Cless*, S. 48.

566 Bei den zahlreichen weiteren Entscheidungen, vgl. hier nur: EuGH, Rs. C-165/09 bis C-167/09 („Stichting Natuur en Milieu"), Slg. 2011, I-0000, Rn. 104 (zur Verleihung unmittelbarer Rechte Einzelner aus einer Umweltrichtlinie); EuGH, Rs. C-92/09 und C-93/09 („Volker und Markus Schecke"), Slg. 2010, I-0000, Rn. 74, 77 (zum Schutz Einzelner bei der Verarbeitung personenbezogenen Daten); EuGH, Rs. C-344/04 („IATA und ELFAA"), Slg. 2006, I-403, Rn. 79, 82 (zu Ausgleichszahlungen bei Flugverspätungen).

567 Vgl wieder: vgl. hier nur: EuGH, Rs. C-165/09 bis C-167/09 („Stichting Natuur en Milieu"), Slg. 2011, I-0000, Rn. 104 (zur Verleihung unmittelbarer Rechte Einzelner aus einer Umweltrichtlinie); EuGH, Rs. C-92/09 und C-93/09 („Volker und Markus Schecke"), Slg. 2010, I-0000, Rn. 74, 77 (zum Schutz Einzelner bei der Verarbeitung personenbezogenen Daten); EuGH, Rs. C-344/04 („IATA und ELFAA"), Slg. 2006,

Angemessenheit eingegangen wird.[568] In den Schlussanträgen der Generalanwälte *Trstjak* und *Kokott* wird in der Regel eine dreistufige Prüfungsweise aus Geeignetheit, Erforderlichkeit und Angemessenheit bevorzugt.[569]

2. Ergebnis

Es ist zu resümieren, dass sich aus dem Effektivitätsgrundsatz aus Art. 4 Abs. 3 EUV die Verpflichtung der Mitgliedstaaten ableiten lässt, die Befolgung von Unionsrecht sicherzustellen.[570] Diese Verpflichtung kann als ein Optimierungsgebot verstanden werden.[571] Auf nationaler Ebene besteht Rechtsdurchsetzungsautonomie.[572] Diese Aufgabenverteilung aus Union als Rechtssetzer und den Mitgliedstaaten als Rechtsdurchsetzer kann die Gefahr eines Durchsetzungsdefizits begründen. Der EuGH hat daraufhin konkretisiert, dass alle geeigneten Maßnahmen von den Mitgliedstaaten zu treffen sind, um die Geltung und die Wirksamkeit des Unionsrechts zu gewährleisten.[573] Diese Maßnahmen müssen wirksam, verhältnismäßig und abschreckend sein.[574] Dabei müssen Verstöße gegen Unionrecht genauso geahndet werden wie vergleichbare Verstöße gegen nationales Recht. Der Sanktionsbegriff ist nicht unionsrechtlich definiert. Es ließ sich indes aufzeigen, dass Sanktionen als Mittel zur Normdurchsetzung denkbar offen gewählt werden können, sich hierbei allerdings stets am dargelegten

---

I-403, Rn. 79, 82 (zu Ausgleichszahlungen bei Flugverspätungen); aber auch dazu ganz allgemein zum Prinzip der Verhältnismäßigkeit in der Unionsrechtsordnung: *Trstenjak/Beysen*, EuR 2012, 265, 269 ff.

568 So im Ergebnis auch *GA Trstenjak/Beysen,* EuR 2012, 265, 285; in der reduzierten Weise dann aber auch siehe auch: *GA Kokott*, Schlussanträge v. 14.10.2004 („verb"), Rs. C-387/02, C-391/02 und C-403/02, Slg. 2005, I-3568, 3568 Rn. 90 („Berlusconi").

569 Siehe dazu allgemein: *Trstenjak/Beysen*, EuR 2012, 265, 269 ff. (jeweils mit Verweis auf Entscheidungen in unterschiedlichen unionsrechtlichen Konstellationen des Verhältnismäßigkeitsgrundsatzes).

570 *Weyer*, ZEuP 2003, 318, 322, Fn. 32. (m. w. N.).

571 *Veil*, Europäisches Kapitalmarktrecht, § 5 Rn. 57.

572 *Hellgard*, S. 180.

573 Grundlegend EuGH, Urteil vom 21.9.1989, C-68/88, Slg. 1989, I-2965 Rn. 23 („Kommission. /. Griechenland"); EuGH, Urteil vom 10.7.1990, C-326/88, Slg. 1990, I-2911 Rn. 17 („Hansen").

574 Siehe hierzu auch Art. 4 Abs. 3 EUV; EuGH, Urteil vom 2.10.1991, Rs. C-7/90 („Strafverfahren gegen Vandevenne), Slg. 1991, I-4371, Rn. 1; EuGH, Urteil vom 10.7.1990, Rs. C-326/88 („Anklagemyndigheden"), Slg. 1990, I-2911, 2935, RN. 17; EuGH, Urteil vom 21.9.1989, Rs. 68/88 („Kommission. /. Griechenland"), Slg. 1989, 2695, 2985, Rn. 24.

Maßstab messen lassen müssen. Unterschiedliche Sanktionsinstrumente stehen folglich in funktionaler Äquivalenz zueinander, unabhängig davon, ob es sich um öffentlich-rechtliche, strafrechtliche oder zivilrechtliche Sanktionen handelt.[575]

II. Ursprung der funktionalen Subjektivierung und Herleitung des Anforderungskatalogs für implizite Klagerechte

Zivilrechtlichen Ansprüchen kann in bestimmten Fällen ein Sanktionscharakter zukommen. Gerade in den Fällen, in denen zivilrechtliche Ansprüche aber nicht ausdrücklich normiert sind, wirft sich die Frage auf, welche ungeschriebenen Anforderungen an das Unionsrecht gestellt werden müssen, um zivilrechtliche Ansprüche Einzelner ableiten zu können.

Den Grundstein für zivilrechtliche Ansprüche ohne ausdrückliche Normierung hatte der EuGH bereits 1963 in der Grundsatzentscheidung van Gend & Loos[576] gelegt, wonach auch Einzelne vor Verstößen gegen die unionsrechtswidrigen Zollbestimmungen zu schützen waren.[577] Der „Geist, die Systematik und der Wortlaut des Vertrages“[578] seien dahin gehend auszulegen, dass „unmittelbare Wirkungen erzeugt und individuelle Rechte begründet“[579] werden.[580] Diese historische Entscheidung wurde längst durch Folgeentscheidungen auf das Sekundärrecht übertragen.[581]

Für das Marktmissbrauchsrecht fehlt es gleichwohl an einer solchen Entscheidung. Deshalb soll mit Blick auf die viel diskutierten Entscheidungen Courage, Muñoz und Manfredi das unionsrechtliche Verständnis für ebensolche Ansprüche nähergebracht werden, um dann Grundsätze zu konturieren, die sich auf das Marktmissbrauchsregime übertragen lassen.[582]

---

575 Vgl. EuGH, Urteil vom 14.7.1994–C-352/92, Slg. 1994, I-3385 Rn. 23 („Milchwerke Köln/ Wuppertal“); vgl. ferner EuGH, Urteil vom 19.12.2013, C-174/12, ECLI:EU:C:2013:856 Rn. 41 („Hirmann“); *Schmolke*, NZG 2016, 721, 727; *Wagner*, AcP 206 (2006), 352, 355, 405; *Poelzig*, S. 261 und auch ausführend: Cless, S. 47.

576 EuGH, Urteil vom 5.2.1963, C-26/62, Slg. 1963, I-1 S. 25 („*van Gend en Loos*“).

577 *Ruffert*, S. 220 ff.; *Calliess*, NJW 2002, 3577, 3578.

578 EuGH, Urteil vom 5.2.1963, C-26/62, Slg. 1963, I-1, S. 27 („*van Gend en Loos*“).

579 EuGH, Urteil vom 5.2.1963, C-26/62, Slg. 1963, I-1, S. 27 („*van Gend en Loos*“).

580 EuGH, Urteil vom 5.2.1963, C-26/62, Slg. 1963, I-1, S. 27 („*van Gend en Loos*“).

581 Siehe dazu einen Überblick bei *Ruffert*, in: Calliess/Ruffert, EUV/AEUV, Art. 249, Rn. 46 ff. (m. w. N.).

582 Siehe dazu auch den Pionierbeitrag von *Hellgardt*, der erstmals die Übertragbarkeit auf das Kapitalmarktrecht gewagt hatte, *Hellgardt*, AG 2012, 154 ff. (m. w. N.).

1. Courage-Entscheidung

Die *Courage-Entscheidung* soll als relevante Leitentscheidung[583] als erster Anknüpfungspunkt dienen.

a) Sachverhalt und Würdigung

Die Klägerin, eine Brauerei, die im Vereinigten Königreich einen Marktanteil von 19 % nachwies, sowie die Grand Metropolitan, ein Betreiber mehrerer Hotel- und Gaststättengewerbe, vereinbarten 1990, dass sämtliche Schankwirtschaften künftig gemeinsam betrieben werden sollen. Dazu übertrugen beide Firmen ihre Geschäfte der Schankwirtschaften auf die Intrepreneur Estates Ltd. (i. F. ‚IEL'), an der sie paritätisch beteiligt waren. Dazu wurde eine Vereinbarung zwischen der IEL und der Brauerei getroffen, dass alle Pächter der Schankwirtschaften dazu verpflichtet seien, ausschließlich das Bier der Brauerei zu beziehen (Alleinbezugsverpflichtung). Im Gegenzug war diese verpflichtet, die abgefragten Biermengen zu vorgegebenen Preisen zu liefern.[584]

Die IEL legte den Pächtern einen Musterpachtvertrag vor, bei dem die Höhe der Pacht individuell vereinbart werden konnte. Dagegen waren die Alleinbezugsverpflichtung mit Mindestabnahme zu festgesetzten Preisen und weitere Vertragsklauseln unabdingbar.[585]

Der Beklagte schloss 1991 zwei Pachtverträge nach vorgegebenem Muster mit Alleinbezugsverpflichtung ab. 1993 erhob die Klägerin Klage wegen rückständiger Zahlungen aus dem Bierbezug.

Der Beklagte erhob Widerklage auf Schadensersatz mit der Begründung, die Alleinbezugsverpflichtung verstoße gegen Art. 81 EG-Vertrag a. F. (ex-Art. 85 EG-Vertrag, heute: Art. 101 AEUV) und gefährde den Wettbewerb im Binnenmarkt. Die vorgegebenen Preise seien deutlich höher als bei freien Schankwirten. Der Preisunterschied würde die Pächter zur Geschäftsaufgabe zwingen.[586]

Der EuGH stellte mit Verweis auf die Entscheidungen *van Gend & Loos*[587], *Costa*[588] und

---

583 Vgl. dazu *Franck*, S. 198 ff.

584 EuGH, Urteil vom 20.09.2001, Rs. C-453/99 („Courage"), Rn. 3.

585 EuGH, Urteil vom 20.09.2001, Rs. C-453/99 („Courage"), Rn. 4.

586 EuGH, Urteil vom 20.09.2001, Rs. C-453/99 („Courage"), Rn. 6 f.

587 EuGH, Urteil vom 5.2.1963 in der Rechtssache 26/62 („Van Gend & Loos"), Slg. 1963, 1, 25.

588 EuGH, Urteil vom 15. Juli 1964 in der Rechtssache 6/64 („Costa"), Slg. 1964, 1251, 1269.

Francovich[589] fest, dass der EG-Vertrag eine eigene Rechtsordnung geschaffen hat, die von den nationalen Gerichten anzuwenden sei. Rechtssubjekte seien nicht nur die adressierten Mitgliedstaaten, sondern auch Einzelne, denen Rechte und Pflichten verliehen werden. Diese Rechte können Vertragsbestandteil werden.[590] Mit Verweis auf die vorangegangenen Entscheidungen *BRT I*[591] und *Guérin automobiles Fahren/Kommission* hatte der EuGH nochmals klargestellt, dass Unionsrecht unmittelbare Wirkungen zwischen Einzelnen entfalten kann und damit auch unmittelbare Rechte Einzelner entstehen können.[592] Die volle und praktische Wirksamkeit des EG-Vertrags sei beeinträchtigt, wenn nicht jedermann Schadensersatz verlangen könne, der beeinträchtigt sei.[593] Ein solcher Schadensersatzanspruch erhöht die Durchsetzungskraft der gemeinschaftlichen Regeln und kann zu einem wirksamen Wettbewerb beitragen.[594] Die Bestimmungen der Verfahrensmodalitäten richten sich mangels gemeinschaftsrechtlicher Regelungen nach dem nationalen Recht, jedenfalls seien jedoch Äquivalenz- und Effektivitätsgrundsatz zu berücksichtigen.[595]

b) Schlussfolgerungen aus der Courage-Entscheidung

Die *Courage-Entscheidung* stellte einen bedeutenden Wegweiser für ungeschriebene Schadensersatzansprüche Einzelner im Unionsrecht auf. Anders als in der vorausgegangenen *Francovich-Entscheidung* hatte der EuGH in der *Rs. Courage* einen Anspruch ohne einen individuellen Schutzzweck angenommen, denn die volle Wirksamkeit des Art. 85 EG-Vertrags und die praktische Wirksamkeit seien beeinträchtigt, wenn nicht „jedermann", der durch das wettbewerbswidrige Verhalten einen Nachteil erlitten hätte, Schadensersatz verlangen könne[596] (‚Jedermann-Doktrin'‌).[597] Diese ausgesprochen weite Subjektivierung

---

589 EuGH, Urteil vom 19. November 1991 in den verbundenen Rechtssachen C-6/90 und C-9/90 („Francovich"), Slg. 1991, I-5357, Rn. 31.

590 EuGH, Urteil vom 20.09.2001, Rs. C-453/99 („Courage"), Rn. 19.

591 EuGH, Urteil vom 30. Januar 1974 in der Rechtssache 127/73 (BRT/SA- BAM, genannt ‚BRT' I"), Slg. 1974, 51, Rn. 16.

592 EuGH, Urteil vom 20.09.2001, Rs. C-453/99 („Courage"), Rn. 23.

593 EuGH, Urteil vom 20.09.2001, Rs. C-453/99 („Courage"), Rn. 26.

594 EuGH, Urteil vom 20.09.2001, Rs. C-453/99 („Courage"), Rn. 27.

595 EuGH, Urteil vom 20.09.2001, Rs. C-453/99 („Courage"), Rn. 29; mit Verweis auf EuGH, Urteil vom 10.7.1997 in der Rechtssache C-261/95 („Palmisani"), Slg. 1997, I-4025, Rn. 27.

596 Vgl. dazu die Ausführungen des EuGH, Urteil vom 20.09.2001, Rs. C-453/99 („Courage"), Rn. 26.

597 Vgl. *Schütt*, S. 155; *Franck*, S. 199 f.

unionsrechtlicher Verhaltensregeln zur Durchsetzung des Gemeinschaftsrechts wird sich als richtungsweisend herauskristallisieren.[598] Der EuGH stellte für die Begründung des Schadensersatzanspruchs „keine bemerkenswerten Einschränkungen für dessen Reichweite wie etwa im Sinne eines Individualschutzerfordernisses“[599] auf. *Franck* schließt daraus, dass der EuGH den Mitgliedstaaten das ‚Ob‘ der zivilrechtlichen Haftung nicht überlässt, sondern nur das ‚Wie‘ der Verfahrensautonomie unter Beachtung des Äquivalenz- und Effektivitätsgebots sowie Art. 47 GRC.[600]

c) *Kritik an der* Courage-Entscheidung

Die *Courage-Entscheidung* war kontroverser Kritik ausgesetzt, die sich in vier wesentliche Punkte zusammenfassen lässt. Zunächst sei die Unionskompetenz fraglich[601] und es sei in dieser Konsequenz unklar, ob sich die Rechtsgrundlage für den Schadensersatzanspruch aus nationalem Recht oder unionrechtlichen Vorschriften ergebe.[602] Zweitens sei der Kreis der Aktivlegitimierten durch die Jedermann-Doktrin zu weit gezogen worden.[603] Drittens hätte es der EuGH versäumt, zu überprüfen, ob die Gewährung eines Unterlassungsanspruchs anstelle von Schadensersatz als milderes Mittel im Rahmen des Effektivitätsgrundsatzes ausreichend gewesen wäre.[604] Schließlich sei die *Courage-Entscheidung* eine Einzelfallentscheidung,[605] die durch besondere Umstände gekennzeichnet gewesen sei und sich deshalb nicht generalisieren lasse.

2. Manfredi-Entscheidung

In der *Rs. Manfredi* hatte der EuGH Gelegenheit, die aufgestellten Grundsätze der *Courage-Entscheidung* zu konkretisieren, zu korrigieren und den Kritikpunkten entgegenzutreten.

---

598 Vgl. dazu *Mäsch*, EuR 2003, 825 (m. w. N.).
599 *Franck*, S. 199.
600 *Franck*, S. 199.
601 Eine ausführliche Kritik findet sich bei *Poelzig*, S. 257 ff. (m. w. N.).
602 Ebenso ausführlich ausgeführt bei *Saam*, S. 88 f. (m. w. N.)
603 *Kremer*, EuR 2003, 696, 700, siehe dazu auch: *Schütt*, S. 156; *Poelzig*, S. 144; aber auch: *Saam*, S. 88 f. (jeweils m. w. N.)
604 *Schütt*, S. 156, aber auch: *Saam*, S. 88 f. (m. w. N.)
605 Noch *Poelzig*, S. 144.

a) Sachverhalt und Würdigung

In der *Rs. Manfredi* ging es um ein Versicherungskartell aus konkurrierenden Unternehmen, die Informationen untereinander ausgetauscht haben, mit dem Ziel, höhere Versicherungsprämien durchzusetzen. Die erhöhten Prämienzahlungen wurden im Wege des Schadensersatzes zurückgefordert, nachdem die nationale Kartellbehörde das Kartell für rechtswidrig erklärt hatte.[606] Im Rahmen des Vorabentscheidungsverfahrens hatte der EuGH zu entscheiden, ob von Amts wegen dem Geschädigten Strafschadensersatz zuzusprechen ist, wenn der nach dem nationalen Recht ersetzbare Schaden niedriger ist als der wirtschaftliche Vorteil des verbotenen Kartellverhaltens.[607]

Der EuGH verwies dazu zunächst in Ermangelung gemeinschaftsrechtlicher Vorschriften auf das nationale Recht, das unter Berücksichtigung des Äquivalenz- und Effektivitätsgrundsatz auszulegen sei.[608] Hierbei leitet der EuGH aus dem Effektivitätsgrundsatz ab, dass sich der Schadensersatz des Einzelnen nicht auf den Ersatz des Vermögensschadens beschränke, sondern auch den entgangenen Gewinn samt Zinsen umfasse.[609] Dazu bekannte sich der EuGH zu der in der *Rs. Courage* aufgestellten Jedermann-Doktrin, indem wiederholt feststellt wurde, dass zur praktischen Wirksamkeit grundsätzlich „jedermann“[610] ein Schadensersatzanspruch gewährt werden müsse, der einen Schaden durch das wettbewerbswidrige Verhalten erlitten habe.[611] Zudem seien nach dem Äquivalenzgrundsatz vergleichbare Verstöße gegen das Gemeinschaftsrecht genauso zu behandeln wie Verstöße gegen nationale Vorschriften.[612]

---

606 EuGH, Urteil vom. 13.7.2006, Verb.Rs. C-295/04 bis C-298/04, Slg. 2006, I-6619 („Manfredi“) Rn. 2, 7.

607 EuGH, Urteil vom 13.7.2006, Verb.Rs. C-295/04 bis C-298/04, Slg. 2006, I-6619 („Manfredi“) Rn. 21, Vorlagefrage 5.

608 EuGH, Urteil vom 13.7.2006, Verb.Rs. C-295/04 bis C-298/04, Slg. 2006, I-6619 („Manfredi“) Rn. 21.

609 EuGH, Urteil vom 13.7.2006, Verb.Rs. C-295/04 bis C-298/04, Slg. 2006, I-6619 („Manfredi“) Rn. 100.

610 EuGH, Urteil vom 13.7.2006, Verb.Rs. C-295/04 bis C-298/04, Slg. 2006, I-6619 („Manfredi“) Rn. 60 f.

611 EuGH, Urteil vom 13.7.2006, Verb.R s. C-295/04 bis C-298/04 („Vincenzo Manfredi. /. Lloyd Adriatico Assicurazioni SpA“) Rn. 60.

612 EuGH, Urteil vom 13.7.2006, Verb.Rs. C-295/04 bis C-298/04, Slg. 2006, I-6619 („Manfredi“) Rn. 99.

b) *Schlussfolgerungen aus der* Manfredi-Entscheidung

Die Ausführungen des EuGH in der *Rs. Manfredi* können im Sinne einer weiterbildenden Konkretisierung der *Courage-Entscheidung* verstanden werden. Nachdem mit der *Rs. Courage* der Grundstein mit der grundsätzlichen Bejahung subjektiver Rechte Einzelner als Instrument der effektiven Rechtsdurchsetzung durch das unionsrechtliche Primärrecht gelegt wurde, stellte der EuGH in seiner *Manfredi-Entscheidung* eindeutig auf den Effektivitätsgrundsatz als Dreh- und Angelpunkt der Haftungsbegründung ab. An der Jedermann-Doktrin wurde trotz der Kritik festgehalten, sodass insbesondere der Verweis von *Poelzig*[613] auf die besonderen Einzelfallumstände in *Rs. Courage* zurückzuweisen ist.

3. Die Grundsätze nach *Courage* und *Manfredi*

Das Zusammenspiel der Entscheidungen *Courage* und *Manfredi* veranschaulicht, dass der EuGH private Schadensersatzansprüche zur Normdurchsetzung gemeinschaftsrechtlicher Verhaltensvorschriften instrumentalisiert hat und diese als funktionales Äquivalent zum Verwaltungszwang und Strafrecht ansieht.[614] Entscheidender Bezugspunkt ist der Effektivitätsgrundsatz, nicht der Individualschutz des Einzelnen.

4. Muñoz-Entscheidung

Weniger rezitiert,[615] aber für den unionsrechtlichen Sanktionsgedanken subjektiver Rechte ebenso maßgebend, ist die *Rs. Muñoz.*

a) *Sachverhalt und Würdigung*

In der *Rs. Muñoz* ging es tatbestandlich um Tafeltrauben, die unter einer Falschbezeichnung nach Großbritannien eingeführt wurden und dort verkauft werden sollten. Gemeinschaftsrechtlich waren Kennzeichnungspflichten und Qualitätsnormen für Obst und Gemüse vorgesehen, insbesondere auch für Tafeltrauben.

Die Klägerin, *Muñoz*, baute die Traubensorte Superior Seedless in Spanien an und verkaufte diese im Vereinigten Königreich.[616] Die Beklagte führte Obst und Gemüse in das Vereinigte Königreich ein, darunter Tafeltrauben unter den

613 *Poelzig*, S. 144.
614 *Schütt*, S. 156 f.; *Wagner*, AcP (206) 2006, 352, 405.
615 Vgl. *Franck*, S. 200.
616 EuGH, Urteil vom 17.9.2002, Rs.C-253/00 („Muñoz"), Rn. 17.

Bezeichnungen White Seedless, Sult und Coryn.[617] Die Klägerin beschwerte sich beim zuständigen nationalen Ministerium für Landwirtschaft, Fischerei und Ernährung (Horticultural Marketing Inspectorate), dass es sich bei den eingeführten Trauben der Beklagten in Wirklichkeit um Tafeltrauben der Sorte Superior Seedless handele. *Muñoz* stützte auf diesen Verstoß eine Unterlassungsklage[618] auf die Einhaltung der gemeinschaftsrechtlichen Vorgaben.[619] In der mündlichen Verhandlung räumte die Beklagte später ein, dass es sich tatsächlich um Tafeltrauben der Sorte Seedless Superior handele.[620]

Die gegenständliche *Verordnung Nr. 2200/96*[621] sah jedoch lediglich eine öffentlich-rechtliche Kontrolle vor und der damals geltende (nationale) *Horticultural and Agricultural Act 1964* knüpfte nur strafrechtliche Konsequenzen an den Verstoß gegen gemeinschaftsrechtliche Qualitätsnormen[622] – es lag also ausschließlich ein Public-Enforcement-Ansatz[623] vor. Auch nach nationalem Recht wurden keine ausdrücklichen subjektiven Rechte des Einzelnen auf Einhaltung der Qualitätsnormen gewährt. Nach dem sog. Breach of Statuory Duty waren nach britischem Recht privatrechtliche Klagen grundsätzlich ausgeschlossen, wenn auf die Normverletzung verwaltungsrechtliche oder strafrechtliche Folgen angedroht werden.[624] In der Folgerechtsprechung wurden indes Ausnahmen zugelassen, sofern das konkrete Individualinteresse einer bestimmte Personengruppe betroffen ist („protection of a particular class of individuals").[625] In der deutschen Rechtsanwendung ist dieser Individualschutz am ehesten mit dem Schutzgesetzgedanken des § 823 Abs. 2 BGB vergleichbar.[626] Die Ausnahme des

---

617 EuGH, Urteil vom 17.9.2002, Rs.C-253/00 („Muñoz"), Rn. 18.

618 Es wird jedoch als ausgeschlossen, dass der EuGH bei einem Verlangen auf Schadensersatz anders entschieden hätte, so zumindest: *Wagner*, AcP 206 (2006), 352, 415; *Franck*, S. 205 f.

619 EuGH, Urteil vom 17.9.2002, Rs.C-253/00 („Muñoz"), Rn. 21 f.

620 EuGH, Urteil vom 17.9.2002, Rs.C-253/00 („Muñoz"), Rn. 20 ff

621 Zur Entwicklung des Gemeinschaftsrecht in Bezug auf die Vorschriften für Obst und Gemüse, vgl. EuGH, Urteil vom 17.9.2002, Rs.C-253/00 („Muñoz"), Rn. 3 ff.

622 EuGH, Urteil vom 17.9.2002, Rs.C-253/00 („Muñoz"), Rn. 16.

623 Vgl. aber Art. 50 Verordnung Nr. 2200/96, wonach die Mitgliedstaaten alle geeigneten Maßnahmen zu erlassen haben, um Verstöße gegen die Bestimmungen dieser Verordnung zu ahnden und Betrugshandlungen vorzubeugen und diese zu ahnden, ABl. 1996 L 297.

624 Vgl. Court of King's Bench, 1.1.1831, *Doe d. Murry v Bridges*, 1 B. & AD. 846, 859.

625 House of Lords, 4.6.1981, Lonrho Ltd. V Shell Petroleum Co. Ltd, [1982], AC 173, 185 C-D; siehe zur Regel-Ausnahme-Rechtsprechung darstellend in deutscher Sprache: *Franck*. S: 201 ff.

626 Vgl. dazu auch *Franck*: S. 202 ff.

Individualschutzbedürfnisses wurde vom High Court of Justice nicht angenommen. Nach dessen Rechtsauffassung würde die Nichtbeachtung der Vorschriften nicht zur Begründung subjektiver Rechte des Einzelnen führen.[627] Die Unterlassungsklage wegen der Verletzung eines ‚Schutzgesetzes' wurde deshalb abgewiesen. Die Klägerin legte gegen diese Entscheidung Rechtsmittel beim Court of Appeal (England & Wales) (Civil Division) ein, der wiederum dem EuGH die Frage im Vorabentscheidungsverfahren vorlegte, ob Private im Rahmen des Klagewegs die Einhaltung von Marktverhaltensregeln gegenüber Marktteilnehmern durchsetzen könnten.[628]

Der EuGH statuierte, dass die geltende Verordnung für Obst und Gemüse eine klare und unbedingte Verpflichtung zugunsten aller Bürger aufstelle.[629] Zur Erhöhung der Durchsetzungskraft und insbesondere in Sachverhalten, bei denen nur schwer aufzudeckende Praktiken unterbunden werden sollen, seien private Klagen dazu geeignet, wesentlich zur Sicherung eines lauteren Handels sowie der Markttransparenz in der Gemeinschaft beizutragen.[630] Nach dem Tenor des EuGH seien die unionsrechtlichen Verordnungen über die gemeinsame Marktorganisation für Obst und Gemüse dahin gehend auszulegen, dass es einem Wirtschaftsteilnehmer möglich sein müsse, die Beachtung der Bestimmungen von Marktverhaltensregeln im Wege eines Zivilprozesses gegen einen Konkurrenten durchzusetzen.[631]

b) *Schlussfolgerungen aus der* Muñoz-Entscheidung

In der *Rs. Muñoz* hatte der EuGH die Subjektivierung gemeinschaftsrechtlicher Marktverhaltensregelungen als Möglichkeit der effektiven Normdurchsetzung ergänzend anerkannt, obwohl dem Grunde nach ein Public-Enforcement-Ansatz auf gemeinschaftsrechtlicher und nationaler Ebene gewählt wurde. Private Klage seien hiernach geeignet, „wesentlich zur Sicherung eines lauteren Handels und der Markttransparenz in der Gemeinschaft beizutragen"[632]. Franck

---

627 Vgl. dazu: EuGH, Urteil vom 17.9.2002, Rs.C-253/00 („Muñoz"), Rn. 22 und auch: *Brüggemeier*, S. 543; *Franck*, S. 200 f.; *Spickhoff*, S. 33 ff. (jeweils m. w. N.); deskriptiv ausgeführt siehe: *Schütt*, S. 158.

628 EuGH, Urteil vom 17.9.2002, Rs.C-253/00 („Muñoz"), Rn. 23 ff.

629 Vgl. die Ausführungen zur Vorlagefrage EuGH, Urteil vom 17.9.2002, Rs.C-253/00 („Muñoz") Rn. 25 ff.

630 EuGH, Urteil vom 17.9.2002, Rs.C-253/00 („Muñoz"), Rn. 31.

631 Vgl. den Tenor des EuGH, Urteil vom 17.9.2002, Rs.C-253/00 („Muñoz").

632 EuGH, Urteil vom 17.9.2002, Rs.C-253/00 („Muñoz"), Rn. 31.

deutete die *Muñoz-Entscheidung* als „Bekenntnis zu privaten Klagen als Durchsetzungsinstrument für marktordnendes Unionsrecht“[633]. Ebenso wie in der *Rs. Courage* und der *Rs. Manfredi* funktionalisierte der EuGH private Klagen Einzelner zu Maßnahmen der Normdurchsetzung um und leitete diese funktionale Äquivalenz aus dem Effektivitätsgrundsatz ab. Zur Begründung griff der EuGH auf bekannte, allgemein gefasste Formulierungen zur Durchsetzung zurück.[634]

Der EuGH ließ es in der *Rs. Muñoz* ausreichen, dass das Gemeinschaftsrecht Rechte des Einzelnen begründen kann, um die praktische Wirksamkeit der Normdurchsetzung zu gewährleisten.[635] Weitere konkretisierende Unmittelbarkeitskriterien für die Subjektivierung oder gar Schutzzweckerwägungen stellte der EuGH nicht auf.[636] Das Bedürfnis der praktischen Wirksamkeit von Unionsrecht im Sinne des Effektivitätsgrundsatzes wurde als ausreichend erachtet.[637]

5. Lehren aus den *Rs. Courage, Manfredi, Muñoz*

Die Entscheidungen in den *Rs. Courage*, *Manfredi* und *Muñoz* veranschaulichen das Leitbild des EuGH. Im Kontext des unionsrechtlichen Sanktionsbegriffs lässt sich zusammenfassend festhalten, dass der EuGH private Schadensersatzansprüche als funktionales Äquivalent zur verwaltungs- und strafrechtlichen Normdurchsetzung bestätigt hat, gerade in komplexen Sachverhalten, in denen der Verwaltungszwang an seine Grenzen stößt – und das, obwohl im unionsrechtlichen Sekundärrecht ein Public-Enforcement-Ansatz gewählt wurde und national keine privaten Ansprüche Einzelner vorgesehen waren. Jeder der zitierten Entscheidungen lagen Verstöße gegen Marktverhaltensregeln zugrunde, die dann durch zivilrechtliche Sanktionsmöglichkeiten kompensiert werden sollten. Dazu berief sich der EuGH stets auf den primärrechtlich verankerten Effektivitätsgrundsatz und verwies hierbei auf eine praktische und wirksame Normdurchsetzung.

633 *Franck*, S. 204.

634 Vgl. EuGH, Urteil vom 17.9.2002, Rs.C-253/00 („Muñoz“), Rn. 31und EuGH, 20.9.2001, Rs. C-453/99 („Courage“) Rn. 27; hierzu auch: *Franck*, S. 204 ff. und *Schütt*, S. 157 f.

635 EuGH, Urteil v. 17.9.2002–Rs.C-253/00 („Muñoz“), Rn. 30 ff.

636 EuGH, Urteil vom 17.9.2002, Rs.C-253/00 („Muñoz“), Rn. 27 ff.

637 Vgl. dazu auch: *Poelzig*, S. 283.

III. Subjektive Rechte als allgemeines Strukturprinzip im Unionsrecht

Unter Berücksichtigung dieses Verständnisses soll herausgearbeitet werden, wann (Markt-)Verhaltensnormen sich als Sanktionsmittel zur Rechtsdurchsetzung subjektivieren lassen, um diese Grundsätze dann auf das Marktmissbrauchsregime zu übertragen.

1. Anforderungen an ungeschriebene subjektive Rechte

Um subjektive Rechte als Sanktionsmittel aus (Markt-)Verhaltensnormen herzuleiten, bedarf es einer unmittelbaren Anwendbarkeit der Normen sowie einer persönliche Betroffenheit der Anspruchsberechtigten.

a) Unmittelbare Anwendbarkeit

Um die unmittelbare Wirkung subjektiver Rechte gegenüber Privaten zu begründen, wird die unmittelbare Anwendbarkeit der Vorschriften denknotwendig vorausgesetzt.[638] Notwendige Bedingung ist die horizontale Wirkung der Unionsrechtsnorm unter Privaten.[639] Ganz grundlegend hatte der EuGH bereits in der *Rs. Lütticke* entschieden, dass für die unmittelbare Wirkung darauf abgestellt werden kann, ob die Norm „vollständig und rechtlich vollkommen" ist, um „infolgedessen geeignet zu sein, unmittelbare Wirkungen zu erzeugen".[640] Gemeint sind Normen, die eindeutige Pflichten formulieren und vorbehaltlos wirken und nicht von weiteren Ausführungshandlungen der Mitgliedstaaten oder der Union abhängig[641] sind.[642] Es wird gleichsam von unmittelbarer Anwendbarkeit gesprochen.[643] Der EuGH stellt hierzu ausschließlich auf die inhaltliche Unbedingtheit sowie eine hinreichende Genauigkeit ab.[644]

---

638 So EuGH, Urteil vom 17.9.2002, Rs.C-253/00 („Muñoz"), Slg. 2002, I-7289, Rn. 8; in *Rs. Courage* war noch von Unmittelbarkeit die Rede, EuGH, Urteil vom 20.09.2001, Rs. C-453/99 („Courage"), Slg. 2001, I-6297, Rn. 23.

639 Vgl. *Poelzig*, S. 279.

640 EuGH, Urteil vom 16.6.1966, Rs. 57/65 („Lütticke"), Slg. 1966, 257, 266.

641 Siehe auch: EuGH, Urteil vom 15.1.1986, Rs. 44/84 („Hurd"), Slg. 1986, 29, 83; aber auch dazu: *Poelzig*, S. 278 f.

642 So ähnlich formulierte es auch *Poelzig*, S. 279; siehe auch *Schütt*, S. 168.

643 nach *Eilmansberger* handelt es sich hierbei um ein Synonym, vgl. *Eilmansberger*, S. 86 (m. w. N.).

644 *Ruffert*, DVBl 1998, 69, 73.

Dieser Duktus gilt sowohl für das Primärrecht als auch für das Sekundärrecht. Bei sekundärrechtlichen Richtlinien, die dogmatisch die Mitgliedstaaten adressieren und diesen weitere Gestaltungsspielräume einräumen, treten tradiert Schwierigkeiten bei der Bejahung der direkten Anwendbarkeit auf, sodass der EuGH mit diesen Problemstellungen häufiger konfrontiert war und die Rechtsprechung in Bezug auf sekundärrechtrechtliche Richtlinien gefestigter ist.[645] Bei primärrechtlichen Normen oder sekundärrechtlichen Verordnungen ist die direkte Anwendbarkeit weniger problemträchtig und wird oftmals ohne weitere Ausführungen unterstellt.[646] So ließ der EuGH in der *Rs. Courage* die Unmittelbarkeit des Art. 101 Abs. 1, 102 AEUV ausreichen und stellte in der *Rs. Muñoz* nur auf die unmittelbare Wirkung der Verordnung zwischen den Konkurrenten ab. Entscheidend ist die Justiziabilität der betroffenen Norm.[647]

b) Qualität der persönlichen Betroffenheit

Darüber hinaus ist umstritten, ob und inwieweit eine persönliche Betroffenheit des Anspruchsinhabers vorausgesetzt wird.

aa) Allgemeiner Normvollziehungsanspruch

Zunächst wird vertreten, dass eine hinreichende Bedingung über die unmittelbare Anwendbarkeit hinaus nicht angezeigt ist.[648] Vielmehr solle allein das formale Kriterium der Normstruktur über die Anerkennung subjektiver Rechte entscheiden, nicht der materielle Norminhalt.[649] Dafür sprechen die *Rs. Courage* und *Muñoz*, bei denen der EuGH die Unmittelbarkeit bzw. unmittelbare Wirkung ausreichen ließ und überdies lediglich darauf verwiesen hatte, dass ohne

---

645 EuGH, Urteil vom 16.7.2007, Rs. C-80/06 („Carp Snc di. Moleri e. V: Corsi. /. Ecorad Srl“), Slg. 2007, I-4473, Rn. 20; vergleichbar zu der hinreichenden Bestimmung von Richtlinien, siehe auch: EuGH, Urteil vom 26.2.1986, Rs. 152/84 („Marshall“), Slg. 1986, I-723, Rn. 38; EuGH, Urtiel vom 14.7.1994, Rs. C 91/92 („Faccini Dori“), Slg. 1994, I-3325, Rn. 20; EuGH, Urteil vom 7.3.1996, Rs. C 192/94 („El Corte Inglés“), Slg. 1996, I-1281, Rn. 16, 178; EuGH, Urteil vom 7.1.2004, Rs. C-201/01 („Wells“), Slg. 2004, I-723; EuGH, Urteil vom 5.10.2004, Rs. C-397/01 bis C-403/01 („Pfeiffer“), Slg. 2004, I-8835, Rn. 108 f.; aber auch *Ruffert*, in: Calliess/Ruffert, EUV/AEUV, Art. 288 AEUV, Rn. 57 ff.

646 Vgl. EuGH, Urteil vom 20.09.2001, Rs. C-453/99 („Courage“), Slg. 2001, I-6297R; EuGH, Urteil vom 17.9.2002–Rs.C-253/00 („Muñoz“), Slg. 2002, I-7289.

647 Eismansberger, S. 87, siehe auch: *Poelzig*, S. 279 f.

648 So beispielsweise: *Weyer*, ZEuP 2003, 318, 332.

649 Vgl. *Ruffert*, Subjektive Rechte, S. 161; dazu auch *Poelzig*, S. 280 ff.

die Zuerkennung subjektiver Rechte die Durchsetzung der Gemeinschaftsnorm gefährdet sei.[650] Nach dieser Auffassung ist der Schutz der Individualinteressen nicht mit dem unionsrechtlichen Begriff des subjektiven Rechts verbunden. Nach *Ruffert* sei die Begründung subjektiver Rechte nicht Voraussetzung, sondern Folge der unmittelbaren Wirkung des Gemeinschaftsrechts.[651] *Van Gerven* differenziert zwischen objektiver und subjektiver unmittelbarer Anwendbarkeit der gemeinschaftsrechtlichen Normen.[652] Demnach kann die subjektive unmittelbare Anwendbarkeit aus dem Schutzzweck der Norm zugunsten Einzelner abgeleitet werden. Davon losgelöst können unionsrechtliche Normen auch ohne einen Schutzzweck – rein aus der objektiven unmittelbaren Anwendbarkeit – Rechte Einzelner begründen, nämlich regelmäßig dann, wenn die Unionsnormen den Mitgliedstaaten, Organen der Union oder anderen EU-Bürgern konkrete Pflichten auferlegen. Der Einzelne, der durch den Normbrecher verletzt wurde, soll sich auch dann auf diese Norm berufen können, wenn er nicht ausschließlich ein Allgemeininteresse verfolgt.

Dieses „extensive Verständnis“[653] folgt dem Verständnis der subjektiven Rechte als Instrument der effektiven Rechtsdurchsetzung. Dagegen sprechen indes der ausufernde Anwendungsbereich und der Einwand der Popularklage, die auch das Unionsrecht nicht kennt.[654] Eine unmittelbare Wirkung unionsrechtlicher Normen ausschließlich aus der Normstruktur abzuleiten und hierauf subjektive Rechte Einzelner im horizontalen Bürger-Bürger-Verhältnis anzuerkennen, erscheint vor diesem Hintergrund zu weit gegriffen.[655]

bb) Schutzzweckerwägungen nach der Schutznormtheorie

Im direkten Kontrast dazu stehen die Schutzzweckerwägungen im Sinne der Schutznormtheorie, die dem deutschen Rechtsanwender auch im Rahmen des § 823 Abs. 2 BGB vertraut sind. Hiernach wird über die unmittelbare

---

650 Vgl. EuGH, Urteil vom 20.09.2001, Rs. C-453/99 („Courage“), Slg. 2001, I-6297; EuGH, *GA Geelhoed*, Schlussanträge vom 13.12.2001, Rs. C-253/00 („Muñoz“), Slg. 2002, I.7289, Rn. 45.

651 *Ruffert*, DVBl 1998, 69, 72.

652 *V. Gerven*, 37 CMLRev (2002), 501, 506: ‚subjective and objective' direct effect.

653 Vgl. *Poelzig*, S. 281.

654 Siehe dazu: *Ruthig*, BayVBl 1997, 289, 295; *Ruffert*, DVBl 1998, 69, 73; *Kokott*, Die Verwaltung (1998), 335, 357; *Schoch*, NVwZ 1999, 457, 463; *Wegener*, S. 163 ff.; mit Verweis hierauf auch *Poelzig*, S. 281.

655 deutlich kritischer sieht es: *Poelzig*, S.281 mit Verweis auf EuGH, Urteil vom 11.8.1995, Rs. C-431/92 („Großkrotzenburg“), Slg. 1995, I-2189, 2218.

Anwendbarkeit und einen allgemeinen Normvollziehungsanspruch hinaus als hinreichende Bedingung subjektiver Rechte Einzelner die inhaltliche Bestimmung des subjektiven Rechts anhand eines verfolgten Schutzzwecks der Norm zugunsten des Einzelnen verlangt.[656] In diesem Sinne werden – anders als es bei *Van Gerven*[657] anklingt – die positiven Auswirkungen subjektiver Rechte zugunsten des Allgemeininteresses als erwünschter Nebeneffekt angesehen, aber nicht als primäre Aufgabe dieser Rechte.[658] Auch *GA Geelhoed* setzte sich in der *Rs. Muñoz* damit auseinander, inwieweit der Gemeinschaftsgesetzgeber die Absicht gehabt habe, bestimmte Verkehrskreise im Sinne der Schutznormlehre zu privilegieren und ihnen in diesem Zuge eigene subjektive Rechte zu verleihen, sowie ferner, ob ein Zusammenhang zwischen dem Interesse des Einzelnen und dem bezweckten Schutz der betroffenen Norm bestünde.[659]

Der EuGH nahm auf diese Erwägungen indes keinen Bezug und stellte weder in der *Rs. Courage* oder in der *Rs. Manfredi* noch in der *Rs. Muñoz* auf Schutzzweckerwägungen ab, sondern ließ die praktische Durchsetzung zugunsten des Allgemeininteresses an einem effektiven Normvollzug ausreichen. Daraus wurde geschlossen, dass die Norm lediglich hinreichend klar, eindeutig formuliert und vollständig, aber gerade nicht an weitere materielle Bedingungen geknüpft sein müsse.[660] *Poelzig* rezensiert, dass andernfalls der EuGH in seinen Entscheidungen den aufgeworfenen Schutzzweckerwägungen hätte nachgehen müssen.[661] *Reiling* fasst zusammen, dass subjektive Rechte auch dann entstehen können, wenn die betroffene Norm nicht den Schutz individueller Rechte bezweckt.[662] *Wagner* schließt sich diesen Ansichten an und verweist sogar darauf, dass es mit dem Effektivitätsgrundsatz nicht vereinbar sei, wenn ein Anspruch auf Schadensersatz wegen der Verletzung einer unionsrechtlichen Norm versagt werden würde, nur weil es der Schutzzwecklehre des deutschen Rechts widerspreche.[663]

---

656 Vertreten vor allem vor der Courage/Manfredi-Doktrin, vgl. *Kremer*, EuR 2003, 696, 702; zum subjektiven Recht im vertikalen Verhältnis zwischen Bürger und Mitgliedstaaten vgl.: *Triantaflyllou*, DÖV, 1997, 192, 196; *Classen*, VerwArch (1997), 645, 677.

657 *V. Gerven*, 37 CMLRev (2002), 501, 506.

658 *Weyer*, ZEuP 2003, 318, 326.

659 EuGH, *GA Geelhoed*, Schlussanträge vom 13.12.2001, Rs. C-253/00 („*Muñoz*"), Slg. 2002, I-7289, Rn. 47.

660 Vgl. *Schmidt*, in: v.d.Groeben/Schwarze/Hatje Europäisches Unionsrecht, Art. 249 EG, Rn. 20.

661 *Poelzig*. S. 282.

662 *Reiling*, S. 328.

663 *Wagner*, AcP 206 (2006), 352, 416.

Entscheidend sei das Bedürfnis an der praktischen Wirksamkeit des Unionsrecht und nicht, ob die Norm (auch) zum Schutz von Individualinteressen bestimmt war.[664]

Eine ausschließlich schutzzweckorientierte Anwendung erscheint mithin in unionsrechtlicher Hinsicht als zu eng und wird dem funktionalen Verständnis nicht gerecht.

cc) Prinzip der funktionalen Subjektivierung

Einen Ausgleich zwischen dem weit gezogenen allgemeinen Normvollziehungsanspruch sowie der engen Schutzzwecklehre zur Herleitung subjektiver Rechte versucht die funktionale Subjektivierung zu finden, der in der weiteren Ausarbeitung gefolgt wird.

(1) Grundidee

Nach dem Prinzip der funktionalen Subjektivierung ist die unmittelbare Anwendbarkeit der Unionsnorm eine notwendige, aber nicht hinreichende Bedingung.[665] Vielmehr hat sich das Aufstellen subjektiver Rechte des Einzelnen aus den funktionalen Erwägungen der Effektivität der Normdurchsetzung zu begründen. Dem Grundverständnis nach werden subjektive Rechte als Instrument der effektiven Normdurchsetzung verstanden.[666] Folglich begründet eine unionsrechtliche Norm subjektive Rechte zugunsten Einzelner, wenn die effektive Normdurchsetzung es erfordert.[667] Es wird demnach nicht primär auf das Individualinteresse des Einzelnen oder auf die Intention des Gesetzgebers abgestellt, Einzelne vor Schäden zu bewahren. Entscheidend ist die Gewährleistung der vollen Wirksamkeit der unionsrechtlichen Norm.[668] Das Konzept der funktionalen Subjektivierung führt folglich zu einem Verblassen der Entstehungsvoraussetzung subjektiver Rechte, indem einem größeren Kreis an Anspruchsberechtigten privatrechtliche Ersatzansprüche an die Hand gegeben

664 Vgl. dazu auch: EuGH, Urteil vom 19.12.1968, Rs. 13/68 („Salgoil"), Slg. 1968, 679, 693; EuGH, Urteil vom 30.05.1991, Rs. 361/88 („Kommission./. Deutschland – TA Luft"), Slg. 1991, I-2567; vgl. aber auch zu Art. 81 EGV a. F. (heute: Art. 101 AEUV): *Drexl*, in: FS Canaris, S. 1339, 1352; *Weyer*, ZEuP 2003, 318, 322; *Eilmansberger*, 41 CMLRev (2004), 1199, 1227; anders sieht es dagegen: *Lettl*, ZHR 167 (2003), 473, 480.

665 *Poelzig*, S. 283 f.

666 *Ruffert*, DBGl 1998, 69, 71; *Schoch*, NVwZ 1999, 457, 464.

667 *Poelzig*, S. 284.

668 *Poelzig*, S. 284.

werden.[669] *Ruffert* spricht bei der funktionalen Subjektivierung von einem Aufweichen der Anforderungen an den normativen Schutzzweck und die faktische Betroffenheit.[670] Nach *Poelzig* sollen nicht die in ihren Interessen verletzten Marktteilnehmer berechtigt sein, sondern die zur Normdurchsetzung geeigneten Marktteilnehmer.[671] Auch *GA Gellhoed*, der in den Schlussanträgen zur *Rs. Muñoz* zwar verlangt hatte, dass die verletzte Norm „nach Inhalt und Ziel das Interesse schützt, das der Einzelne geltend macht", stellte gleichzeitig klar, „dass ein solcher Zusammenhang nicht von allzu strengen inhaltlichen Voraussetzungen abhängig gemacht werden sollte".[672] Der Gleichlauf von Allgemein- und Individualinteressen sichere die volle Wirksamkeit des Unionsrechts.[673] Die funktionale Subjektivierung steht im Einklang mit den Entscheidungen in den *Rs. Courage, Manfredi* und *Muñoz*, bei denen der EuGH stets die volle Wirksamkeit der betroffenen Normen betonte.[674]

Um das Konzept der funktionalen Subjektivierung zu konkretisieren, lassen sich sachliche und personelle Abgrenzungsmerkmale aufstellen, die im Folgenden subsumtionsfähig herausgearbeitet werden sollen.

(2) Sachliches Kriterium der Schutzintention

Im Rahmen der funktionalen Subjektivierung wird gefordert, dass es für das Anerkennen subjektiver Rechte einer Bezugnahme auf personenbezogene Rechtsgüter und Interessen bedarf, um auf diese Weise einen allgemeinen Normvollziehungsanspruch auszuschließen, [675] die aber hinter der Schutznormlehre zurückbleibt.

In den *Rs. Kommission. /. Deutschland* ließ der EuGH hierzu ausreichen, dass die personenbezogenen Rechtsgüter als Schutzziel erwähnt werden und mit einer möglichen Gefährdung verknüpft sind.[676] Hieraus schließt *Poelzig*, dass

---

669 Vgl. *Poelzig*, S. 284.

670 *Ruffert*, in: Callies/Ruffer, Art. 249 EG, Rn. 71.

671 *Poelzig*, S. 284.

672 EuGH, *GA Geelhoed*, Schlussanträge vom 13.12.2001, Rs. C-253/00 („Muñoz"), Slg. 2002, (-7289, Rn. 47

673 So auch zustimmend *Poelzig*, S. 285.

674 Vgl. dazu I. II. 5.

675 So auch schon zum Umweltrecht: *Schoch*, NvWZ 1999, 457, 464; zustimmend wohl auch *Poelzig*, S. 285.

676 Vgl. EuGH, Urteil vom 17.10.1991, Rs. C.58/89 („Kommission. /. Deutschland"), Slg. 1991, I-4983, 5023, Rn. 14; EuGH, Urteil vom 30.5.1991, Rs. C-59/89 („Kommission. / . Deutschland), Slg. 1991, I-2607, 2631, Rn. 19; EuGH, Urteil vom 30.5.1991, Rs. 361/ 88 („Kommission. /. Deutschland), Slg. 1991, I-2567, 2601, Rn. 16.

es für den Individualbezug genüge, dass die unionsrechtliche Norm die ‚Angelegenheiten Einzelner' begünstigt werden. Demnach können subjektive Rechte entstehen, wenn nach Wortlaut, systematischem Zusammenhang oder in den Begründungserwägungen ein unmittelbarer Bezug zu Individualinteressen hergestellt werden könne.[677] Dazu reiche es regelmäßig aus, dass die Interessen Einzelner gefördert werden. Umfasst seien auch Rechtsgüter, die ausschließlich dem Allgemeininteresse zuzuschreiben sind und nur reflexartig Individualinteressen begünstigen.[678] In dieser Folge seien bereits allgemein gehaltene Interessenbeschreibungen geeignet, den Individualschutz einer Unionsnorm zu begründen. Auf die Unterscheidung, ob eine Norm dem Allgemeininteresse oder Individualinteresse zuzuschreiben ist, komme es nicht an.[679] Vielmehr sei darauf abzustellen, welchen Ausschnitt des Allgemeininteresses die Norm schützt und ob das Interesse des Einzelnen in diesen Ausschnitt fällt.[680] So hatte es der EuGH in der *Rs. Kommission. /. Deutschland* bereits für eine umweltrechtliche Richtlinie angenommen, die dem Schutz der Volksgesundheit[681] dienen sollte. Ebenso leitete der EuGH in der *Rs. Dillenkofer* aus dem allgemeinen Verbraucherschutz im Reiserecht einen Schutz des Einzelnen ab, Erstattungs- und Rückreiseansprüche geltend machen zu können, auch wenn dieser nur mittelbar begünstigt werden sollte. Aus dem Verbraucherschutz sei zwangsläufig der Schutz des Einzelnen abzuleiten.[682] Ausreichend zur Begründung subjektiver Rechte waren insofern der Wortlaut und die Begründungserwägungen, um dem Grunde nach

---

677 Vgl. *Poelzig*, S. 285.

678 *Poelzig*, S. 285.

679 *Poelzig*, S. 285.

680 Ähnlich formulierte es auch: *Poelzig*, S. 286; vgl. dazu EuGH, Urteil vom 17.10.1991, Rs. C.58/89 („Kommission. /. Deutschland"), Slg. 1991, I-4983, 5023, Rn. 14; EuGH, Urteil vom 30.5.1991, Rs. C-59/89 („Kommission. /. Deutschland), Slg. 1991, I-2607, 2631, Rn. 19; EuGH, Urteil vom 30.5.1991, Rs. 361/88 („Kommission. /. Deutschland), Slg. 1991, I-2567, 2601, Rn. 16; konkret zum Rechtsschutz bei Feinstaub siehe: *Calliess*, NvwZ 2006, 1, 3;

681 EuGH, Urteil vom 17.10.1991, Rs. C.58/89 („Kommission. /. Deutschland"), Slg. 1991, I-4983, 5023, Rn. 14.

682 EuGH, Urteil vom 8.10.1996, Rs. C-178/94 („Dillenkofer u. a.. /. Bundesrepublik Deutschland"), Slg. 1996, I-4845, Rn. 36; bei Nichtumsetzung der Richtlinie siehe dagegen vielmehr: EuGH, Urteil vom 14.7.1994, Rs. C-91/91 („Paola Facini Dori. / . Recreb Srl."), Slg. 1994, I-3325, Rn. 12 ff., aber auch Leitsatz 2. und 3. bei dem bei Nichtumsetzung der Richtlinie subjektive Rechte im horizontalen Verhältnis nicht hierauf gestützt werden könne.

Ansprüche Einzelner anzunehmen.[683] Der EuGH leitete aus dem Schutzzweck der Richtlinie ein öffentliches Allgemeininteresse her und begründete damit subjektive Rechte Einzelner.[684]

Wegweisend waren ebenfalls die dargestellten Entscheidungen in den *Rs. Courage* und *Manfredi* im Kartellrecht sowie in der *Rs. Muñoz* im Lauterkeitsrecht, bei denen der EuGH den Individualbezug für die Begründung subjektiver Rechte mit dem Verweis auf die Funktionsfähigkeit der Märkte gestützt hatte, die zwar als Allgemeininteresse verstanden wird, aber in der weiteren Konsequenz auch den einzelnen Marktteilnehmern zugutekommt. Die Bezugnahmen auf die Funktionsfähigkeit der Märkte und auf die Marktverhaltensregeln genügten, um aus dem primär verfolgten Allgemeininteresse subjektive Rechte Einzelner abzuleiten.[685] Anders als nach der Schutznormtheorie können Unionsnormen, die vorwiegend dem Allgemeininteresse dienen, funktional zugunsten des Einzelnen subjektiviert werden, in deren Folge die Durchsetzung dann auch dem Einzelnen zugutekommt.[686] Negativ formuliert, sind in sachlicher Hinsicht von der funktionalen Subjektivierung nur solche Unionsnormen ausgenommen, die ausschließlich das Allgemeininteresse und das Verhältnis von Union und Mitgliedstaat betreffen und deshalb keinerlei Bezug zum Einzelnen aufweisen.[687]

Zusammenfassend ist festzuhalten, dass erstens zur Anerkennung subjektiver Rechte des Einzelnen im Sinne der funktionalen Subjektivierung ein möglicher

---

683 EuGH, Urteil vom 17.10.1991, Rs. C.58/89 („Kommission. /. Deutschland"), Slg. 1991, I-4983, 5023, Rn. 14: „*Volkgesundheit*"; EuGH, Urteil vom 8.10.1996, Rs. C-178/94 („Dillenkofer u. a.. /. Bundesrepublik Deutschland"), Slg. 1996, I-4845, Rn. 37, 39: „*Begründungserwägung der Richtlinie*", „*Verbraucherschutz*"; siehe dazu: *Schoch*, NVwZ 1999, 457, 464.

684 *Calliess*, NVwZ 2006, 1, 3; *Poelzig*, S. 286 f.; *Wegener*, Rechte des Einzelnen, S. 46 ff. sowie S. 158 ff; konkret zum Umweltrecht s. *Ruffert*, S. 243 ff. sowie *Schoch*, NVwZ 1999, 457, 464.

685 Vgl. dazu auch: *Masing*, S. 188 und *Poelzig*, S. 286 f.

686 *Gellermann*, in: Rengeling/Middeke/Gellermann, Hdb Rechtsschutz EU, § 36, Rn. 20.; vgl. so zum Umweltrecht: *Schoch*, NVwZ 1999, 457, 464.

687 So konnte das subjektive Recht auf den Verkauf von ökologisch nicht abbaubare Kunststofftüten und andere Behältnisse nicht auf eine Richtlinie gestützt werden, siehe dazu: EuGH, Urteil vom 13.7.1989, Rs. C-380/87 („Enichem base. /. Comune di Cinisello Balsamo"), Slg. 1989, 2491, 2518; zum subjektiven Recht auf das Einsammeln von ungefährlichen Bauabfälle zu Recycling-Zwecken, siehe: EuGH, Urteil vom 23.5.2000, Rs. C-209/98 („Entreprenørforeningens Affalds/Miljøsektion./. Københavns Kommune"), Slg. 2000, I-3743, Rn. 100 ff.; siehe auch: *Gellermann*, in: Rengeling/Middeke/Gellermann, Hdb Rechtsschutz EU, § 36, Rn. 17.

Individualbezug auch aus Unionsnormen abgeleitet werden kann, wenn sie primär dem Allgemeininteresse dienen sollen. Zweitens muss die Normeinhaltung dem Einzelnen nur auf irgendeine Weise zugutekommen, wobei sich dies bereits durch Auslegung sowie aus der Begründung des Regelungsziels herleiten lässt. Drittens darf die Unionsnorm nicht ausschließlich dem Allgemeininteresse dienen, was in dieser Absolutheit nur bei Unionsnormen angenommen werden kann, die ausschließlich das Verhältnis von Union und Mitgliedstaat betreffen, ohne hierbei einen Individualbezug aufzuweisen.

(3) Personelles Kriterium der faktischen Betroffenheit

In personeller Hinsicht wird im Rahmen der funktionalen Subjektivierung eine unmittelbare Anwendbarkeit auf den Einzelnen gefordert, was auch als ein „persönliches Interesse“ [688] bezeichnet wird.[689]

Im vertikalen Verhältnis zwischen Unionsbürger und Mitgliedstaat bzw. der Union macht der EuGH dieses persönliche Merkmal an der faktischen Betroffenheit fest, wonach derjenige persönlich berechtigt ist, der tatsächlich von der Rechtsgutsverletzung betroffen ist.[690]

Die faktische Betroffenheit setzt ein qualifiziertes Näheverhältnis zwischen dem Regelungsgegenstand und dem Anspruchsberechtigten voraus.[691] Vor dem Hintergrund der funktionalen Subjektivierung ist die faktische Betroffenheit als persönliches Merkmal sehr weit zu verstehen.[692] Entscheidend für den Individualbezug ist es, dass der Einzelne von den tatsächlichen Wirkungen der Norm betroffen ist und diesen nicht wie ein Dritter gegenübersteht. *Poelzig* verweist darauf, dass ein „berechtigtes Interesse nachteilig beeinträchtigt“[693] sein muss.

---

688 Vgl. EuGH, Urteil vom 9.11.1989, Rs. 353/88 (Briantex Sas/Antonio Di Domenico. /. Europäische Wirtschaftsgemeinschaft/ Kommission der Gemeinschaften), Slg. 1989, 3623, Rn. 6: ‚kein persönliches Interesse‘.

689 *V. Bogdandy*, in: Grabitz/Hilf, Art. 288 EG, Rn. 13; *Zuleeg*, NJW 1993, 31, 37.

690 Vgl. hierzu: EuGH, Urteil vom 30.5.1991, Rs. 361/88 („Kommission. /. Deutschland), Sl. 1991, I-2567, Rn. 26; zum subjektiven Einschränkungen des Einzelnen gegen Mitgliedstaaten, siehe *Gellermann*, in: Rengeling/Middeke/Gellermann, Hdb Rechtsschutz EU, § 36, Rn. 17; konkreter im Umweltrecht: *Ruffert*, S. 220 ff.; *Schoch*, NVwZ 1999, 457, 464.

691 *Masing*, S. 42, Fn. 97, S. 47, Fn. 119; *Poelzig*, S. 288 f.

692 Vgl. dazu auch: EuGH, Urteil vom 30.5.1991, Rs. C-361/88 („Kommission. /. Deutschland“), Slg. 199, I-2596. 2602.

693 *Poelzig*, S. 289.

Masing bezeichnet die Betroffenheit als „heuristisches Kriterium[694], das praktischen Erwägungen folgt.[695]

Im horizontalen Verhältnis ist jedenfalls dann von einer unmittelbaren Betroffenheit auszugehen, wenn dem Einzelnen durch die Nichtbeachtung anderer Marktteilnehmer wirtschaftliche Schäden oder Nachteile entstehen. Der Schaden indiziert die wirtschaftliche Betroffenheit,[696] die wiederum regelmäßig dazu geeignet sein wird, eine faktische Betroffenheit anzunehmen.

So verwundert es weniger, dass der EuGH in den *Rs. Courage*, *Manfredi* und *Muñoz* über die Problematik der Popularklage sowie in der Folge über das einschränkende Merkmal der persönlichen Betroffenheit hinwegging. Anspruchsberechtigte waren in diesen Fällen Marktteilnehmer, die Normverletzungen anderer Marktteilnehmer geltend gemacht hatten. Marktteilnehmer haben ein unzweifelhaftes Interesse daran, dass ihre Konkurrenten sich ebenfalls an die Verhaltensregeln halten. Andernfalls entstehen Wettbewerbsnachteile. Eine persönliche Betroffenheit konnte zweifelsfrei sowie ohne weitere Begründung angenommen werden.[697]

2. Ergebnis zum Verständnis subjektiver Rechte

Das Prinzip der funktionalen Subjektivierung prägt ein eigenständiges Verständnis subjektiver Rechte im Unionsrecht. Gedanklich lässt sich die unionsrechtliche Konzeption der funktionalen Subjektivierung als Mittelweg zwischen der sehr weiten Ansicht des allgemeinen Normvollziehungsanspruchs und der sehr engen Schutznormlehre begreifen. Treffender ist es indes, die funktionale Subjektivierung als ein Aliud zu verstehen, das eigenständige Auslegungswege bereithält, die von den tradierten Betrachtungen abweichen.

Der wesentliche Unterschied zwischen der funktionalen Subjektivierung und der Schutznormlehre ist das verfolgte Interesse. Während nach der Schutznormlehre ein konkretes Individualinteresse nachgewiesen werden muss, ist im Sinne der funktionalen Subjektivierung auch das Verfolgen von Allgemeininteressen ausreichend, etwa in Bezug auf die Einfuhrregeln für Obst.[698]

---

694 *Masing*, S. 42, Fn. 97.

695 Vgl. dazu auch: *Poelzig*, S. 289.

696 Vgl. zum Umweltrecht ähnlich ausgeführt: *Ruthig*, BayVBl 1997, 289, 293 f.; *Schoch*, NVwZ 1999, 457, 464

697 *Poelzig*, S. 287 f.; vgl. zum subjektiven-öffentlichen Recht: *Hölscheidt*, EuR 2001, 376, 388.

698 So bei EuGH, Urteil vom 17.9.2002–Rs.C-253/00 („Muñoz“), Slg. 2002, I-7289.

Allgemeininteressen können funktional subjektiviert werden, um den betroffenen Normen die volle Wirksamkeit zu verleihen. Die qualitative Einordnung als Individual- oder Allgemeininteressen ist nicht zielführend, denn das Verständnis des Unionsrechts lässt die Grenzen dieser Einordnung verblassen und stellt im Gegenzug auf funktionale Erwägungen der effektiven Normdurchsetzung ab. Sachlich kommt es darauf an, ob das Verfolgen des Allgemeininteresses der effektiven Normdurchsetzung dienlich und nicht ausschließlich das Verhältnis zwischen den Mitgliedstaaten und der Union betroffen ist. In personeller Hinsicht muss eine tatsächliche Betroffenheit vorliegen, die allerdings denkbar weit zu verstehen ist. Wirtschaftliche Nachteile sind ein starkes Indiz für die tatsächliche Betroffenheit. Unmittelbare Schäden werden regelmäßig ausreichen, um die personelle Betroffenheit anzunehmen. Mithin wird der Unionsbürger gezielt instrumentalisiert, um objektive Rechtsverstöße zu verfolgen. Nicht als primäres Ziel, sondern als Reflex wird der Kreis der verfolgbaren Normen zugunsten Einzelner erweitert. Gleichwohl ist das Prinzip der funktionalen Subjektivierung weitaus mehr als ein allgemeiner Normvollziehungsanspruch, da der individuelle Bezug in funktioneller Weise hergestellt werden können muss.

Die *Rs. Courage, Manfredi* und *Muñoz* waren dementsprechend wegweisend für ein neues Dogma der Dezentralisierung des Unionsrechts auf die Privatrechtsebene. Im Unionsrecht übernehmen subjektive Rechte eine „Doppelfunktion"[699], indem einerseits die effektive Normdurchsetzung sichergestellt und andererseits dem Rechtsschutzbedürfnis Einzelner Rechnung getragen wird. Mithin entsteht eine „Wechselwirkung"[700] zwischen dem Individualschutz und der Sicherstellung des objektiven Rechts. Sofern subjektive Rechte zur effektiven Normdurchsetzung verliehen werden, kommt es zu einem „Gleichlauf des Individualschutzes und der objektiven Normdurchsetzung"[701]. Das Prinzip der funktionalen Subjektivierung im Unionsrecht ist ein aus Art. 4 Abs. 3 EUV abgeleitetes Strukturprinzip.[702] Insoweit kann die Europäische Kommission bei der Aufsicht über die Einhaltung des Unionsrechts strukturell entlastet werden.[703]

Es ließ sich zeigen, dass subjektive Rechte im Unionsrecht nicht mit der Schutznormlehre zu bewerten sind. Ebenso falsch wäre es, einen allgemeinen Normvollziehungsanspruch im Sinne eines Maximierungsgebots des

699 *Poelzig*, S. 292.

700 *Classen*, Die Verwaltung 31 (1998), 307, 319, vgl. auch: *Poelzig* S. 292.

701 *Poelzig*, S. 292 f.

702 Ausführlich: *Poelzig*, passim.

703 *Ruffert*, in: Callies/Ruffert, Art. 249 EG, Rn. 35.

Unionsrechts zu konstatieren. Es hat sich ein originäres Verständnis subjektiver Rechte im Unionsrecht herausgebildet, dass bei der Bewertung mögliche Schadensersatzansprüche durch die Verletzung auf Grundlage unionsrechtlicher Normen angelegt werden muss.

3. *Schmolkes* Einwände zur institutionellen Balance

Diesem originären Verständnis von funktionalen subjektiven Rechten werden von *Schmolke* institutionelle Argumente entgegengehalten, die dieser in Hinblick auf die „institutionelle Balance“[704] zwischen Unionsrechtssetzer und EuGH beleuchtet.[705]

a) Kernaussagen der Grundsätze

Der Effektivitätsgrundsatz aus Art. 4 Abs. 3 EUV richte sich primär an die Mitgliedstaaten. Diesem Grundsatz sei der Unionsrechtssetzer bei der Ausgestaltung und Rechtssetzung von Normen nicht unterworfen. *Schmolke* verweist darauf, dass, sofern sich der Verordnungsgeber im Rahmen seiner Einschätzungsprärogative für öffentlich-rechtliche Sanktionen entscheidet, dann die Mitgliedstaaten keine Verpflichtung treffe, privatrechtliche Haftungsansprüche mit dem Gebot des Art. 4 Abs. 3 EUV zu ergänzen.[706] Der EuGH habe bei der Rechtsfortbildung auf das institutionelle Gleichgewicht zu achten. Dazu nimmt *Schmolke* ebenso Bezug auf die *Rs. Courage, Manfredi* und *Muñoz*, stellt allerdings gegensätzlich heraus, dass es in den *Rs. Courage* und *Manfredi* um die Auslegung und die Reichweite von Art. 101 f. AEUV ging, an die der Unionsrechtssetzer primärrechtlich gebunden ist.[707] Bei der *Rs. Muñoz* ging es zwar um eine EU-Verordnung und die Durchsetzung auf nationaler Ebene – hier hatte der Unionsrechtssetzer indes lediglich die Verhaltensnorm vorgegeben. Nach der klassischen Aufgabenteilung blieb es Aufgabe der Mitgliedstaaten, diese Normen „wirksam, verhältnismäßig

704 Teils auch als „institutionelles Gleichgewicht“ bezeichnet, so beispielsweise: *Streinz*, in: Streinz/Kugelmann, EUV, Art. 17, Rn. 15 ff; siehe auch: *Wegener*, in: Calliess/Ruffert, EUV/AEUV, Art. 19, Rn. 35 (m. w. N.).

705 *Schmolke*, NZG 2016, 721, 726 ff., *Schmolke*, in: Klöhn Marktmissbrauchsverordnung, Art. 15 Rn. 90 ff.; in Bezug auf das Kartellrecht, siehe: *Roth*, ZHR 179 (2015), 668 ff.;

706 *Schmolke*, in: Klöhn, Marktmissbrauchsverordnung, Art. 15, Rn. 89 f.; zum effet-utile-Grundsatz wird auf *Potacs*, EuR 2009, 465, 473 f.

707 *Schmolke*, in: Klöhn, Marktmissbrauchsverordnung, Art. 15, Rn. 90, vgl. hier auch Fn. 183 (m. w. N.); *Schmolke*, NZG 2016, 721, 723 f.

und abschreckend“[708] umzusetzen. Das Prinzip der funktionalen Subjektivierung konnte dabei nur ergänzend angewendet werden.

Anderes könnte indessen gelten, wenn der Unionsrechtssetzer selbst die Sanktionsmittel vorgegeben hat und es gerade nicht den Mitgliedstaaten überlassen blieb, eigenständig Sanktionen vorzusehen.[709] *Schmolke* sieht die Arbeitsteilung zwischen Union und Mitgliedstaaten als notwendige Bedingung für die „weitherzigen Maßstäbe der funktionalen Subjektivierung“[710]. Insoweit der Unionsrechtssetzer selbst antrete und „wesentliche Regelungen der Rechtsdurchsetzung“ treffe, entfiele der Anknüpfungspunkt der funktionalen Subjektivierung[711].[712] Art. 4 Abs. 3 EUV greife systematisch nicht auf horizontaler Unionsrechtsebene, sondern lediglich im vertikalen Verhältnis von Mitgliedstaat und Union. Da das Prinzip der funktionalen Subjektivierung auf Art. 4 Abs. 3 EUV fußt, entfällt ebenso die sachliche Rechtfertigung für die weiten Auslegungsmaßstäbe subjektiver Rechte in funktionaler Gestalt.

b) Stellungnahme

Diese institutionellen Einwände *Schmolkes* lassen sich in ihrem Aussagegehalt auf zwei Thesen verdichten: (1) Gibt der Unionsrechtssetzer nicht nur die Verhaltensnorm vor, sondern regelt auch die grundsätzliche Aufgabe der Mitgliedstaaten zur Rechtsdurchsetzung, stehen institutionelle Argumente dem Prinzip der funktionalen Subjektivierung gegenüber. (2) Die Mitgliedstaaten trifft dann kein Gebot, weitere Maßnahmen, etwa private Rechte Einzelner, nach Maßgabe der funktionalen Subjektivierung herzuleiten.[713]

Diese berechtigten Einwände *Schmolkes* zur institutionellen Balance sind beachtenswert, stehen jedoch nicht zwangsläufig im Widerspruch zum Prinzip der funktionalen Subjektivierung. Insoweit die Vorgaben des Unionsrechtssetzers zu einem Durchsetzungsdefizit führen, ist es gerade Aufgabe des EuGH, diese Wirksamkeitsmängel im Wege der Rechtsfortbildung zu schließen – auch mit Blick auf Art. 19 Abs. 1 und Abs. 1 S. 2 EUV.[714] In dieser Konsequenz sind

---

708 Siehe dazu: I. I.

709 Vgl. *Schmolke*, in: Klöhn, Marktmissbrauchsverordnung, Art. 15, Rn. 90 ff.

710 *Schmolke*, in: Klöhn, Marktmissbrauchsverordnung, Art. 15, Rn. 90.

711 *Schmolke*, in: Klöhn, Marktmissbrauchsverordnung, Art. 15, Rn. 90.

712 Ähnlich zur MiFID argumentierend: *Grigoleit*, ZHR 177 (2013), 264, 276.

713 Vgl. dazu sehr ausdrücklich: *Schmolke*, in: Klöhn, Marktmissbrauchsverordnung, Art. 15, Rn. 89.

714 *Neuner*, in: Riesenhuber, Europäische Methodenlehre, § 12 Rn. 8; kritisch sieht es dagegen: *Grosche*, S. 262 ff.; *Stelkens*, in: Stelkens/Bonk/Sachs, VwVfG, Europäisches

die Mitgliedstaaten dann ebenso i. S. d. Art. 4 Abs. 3 EUV angehalten, alle geeigneten Maßnahmen zu ergreifen, um die Wirksamkeit der Verhaltensnormen zu gewährleisten. Auch *Schmolke* stellt in diesen Fällen seine Einwände der institutionellen Balance gegen die funktionale Subjektivierung zurück.[715]

Ferner lässt *Schmolke* den Harmonisierungsgrad der Vorschrift unbeachtet. Ein tradiert außergewöhnliches Tätigwerden des Unionsrechtssetzers aufseiten der Rechtsdurchsetzung muss nicht zwangsläufig mit einer Vollharmonisierung einhergehen, kann gleichwohl aber ein Indiz hierfür sein. Trotz einer ‚bewussten' Entscheidung für öffentlich-rechtliche Durchsetzungsmechanismen[716] muss das qualifizierte Schweigen des Verordnungsgebers eigenständig auf dessen Negativerklärung überprüft werden.[717] Verbleiben Regelungsspielräume, kann sowohl die Mitgliedstaaten als auch den EuGH dennoch die Verpflichtung treffen, weitere Sanktionen zu ergreifen oder zuzulassen, um das zu berücksichtigende Durchsetzungsniveau zu erreichen.[718] Das Argument der institutionellen Balance kann deshalb nur bei einer angestrebten Vollharmonisierung mit abschließender Regelung der Rechtsdurchsetzung seitens des Unionsrechtssetzers sowie unter Berücksichtigung des Durchsetzungsniveaus verfangen.

Darüber hinaus verwechselt *Schmolke* die Regelungssystematik aus Grundsatz und Ausnahme. So verlangt Art. 4 Abs. 3 EUV, dass eine möglichst effiziente Rechtsdurchsetzung auf nationaler Ebene erfolgt. Der Grundsatz intendiert, dass möglichst alle Maßnahmen zu ergreifen sind, die zur Durchsetzung des Regelungsziels angezeigt sind. Möchte *Schmolke* diesen Grundsatz ausnahmsweise missachten, trifft ihn die Darlegungs- und Argumentationslast, weshalb hierhinter zurückgeblieben werden soll. Dies gilt umso mehr, wenn auf Unionsrechtsebene ein offener Maßnahmenkatalog im Wege einer Mindestharmonisierung bestimmt wurde und den Mitgliedstaaten weitere Sanktionierungen ermöglicht werden. Bleibt es aber den Mitgliedstaaten überlassen, weitere Maßnahmen zur Rechtsdurchsetzung zu treffen, ist es nur noch eine Frage, wann diese Möglichkeit in eine Pflicht umschlägt. Praktisch bedeutet dies, dass

---

Verwaltungsrecht, Europäisierung des Verwaltungsrechts und Internationales Verwaltungsrecht, Rn. 84.

715 *Schmolke*, NZG 2016, 721, 727 ff.

716 Vgl. die fast gleichlautende Formulierung von *Schmolke*, in: Klöhn, Marktmissbrauchsverordnung, Art. 15, Rn. 89.

717 Vgl. dazu: H. V.

718 *Schmolke* schließt dann die Verpflichtung der Mitgliedstaaten aus, lässt aber wohl die Möglichkeit offen, vgl.: *Schmolke*, in: Klöhn, Marktmissbrauchsverordnung, Art. 15, Rn. 89; ähnlich auch *Schmolke*, NZG 2016, 721, 727 ff.

entweder spezialgesetzliche Reglungen auf nationaler Ebene zu treffen sind oder im Rahmen des bestehenden Rechtsrahmens etwaige unionsrechtliche Vorgaben berücksichtigt werden müssen, um Art. 4 Abs. 3 EUV gerecht zu werden. Im Zweifel ist dem EuGH hierzu vorzulegen.[719]

c) Berücksichtigung der institutionellen Balance bei der weiteren Prüfung

Die funktionale Subjektvierung ist ein Maßstab, der sich zwar den institutionellen Aspekten zu unterwerfen hat, in diesem Rahmen aber ebenso Verpflichtungen aufstellt. Anders formuliert, sind bei der Prüfung der funktionalen Subjektivierung von Rechten neben den sachlichen und persönlichen Voraussetzungen auch die institutionellen Anforderungen zu überprüfen, sofern der Unionsrechtssetzer selbst im Rahmen der Normdurchsetzung tätig wurde. In Konstellationen, in denen der Unionsrechtssetzer nicht nur Verhaltensnormen aufgestellt hat, sondern ebenso im Rahmen der Normdurchsetzung tätig wurde, sind weitere Maßnahmen der Mitgliedstaaten und die Rechtsfortbildung des EuGH im Rahmen der funktionalen Subjektivierung an den institutionellen Vorgaben auszurichten. Um die institutionellen Einwände zu berücksichtigen, ist folglich ebenfalls im Rahmen der funktionalen Subjektivierung zu hinterfragen, ob bei den aufgestellten Verhaltensnormen ein Durchsetzungsdefizit vorliegt und ob den Mitgliedstaaten in diesem Sinne nicht nur die Möglichkeit eingeräumt wird, weitere Maßnahmen zur Rechtsdurchsetzung vorzusehen, sondern hierzu sogar eine Verpflichtung besteht.

4. Bestimmen eines Durchsetzungsdefizits

Um das Vorliegen eines Durchsetzungsdefizits festzustellen, ist zunächst das angestrebte Durchsetzungsniveau zu bestimmen, um anschließend ein mögliches Zurückbleiben als Durchsetzungsdefizit einordnen zu können.

a) Gebot maximaler Wirksamkeit als angestrebtes Durchsetzungsniveau

Im Sinne der veranschaulichten Rechtsprechungslinie des EuGH wird der Effektivitätsgrundsatz mit einer Maßgabe zur „vollen Wirksamkeit“ oder „maximalen

---

719 Wie beispielsweise das LG Erfurt bezüglich der Schutzgesetzeigenschaft im Rahmen von § 823 Abs. 2 BGB im sog. Dieselskandal, Beschluss vom 09.08.2021, Az.: 8 O 481/2, abrufbar unter: https://openjur.de/u/2348610.html [Stand: 23.09.2022].

Effektivität" verstanden.[720] Wörtlich genommen, würde ein solches Maximierungsgebots indes dazu führen, dass subjektive Rechte Einzelner stets erstrebenswert sind, um die Durchsetzungskraft der Norm zu erhöhen. In dieser Absolutheit hätte dies zur Folge, dass stets private Ansprüche begründbar sind, unabhängig davon, was der Unionsrechtssetzer in seiner Einschätzungsprärogative normiert. Die Folge wäre eine „automatische Ergänzungspflicht", die die Gestaltungsfreiheit der Legislative konterkarieren würde.[721] Weiter gedacht, würde dem Unionsrechtssetzer eine Erklärungspflicht auferlegt werden, wenn dieser in seiner Gestaltung private Ansprüche ausschließen möchte.[722] Das Verständnis des Effektivitätsgrundsatzes als Maximierungsgebot würde folglich die legislative Gestaltungsfreiheit des Unionsrechtssetzers in nicht tragbarer Weise beschränken.[723] Ein zwingendes Gebot für private Ansprüche, abgeleitet aus Art. 4 Abs. 3 EUV im Sinne eines Maximierungsgebots, kann es aus institutionellen Gründen nicht geben.[724] *Schmolke* verweist zudem auf die Probleme einer Überabschreckung, sofern der Effektivitätsgrundsatz als Maximierungsgebot verstanden werden würde,[725] denn der Unionsrechtssetzer müsse nicht stets die größtmögliche Effektivität der aufgestellten Verhaltensnormen anstreben.[726]

b) Erstrebte Effektivität als angestrebtes Durchsetzungsniveau

Denkbar erscheint es, auf die „erstrebte Effektivität"[727] des Unionsrechtssetzers abzustellen. Was als ‚erstrebenswert' anzusehen ist, wird mit zweck- und steuerungsorientierten Erwägungen diskutiert. *Hellgardt* stellt auf teleologische

---

720 Vgl. *Classen*, in: Grabitz/Hilf/Nettesheim, AEUV Art. 197, Rn. 23 ff. (m. w. N.).

721 Vgl. zur MiFID ganz ähnlich argumentierend: *Grigoleit*, ZHR 177 (2013), 264, 275 f.; siehe auch: Cless, S. 60.

722 Vgl. dazu auch *Franck*, Regelsetzung im Kartellprivatrecht: Schadensersatzhaftung als Herausforderung für das institutionelle Gleichgewicht in der EU, S. 25, abrufbar unter: https://ssrn.com/abstract=3020130 [Stand: 23.09.2022].; zustimmend auch *Cless*, S. 60.

723 Vergleichbar zur MiFID auch *Grigoleit*, ZHR 177 (2013), 264, 275; siehe auch *Franck*, Regelsetzung im Kartellprivatrecht: Schadensersatzhaftung als Herausforderung für das institutionelle Gleichgewicht in der EU, 2016, S. 25, abrufbar unter: https://ssrn.com/abstract=3020130 [Stand: 14.08.2020].

724 *Schmolke*, in: Klöhn, Marktmissbrauchsverordnung, Art. 15, Rn. 93.

725 *Schmolke*, NZG 2016, 721, 727

726 Vgl. die Ausführungen zu Sanktionen: I. I.

727 Vgl. *Poelzig*, ZGR 2015, 801, 816; von „angemessener Effektivität" spricht *Grigoleit*, ZHR 177 (2013), 264, 275 (m. w. N.).

Aspekte des Effektivitätsgrundsatzes ab, mit dem Ziel, möglichst die „typische Situation gemäß dem Regulierungsziel" zu erfassen.[728] Die teleologische Auslegung führe zu einer „regulatorischen Rechtsanwendung".[729] Ganz allgemein verweist *Hellgardt* auf die Konzeption des Europa-, aber auch Völkerrechts, bei denen es darum gehe, die Regulierungsanliegen des Normgebers über nationale Besonderheiten hinweg zu verwirklichen.[730] Auf ähnliche Weise hatte *Steindorff* bereits 1973 die steuerungsorientierte Rechtsanwendung herausgearbeitet.[731] Unklar bleibt es, ob es sich hierbei um eine eigenständige Auslegungsform[732] oder um eine Unterform der teleologischen Auslegung[733] handeln soll.[734] Dagegen spricht *Mayer* zweckorientiert von einer „nützlichen Wirkung" und „praktische[n] Wirksamkeit".[735] Teils ist von der „Effektivität der Zwecksetzung" die Rede.[736] Überwiegend wird der Effektivitätsgrundsatz als „relatives Optimierungsgebot" verstanden.[737]

Die offene Struktur des Art. 4 Abs. 3 EUV macht eine konkrete Überprüfung im Einzelfall unumgänglich, wobei institutionelle Aspekte, die Grundsätze der Verhältnismäßigkeit und Erwägungen der Rechtssicherheit zu beachten sind.[738] Die unscharfen Orientierungsbegriffe der „erstrebenswerten Effektivität" oder

---

728 *Hellgardt*, S. 664 f.

729 Vgl. dazu *Hellgardt*, S. 664 f. mit Verweis auf die völkerrechtliche Grundlage des effet utile-Grundsatzes: *Ipsen*, S. 412; zur Bedeutung im Unionsrecht siehe auch: *Potacs*, EuR 2009, 465 ff.

730 *Hellgardt*, S. 664 f.

731 *Steindorff*, in: FS Larenz 1973, S. 217, 225.

732 So zumindest: *Seyr*, S. 272 ff., der in einer umfangreichen Rechtsprechungsanalyse zu dem Ergebnis kommt, dass die unterschiedliche Verwendung von „voller" und „praktischer" Wirksamkeit des EuGH keine Bedeutung hat.

733 So sehen es beispielweise *Riesenhuber* in: Riesenhuber (Hrsg.), Europäische Methodenlehre, § 10, Rn. 45; *Tomasic*, S. 214.

734 *Jung/Krebs/Stiegler*, Gesellschaftsrecht in Europa, Teil 1 § 2 Europäische Rechtsmethodik, Rn. 128 f.

735 *Mayer*, in: Grabitz/Hilf/Nettesheim, EUV, Art. 19, Rn. 57 f.

736 *Jung/Krebs/Stiegler*, Gesellschaftsrecht in Europa, Teil 1 § 2 Europäische Rechtsmethodik, Rn. 129.

737 Ausführlich dazu auch: *Cless*, S. 77 ff.; siehe dazu dann auch: *Potacs*, EuR 2009, 465, 476 ff.; *Rott*, EuZW 2003, 5, 8 f.; *Poelzig*, S. 295; ferner *Grigoleit*, ZHR 177 (2013), 264, 275; *Roth*, WRP 2013, 257, 258; *Wilman*, S. 471 ff.; *Tomasic*, S. 132 f. et passim; *Eckel*, EuZW 2015, 418, 420; *Ebers*, S. 275; zum Aspekt der Rechtssicherheit siehe dann auch: *Haltern*, Europarecht, § 9 Rn. 892.

738 Vgl. ähnlich: *Cless*, S. 78.

des „relativen Optimierungsgebots“ sind begriffliche Platzhalter, um im Einzelfall vertretbare Ergebnisse zwischen Rechtsfortbildung auf der bestehenden Grundlage des normierten Rechts und der gewünschten Rechtspolitik zu finden. Deutlich wird, dass in diesem Sinne jedenfalls praktischen Erwägungen zu folgen ist – rekurrierend auf die wirksame, verhältnismäßige und abschreckende Wirkung von Sanktionen zur Erreichung des Regelungsziels der aufgestellten Normen.

c) Zwischenergebnis

Zusammenfassend ist zu resümieren, dass ein maximales Durchsetzungsgebot aus institutionellen Gesichtspunkten nicht haltbar erscheint, weshalb das erstrebte Durchsetzungsniveau im Einzelfall zu bestimmen ist. Durch die notwendigen zweck- und steuerungsorientierten Abwägungs- und Wertungsfragen gestaltet sich das Bestimmen des Durchsetzungsniveaus und des dahinter Zurückbleibens als schwierig. Ein mögliches Durchsetzungsniveau kann lediglich annäherungsweise erkannt werden.

d) Bestehen eines Durchsetzungsdefizits

In der Kriminologie wird zur Messung der Effektivität von Strafnormen versucht, eine Effektivitätsquote zu bilden.[739] Rechtssoziologische Ansätze untersuchen das Verhältnis von Verhalten und Recht.[740] Trotz aller widerstreitenden Meinungen herrscht insoweit Einigkeit, dass Normen als wirksam angesehen werden können, wenn sie befolgt werden oder sich an auf ihre Nichtbefolgung eine Sanktion anschließt.[741] Die Geltungswirkung der Sanktion lässt sich rückblickend anhand von Gerichts- und Verwaltungsentscheidungen nachvollziehen[742] Die Nichtgeltung von Normen, wenn also eine Norm verletzt, aber dieser Verstoß nicht sanktioniert wurde, lässt sich kaum erfassen.[743] Die Europäische Kommission geht von einer überragenden Dunkelziffer aus.[744] Ebenso lässt sich das positive Befolgen der Norm kaum zuverlässig bestimmen.[745]

---

739 Siehe dazu auch *Schütt*, S. 293 ff.

740 Siehe dazu ausführlich in der Habilitationsschrift von *Hellgardt*, S. 24 ff. (m. w. N.).

741 *Hellgardt*, S. 24; *Röhl*, S. 244.

742 *Röhl*, S. 245.

743 *Röhl*, S. 245.

744 Europäische Kommission, SEC (2011) 1217 final, S. 14ff., 200.

745 Dazu auch *Röhl*, S. 245 f.

Aufgrund der erheblichen Schwierigkeiten zur sachgerechten Messung der Effektivität einer Norm kann jedes Modell nur ein Annäherungsversuch sein, um die tatsächliche Wirksamkeit zu schätzen.[746] *Harding* weist auf ebendiese Schwierigkeiten hin.[747] *Struckenberg* bescheinigt, dass es „bis heute niemandem gelungen [sei], die Wirksamkeit von Straffnormen in irgendeiner Weise zu messen"[748]. Es ließe sich nur „spekulieren".[749] Nach *Veil* stehe die Sanktionsforschung erst ganz am Anfang.[750] *Bayer* sieht die Schlussfolgerungen als „unvollständig" und „spekulativ" an.[751] *Kudlich* verlangt auf europäischer Ebene eine Evaluation der Verfolgungsintensität.[752] *Veil* sieht darüber hinaus eine interdisziplinäre Erforschung von Sanktionsdefiziten im Kapitalmarktrecht als notwendig an.[753]

Das Feststellen eines Durchsetzungsdefizits kann sich lediglich kompassartig an empirischen Studien orientieren. Aufgrund der Messschwierigkeiten und des hohen Dunkelfelds werden empirische Auswertungen erst zu spät ein Durchsetzungsdefizit anzeigen. Deshalb muss auf eine Gesamtbetrachtung aller Umstände abgestellt werden. Dazu können nicht nur gerichtliche und behördliche Entscheidungen, sondern auch qualitative Befragungen von Marktteilnehmern, Verbrauchern oder Betroffenen dienen. Um ein angestrebtes Durchsetzungsniveau zu erreichen, dürfen nicht zu strenge Maßstäbe an die Feststellung des Defizits gestellt werden. *Alexy* spricht in diesem Sinne zu Recht von den „Regeln des vernünftigen Vermutens".[754]

e) Institutionelle Aspekte der Rechtsfortbildung bei Durchsetzungsdefiziten

Sofern ein Durchsetzungsdefizit angenommen werden kann, ist der EuGH aufgefordert, die Normdurchsetzung im Wege der Rechtsfortbildung sicherzustellen. Gleichwohl steht der EuGH auch hier im Konflikt der institutionellen

746 *Harding*, MJ 4 (1997), 5, 18; *Bryde*, S. 7 ff.; siehe ausführlich auch: *Blankenburg*, in: Plett/Ziegert, Empirische Rechtsforschung zwischen Politik und Wirtschaft, S. 45 ff.

747 *Harding*, MJ 4 (1997), 5, 18.

748 *Struckenberg*, in: Böse, Europäisches Strafrecht, § 10 C, Rn. 70.

749 *Struckenberg*, in: Böse, Europäisches Strafrecht, § 10 C, Rn. 70.

750 *Veil*, § 12, Rn. 37

751 *Bayer/Lingelbach*, 100 Jahre Wirtschaftsrecht, S. 61, 63.

752 *Kudlich*, AG 2016, 459, 465.

753 *Veil*, ZGR 2016, 305, 307.

754 *Alexy*, S. 287.

Balance, wenn zu voreilig ein Durchsetzungsdefizit angenommen wird und weitere Maßnahmen ohne Beachtung der Einschätzungsprärogative des Unionsrechtssetzers getroffen werden.

Primäre Aufgabe des EuGH sind die Wahrung und Sicherung des Rechts (Art. 19 Abs. 1 EUV), wodurch ihm eine Korrektivfunktion verliehen wird. Unterliegt der Unionsrechtssetzer einer legislativen Fehleinschätzung, ist der EuGH zur Wahrung des Rechts sowie der Normintention zur Korrektur aufgefordert, wobei gleichwohl das Prinzip der loyalen Zusammenarbeit zu beachten ist (Art. 13 Abs. 2 EUV).[755] Der EuGH ist aufgrund der gegenüberstehenden Organkompetenzen deshalb zur Zurückhaltung angehalten.[756] Wurde das Ziel des Rechtssetzers durch die Normsetzung zwar hinreichend deutlich, aber ist die Durchsetzung aufgrund der Wahl unzureichender Mittel gefährdet, hat der EuGH diese im Rahmen seiner eigenen Kompetenz sicherzustellen.[757]

Der EuGH übernimmt damit eine widerstreitende Doppelfunktion. Einerseits ist es seine Aufgabe, die institutionelle Balance zu wahren und hierüber zu befinden.[758] Andererseits ist der EuGH indes selbst Organ der Union (Art. 13 Abs. 1 EUV) und hieran gebunden[759]. Der EuGH versucht in seiner *Meroni-Rechtsprechung*[760], dieser Doppelrolle im Sinne eines institutionellen Gleichgewichts gerecht zu werden,[761] und orientiert sich dazu an der zugewiesenen Aufgabenverteilung.[762] Die institutionelle Balance ist hierbei weniger als strenges Prinzip der Gewaltenteilung anzusehen, sondern eher im Sinne des US-amerikanischen Vorbilds von „check and balances"[763] zu

755 *Streinz*, EUV, Art. 13, Rn. 25 (m. w. N.).

756 Zur Organkompetenz siehe *Wegener*, in: Calliess/Ruffert, EUV/AEUV, Art. 19, Rn. 25

757 Vgl. dazu auch: *Grigoleit*, ZHR 177 (2013), 264, 275.

758 EuGH, Urteil vom 22.5.1990, C-70/88, Slg. 1990, I-2041 Rn. 23 („Parlament. /. Rat").

759 *GA Trstenjak*, Schlussanträge v. 30.6.2009, C-101/08, ECLI:EU:C:2009:410, Rn. 107 („Audiolux"); vgl. dann auch: EuGH, Urteil vom 15.10.2009, C-101/08, Slg. 2009 I-09823 Rn. 64 („Audiolux u.a.").

760 EuGH, Urteil vom 13.6.1958, C-9/56, Slg. 1958,11,44 („Meroni. /. HoheBehörde"); vgl. auch darstellend: *Jacqué*, CMLR 41 (2004), 383, 384.

761 Vgl. zur institutionellen Aufgabenverteilung: *Craig*, Institutions, Power and Institutional Balance, in: Craig/de Burca, The Evolution of EU Law, 2011, S. 41, 71, abrufbar unter: https://ssrn.com/abstract=1912016 [Stand: 23.09.2022].; s. zu Anwendungsfällen auch: *Schmahl*, in: Schulze/Zuleeg/Kadelbach, Europarecht, § 6, Rn. 19.

762 Vgl. dazu auch: EuGH, Urteil vom 22.5.1990, C-70/88, Slg. 1990, I-2041 Rn. 21 („Parlament. /. Rat").

763 Siehe dazu: *GA Trstenjak*, Schlussanträge vom 30.6.2009, C-101/08, ECLI:EU:C:2009:410 Rn. 104 („Audiolux").; *Schweitzer/Hummer/Obwexer*, Europarecht, 2007, Rn. 653.

verstehen.[764] Der EuGH hat im Rahmen seiner Rechtsfortbildung jedenfalls die Einschätzungen der primär legislativ berufenen Organe zu berücksichtigen.[765]

f) Zwischenergebnis

Schmolke hat mit den Aspekten zur institutionellen Balance der funktionalen Subjektivierung gewichtige Argumente entgegengesetzt. Allerdings besteht der institutionelle Konflikt zwischen dem Prinzip der funktionalen Subjektivierung und der institutionellen Balance nur, sofern von der tradierten Aufgabenverteilung zwischen Union als Rechtssetzer und den Mitgliedstaaten als Rechtsdurchsetzung abgewichen wurde. Sofern der Unionsrechtssetzer selbst im Rahmen der Normdurchsetzung tätig wurde, hat der EuGH aufgrund des institutionellen Gleichgewichts die Einschätzungsprärogative zu berücksichtigen. Gleichzeitig wacht der EuGH über die Einhaltung der Verträge. Bei Vorliegen eines Durchsetzungsdefizits ist der EuGH angehalten, dieses im Wege der Rechtsauslegung und -fortbildung zu schließen.

Das erstrebte Durchsetzungsniveau und das Feststellen eines Zurückbleibens hinter diesem sind indes kaum objektiv feststellbar. Quantitative und qualitative Untersuchungen können lediglich einen Anhaltspunkt bilden. Empirische Studien würden ein Durchsetzungsdefizit aufgrund der Messschwierigkeiten und des überragenden Dunkelfelds erst zu spät anzeigen. Demzufolge spricht sehr viel dafür, dass der EuGH bereits auf Verdacht tätig werden muss, was in dieser Konsequenz das Prinzip des institutionellen Gleichgewichts erst recht auf die Probe stellt.

---

764 Vgl. dazu auch: vgl. auch *Oppermann/Classen/Nettesheim*, Europarecht, § 5, Rn. 15 ff.; *Hatje/von Förster*, in: Hatje/Müller-Graff, Europäisches Organisations- und Verfassungsrecht, §10 C. Rn. 26, 34; *Bergmann*, in: Bergmann, Handlexikon der Europäischen Union, S. 535 f.

765 Ausführlich am Beispiel des Kartellrechts, siehe *Franck*, Regelsetzung im Kartellprivatrecht: Schadensersatzhaftung als Herausforderung für das institutionelle Gleichgewichtinder EU, 2016, S. 22, abrufbar unter: https://ssrn.com/abstract=3020130 [Stand: 23.09.2022].; ebenso *Franck*, Umbrella Pricing and Cartel Damages under EU CompetitionLaw, EUI Working Paper Law 2015/18, S. 1, 14; vgl. dann auch die Kritik an der Sturgeon-Entscheidung: *Garben*, CMLR 50 (2013), 15, 24 f.

IV. Abstraktes Prüfungsvorgehen zur Begründung subjektiver Rechte

Nach diesen Ausführungen kann folgendes Prüfungsvorgehen für die funktionale Subjektivierung und die Herleitung zivilrechtlicher Ansprüche als Sanktionsmittel bei Marktmanipulationen aufgestellt werden: Zunächst sind die Aspekte der institutionellen Balance zu überprüfen. Sofern es bei der tradierten Aufgabenverteilung von Mitgliedstaaten und Union geblieben ist oder ein Durchsetzungsdefizit vorliegt, lässt sich das Prinzip der funktionalen Subjektivierung mit der institutionellen Balance vereinbaren. Weiter müssen die betroffenen Normen im Verhältnis zu Privaten unmittelbar anwendbar sein. Sachlich muss die Subjektivierung objektiver Rechte der vollen Wirksamkeit der Norm dienlich sein und dem Einzelnen zugutekommen – nicht bloß den Mitgliedstaaten. Personell muss zumindest eine faktische Betroffenheit angenommen werden können, wobei wirtschaftliche Nachteile ein überragendes Indiz repräsentieren. Aufgrund der funktionalen Äquivalenz müssen sich private Ansprüche mit Sanktionscharakter an den objektiven Anforderungen für Sanktionen messen lassen. Auch private Ansprüche müssen deshalb abschreckend, wirksam und verhältnismäßig sein.

Zusammenfassung:[766]

1. Wahrung des institutionellen Gleichgewichts
2. Unmittelbare Anwendbarkeit
3. Faktische Betroffenheit
4. Effektivitätsgewinn durch funktionale Subjektivierung
5. Berücksichtigung der objektiven Sanktionsanforderungen

766 Prüfungsvorgehen zur Übersichtlichkeit vom *Verf.* erstellt.

J. Übertragung der Ergebnisse auf das Marktmanipulationsregime

Um die Möglichkeit zivilrechtlicher Sanktionen zu überprüfen, soll das herausgearbeitete Prüfungsvorgehen auf Marktmanipulationen gem. Art. 15, 12 MAR angewendet werden.

I. Institutionelle Aspekte und Vorliegen eines Durchsetzungsdefizits

Zunächst ist hinsichtlich der institutionellen Balance zu überprüfen, ob der Unionsrechtssetzer bei der Marktmissbrauchsverordnung selbst aufseiten der Rechtsdurchsetzung tätig wurde. Darüber hinaus ist der Harmonisierungsgrad festzustellen und auf ein mögliches Durchsetzungsdefizit einzugehen.

1. Vorliegen eines institutionellen Konflikts

Mit Verweis auf die obigen Ausführungen zum Public-Enforcement-Ansatz kann konstatiert werden, dass der Verordnungsgeber aufseiten der Rechtsdurchsetzung tätig wurde und Vorgaben für verwaltungsrechtliche und strafrechtliche Sanktionen normiert hat.[767] Auf dieser Grundlage wären die Aspekte der institutionellen Balance grundsätzlich zu hinterfragen. Diese Fragen stellen sich indes nicht, wenn ein Durchsetzungsdefizit vorliegt, das den institutionellen Konflikt entschärft.[768]

2. Harmonisierungsgrad

Die offene Gestaltung der MAR und die Öffnungstendenzen durch die CrimMAD lassen auf eine Mindestharmonisierung aufseiten der Rechtsdurchsetzung schließen.[769] Der Unionsrechtssetzer hat sich nicht vollends zu einem einheitlichen und abgeschlossenen unionsrechtlichen Rechtsrahmen durchgerungen, sondern gibt den einzelnen Mitgliedstaaten[770] durch die ausdrücklichen

767 Vgl. ausführlich: H. I. – IV.

768 Siehe oben: I. III. 4. e)

769 Vgl. ausführlich: H. IV. – VI.

770 Zum vorherigen Gestaltungsspielraum und Rechtssetzung der Mitgliedstaaten im Vergleich, siehe auch: *Wilman*, Private Enforcement of EU Law Beforce National Courts, passim.

Abwägungs- und Öffnungsklauseln im Rahmen einer Mindestharmonisierung lediglich eine einheitliche Linie für die Sanktionsrichtung vor. Eine funktionale Subjektivierung erscheint hinsichtlich des Harmonisierungsgrads möglich.

3. Durchsetzungsdefizit

Um ein mögliches Durchsetzungsdefizit der MAR feststellen zu können, ist zunächst das erstrebte Durchsetzungsniveau zu hinterfragen, um anschließend ein Zurückbleiben hinter diesem eruieren zu können.

a) Erstrebtes Durchsetzungsniveau

Das erstrebte Durchsetzungsniveau des Verordnungsgebers lässt sich an verschiedenen Gesichtspunkten festmachen.

Zunächst ist auf das ausgewiesene Ziel und auf die vorgesehenen Mittel zu dessen Erreichung zu verweisen. Die Marktmissbrauchsverordnung hat das Ziel, die Integrität der Finanzmärkte sicherzustellen und den Anlegerschutz sowie das Vertrauen der Anleger zu stärken.[771] Das Funktionieren der Finanzmärkte bedingt notwendigerweise ein Vertrauen in deren Integrität und Funktionsfähigkeit. Das ausgewiesene Ziel ist nichts weniger als ein Selbsterhalt des Markts als solches. Das Ziel der Marktmissbrauchsverordnung ist deshalb von überragender Bedeutung. Das zeigen ebenso die Wahl der Sanktionsmittel und die empfindliche Härte bei Verstößen: Trotz der Ultima-Ratio-Funktion des Strafrechts[772] hat sich der Verordnungsgeber für eine dualistische Sanktionierung – bestehend aus verwaltungsrechtlichen und strafrechtlichen Maßnahmen – entschieden, was die damit einhergehende Missbilligung[773] des sanktionierenden Verhaltens unterstreicht.[774]

Zu berücksichtigen ist ferner, dass die heutige MAR eine Antwort auf die Finanzkrise 2008/2009 darstellen sollte und aus den Postulaten des

771 Vgl. bereits Art. 1 MAR, aber auch die Ausführungen: J. IV. 1.

772 Die Ultima-Ratio-Funktion des Strafrechts ist unionsrechtlich anerkannt, vgl. dazu einführend: *Franssen*, in: Banach-Gutierrez/Hadring, EU Criminal Law and Policy, S. 84, 109 (m. w. N.).

773 Vgl. dazu auch Erwägungsgrund (6) CRIM-MAD (wie Fn. 408); COM MEMO/14/78 v. 04.02.104, Directive on criminal sanctions for market abuse - FAQ Nr. 4; *Veil*, ZBB 2014, 85, 86; *Möllers*, AcP 208 (2008), 1, 33 f.; *Moloney*, EU Securities and Financial Markets Regulation, S. 766.

774 So auch *Schütt*, S. 25 f., *Kudlich*, AG 2016, 459 461.

De-Larosiére-Berichts[775] entstanden ist, indem gegenständlich das Fehlen ausreichender und wirksamer Sanktionen als zentraler Auslöser der Finanzkrise erkannt wurde.[776] Ausgewiesenes Ziel der Novellierung sollte eine höhere abschreckende Wirkung sein.[777] *Veil* hatte schon damals mit Verweis auf die Berichte der ESMA[778] resigniert, dass ein Durchsetzungsdefizit wahrscheinlich ist.[779] Heute lässt sich an der Novellierung zweifelsfrei erkennen, dass auch der Unionsrechtssetzer ein Durchsetzungsdefizit nach der alten Rechtslage angenommen hatte, obwohl bereits harte Sanktionen vorgesehen waren.[780]

Das ambitionierte Normziel – die Wahl der empfindlichen Sanktionsmittel samt umfangreicher behördlicher Befugnisse, die Erkenntnisse des De-Larosiére-Berichts sowie die historische Betrachtung – lassen lediglich den Schluss zu, dass der Verordnungsgeber ein herausragendes Durchsetzungsniveau anstrebt.

b) Vorliegen eines Durchsetzungsdefizits

Vor diesem Hintergrund wirft sich die Frage auf, ob das derzeitige Sanktionsregime hinter dem angestrebten Durchsetzungsniveau zurückbleibt, mitunter also ein Durchsetzungsdefizit vorliegt.

aa) Blickwinkel der ESMA und Berichtspflicht des Art. 38 MAR

Erster Anknüpfungspunkt für ein mögliches Durchsetzungsdefizit ist die normierte Berichtspflicht. In Art. 38 MAR wurde eine Berichtspflicht der Kommission gegenüber dem Europäischen Parlament und dem Rat festgelegt, in dem auch die ESMA zu einer Bestandaufnahme über die Umsetzung der Sanktionen innerhalb der Mitgliedstaaten angehalten wurde.

Das Konsultationspapier[781] der ESMA wurde am 03. Oktober 2019 veröffentlicht. Bezug genommen wurde hierin auf den vorausgegangenen jährlichen

775 De Larosiére-Bericht (wie Fn. 332); zur Entwicklung siehe übersichtsartig: *Becker/Rodde*, ZBB 2016, 11 ff.; zudem: *Moloney*, EU Securities and Financial Markets Reglations, S. 764 ff.; *Zetzsche/Eckner*, in: Gebauer/Teichmann, EnzEuR, § 7. A., Rn. 88.

776 De Larosiére-Bericht (wie Fn. 332), S. 23; so wohl auch: *Poelzig*, ZGR 2015, 801 f.

777 Vgl. dazu auch: *Schmolke*, in: Klöhn, Marktmissbrauchsverordnung, Art. 15, Rn. 37 f.

778 Noch zur alten Rechtslage, vgl.: ESMA, Actual use of sanctioning powers under MAD, ESMA/2012/270.

779 *Veil*, ZGR 2014, 544, 565 ff.

780 Vgl. zur vorherigen und novellierten Rechtslage: J. IV. 1. C) aa) und J. IV. 3.

781 ESMA, Consultation paper MAR Review (2019), abrufbar unter: https://www.esma.europa.eu/press-news/esma-news/esma-consults-mar-review [Stand: 23.09.2022].

Bericht der ESMA über verwaltungsrechtliche und strafrechtliche Sanktionen sowie weitere administrative Maßnahmen unter der MAR.[782] Der vorausgehende Bericht konnte aufgrund der zu geringen Datenmenge keinen repräsentativen Trend zur Wirksamkeit der Sanktionen und Maßnahmen evaluieren.[783] Aufgrund der fehlenden zwingenden Beweise[784] weicht die ESMA auch im Konsultationspapier nicht von dieser Einschätzung ab. Das Konsultationspapier stellte auf dieser Grundlage keine dringende Notwendigkeit fest, dass Sanktionsregime zu verbessern.[785]

Schmolke wird sich in diesem Ergebnis bestätigt sehen. Bereits aus dem vorherigen Erkenntnisstand deutete für *Schmolke* wenig darauf hin, dass ein „angemessenes Durchsetzungsniveau für das Marktmanipulationsverbot durch die Regelungen in MAR und Crim-MAD unterschritten würde".[786] *Schmolke* forderte „hinreichend klare empirische Belege"[787] ein.

bb) Ältere Studien von La Porta/Lopez-de-Silanes *und* Jackson/Roe

Schmolke nimmt dazu Bezug auf die US-Studie der Ökonomen *La Porta/Lopez-de-Silanes ‚What works in Securities Law?'*[788] aus 2006, die nie zum Ziel hatte, ein Durchsetzungsdefizit der Marktmissbrauchsverordnung von 2015 in der Union festzustellen, sondern vielmehr aufgezeigt hat, dass zivilrechtliche und anlegerfreundliche Haftungsansprüche eine größere Wirkung zeigten als aufsichtsrechtliche Maßnahmen.[789] Vorausgegangene Studien kamen zu vergleichbaren

---

782 ESMA, Annual report on administrative and criminal sanctions and other administrative measures under MAR, abrufbar unter: https://www.esma.europa.eu/sites/default/files/library/esma70-145-1081_mar_article_33_report_sanctions.pdf [Stand: 23.09.2022].

783 ESMA, Annual report on administrative and criminal sanctions and other administrative measures under MAR, S. 6 f., abrufbar unter: https://www.esma.europa.eu/sites/default/files/library/esma70-145-1081_mar_article_33_report_sanctions.pdf [Stand: 23.09.2022].

784 Wörtlich: „In the absence of more compelling evidence […]"

785 ESMA, Consultation paper MAR Review (2019), S. 85 f, abrufbar unter: https://www.esma.europa.eu/press-news/esma-news/esma-consults-mar-review [Stand: 23.09.2022].

786 *Schmolke*, in: Klöhn, Marktmissbrauchsverordnung Art. 15, Rn. 96.

787 *Schmolke*, in: Klöhn, Marktmissbrauchsverordnung Art. 15, Rn. 97.

788 *La Porta/Lopez-de-Silanes/Shleifer*, 61 J. Fin. 1 (2006), ebenfalls abrufbar unter: https://www.nber.org/papers/w9882.pdf [Stand: 23.09.2022].

789 *La-Porta/Lopez-de-Silanes/Shleifer*, 61 J.Fin. 1 (2006); ferner *La Porta/Lopez-de-Silanes/Shleifer/Vishny*, 54 J. Fin. 1131 (1997); siehe auch schon zuvor: *La-Porta/*

Ergebnissen.[790] Zusammengefasst: „We examine the effect of securities laws on stock market development in 49 countries. We find almost no evidence that public enforcement benefits stock markets, and strong evidence that laws facilitating private enforcement through disclosure and liability rules benefit stock markets."[791]

Demgegenüber wurde in einer drei Jahre später veröffentlichten US-Studie von *Jackson/Roe* mit dem Titel ‚Public and Private Enforcement of Securities Laws: Resource-Based Evidence'[792] nachgewiesen, dass dem Einfluss zivilrechtlicher Haftungsansprüche eine weniger relevante Rolle zukommt als öffentlich-rechtlichen Vorschriften.

Als gemeinsamer Nenner beider Studien ist festzuhalten, dass ergänzende Haftungsansprüche neben einem umfassenden aufsichtsrechtlichen Regelungskorsett vorteilhaft sind.[793] Gleichwohl eignen sich beide Studien wenig zur Bestimmung eines Durchsetzungsdefizits. Sie zeigen allerdings, dass dieser Problemkreis weltweit – insbesondere in den USA – kontrovers diskutiert wird.

cc) Neuere Studie von Mitts

In der deutschen und europäischen Literatur jedoch bislang kaum rezitiert wurde die neuere Studie ‚Short and Distort'[794] von *Mitts* (2020), die im Zeitraum von 2010 bis 2017 insgesamt 1720 anonymisierte Marktmanipulationen auf mittelgroße und große Unternehmen feststellte. Der verursachte Schaden liegt demnach bei über 20,1 Mrd. US-$. *Mitts* hatte dazu über 2900 Artikel von Seeking Alpha[795] ausgewertet – einer führenden Webseite für Finanzinformationen und Analysen. *Mitts* gelangte zu dem Ergebnis, dass die Anonymität der Marktmanipulatoren eine genauere aufsichtsrechtliche Überprüfung verlangt und einzigartige Herausforderungen an den ‚Kapitalmarktbetrug' stellt.[796]

Lopez-de-Silanes/Shleifer/Vishny, 106 JPE 1113, 1140 (1998); worauf auch *Poelzig*, ZGR 2015, 801, 820 f. Bezug nimmt.

790 *La Porta/Lopez-de-Silanes/Shleifer/Vishny*, 54 J.Fin. 1131 (1997); siehe auch schon zuvor: *La-Porta/Lopez-de-Silanes/Shleifer/Vishny*, 106 JPE 1113, 1140 (1998).

791 *La-Porta/Lopez-de-Silanes/Shleifer*, 61 J.Fin. 1 (2006).

792 *Jackson/Roe*, 93 J. Fin. Econ. 207 (2009), abrufbar unter: https://papers.ssrn.com/sol3/papers.cfm?abstract_id=1000086 [Stand: 23.09.2022].

793 So auch: *Poelzig*, ZGR 2015, 801, 820 f.

794 *Mitts*, Columbia Law and Economics Working Paper No. 592, S. 17 ff.

795 Siehe https://seekingalpha.com [Stand: 23.09.2022].

796 Vgl. dazu *Mitts*, Columbia Law and Economics Working Paper No. 592, S. 6 f.

Diese umfangreiche Untersuchung zeichnet ein belastbares Bild, um das Ausmaß von Marktmanipulationen weltweit zu erahnen.[797] Diese Studie veranschaulicht gleichzeitig, dass sich Marktmanipulationen dezentralisiert haben, denn sie können von einer breiten Masse von Manipulatoren ausgeführt werden. Es existiert keine zwingende Notwendigkeit, Stimmrechte am Emittenten zu halten und auf diese Weise Einfluss auf die Kursentwicklung oder das Management zu nehmen. Aufsichtsbehörden haben es deshalb besonders schwer, schädliche Einflussnahmen zu erkennen und sie zu verfolgen.[798] In diesem Sinne spricht viel dafür, auf die Anonymität der Manipulationen, die nichts anderes als eine Dezentralisierung[799] ist, ebenso mit dezentralen Sanktionen im Sinne einer zivilrechtlichen Haftung zu reagieren.

dd) US-Petition zur SEC Rule 10b-5 von Coffee/Mitts et al. *(2020)*

Auf der Grundlage dieser Studie initiierten *Coffee/Mitts* eine Petition, weitere Regeln im Sinne der SEC Rule 10b-5 aufzustellen, die von zahlreichen US-Rechtsprofessoren unterzeichnet wurde.[800] Unter die SEC Rule 10b-5 fallen Insiderhandel und Marktmanipulation mit einem vergleichbaren Verständnis wie in der MAR. Bereits 1975 hatte der US-Supreme Court in der Entscheidung *Blue Chip Stamps v. Manor Drug Stores*[801] zur SEC Rule 10b-5 neben einer aufsichtsrechtlichen Rechtsverfolgung auch die private Durchsetzung von Geschädigten bejaht, sofern diese Aktien halten oder diese zu einem niedrigen Preis verkauft hatten.

ee) Übertragbarkeit der US-Studien auf den europäischen Kapitalmarkt

Die Ergebnisse dieser Studie sind für den europäischen Kapitalmarkt beachtenswert, denn aufgrund der Internationalität der Kapitalmärkte kann eine Übertragbarkeit auf den europäischen Kapitalmarkt angenommen werden. Es ist fernliegend, dass Marktmanipulatoren lediglich auf bestimmte Handelsplätze

---

797 Sehenswert dazu die Präsentation der Studie von *Mitts* „Short and Distort“ an der Columbia Law School, abrufbar unter: https://www.youtube.com/watch?v=bfTtO2ZZkSs [Stand: 23.09.2022].

798 Siehe dazu auch: J. I. 3. b) ff).

799 Siehe dazu auch die Ausführungen zur technischen Entwicklung: E. II.

800 *Coffee/Mitts et. al*, Petition for Rulemaking on Short and Distort, abrufbar unter: https://papers.ssrn.com/sol3/papers.cfm?abstract_id=3538340 [Stand: 23.09.2022].

801 Supreme Court, 421 U.S. 723 (1975) („Blue Chip Stamps v. Manor Drug Stores“) abrufbar unter: https://supreme.justia.com/cases/federal/us/421/723/ [Stand: 23.09.2022].

abzielen. Vielmehr ist von vergleichbaren Entwicklungen auszugehen, auch wenn diese bislang nicht empirisch in diesem Umfang verifiziert wurden. Kapitalmärkte sind schlichtweg international.

ff) Besondere Situation in Deutschland

Mit diesen Erkenntnissen ist die Einschätzung der ESMA hinterfragungswürdig. Deutschland nimmt in dieser Betrachtung eine besondere Rolle ein. Zunächst ist Frankfurt am Main nach dem Ausscheiden Großbritanniens der bedeutendste Handelsplatz in der Europäischen Union.[802] Darüber hinaus sind sämtliche strafrechtlichen Sanktionen, die 2017 in der Evaluierung des ESMA-Berichts festgestellt wurden, in Deutschland verhängt worden,[803] was einerseits auf eine besser funktionierende Rechtsdurchsetzung im transnationalen Vergleich hindeuten kann, andererseits aber auch insgesamt auf eine höhere Fallzahl zurückzuführen sein könnte.

(1) Jahresbericht der BaFin

Laut dem Jahresbericht der BaFin[804] haben die Verdachtsmeldungen für Marktmanipulationen und Insiderhandel in den vergangenen Jahren deutlich zugenommen. Während im Jahr 2016 bloß 1274 Verdachtsmeldungen eingegangen sind, waren es im Jahr 2021 mit 2851 mehr als doppelt so viel. Im Vergleich zum Jahr 2014, in dem lediglich 434 Verdachtsmeldungen eingegangen, ist das ein Plus von 657 %. 2021 entfielen 1733 Meldungen auf mutmaßliche Marktmanipulationen, 1083 Meldungen gingen wegen des Verdachts auf Insiderhandel ein.[805] Die Verdachtsmeldungen sind mithin signifikant gestiegen.

---

802 Vgl. dazu eine Auswertung des Brokers LYNX nach Umsatz und der dort gelisteten Marktkapitalisierung, abrufbar unter: https://www.lynxbroker.de/boerse/boerse-kurse/boerseninfo/boerse-news-tipps/die-top-10-aktienmaerkte-weltweit/ [Stand: 23.09.2022].

803 Vgl. dazu: ESMA, Annual report on administrative and criminal sanctions and other administrative measures under MAR, abrufbar unter: https://www.esma.europa.eu/sites/default/files/library/esma70-145-1081_mar_article_33_report_sanctions.pdf [Stand: 23.09.2022]; dann auch: J. I. 3. B) aa).

804 BaFin, Jahresbericht der Bundesanstalt für Finanzdienstleistungsaufsicht 2017, https://www.bafin.de/DE/PublikationenDaten/Jahresbericht/jahresbericht_node.html [Stand: 23.09.2022].

805 BaFin Jahresbericht der Bundesanstalt für Finanzdienstleitungsaufsicht 2021, https://www.bafin.de/DE/PublikationenDaten/Jahresbericht/jahresbericht_node.html [Stand: 23.09.2022].

Die BaFin hat im Jahr 2021 daraufhin 1150 Marktmissbrauchsanalysen abgeschlossen (Vorjahr: 1143). Der Schwerpunkt lag mit 65 % bei den ‚Informationsdelikten', also informationsgestützten Marktmanipulationen und Formen des Scalping. Dabei verweist die BaFin in diesem Kontext auf den erheblichen Kursverlust der Aktien von teils mehr als 30 % in wenigen Sekunden.[806]

(2) Fazit zur besonderen Situation in Deutschland

Zusammenfassend offenbart die vergleichende Betrachtung von Verdachtsmeldungen und tatsächlich durchgeführten Marktmissbrauchsanalysen, dass trotz der Verdopplung der Verdachtsmeldungen kaum mehr Marktmissbrauchsanalysen im Vergleich zum Vorjahr durchgeführt wurden. Dies lässt entweder auf die schlechte Qualität der Verdachtsmeldungen oder auf die quantitative Überforderung der BaFin schließen. Jedenfalls tritt zutage, dass die aufsichtsrechtliche Rechtsdurchsetzung nachweisbare Effizienzschwierigkeiten hat. Vor diesem Hintergrund erscheint ein pauschaler Verweis auf den ausreichenden ordnungs- und strafrechtlichen Rechtsrahmen, wie es bei *Schmolke*,[807] aber auch bei der ESMA[808] anklingt, wenig überzeugend. In Deutschland deutet die Empirie bereits heute auf ein Durchsetzungsdefizit hin.

gg) Vergrößerung des Durchsetzungsdefizits durch technischen Fortschritt

Zu diesem Gesamtbild gehört ebenfalls die technische Entwicklung in der Medienlandschaft. Durch die zunehmende Reichweite, die durch das Internet und soziale Netzwerke erreicht werden kann, nimmt das Ausmaß von Manipulationsversuchen zu.[809] Diese Entwicklung lässt sich anschaulich an der Politik nachvollziehen, betrifft aber ebenso die Kapitalmärkte.[810] Die ausgehende Gefahr von Leerverkaufsattacken wird vor dem Hintergrund der technischen Entwicklung sowie der Nutzung der Medien tendenziell größer. Es ist sehr wahrscheinlich,

---

806 BaFin, Jahresbericht der Bundesanstalt für Finanzdienstleistungsaufsicht 2017, https://www.bafin.de/DE/PublikationenDaten/Jahresbericht/jahresbericht_node.html [Stand: 23.09.2022].

807 *Schmolke*, in: Klöhn, Marktmissbrauchsverordnung, Art. 15, Rn. 89 ff.; so aber auch: *Buck-Heeb*, S. 195, Rn. 616; zustimmend, aber durchaus kritisch: *Wagner*, in: MüKoBGB § 823 Rn. 509.

808 Vgl. dazu: J. I. 3. b) aa).

809 Vgl. dazu: E. II.

810 Vgl. dazu: E. II.

dass künftig Marktmanipulationen auf Unternehmen zunehmen und deren Erfolgschance sowie deren Ausmaß noch weiter steigen werden.[811]

hh) Stellungnahme zum Durchsetzungsdefizit

Die Unbeschwertheit, die im Konsultationspapier der ESMA anklingt, ist bedenklich und stützt sich auf nicht erhebliche Datenauswertungen. Bezüglich eines möglichen Durchsetzungsdefizits sind die unzureichenden Auswertungen der ESMA wenig aufschlussreich.[812] Internationale Studien zeigen dagegen, dass selbst strengere Vorschriften nicht zu einer zufriedenstellenden Prävention führen und noch weitreichendere Sanktionen und Maßnahmen bereitgestellt werden müssen.

Marktmanipulationen sind ein globales Problem. Die Internationalisierung und die Digitalisierung der Medienwelt erhöhen die Reichweite und folglich auch die Manipulationsgefahr. Insbesondere in Deutschland sind Marktmanipulation ein zunehmendes Problem. Die Zahlen der BaFin sprechen eine klare Sprache: Obwohl nationale Sanktionen sogar über den empfindlichen Mindestgehalt der MAR und Crim-MAD hinausgehen, nehmen Marktmanipulationsversuche zu. Zu bewerten ist auch, dass empirische Studien aufgrund der unzureichenden Möglichkeit, die Wirksamkeit von Sanktionen vollständig zu erfassen, erst zu spät ein Durchsetzungsdefizit anzeigen werden. Vor diesem Hintergrund spricht viel dafür, dass insbesondere in Deutschland das Regelungsziel der Marktmissbrauchsverordnung verfehlt wird, folglich also ein Durchsetzungsdefizit angenommen werden kann.

ii) Wahrung der institutionellen Balance

Die Einwände zur institutionellen Balance können mit Blick auf das Marktmissbrauchsregime verworfen werden. Aufgrund des vorliegenden Durchsetzungsdefizits kann der EuGH aufgefordert werden, die Normdurchsetzung im Wege der Rechtsfortbildung sowie im Sinne des Regelungsziels des Unionsrechtssetzers sicherzustellen.

---

811 Vgl. dazu: E. III.

812 ESMA, Consulation Paper MAR Review (2019), abrufbar unter: https://www.esma.europa.eu/press-news/consultations/consultation-mar-review [Stand: 23.09.2022].; siehe als Kommentierung auch: *Simpson*, Market Abuse Regulation Update: What Does the ESMA Consultation Mean for the Future of MAR?, abrufbar unter: https://www.bakermckenzie.com/-/media/files/insight/publications/2020/03/bakermckenzie_mar_review_consultation_client_alert_march2020.pdf?la=en [Stand: 23.09.2022].

II. Unmittelbare Anwendbarkeit unter Privaten

Dessen ungeachtet müssten die betroffenen Normen der MAR unmittelbar anwendbar sein. Dazu verlangt der EuGH die inhaltliche Unbedingtheit und eine hinreichende Genauigkeit.[813] Verordnungen haben nach Art. 288 UAbs. 2 AEUV allgemeine Geltung und können im horizontalen Verhältnis unmittelbare Rechte und Pflichten begründen. Die MAR normiert in Art. 12 und 15 umfangreiche Verhaltensnormen, die durch die Anhänge und Delegierten Verordnung detailliert ausformuliert sind.[814] Ferner spricht für die unmittelbare Anwendbarkeit, dass andere Mitgliedstaaten individuelle Ansprüche Einzelner unmittelbar aus der MAR ableiten und sich hierzu einer Schutzgesetzdogmatik bedienen.[815] Eine unmittelbare Anwendbarkeit kann angenommen werden.

III. Vorliegen einer faktischen Betroffenheit

Im horizontalen Verhältnis unter Unionsbürgern wird sodann auf eine faktische Betroffenheit abgestellt.[816] Die faktische Betroffenheit setzt ein qualifiziertes Näheverhältnis zwischen dem Regelungsgegenstand und dem Anspruchsberechtigten voraus[817] und ist als einschränkendes persönliches Merkmal weit auszulegen.[818] Im horizontalen Verhältnis ist jedenfalls dann von einer unmittelbaren Betroffenheit auszugehen, wenn dem Einzelnen durch die Nichtbeachtung anderer Marktteilnehmer wirtschaftliche Schäden oder Nachteile entstehen. Der Schaden indiziert die wirtschaftliche Betroffenheit,[819] die wiederum regelmäßig dazu geeignet sein wird, eine faktische Betroffenheit anzunehmen.

Dementsprechend kann bei geschädigten Anlegern, die Finanzinstrumente des Zielunternehmens gehalten haben oder halten, zweifelsfrei von einer faktischen Betroffenheit ausgegangen werden.

---

813 Siehe dazu: I. III. 1. a)

814 Vgl. dazu: G. II.

815 Vgl. dazu beispielsweise die Ausführungen zu Österreich, die eine Schutzgesetzdogmatik anwenden: H. V. 4. a).

816 Siehe dazu: I. III. 1. b) cc) (2).

817 *Masing*, S. 42, hier auch in Fn. 97, S. 47, hier auch in Fn. 119; *Poelzig*, S. 288 f.

818 Vgl. dazu auch: EuGH, Urteil vom 30.5.1991, Rs. C-361/88 („Kommission. /. Deutschland"), Slg. 199, I-2596. 2602.

819 Vgl. zum Umweltrecht ähnlich ausgeführt. *Ruthig*, BayVBl 1997, 289, 293 f.; *Schoch*, NVwZ 1999, 457, 464.

IV. Effektivitätsgewinn durch funktionale Subjektivierung

Darüber hinaus müsste das Prinzip der funktionalen Subjektivierung mit dem Regelungsziel des Verordnungsgebers vereinbar sein und zu dessen Wirksamkeit beitragen. Das Marktmanipulationsregime (Art. 12, 15 MAR) ist als Verbotsnorm ausgestaltet. Zivilrechtliche Ansprüche sind nicht ausdrücklich normiert. Um aus den geregelten Normen ein implizites Klagerecht abzuleiten, muss es dem Regelungsziel dienlich sein. Durch Auslegung ist zu überprüfen, ob zivilrechtliche Ansprüche Privater für das Regelungsziel förderlich sind. Dazu sollen grammatikalische, systematische, historische und teleologische Erwägungen in Betracht gezogen werden.

1. Grammatikalische Erwägungen und Einbettung des Regelungsziels

Das Regelungsziel des Verordnungsgebers soll zunächst anhand grammatikalischer Erwägungen hergeleitet werden.

a) Leitbild der Erwägungsgründe

Das Ziel der Verordnung kommt in mehreren Erwägungsgründen zum Ausdruck. An zahlreichen Stellen wird ein Zweckdualismus aus Marktintegrität und Anlegerschutz herausgestellt. So möchte der Erwägungsgrund (8) MAR, der die Erweiterung des sachlichen Anwendungsbereichs auf multilateralen Handelssystemen rechtfertigen soll, den „Anlegerschutz verbessern" und die „Integrität der Märkte wahren und gewährleisten". Der Erwägungsgrund (24) MAR, bei dem es um Insiderhandel geht, möchte die „Integrität des Finanzmarktes schützen" und „das Vertrauen der Investoren [...] stärken, das wiederum darauf beruht, dass die Investoren [...] geschützt werden", was bezogen auf die konkretisierende Gruppe der Investoren einen personellen Einschlag der Schutzrichtung vermutet lässt.[820] Damit geht die Formulierung mit dem Erwägungsgrund (23) MAR einher, der den durch Insiderhandel ungerechtfertigten Vorteil als einen „Nachteil Dritter, [...], die diese Informationen nicht kennen", begreift. Hier wird der Nachteil des Einzelnen als Ursache begriffen, der wiederum einen Vertrauensschaden der Investoren in den Markt und dessen Integrität final bedingt. So spricht auch der Erwägungsgrund (31) MAR von „Marktintegrität und Anlegerschutz".

820 Ähnlich sieht auch: *Cless*, S. 87 f.

Über eine „Haftbarmachung" nach „unterschiedlichen nationalen rechtlichen Mechanismen in den Mitgliedstaaten" geht es in Erwägungsgrund (40) MAR, der offenlässt, ob nur die Sanktionen der Art. 30 f. MAR gemeint sind[821] oder auch ein zivilrechtliches Haftbarmachen eingeschlossen ist. Die Formulierung, dass handelnde natürliche Personen hinter juristischen Personen haftbar gemacht werden sollen, kann lediglich für den Hinweis sprechen, dass es in vielen Mitgliedstaaten kein Unternehmensstrafrecht gibt. Zwingend ist diese Lesart aber keineswegs.

Eindeutiger zu privaten Schäden äußert sich der Erwägungsgrund (44) MAR, der für Referenzwertmanipulationen feststellt, dass es hierdurch „zu beträchtlichen Verlusten für die Anleger" kommen kann. Der Erwägungsgrund (47) MAR bescheinigt, dass die informationsgestützte Marktmanipulation den „Anlegern in besonderer Weise […] schade".[822] Nach Erwägungsgrund (55) MAR soll es zu keiner „Beeinträchtigung des Anlegerschutzes" kommen. Fast Aufforderungscharakter hat Erwägungsgrund (63) MAR: „Auch die Marktteilnehmer und alle Wirtschaftsakteure sollten einen Beitrag zur Marktintegrität leisten."[823]

b) *Programmatik des Art. 1 MAR*

Der in den Erwägungsgründen angeklungene Zweckdualismus aus Marktintegrität und Anlegerschutz wird in Art. 1 MAR als „programmatischer Grundstein"[824] herausgestellt. Art. 1 MAR möchte kumulativ die „Integrität der Finanzmärkte in der Union" sicherstellen, um „den Anlegerschutz und das Vertrauen der Anleger in diese Märkte zu stärken".

c) *Anlegerschutz als Anknüpfungspunkt*

Art. 1 MAR und die Erwägungsgründe der MAR geben die rechtliche Programmatik der Marktmissbrauchsverordnung vor. Durch die grammatikalische Auslegung der Erwägungsgründe und von Art. 1 MAR konnten als Regelungsziel das Sicherstellen der Integrität der Finanzmärkte und die Stärkung des Anlegerschutzes sowie des Vertrauens der Anleger in die Märkte erkannt werden.

---

821 So zumindest: *Cless*, S. 87.

822 Siehe *Poelzig*, die darin ein Nachweis, dass eine Auslegung i. S. d. Schutzzwecklehre nicht entgegensteht, NZG 2015, 801, 816 f.

823 *Cless* verweist hierzu auf Parallelen zur Courage-Entscheidung, resigniert dann aber, dass lediglich die Kommunikation zur Behörde gemeint ist, S. 88.

824 *Cless*, S. 88.

Während die Marktintegrität und die Stärkung des Vertrauens der Anleger in ihrer Gesamtheit als funktionale Regelungsziele des Kapitalmarkts als solches begriffen werden müssen, lässt der Begriff des Anlegerschutzes weitere Interpretationsspielräume für ein funktionelles, aber auch personelles Verständnis zu, was den Anlegerschutz als Anknüpfungspunkt für die Herleitung subjektiver Rechte prädestiniert.

aa) Anlegerschutz als neues Regelungsziel der MAR

Hinzu kommt, dass der Anlegerschutz erst seit Einführung der MAR als ausdrückliches Regelungsziel benannt wurde. Der Vergleich der MRRL als Vorgängerregelung und der heutigen MAR zeigt, dass das übergeordnete Ziel der beiden europäischen Regelungen noch identisch ist: Es soll ein echter „Binnenmarkt für Finanzdienstleistungen" geschaffen werden (vgl. dazu ErwGr. 1 MRRL bzw. ErwGr. 1 MAR). Dieser bedinge die „Integrität der Finanzmärkte" und das „Vertrauen der Öffentlichkeit in Wertpapiere und Derivate" (vgl. ErwGr. 2 MRRL bzw. ErwGr. 2 MAR). Der entscheidende Unterschied liegt indes nicht im übergeordneten Ziel, sondern vielmehr darin, dass neben der allgemeinen Marktintegrität jetzt auch der Anlegerschutz Anklang in der neuen Marktmissbrauchsverordnung gefunden hat. Zusammenfassend formuliert, wurde der Schutzzweck der Marktmanipulationstatbestände ausdrücklich erweitert. Jetzt soll neben dem Markt als solches auch gleichberechtigt der individuelle Anleger geschützt werden.

bb) Bestätigung durch andere Sprachfassungen der MAR

Um einen sprachlichen Übersetzungsfehler auszuschließen, lohnt bei der grammatikalischen Auslegung ein Blick auf die weiteren fremdsprachlichen Fassungen der MAR, die in den jeweiligen Mitgliedstaaten ebenso rechtsverbindlich sind. Beispielsweise spricht Erwägungsgrund (8) MAR im Englischen von „improve the investor protection" und Erwägungsgrund (31) MAR kumulativ von „market integrity and investor protection". Erwägungsgrund (55) MAR referiert von „investor confidence" und „investor protection". Art. 1 MAR möchte in der englischen Fassung die „integrity of financial markets in the Union" sicherstellen und die „investor protection and confidence in those markets" verbessern.

In der französischen Fassung heißt es im Erwägungsgrund (8) MAR „la protection des investisseurs", Erwägungsgrund (31) MAR nennt ebenso kumulativ „l'intégrité du marché et de la protection des investisseurs" und Erwägungsgrund (55) MAR spricht von „la protection des investisseurs". In Art. 1 MAR heißt es dann in der französischen Fassung „la protection des investisseurs et leur confiance dans ces marchés".

Auch ohne vertiefte Fremdsprachenkenntnisse ist der sprachliche Befund eindeutig. Da sowohl in der deutschen, englischen als auch in der französischen Fassung der MAR der Zweckdualismus zum Ausdruck kommt, kann eine Fehlübersetzung ausgeschlossen werden.

cc) Grammatikalische Auslegung des Anlegerschutzes

Der Begriff ‚Anlegerschutz' ist nicht legaldefiniert und bedarf deshalb einer selbstständigen Auslegung. Linguistisch betrachtet, ist der Anlegerschutz ein Kompositum[825], bestehend aus zwei zusammengesetzten Substantiven.[826] Das Grundwort ist ‚Schutz', das mit dem Verbundwort ‚Anleger' ergänzt wird. Anlegerschutz wird nach dieser Wortbedeutung begriffen als „Gesamtheit der Bestimmungen und Maßnahmen, die Anleger schützen sollen"[827]. Der Anlegerschutz ist begrifflich offen gehalten. Es lässt sich aus dem Wort nicht herauslesen, welche Bestimmungen und Maßnahmen zum Schutz des Anlegers ergriffen werden sollen.

dd) Teleologisch-intendierte Auslegung des Anlegerschutzes i. S. d. MAR

Teleologisch lassen sich zwei wesentliche Interpretationswege[828] ausmachen: Zunächst kann der Anlegerschutz als Funktionsschutz begriffen werden. Die Anleger werden in ihrer Gesamtheit geschützt, indem den Akteuren am Kapitalmarkt zwingende Pflichten vorgeschrieben werden (funktionaler Anlegerschutz). Der Begriff ‚Anlegerschutz' lässt sich aber auch persönlicher verstehen, nämlich als Individualschutz des einzelnen Anlegers oder einzelner Anlegergruppen (individueller Anlegerschutz). Anlegerschutz ist folglich als Oberbegriff zu begreifen, untergliedert in den funktionalen und den individuellen Anlegerschutz untergliedert.

---

825 Wird auch als „Doppelwort" bezeichnet.

826 Siehe dazu einführend den guten alten Duden, abrufbar unter: https://www.duden.de/sprachwissen/sprachratgeber/Zusammengesetzte-Substantive [Stand: 23.09.2022].

827 Begriffsbedeutung aus dem Duden, abrufbar unter: https://www.duden.de/rechtschreibung/Anlegerschutz [Stand: 23.09.2022].

828 Ähnlich: *Cless*, S. 102 ff. („zwei Dimensionen"); aber auch: *Hirte/Heinrich*, in: KK-WpHG, Einleitung, Rn. 11 ff.: „vielleicht die zentrale Rechtsfrage des gesamten Kapitalmarktrechts"; allgemeiner: *Poelzig*, S. 209 ff.

ee) Zweckdichotomie und inhaltliche Interdependenzen des Anlegerschutzes

Hopt[829] bezeichnet diese beiden Schutzdimensionen als „zwei Kehrseiten einer Medaille“[830], was jedoch missverständlich verstanden werden kann. Zwischen Funktionsschutz und Individualschutz besteht nicht zwangsläufig eine gegenseitige Abhängigkeit oder gar Bedingung.

Vielmehr kann der individuelle Anlegerschutz einen Beitrag zum Funktionsschutz für den Gesamtmarkt leisten, ohne für diesen eine notwendige Bedingung zu sein. So können beispielsweise Disziplinierungseffekte durch die latente Gefahr von Schadensersatzansprüchen Privater zur konsequenteren Einhaltung öffentlich-rechtlicher Vorschriften führen.[831] Der individuelle Anlegerschutz kann auch zur Verwirklichung eines übergeordneten Gerechtigkeitsempfindens beitragen, auch wenn diese vom funktionalen Anlegerschutz nicht aufgestellt werden sollte.[832] Gegenläufig kann der individuelle Anlegerschutz aber auch den Funktionsschutz konterkarieren, sofern eine Überkompensation durch private Ansprüche systematische Fehlanreize schaffen sollte. Beispielsweise kann die Ersatzfähigkeit des Vertragsabschlussschadens gegenüber dem Emittenten zu Fehlanreizen[833] führen, die eigene Ausübung der Sorgfaltspflicht zu reduzieren (wirtschaftswissenschaftlich als sog. Moral-Hazard-Problematik einzuordnen).[834]

Andersherum gedacht, kann der einzelne Anleger auch vom Funktionsschutz profitieren, beispielsweise, wenn Marktverhaltensregeln einen möglichst preiseffizienten Kapitalmarkt schaffen, der den Anleger präventiv vor möglichen

829 *Hopt*, Kapitalanlegerschutz im Recht der Banken, S. 51 f. (Röhrenvergleich), 334 ff.; *Hopt*, ZGR 1991, 17, 26 f.; *Hopt*, ZHR 159 (1995), 135, 159.

830 *Hopt*, ZHR 159 (1995) ,135, 159; *Hopt*, Der Kapitalanlegerschutz im Recht der Banken, S. 336 f.

831 Siehe dazu in die Tiefe gehend die Habilitationsschrift von *Poelzig*, S. 208 ff.

832 Vgl. dazu auch: *Mülbert*, ZHR 177 (2013), 160, 177: „Individualschutz kann Funktionsschutz leisten, ohne aber eine notwendige Voraussetzung hierfür zu bilden. Und gegenläufig kann das Recht Anlegerindividualschutz zur Verwirklichung eigenständiger Gerechtigkeitswerte auch insoweit gewähren, als dies vom Funktionsschutz nicht zwingend gefordert wird oder sogar dysfunktional wirkt [...].“

833 Zu „moral hazard“ als Effizienzproblem im Wirtschaftsrecht, siehe: *Köndgen*, in: Fleischer/Zimmer, Effizienz als Regelungsziel im Handels- und Wirtschaftsrecht, Rn. 100, 119.

834 Vgl. *Hellgardt*, Kapitalmarktdeliktsrecht, S. 197 f.; *Hopt/Voigt*, in: Hopt/Voigt, Kapitalmarktinformationshaftung, S. 9, 90; vgl. ferner *Mülbert*, ZHR 177 (2013), 160, 198.

Schäden bewahrt. Tragen die aufgestellten Marktverhaltensregeln wider Willen nicht zu einem effizienten Kapitalmarkt bei, kann der einzelne Anleger durch den bezweckten Funktionsschutz jedoch individuelle Schäden erleiden, etwa, wenn gewinnbringende Transkationen durch ein zu enges Regelungskorsett nicht ausgeführt werden können.

Dieses Zusammenspiel aus funktionalem und individuellem Anlegerschutz kann als „Zweckdichotomie“[835] beschrieben werden. Treffender ist es jedoch, beide Dimensionen des Anlegerschutzes als eigenständig zu begreifende Schutzrichtungen mit partiellen wechselseitigen Interdependenzen zu verstehen. Anlegerschutz bedeutet stets, aber nicht nur, Individualschutz des einzelnen Anlegers. Wer Anlegerschutz nur als reinen Funktionsschutz begreift, der lediglich reflexartig auch den individuellen Anleger zu schützen vermag, ignoriert die Wechselwirkungen beider Schutzrichtungen, die in Summe zur Verbesserung des Schutzes des einzelnen Anlegers, aber auch zur Verbesserung des Schutzes des Kapitalmarkts als Ganzes beitragen.

d) Ergebnis der grammatikalischen Erwägungen

Nach Betrachtung der Regelungsziele und des programmatischen Gegenstands des Art. 1 MAR konnten die Marktintegrität sowie der Anlegerschutz als Regelungsziel erkannt werden. Als Anknüpfungspunkt für die Herleitung subjektiver Rechte im Wege einer funktionalen Subjektivierung kommt vor allem das Schutzziel des Anlegerschutzes infrage, um hieran Effektivitätssteigerungen festzumachen. Der individuelle Aspekt des Anlegerschutzes verstärkt die Annahme, dass eine Subjektivierung der Verhaltensnormen der MAR dem Regelungszweck förderlich sein könne, wenn genau der zu schützenden Personengruppe ein individueller Anspruch auf Schadensersatz zuerkannt wird. Die grammatikalische Auslegung des Regelungsziels und in weiterer Untersuchung des Anlegerschutzes spricht für eine funktionale Subjektivierung. Dieses Zwischenergebnis soll anhand systematischer, historischer und teleologischer Erwägungen weiter untersucht werden.

---

835 *Zetzsche*, in: Gebauer/Teichmann, Europäisches Privat- und Unternehmensrecht, §7 C, Rn. 5.

2. Systematische Erwägungen

Ferner sollen systematische Erwägungen in Betracht gezogen werden. Dazu wird zunächst die MAR selbst untersucht, um die so gewonnenen Ergebnisse im Kontext des europäischen Kapitalmarktrechts einordnen zu können.

a) Marktmissbrauchsverordnung

Bei der Marktmissbrauchsverordnung sind drei systematische Aspekte zu überprüfen: zunächst die Wahl des Rechtsakts als Verordnung, die Aktivierung bzw. Mobilisierung Privater[836] im Rahmen des Art. 32 MAR und letztlich das Überarbeitungsbestreben, das in Art. 38 MAR festgeschrieben ist.

aa) Rechtsakt der Verordnung

Beachtenswert könnte zunächst die Wahl der Verordnung als Rechtsakt sein. Nach der vorausgehenden Marktmissbrauchsrichtlinie hat sich der Unionsrechtssetzer für den tradiert stärksten Rechtsakt zur Harmonisierung von Unionsnormen entschieden, die in allen Teilen verbindlich ist (vgl. Art. 288 UAbs. 2. AEUV). Das starke Harmonisierungsbedürfnis kann als Zeichen gesehen werden, welche Relevanz den Regelungszielen entgegengebracht wird.[837] In Hinblick auf den Effektivitätsgrundsatz wird die Verordnung teils als ein Mehr gegenüber vereinzelten Richtlinienbestimmungen[838] angesehen.[839]

Gleichwohl muss die Wahl der Verordnung als Umsetzungsakt nicht mit der Bedeutung oder der Wesentlichkeit der Normen korrespondieren. Sie stellt lediglich die Wahl des bevorzugten Harmonisierungskonzepts dar.[840] Zudem schweigt die MAR zu zivilrechtlichen Haftungsansprüchen.[841] Generell kann für das Unionsrecht konstatiert werden, dass die Grenzen der Rechtsakte fließender werden. Richtlinien werden teils wörtlich umgesetzt und nehmen damit Verordnungscharakter an.[842] Gleichzeitig enthalten Verordnungen häufiger nur

---

836 Begrifflich geprägt von *Masing*, passim.

837 Zur Schaffung einer Kapitalmarktunion ist die Verordnung auf dem Vormarsch, siehe: *Zetzsche/Eckner*, in: Gebauer/Teichmann, Europäisches Privat- und Unternehmensrecht, § 7 A, Rn. 23; *Schneider*, AG 2012, 823.

838 *Franzen*, in: Geis/Lorenz, FS Maurer, S. 889, 902.

839 Im Sinne eines Optimierungsgebot, s. *Schmidt-Aßmann*, DVBl 1993, 924, 93.

840 So auch: *Cless*, S. 90.

841 Vgl. dazu: H. V. 1. und 2.

842 Siehe dazu anstelle von nur: *Schneider*, AG 2012, 823, 824; *Mülbert*, ZHR 176 (2012), 369, 374; *Möllers*, ZEuP 2016, 325, 355 („vom Zufall geprägt"); *Schroeder*, in: Streinz, EUV/ AEUV, Art. 288 AEUV, Rn. 46.

Vorgaben für die Mitgliedstaaten, wie einzelne Bereiche geregelt werden sollen, was konzeptionell dem Gedanken der Richtlinie entspricht.[843] Im Kapitalmarktrecht sind sowohl Verordnung als auch Richtlinien vorzufinden, jeweils mit dem Ziel, ein einheitliches ‚Level Playing Field', also ein gemeinsames Grundgerüst im europäischen Kapitalmarktrecht zu schaffen.[844] Die Wahl des Rechtsakts lässt mithin keinen Schluss auf die funktionale Subjektivierung einzelner Normen zu.[845] In diesem Sinne warnt *Klöhn* davor, systematischen Argumenten im Unionsrecht eine zu große Bedeutung zuzusprechen.[846]

bb) Aktivierung Privater im Wege des Public Enforcement (Art. 32 MAR)

Dem Gedankengang der Grundlagenarbeit von *Masing* zur Mobilisierung Privater[847] lässt sich Art. 32 MAR zuordnen.

(1) Ansatz der MAR

Diese Whistleblower-Regelung[848] soll Wissensträger zur Meldung von Verstößen motivieren und lässt hierzu die Auslobung finanzieller Anreize zu (Art. 32 Abs. 4 MAR).[849] Anders als im Sinne der funktionalen Subjektivierung dienen Private nach diesem Verständnis als Aufdeckungsorgan, um in komplexen Sachverhalten ausreichende Informationen für eine aufsichtsrechtliche Rechtsverfolgung zu gewinnen. *Schmolke* entnimmt dieser Regelung eine bewusste Entscheidung, die Rechtsdurchsetzung ausschließlich im Rahmen des „public enforcements-Regimes" zu verwirklichen.[850] Bezug nehmend auf die *Rs. Courage* und *Munoz* verweist *Schmolke* darauf, dass ein mögliches bestehendes Informationsbeschaffungsproblem bei Verstößen gegen die Marktmissbrauchsverordnung mit Meldeanreizen[851] und nicht mit privaten Schadensersatzansprüche zu lösen versucht

---

843 *Schroeder*, in: Streinz, EUV/AEUV, Art. 288 AEUV, Rn. 46.

844 Vgl. zur Schaffung einer Kapitalmarktunion: *Zetzsche/Eckner*, in: Gebauer/Teichmann, Europäisches Privat- und Unternehmensrecht, §7 A, Rn. 23; *Schneider*, AG 2012, 823.

845 So sieht es auch *Cless*, S. 90.

846 *Klöhn*, AG 2016, 423, 425.

847 *Masing*, passim., insbesondere aber S. 44 ff.

848 Zur weiteren Ausgestaltung siehe die Durchführungsrichtlinie 2015/2392 v. 17.12.2015, ABl. EU L 332, S. 126.

849 In Deutschland wurde von dieser Möglichkeit bislang kein Gebrauch gemacht.

850 Vgl. *Schmolke*, in Klöhn, Marktmissbrauchsverordnung, Art. 15, Rn. 94.

851 Allgemein hierzu: *Schmolke*, JZ 2015, 121, 122, 128; konkret zur MAR dann: *Schmolke*, in: Klöhn, Marktmissbrauchsverordnung, Art. 15, Rn. 94.

wird.[852] Dies sei möglicherweise vielversprechender als Schadensersatzansprüche betroffener, aber möglicherweise nicht informierter Marktteilnehmer.[853] Whistleblower können notwendige Insider-Informationen liefern, die eine aufsichtsrechtliche Rechtsverfolgung erst ermöglichen, ohne dass hierfür ein individueller Schaden vorliegen muss.[854]

(2) Studien zur Effektivität von Whistleblowern (Dodd-Frank Act)

Dennoch ist die Wirkung von Whistleblower-Regelungen (noch) nicht ausreichend empirisch nachgewiesen.[855] In der Union fehlt es an belastbaren Studien. Aus den USA liegen einige Studienergebnisse vor. So hatte der US-Kongress auf die Vorteile der privaten Informationsbeschaffung beim Erlass des Dodd-Frank Acts[856] abgestellt, wonach 54,1 % der aufgedeckten Kapitalmarktbetrugsdelikte auf die Anzeigen von Whistleblowern zurückgeführt werden konnten und nicht auf die Erfolge der Ermittlungsbehörden. Die Ermittlungen der SEC und von externen Wirtschaftsprüfern kamen lediglich auf einen Anteil von 4,1 %.[857] In diese Richtung ging auch eine Studie, die von 1996 bis 2004 den positiven Zusammenhang von finanziellen Anreizen und Anzeigen von Whistleblowern festgestellt hatte.[858] Zudem gebe es Belege dafür, dass die Whistleblower-Anzeigen seit dem Dodd-Frank Act deutlich angestiegen sind und sich deren Qualität verbessert[859].[860] Insgesamt befindet sich die empirische Forschung über

---

852 Allgemeiner zur neuen Whistleblower-Richtlinie siehe auch: *Schmolke*, NZG 2020, 5.

853 *Schmolke*, in: Klöhn, Marktmissbrauchsverordnung, Art. 15, Rn. 94.

854 Vgl. dazu auch: *Schütt*, S. 204.

855 Vgl. dazu: *Fleischer/Schmolke*, NZG 2012, 361, 365, die auch auf die rezitierten Studien Bezug genommen haben.

856 Der Dodd-Frank Act ist ein Bundesgesetz, das in den USA als Antwort auf die Finanzkrise (2007-2009) erlassen wurde, um den Anlegerschutz und die Marktintegrität zu stärken, vgl. dazu: https://www.govinfo.gov/content/pkg/PLAW-111publ203/pdf/PLAW-111publ203.pdf [Stand: 23.09.2022], aber auch https://www.congress.gov/bill/111th-congress/house-bill/4173 [Stand: 23.09.2022].

857 Vgl. S. Rep. No. 111-176, 110–11 (2010).

858 *Dyck/Morse/Zingales*, Journal of Finance 65 (2010), 2213, 2246.

859 Was der Meinung entgegen steht, dass bloß Trittbrettfahrer den Unternehmen schaden wollen, um selbst finanzielle Vorteile zu erlangen: vgl. „Some corporate executives squeal that the new rules will produce waves of frivolous claims by gold-diggers. But the evidence so far suggests that the quality of tips has gone up, not down";

860 Vgl. *Valencia*, Year of the Bounty Hunter, The Economist, November 17, 2011; zurückhaltender bei der Beurteilung der Ergebnisse: *Ebersole*, 6 Entrepreneurial Bus. L. J. 123, 127 f. (2011).

die Wirksamkeit, Wechselwirkungen und Nebenwirkungen von Whistleblowern allerdings noch in den Anfängen, insbesondere die Beweggründe und Motivationen der Whistleblower sind oftmals ambivalent[861] und bedürfen weiterer Erforschungen.[862]

(3) Schlussfolgerungen für die Marktmissbrauchsverordnung

Die ersten Studien aus den USA nutzt die Union als Hinweis darauf, dass Whistleblower der Rechtsdurchsetzung zuträglich sein können. Diese Ergebnisse sollten indessen nicht überinterpretiert werden.

Die Whistleblower-Regelung des Art. 32 MAR zeigt nur, dass der Verordnungsgeber das Informationsbeschaffungsproblem aufgrund der komplexen Sachverhaltskonstellationen erkannt hat und sich gezwungen sah, sich Privater zur Rechtsdurchsetzung zu bedienen. Die stärkere Beteiligung Privater an der Kapitalmarktaufsicht, die *Poelzig*[863] bescheinigt, lässt sich zweifelsfrei feststellen. Im Übrigen steht sie aber dem Konzept der funktionalen Subjektivierung nicht entgegen. Sowohl die funktionale Subjektivierung als auch die Informationsbeschaffung im Rahmen einer Whistleblower-Regelung dienen der Zielerreichung des Regelungsgegenstands. Anders als *Schmolke* es interpretiert, darf hierein kein Ausschlussgrund für die funktionale Subjektivierung gesehen werden. Vielmehr kann Art. 32 MAR ebenso gut als weiterer Hinweis auf ein mögliches Durchsetzungsdefizits gedeutet werden, wonach der Verordnungsgeber bereits bei Erlass der MAR erkannt hatte, dass aufsichtsrechtliche Ermittlungen zur Informationsbeschaffung und Rechtsdurchsetzung nicht ausreichen werden. Dafür spricht ebenfalls ein Seitenblick in das Kartellrecht, in dem die Kronzeugenregelung und das Private Enforcement gleichberechtigt nebeneinanderstehen, mit der Lösung, dass Kronzeugen im Rahmen von Schadensersatzansprüchen privilegiert werden.[864]

Zudem wird, anders als es von *Schmolke* angedeutet wurde, sich nicht pauschal beantworten lassen, ob die Indienstnahme Privater durch die

861 *Blount/Markel*, 17 Fordham J. Corp. & Fin. L. (2012) stellen die Forschungsfrage nach den „motivations and behavior of whistleblowers".

862 Vgl. *Feldman/Lobel*, 88 Tex. L. Rev. 1151, 1207 (2010), die darauf verwiesen, dass es keine einheitliche Whistleblower-Lösung geben wird, sondern zu evaluieren ist, welche Lösung unter psychologischen und verhaltensbedingte Faktoren die effizientes Lösung ist.

863 *Poelzig*, S. 209 ff.

864 In Deutschland vgl. § 33a Abs.1 GWB und § 33e GWB.

Whistleblower-Anreize zielführender ist als private Schadensersatzansprüche Geschädigter. Die Logik deutet jedoch darauf hin, dass diese Bewertung abhängig von der jeweiligen Sachverhaltskonstellation sein wird. Was beispielsweise für Referenzmarktmanipulationen, die für Ausstehende praktisch nicht nachvollziehbar sind, gelten kann, wird für Leerverkaufsattacken, die regelmäßig mit einem lauten Medienecho einhergehen, nicht zwangsläufig überstimmen. Umgekehrt kann hieraus nicht abgeleitet werden, dass Whistleblower nicht auch in ebendiesen Konstellationen einen positiven Beitrag zur Aufdeckung von Rechtsverstößen leisten können. Deren Effekt sollte aufgrund der mangelnden empirischen Verifizierung allerdings nicht überschätzt werden.

(4) Ergebnis

Zusammenfassend ist festzuhalten, dass die Whistleblower-Regelung des Art. 32 MAR veranschaulicht, dass der Verordnungsgeber die Grenzen der Informationsbeschaffung durch das Aufsichtsrecht erkannt hat und sich gezwungen sah, sich dem Mitwirken Privater zu bedienen. Eine ausschließliche Entscheidung des Verordnungsgebers für das Public Enforcement lässt sich hieraus nicht ableiten. Die Whistleblower-Regelung ist lediglich ein Mittel der Informationsbeschaffung und kann als Indiz für ein mögliches Durchsetzungsdefizit angesehen werden, gerade dann, wenn der Verordnungsgeber die Wirkung einer solchen Regelung in seiner Einschätzungsprärogative überschätzt haben sollte.

cc) Überprüfungsbestreben als Überarbeitungsprärogative

Ferner ist unter systematischen Gesichtspunkten auf die Berichtspflicht des Art. 38 MAR hinzuweisen.[865] Der Verordnungsgeber zeigt mit der Berichtspflicht, dass die Wirkungen der MAR erprobt[866] und evaluiert[867] werden sollen (sog. Ongoing-Evaluation[868]).[869] *Schmolke* hatte vor Ablauf der Evaluationsphase vertreten, dass diese nur von legislativen Unionsorganen zu berücksichtigen sei und der EuGH „höchstens bei evidenten Defiziten[870]" einschreiten dürfe.

865 Vgl. dazu: J. I. b) aa).
866 *Schmolke*, NZG 2016, 721, 727 f.
867 Zur experimentellen Gesetzesevaluierung siehe, *Röhl*, S. 302, auf den auch *Schütt*, S. 205 Bezug nimmt.
868 Vgl. dazu *Vogel*, in: Böse, Europäisches Strafrecht § 26 A, Rn. 15; aber mit ähnlichen Ausführungen auch *Schütt*, S. 203 ff.
869 Vgl. *Veil*, ZGR 2014, 544, 552, der in Rn. 39 bescheinigt, dass diese Berichtspflichten „Standard" sein.
870 So *Schmolke* in einer Nachfrage von *Schütt*, S. 205 in Fn. 452.

Andernfalls würde die Überarbeitungsprärogative unterlaufen.[871] *Schmolke* präsentiert damit seine institutionellen Bedenken[872] im Gewand des Art. 38 MAR und verleiht der Berichtspflicht eine Sperrwirkung für Rechtsfortbildungen. Dies erweist sich aus vier Gründen als problematisch. Erstens sind die empirischen Auswertungen der ESMA nicht hinreichend aussagekräftig.[873] Zweitens wird die Bedeutung dieser Berichtspflicht konterkariert. Die Berichtspflicht dient dazu, die Mitgliedstaaten zu einer schärferen Sanktionierung zu bewegen, die zuvor – ausweislich des Erwägungsgrunds (70) MAR – nicht gewährleistet war.[874] *Schütt* verweist in diesem Zusammenhang auf den Wortlaut der „Angemessenheit" des Art. 38 Abs. 1 a) und c) MAR, die vor dem Hintergrund des Art. 38 Abs. 1 a) Abs. 2 MAR zur Sicherstellung der wirksamen Sanktionen in den Mitgliedstaaten diene.[875] *Fleischer* sieht die „kriseninduzierte Kapitalmarktgesetzgebung"[876] als Problem und weist darauf hin, dass das Kapitalmarktrecht im besonderen Maße anfällig für eine überschießende und ineffiziente Regulierung sei.[877] Die Berichtspflicht diene der Vermeidung eines Over-Enforcement und nicht der Beibehaltung eines Under Enforcement.[878]

Drittens sollte das Instrument der Evaluation nicht überbewertet werden.[879] Auch wenn die Berichtspflicht ausdrücklich normiert ist, hat sie selbst keinen Verordnungsrang, sondern kann lediglich als Indiz herangezogen werden.

Viertens wird nicht berücksichtigt, dass nach dem Stichtag Durchsetzungsdefizite entstehen können oder sich verstärken. Somit verliert die ohnehin geringe Aussagekraft [880] der empirischen Studien zeitlich noch weiter an Relevanz[881].

Aus diesen Gründen kann dem Versuch *Schmolkes*, die Bedenken zur institutionellen Balance über Art. 38 MAR herzuleiten, nicht gefolgt werden.

---

871 Vgl. dazu *Cless*, S. 92, der ebenfalls auf die Ausführungen von *Schmolke*, NZG 2016, 721, 728 Bezug nimmt.

872 Vgl. dazu: J. I. 1.

873 Vgl. dazu: J. I. b) aa).

874 *Schütt*, S. 205.

875 *Schütt*, S. 205 f.

876 *Fleischer*, in: FS Priester, S. 75 ff.

877 *Fleischer*, Das Proprium der Rechtswissenschaft, S. 50, 71 f., *Fleischer*, in: FS Priester, S. 75 ff., insbesondere aber S. 92.

878 *Fleischer*, Das Proprium der Rechtswissenschaft, S. 50, S. 71 f., *Fleischer*, in: FS Priester, S. 75 ff., insbesondere aber S. 92; siehe dazu auch: *Schütt*, S. 205.

879 So sieht es auch *Schütt*, S. 205.

880 Vgl. dazu: I. III. 4.

881 Insoweit kann jedoch auf die jährlichen Berichte der ESMA hingewiesen werden.

dd) Zwischenergebnis zur systematischen Betrachtung der Marktmissbrauchsverordnung

Die systematische Betrachtung der MAR lässt keinen Schluss darauf zu, dass der Verordnungsgeber die funktionale Subjektivierung ausschließen wollte. Es konnten indessen zahlreiche Hinweise gefunden werden, dass durch die Marktmissbrauchsverordnung der Versuch erfolgt, ein möglichst hohes Durchsetzungsniveau zu erreichen.

b) Rechtsaktübergreifende Erwägungen

Die Marktmissbrauchsverordnung steht nicht allein, sondern fügt sich in einen Regelungskanon europäischer Rechtsakte zum Kapitalmarktrecht ein, sodass ein erweiterter Blick Aufschluss über die grundsätzliche Intention des Unionsgesetzgebers in Sachen Private Enforcement im Kapitalmarktrecht liefern könnte,[882] mit dem übergeordneten Ziel, einen möglichst harmonisierten Binnenkapitalmarkt zu schaffen.[883]

aa) Richtlinien

Dazu sollen zunächst die Transparenzrichtlinie mit Bezügen zur Prospektrichtlinie sowie die Entwicklung von MiFID I und II beleuchtet werden.

(1) Transparenz- und Prospektrichtlinie

Die Transparenzrichtlinie[884] zur Harmonisierung von Informationen über Emittenten und Wertpapiere sieht in Art. 7 eine ausdrückliche Haftung vor, wonach die Mitgliedstaaten sicherzustellen haben, dass verantwortliche Organe

---

882 Ähnliche Überlegungen auch bei *Veil/Wundenberg*, Englisches Kapitalmarktrecht 2010, S. 84 f.; aber auch: *Cless*, S. 92 ff.

883 Siehe dazu auch: Mitteilung der Kommission an das Europäische Parlament, den Rat und den Europäischen Wirtschafts- und Sozialausschuss und den Ausschuss der Regionen „Aktionsplan zur Schaffung einer Kapitalmarktunion" als abrufbar unter: https://eur-lex.europa.eu/legal-content/DE/TXT/HTML/?uri=CELEX:52015DC0468&from=DE [Stand: 17.03.2020].

884 Richtlinie 2004/109/EG des Europäischen Parlaments und des Rates vom vom 15. Dezember 2004 zur Harmonisierung der Transparenzanforderungen in Bezug auf Informationen über Emittenten, deren Wertpapiere zum Handel auf einem geregelten Markt zugelassen sind, und zur Änderung der Richtlinie 2001/34/EG, ABl. 2004 L 390/38.

für Verstöße gegen die Veröffentlichungspflichten[885] haftbar gemacht werden können. Konkretere Vorgaben zur Haftungsausgestaltung sind nicht normiert.

Ein ähnlicher Regelungsansatz wurde bereits in der vorherigen Prospektrichtlinie eingesetzt, indem grundsätzlich eine Haftung festgeschrieben wird, die Umsetzungsautonomie aber bei den Mitgliedstaaten verbleiben sollte.[886] Aufgrund der fehlenden Haftungsausgestaltungen ist hier kein abgestimmtes Konzept privater Rechtsdurchsetzung vorhanden.[887]

(2) MiFID I und II

Auch die Richtlinie über Märkte und Finanzmärkte,[888] besser bekannt als MiFID I, sah keine Haftungstatbestände vor, obwohl dies im Gesetzgebungsverfahren erwogen wurde.[889] Die Nachfolgervorschrift MiFID II[890] wurde dagegen verschärft und regelt in Art. 3 Abs. 2 UAbs. 3 einen Haftungstatbestand für bestimmte Personen, die Finanzdienstleistungen erbringen.[891]

Auch für die heutige Marktmissbrauchsverordnung wurden ausdrücklich Haftungstatbestände in Betracht gezogen, aber nicht umgesetzt.[892] Die Entwicklung der Haftungstatbestände von MiFID I zu MiFID II könnte trotz der abweichenden Meinung der EMSA[893] ein Vorbote für eine Novellierung

---

885 Konkreter gegen die aufgestellten Pflichten aus Art. 4, 5, 6, 16 der Transparenz-Richtlinie (wie Fn. 880)

886 Vgl. ähnlich *Cless*, S. 93; *Wundenberg*, ZGR 2015, 124, 131.

887 *Cless*, S. 93; dagegen erkennt *Wundenberg* eine reine Programmatik, ZGR 2015, 124, 160 (m. w. N.).

888 Richtlinie 2004/39/EG des Europäischen Parlaments und des Rates vom 21. April 2004 über Märkte für Finanzinstrumente, zur Änderung der Richtlinien 85/611/EWG und 93/6/EWG des Rates und der Richtlinie 2000/12/EG des Europäischen Parlaments und des Rates und zur Aufhebung der Richtlinie 93/22/EWG des Rates, ABl. L 145/1.

889 COM, Public Consulatation Review oft he Marekts in Fianancial Instruments Directive (MiFID), 08.12.0201 Ziff. 7.2.6, dazu s. auch: *Wundenberg*, ZGR 2015, 124, 133, aber auch *Cless*, S. 94.

890 Richtlinie 2014/65/EU des Europäischen Parlaments und des Rates vom 15. Mai 2014 über Märkte für Finanzinstrumente sowie zur Änderung der Richtlinien 2002/92/EG und 2011/61/EU, ABl. L 173/349.

891 Ähnliche Ausführungen auch bei *Cless*, S. 94.

892 Siehe auch allgemeiner zur Schaffung einer Kapitalmarktunion: Mitteilung der Kommission an das Europäische Parlament, den Rat und den Europäischen Wirtschafts- und Sozialausschuss und den Ausschuss der Regionen „Aktionsplan zur Schaffung einer Kapitalmarktunion" als abrufbar unter: https://eur-lex.europa.eu/legal-content/DE/TXT/HTML/?uri=CELEX:52015DC0468&from=DE (Stand: 17.03.2020).

893 Vgl. dazu: J. I. 3. b) aa).

des Marktmissbrauchsregimes sein. Dabei verfolgt MiFID eine vergleichbare Schutzrichtung wie die MAR.

Durch MiFID II sollen die Rechtsbeziehungen zwischen Anlegern und Wertpapierdienstleistern[894] ausgestaltet werden. Auch MiFID II begreift den Anlegerschutz als zentrales Ziel.[895] Aufgrund der immer komplexer werdenden Finanzprodukte wird durch MiFID II ein Mindestschutzniveau an Information und Aufklärung sichergestellt, um so ein möglichst einheitliches europäisches Regelwerk des Binnenkapitalmarkts zu schaffen.[896]Als Quintessenz von MiFID II lässt sich zusammenfassen, dass der Anleger als besonders schutzwürdig eingestuft und begrifflich in die Nähe des Verbrauchers gerückt wird[897].[898]

bb) Verordnungen

Daneben ist ein Blick auf die Verordnungen nötig, die zur Schaffung des Binnenkapitalmarkts verabschiedet wurden.

(1) Leerverkaufsverordnung

Die Leerverkaufsverordnung legt zum Zweck des Anlegerschutzes einen Rechtsrahmen für Leerverkäufe fest. Bei Verstößen können ordnungsrechtliche Sanktionen folgen.[899] Schadensersatzansprüche sind in der 2012 erlassenen Verordnung nicht vorgesehen.

---

894 gilt für Wertpapierfirmen, Marktbetreiber, Datenbereitstellungsdienste und Drittlandfirmen, die in der Union durch die Einrichtung einer Zweigniederlassung Wertpapierdienstleistungen erbringen oder Anlagetätigkeiten ausüben, vgl. Art. 1, aber auch ErwGr. (12) MiFID II (wie Fn. 887).

895 Vgl. allein Erwägungsgrund (86) MiFID II (wie Fn. 887).

896 Vgl. dazu die Erwägungsgründe (6), (58), (70) MiFID II (wie Fn. 887).

897 Vgl. dazu die Erwägungsgrund (77) MiFID II (wie Fn. 887).

898 Was zu einem großen Medienecho geführt hatte: Anstelle von vielen Beiträgen, siehe beispielhaft nur: *Bernd Mikosch*, „MiFID II: Die Banken legen es auf Ärger an“, abrufbar unter: https://www.fondsprofessionell.de/news/meinung/headline/mifid-ii-die-banken-legen-es-auf-aerger-an-153479/ [Stand: 23.09.2022] oder *Dominik Weiß*, „MiFID II zerstört das Kundenvertrauen“, abrufbar unter: https://www.fundresearch.de/mifid-ii/MIFID-II-zerstoert-das-Kundenvertrauen.php [Stand: 23.09.2022].

899 Vgl. dazu: C. III. 4.

(2) Ratingagenturen-Verordnung (Ratingagenturen-VO)

Mit der Ratingagenturen-VO[900] wurde 2013 ein gemeinsamer Regulierungsansatz eingeführt, um Integrität, Transparenz, Verantwortung, eine gute Unternehmensführung und die Unabhängigkeit von Rating-Tätigkeiten zu fördern, um so die Qualität der abgegebenen Ratings zu verbessern, die dann ihren Teil zu einem reibungslos funktionierenden Binnenmarkt beitragen können und gleichzeitig ein hohes Maß an Verbraucher- und Anlegerschutz gewährleisten (Art. 1 Ratingagenturen-VO).

Ebenso wie die Leerverkaufsverordnung stellt die Ratingagenturen-VO den Verbraucher auf eine Stufe mit dem Anleger.[901] Gleichzeitig wird aber auch der Zweckdualismus aus Marktintegrität bzw. -effizienz und Anlegerschutz deutlich. Die Ratingagenturen-VO gliedert sich dementsprechend in den Regelungskanon des Kapitalmarktrechts ein.

Die professionellen Ratings der Ratingagenturen haben für die Akteure am Kapitalmarkt eine hohe Bedeutung, da zahlreiche Anleger ihre Entscheidung hinsichtlich einer Anlage auf deren Beurteilung stützen. Damit erhalten Ratings nicht nur eine individuelle Empfehlungskomponente, sondern sind gleichzeitig ebenso elementar für das Vertrauen in den Kapitalmarkt. Die Kapitalallokation am Kapitalmarkt wird durch Ratings merklich beeinflusst. Umso relevanter ist daher, einen geordneten Rechtsrahmen zu schaffen, der Interessenkonflikte vorbeugt und gleichzeitig die Objektivität sowie Richtigkeit der Ratings gewährleistet.[902]

Werden durch fehlerhafte Ratings fehlerhafte Anlegerentscheidungen getroffen, können dadurch hohe Vermögensschäden bei Anlegern, aber auch bei Emittenten entstehen, deren Kreditwürdigkeit infrage gestellt wird. Für Anleger und Emittenten ist es gleichwohl schwierig, Entschädigungsansprüche durchzusetzen, gerade dann, wenn keine vertragliche Beziehung vorliegt.[903] Art. 35a Abs. 1 Ratingagenturen-VO sieht deshalb einen Entschädigungsanspruch sowohl für Anleger (UAbs. 1) als auch für Emittenten (UAbs. 2) vor, wenn die

---

900 Verordnung (EU) Nr. 462/2013 des Europäischen Parlaments und des Rates vom 21. Mai 2013
zur Änderung der Verordnung (EG) Nr. 1060/2009 über Ratingagenturen (wie Fn. 452).

901 Vgl. dazu oben, aber auch ErwGr. (2) der EU-LVVO (wie Fn. 21).

902 Vergleich dazu einführend ErwGr. (7), (30) Ratingagenturen-VO und vor allem die ErwGr. (32) f. Ratingagenturen-VO (wie Fn. 452).

903 vgl. dazu sehr deutlich ErwGr. (32) Ratingagenturen-VO (wie Fn. 452).

Anlegerentscheidung sich nachweislich auf ein fehlerhaftes Rating gestützt hat bzw. dessen Finanzinstrumente von einem fehlerhaften Rating betroffen sind.

Art. 35a Abs. 2 Ratingagenturen-VO stellt für die Geschädigten eine Nachweispflicht auf, sodass vor allem für Privatanleger eine beträchtliche rechtliche Hürde eingezogen wurde. Art. 35a Abs. 4 Ratingagenturen-VO öffnet die Definition unbestimmter Rechtsbegriffe für nationales Recht. Art. 35a Abs. 5 Ratingagenturen-VO lässt darüber hinaus weitere nationale Schadensersatzansprüche zu – neben Art. 35a Abs. 1 Ratingagenturen-VO. Die Ratingagenturen-VO setzt damit auf eine private Rechtsdurchsetzung mittels Schadensersatzansprüchen, um Marktintegrität, Kapitalmarkteffizienz und Anlegerschutz zu verbessern.

Im Kontext von Leerverkaufsattacken kommt diesen Regelungen in Hinblick auf die rechtsaktübergreifende Beurteilung eine relevante Bedeutung zu. Zwar sind die aktivistischen Leerverkäufer regelmäßig nicht als Ratingagenturen einzustufen, da es ihnen an einer vergleichbaren beanspruchten Objektivität fehlt und damit kein vergleichbarer Vertrauenstatbestand gebildet werden kann.[904] Gleichwohl verbreiten aktivistische Leerverkäufer Berichte oder Stellungnahmen, die analytische Züge aufweisen. In dieser Hinsicht ist eine Vergleichbarkeit gegeben, sodass auch Schadensersatzansprüche bei Leerverkaufsattacken nicht systemfremd wären.

Die Ratingagenturen-VO wird als Richtungswechsel im europäischen Kapitalmarktrecht begriffen, weil erstmalig der Verordnungsgeber eine unmittelbar geltende Anspruchsgrundlage für einen Schadensersatz normiert hat.[905]

Zudem wurde die Ratingagenturen-VO zeitlich später als die Marktmissbrauchsverordnung erlassen. Mithin lässt sich keine Wertung aus dem Umkehrschluss ziehen, dass der Unionsgesetzgeber einen Entschädigungsanspruch durch ein qualifiziertes Schweigen ausschließen wollte. Vielmehr weisen die Schadensersatzansprüche des Art. 35a Ratingagenturen-VO darauf hin, dass die Marktmissbrauchsverordnung zu kurz gedacht sein könnte und die private Durchsetzung von Ansprüchen für die Kapitalmarkteffizienz und den Anlegerschutz geboten erscheinen.

---

904 Vgl. dazu: F.

905 *Wundenberg*, ZGR 2015, 124, 133; so auch *Cless*, S. 95; siehe dann auch mit ähnlichen Ausführungen: *Möllers/Nierdorf*, ECFR 2014, 333, 362 und *W.-H. Roth*, in: Casper/Klöhn/Roth/Schmies, FS Köndgen, S. 453, 461, der es als einen „weiteren Schritt zur Entwicklung des europäischen Haftungsrecht“ versteht.

(3) PRIIP-Verordnung

Die Verordnung über Basisinformationsblätter für Anlageprodukte, besser bekannt als PRIIP-VO[906], gesteht in Art. 11 Abs. 2 PRIIP-VO Kleinanlegern einen Schadensersatzanspruch zu, wenn ihnen im Vertrauen auf fehlerhafte Basisinformationsblätter ein Verlust entstanden ist.[907] Nach Art. 24 Abs. 2 PRIIP-VO können ferner Maßnahmen und Sanktionen bei Normverletzungen angeordnet werden. Art. 24 Abs. 4 PRIIP-VO sieht vor, dass die zuständigen Behörden die betroffenen Kleinanleger über die verwaltungsrechtlichen Sanktionen oder Maßnahmen informieren sollen, bei welchen Stellen Beschwerden einzureichen oder Schadensersatzansprüche anzumelden sind.

Die PRIIP-VO vereint Elemente des Private und Public Enforcement und veranschaulicht damit, dass beide Regelungsansätze nicht im Widerspruch stehen, sondern sich zielführend ergänzen lassen.

(4) Verordnung über langfristige EU-Investmentfonds (ELFIF/ELTIF)

Die Verordnung über europäische langfristige Investmentfonds (ELFIF)[908] sieht vor, dass Fondsmanager die Befolgung der Verordnung sicherzustellen haben und für etwaige Schäden durch die Nichteinhaltung haften (Art. 7 Abs. 3 ELFIF). Von einer näheren Haftungsausgestaltung wurde abgesehen und lediglich auf die AIFM-Richtlinie[909] verwiesen.

(5) Benchmark-Verordnung

Die Benchmark-VO[910] beinhaltet selbst keinerlei Schadensersatzansprüche, hält aber im Erwägungsgrund (22) fest, dass Anlegern durch die Manipulation von

906 Verordnung (EU) Nr. 1286/2014 des Europäischen Parlaments und des Rates vom 26. November 2014 (wie Fn. 450).

907 Zu den Begriffen „Verlust" und Schadensersatz" stellt Art. 11 Abs. 3 PRIIP-VO (wie Fn. 450). klar, dass sie nicht autonom auszulegen sind, sondern in Einklang mit nationalem Recht gebracht werden sollen, vgl. dazu auch: *Cless*, S. 96.

908 Verordnung (EU) 2015/760 des Europäischen Parlaments und des vom 29. April 2015 über europäische langfristige Investmentfonds, ABl. L 123/98.

909 Richtlinie 2011/61/EU des Europäischen Parlaments und des Rates vom 8. Juni 2011 über die Verwalter alternativer Investmentfonds und zur Änderung der Richtlinien 2003/41/EG und 2009/65/EG und der Verordnungen (EG) Nr. 1060/2009 und (EU) Nr. 1095/2010, ABl. L 174/1.

910 Verordnung (EU) 2016/1011 des Europäischen Parlaments und des Rates vom 8. Juni 2016
über Indizes, die bei Finanzinstrumenten und Finanzkontrakten als Referenzwert oder zur Messung der Wertentwicklung eines Investmentfonds verwendet werden, und zur

Referenzwerten ein Schaden entstehen kann. Die Benchmark-VO soll Transparenz schaffen, um eine effizientere und gerechtere Beilegung potenzieller Schadensersatzforderungen in Einklang mit einzelstaatlichem Recht oder Unionsrecht zu ermöglichen.

Die Manipulation von Referenzwerten kann eine Marktmanipulation i. S. v. Art. 12 Abs. 1 lit. d) MAR darstellen, womit die später erlassene Benchmark-VO implizit auf das Vorliegen von Haftungsmechanismen Bezug nimmt, was ein Hinweis für den voranschreitenden Weg hin zu einem kombinierten Lösungsansatz aus Public und Private Enforcement gedeutet werden kann.

(6) Prospektverordnung

Weiter geht die Prospektverordnung[911], die im Rahmen einer Vollharmonisierung des Prospektrechts einen Schadensersatzanspruch in Art. 11 Abs. 1 für fehlerhafte Prospekte festschreibt. Offen bleiben die konkrete Ausgestaltung des Schadens, dessen Bezifferung sowie der Kausalität.[912]

cc) Ergebnis zur rechtsaktübergreifenden Betrachtung

Die Betrachtungen der Entwicklungen des kapitalmarktbezogenen Richtlinienrechts weisen eine Tendenz zu privaten Schadensersatzansprüchen auf. Das bedingungslose Vertrauen auf ein Public-Enforcement-Regime wurde überdacht und durch zivilrechtliche Haftungsansprüche ergänzt, sodass sich ein dualistisches System aus Private und Public Enforcement zur Rechtsdurchsetzung herausgebildet hat.

Der Blick auf die kapitalmarktrechtlichen Verordnungen bescheinigt, dass private Haftungsansprüche bereits unionsrechtlich vorgesehen sein können. Eine einheitliche Linie lässt sich jedoch nicht erkennen. Während die Leerverkaufsverordnung gänzlich auf Schadensersatzansprüche verzichtet, ist in der Ratingagenturen-VO ein unmittelbarer Haftungsanspruch normiert, der teleologisch in eine vergleichbare Richtung weist wie die Marktmissbrauchsverordnung.

Änderung der Richtlinien 2008/48/EG und 2014/17/EU sowie der Verordnung (EU) Nr. 596/2014, ABl. L 171/1.

911 Verordnung (EU) 2017/1129 des Europäischen Parlaments und des Rates vom 14. Juni 2017 über den Prospekt, der beim öffentlichen Angebot von Wertpapieren oder bei deren Zulassung zum Handel an einem geregelten Markt zu veröffentlichen ist und zur Aufhebung der Richtlinie 2003/71/EG, ABl. L 168/12.

912 Vgl. *Cless*, S. 97; zur vorherigen Prospektrichtlinie siehe: *Wundenberg*, ZGR 2015, 124, 130.

Die Benchmark-Verordnung regelt zwar selbst keinen Haftungsanspruch, impliziert aber Schadensersatzansprüche für Referenzwertmanipulationen im Sinne der MAR. Die Prospektverordnung und ELFIF sehen wiederum ausdrückliche Schadensersatzansprüche vor, ohne hierbei auf die konkrete Ausgestaltung einzugehen. Die PRIIP-Verordnung lässt eine Verzahnung von Public und Private Enforcement zur Erreichung eines höheren Anlegerschutzniveaus erkennen.

Aus dieser Gemengelage schließt *Cless* einen bewussten Regelungsverzicht von Schadensersatzansprüchen in der MAR, der den Umkehrschluss zuließe, dass der Verordnungsgeber keine zivilrechtliche Haftung bei Verstößen gegen die MAR vorsehen wollte.[913] Andernfalls hätte er diese bewusst geregelt. *W.-H. Roth* stellte am Beispiel der Ratingagenturen-VO fest, dass die kapitalmarktrechtliche Gemengelage an Komplexität gewinnt.[914]

Wie dargestellt, lässt sich eine klare Regelungslinie des Unionsrechtssetzers nicht erkennen. Die Entwicklungen im kapitalmarktrechtlichen Richtlinienrecht zeigten hierbei aber eine Novellierungstendenz hin zu zivilrechtlichen Haftungsansprüchen als probates Mittel der Zielerreichung, insbesondere, um einen höheren Anlegerschutz zu gewährleisten. Auch das kapitalmarktrechtliche Verordnungsrecht folgt diesem Regelungsansatz mit unterschiedlichem Nachdruck sowie einer unterschiedlicher Regelungsdichte.

Zusammenfassen lässt sich, dass aus diesem Regelungskanon jedenfalls kein systematisches Argument für und gegen zivilrechtliche Haftungsansprüche wegen Verstößen gegen die MAR entnommen werden kann. Die Entwicklungen im harmonisierten Kapitalmarktrecht zeigen allerdings, dass es in diesem Rechtsgebiet üblich geworden ist, zivilrechtliche Haftungsansprüche funktional zur Rechtsdurchsetzung heranzuziehen.

c) Ergebnis der systematischen Erwägungen

Die systematische Betrachtung der MAR lässt keinen Schluss darauf zu, dass der Verordnungsgeber die funktionale Subjektivierung ausschließen wollte. Es konnten indes zahlreiche Hinweise gefunden werden, dass durch die Marktmissbrauchsverordnung der Versuch erfolgt, ein möglichst hohes Durchsetzungsniveau zu erreichen. Dem schließen sich die rechtaktübergreifenden Erwägungen an. Die komplexe Gemengelage aus Haftungstatbeständen mit unterschiedlicher Regelungsdichte lässt keinen Rückschluss auf die Intention

---

913 *Cless*, S. 97.

914 *W.-H. Roth*, in: Casper/Klöhn/Roth/Schmies, FS Köndgen, S. 453, 472 ff.

des Unionsrechtssetzers erkennen, zivilrechtliche Haftungsansprüche bei Verstößen gegen die MAR auszuschließen. Gleichwohl trat zutage, dass zivilrechtliche Haftungsansprüche im jüngeren europäischen Kapitalmarktrecht als Mittel zur Rechtsdurchsetzung üblich geworden sind. Aus diesen systematischen Erwägungen lässt sich zumindest folgern, dass sich die funktionale Subjektivierung der Verbotstatbestände der MAR ergänzend in das Kapitalmarktrecht einreihen lassen würde, ohne aus den konzeptionellen Erwägungen herauszufallen.

3. Historisch-entwicklungsbezogene Erwägungen

Ferner könnten historische Betrachtungen Rückschlüsse auf die funktionale Subjektivierung zulassen. Den Impuls für das heutige Marktmissbrauchsrecht gaben die Finanzkrise 2008/2009 und der anschließende Bericht der hochrangigen Expertengruppe De-Laroisère, die von der Europäischen Kommission eingesetzt wurde. Tenor des umfangreichen De-Laroisère-Berichts war die Einführung von „detaillierten Basisvorschriften“[915] auf dem Gebiet des gesamten Kapitalmarktrechts, um die inkohärente Rechtsdurchsetzung innerhalb der Union zu vermeiden.[916] Zudem sollten die Aufsichts- und Sanktionsbefugnisse der zuständigen Behörden ausgeweitet werden, da „die Sanktionsanordnungen der Mitgliedstaaten generell schwach und heterogen“ waren und in der Folge eine zu geringe Abschreckungswirkung erzielt wurde.[917] Dem folgte die „Mitteilung zur Regulierung der Finanzdienstleistung für nachhaltiges Wachstum“[918] der Europäischen Kommission, in der zahlreiche Maßnahmen zur Verwirklichung der Kapitalmarkunion aufgeworfen wurden.[919] Als unabdingbar für die Aufsichtsarchitektur wurde die Verschärfung der Sanktionen benannt, wozu konkret die Überarbeitung der Ratingagenturen-VO[920] sowie der MiFID-Regelungen[921] vorgeschlagen wurde. Rund sechs Monate später veröffentlichte die Kommission ihre ‚Mitteilung zur Stärkung der Sanktionsregelungen im

915 *Klöhn*, in: Klöhn, Marktmissbrauchsverordnung, Eileitung, Rn. 18.
916 The High-Level Group on Financial Supervision in the EU, Bericht vom 25.02.2009, Rn. 99 ff.; vgl. dazu auch überblicksartig: *Klöhn*, in: Klöhn, Marktmissbrauchsverordnung, Einleitung, Rn, 18 ff., hier ab Rn. 21 ff.
917 The High-Level Group on Financial Supervision in the EU, Bericht vom 25.02.2009, Rn. 83 ff.
918 KOM (2010), 301, endg.
919 KOM (2010), 301, endg., S.8 f.
920 KOM (2010), 301, endg., S.6.
921 KOM (2010), 301, endg., S.5 f.

Finanzdienstleistungssektor'[922]. Mit Bezugnahme auf die divergierende Rechtspraxis in den unterschiedlichen Mitgliedstaaten in Sachen Marktmanipulation[923] wurden eine Harmonisierung und Verschärfung des Maßnahmenkatalogs vorgeschlagen.[924] Die anschließende Überprüfung der Vorschläge bildete den Grundstein für die heutige MAR und Crim-MAD.[925] Der erste Entwurf der MAR wurde am 20.10.2011 dem Rat sowie dem Europäischen Parlament zur ersten Lesung vorgelegt[926] und anschließend vom Ausschuss für Wirtschaft und Währung als Gesetzesentwurf ausgearbeitet.[927] Es folgten mehrere Stellungnahmen[928] und Änderungsvorschläge[929].[930] Zivilrechtliche Haftungsansprüche waren nicht

---

922 KOM (2010), 716, endg.

923 KOM (2010), 716, endg., S. 7 ff.

924 KOM (2010), 716, endg., S. 12 ff.

925 Vgl. dazu *Klöhn*, in: Klöhn, Marktmissbrauchsverordnung, Eileitung, Rn, 18 ff., insbesondere. ab Rn. 21 ff.

926 Vorschlag für Verordnung des Europäischen Parlaments und des Rates über Insider-Geschäfte und Marktmanipulation (Marktmissbrauch), KOM 2011, 651, endg.

927 Entwurf eines Berichts über den Vorschlag für eine Verordnung des Europäischen Parlaments und des Rates über Insider-Geschäfte und Marktmanipulation (Marktmissbrauch), PE485.914v01-00 vom 20.03.2012.

928 Stellungnahme des Ausschuss für Umweltfragen, öffentliche Gesundheit und Lebensmittelsicherheit für den Ausschuss für Wirtschaft und Währung zu dem Vorschlag für eine Verordnung des Europäischen Parlaments und des Rates über Insider-Geschäfte und Marktmanipulation (Marktmissbrauch); PE485.944v02-00 vom 30.05.2012.

929 Änderungsantrag 60-331 über den Vorschlag für eine Verordnung des Europäischen Parlaments und des Rates über Insider-Geschäfte und Marktmanipulation (Marktmissbrauch), PE489.467v01-00 vom 11.05.2012 sowie Stellungnahme des Rechtsausschusses für den Ausschuss für Wirtschaft und Währung zu dem Vorschlag für eine Verordnung des Europäischen Parlaments und des Rates über Insider-Geschäfte und Marktmanipulation (Marktmissbrauch), PE486.201v02-00 vom 30.06.2012; Stellungnahme des Europäischen Datenschutzbeauftragten zu den Vorschlänge der Kommission für eine Verordnung des Europäischen Parlaments und des Rates über Insider-Geschäfte und Marktmanipulation, C177/1 vom 20.06.2012; Stellungnahme der Europäischen Zentralbank vom 22.03.2012 zu i) einem Vorschlag für i) einem Vorschlag für eine Richtlinie über Märkte für Finanzinstrumente zur Aufhebung der MiFID I, ii) einem Vorschlag für OTC-Derivate, zentrale Gegenparteien und Transaktionsregister, iii) einem Vorschlag für eine Richtlinie über strafrechtliche Sanktionen für Insider-Geschäfte und Marktmanipulation sowie iv) einem Vorschlag für eine Richtlinie über Insider-Geschäft und Marktmanipulation (Marktmissbrauch), C 161/ 3 vom 22.03.2012.

930 Weitere Verweise übersichtsartig bei: *Klöhn*, in: Klöhn, Marktmissbrauchsverordnung, Einleitung, Rn. 21 ff., hier in Fn. 26 ff.

Gegenstand dieses Entwicklungsprozesses.

Für die funktionale Subjektivierung und eine zivilrechtliche Sanktionierung können deshalb keine klaren Aussagen aus der historischen Entwicklung abgeleitet werden.[931] Als Kernaussage des historischen Entwicklungsprozesses kann indes festgehalten werden, dass der Unionsrechtssetzer nach der Finanzkrise versucht hatte, einen harmonisierten Binnenkapitalmarkt herzustellen und in diesem Zuge die Sanktionen sowie Maßnahmen zugunsten der Anleger und des Markts erheblich zu verschärfen. Der Anlegerschutz wurde als ausdrückliches Ziel des unionsweiten Kapitalmarktrechts entwickelt.[932] Allerdings fand der Vorschlag des Deutschen Anwaltsvereins, eine Schadensersatznorm im Rahmen der MAR einzuführen, keinen Anklang.[933] Der Hinweis von *Möllers/Leisch*[934], dass der Verordnungsgeber angenommen haben könnte, keine Regelungskompetenz gehabt zu haben, gilt nach heutigem Sachstand und mit Blick auf die anderen Verordnungen des Kapitalmarktrechts als überholt.[935] Somit verbleibt lediglich ein Schweigen des Unionsrechtssetzers, dem aber gerade kein qualifizierter Regelungsgehalt entnommen werden kann.[936] Die jüngsten Verschärfungen der MiFID[937] sowie die ausdrückliche Anspruchsgrundlage in der Ratingagenturen-VO[938] zeigen, dass der Entwicklungsprozess im europäischen Kapitalmarktrecht fortgeschrieben werden muss. Die historische Betrachtung weist hierbei eine eindeutige Tendenz zur Verschärfung der Sanktionen und Maßnahmen auf.

4. Teleologisch-ökonomische Erwägungen

Letztlich könnten teleologische Erwägungen Hinweise auf die Vereinbarung des Konzepts der funktionalen Subjektivierung mit dem Marktmissbrauchsregime liefern.

Das Marktmissbrauchsregime dient der Marktintegrität und dem Anlegerschutz.[939] Die teleologisch-intendierte Auslegung des Anlegerschutzes deutete auf

931 Vgl. auch *Cless*, S. 98 („weder positiv noch negativ").

932 Siehe dazu: J. IV. 1.

933 Stellungnahme des Deutschen Anwaltsvereins vom 12.6.2012, Nr. 50/12, S. 6.

934 *Möllers/Leisch*, in: KK-WpHG, §§ 37b, c, Rn. 18 f.

935 Vgl. dazu bspw. die eindeutige Haftung der Ratingagenturen-VO (wie Fn. 452): J. IV. 2. b) bb) (2).

936 Vgl. zum qualifizierten Schweigen mit Negativerklärung: H. V. 2.

937 Siehe dazu: J. IV. 2. b) aa) (2).

938 Siehe dazu: J. IV. 2. b) bb) (2).

939 Siehe dazu: J. IV. 1. a) ff.

eine denkbare funktionale Subjektivierung aufgrund des dualistischen Begriffsverständnisses hin.[940] Dessen ungeachtet wurde bereits erläutert, dass zivilrechtliche Haftungsansprüche als funktionales Äquivalent zu verwaltungsrechtlichen oder strafrechtlichen Sanktionen eingeordnet werden können.[941]

Zu überprüfen bleibt, ob die funktionale Subjektivierung dem Anlegerschutz auch als Regelungsziel dienlich ist oder hieraus gegensätzlich ein Spannungsverhältnis entstehen könnte. Konkreter wirft sich die Frage auf, ob mit der funktionalen Subjektivierung ein Effizienzgewinn oder -verlust einhergeht. In diesem Rahmen sollen rechtsökonomische Aspekte des Public und Private Enforcement hinterfragt werden, indem deren Vor- und Nachteile gegenübergestellt werden.

a) Vorteile des Public Enforcement

Für die Normdurchsetzung im Wege des Public-Enforcement-Ansatzes sprechen die erweiterten Ermittlungsbefugnisse der Aufsichtsbehörden.[942] Ferner ist der Blickwinkel ganzheitlicher: Aufsichtsbehörden können das Marktgeschehen überblicken und aus dieser ‚Helikoptersicht' zwischen gewollten und ungewollten Verhalten kontextorientiert abwägen.[943] Darüber hinaus ist die verwaltungsrechtliche und strafrechtliche Sanktionierung am Schuldvorwurf und an der Verletzungshandlung ausgerichtet und nicht an individuellen Schäden. Es können maßgeschneidert Einzelumstände im Rahmen der Abwägung berücksichtigt werden.[944] Zudem werden die Gerichte durch die vorherige behördliche Überprüfung entlastet. Die Qualität der Entscheidungen kann durch diese aufgespaltene Überprüfung in das behördliche und gerichtliche Verfahren verbessert werden.[945]

b) Nachteile des Public Enforcement

Dem stehen Nachteile des Public-Enforcement-Ansatzes entgegen. Die effektive Umsetzung der Normen durch aufsichtsrechtliche Stellen ist abhängig von den

---

940 Siehe dazu. J. IV. 1. d).

941 Siehe dazu: I. III.

942 Vgl. Art. 23 MAR (wie Fn. 311), aber dazu auch *Carstens*, S. 79.

943 Vgl. dazu: *Klöhn*, in: Fleischer/Kalss/Vogt, Gesellschafts- und Kapitalmarktrecht, S. 229, 241 f.

944 Grundsätzlicher zur Sanktionierung und der Ausübung von Eingriffsbefugnissen, vgl.: *Coffee*, 106 Colum L. Rev. (2006), 1534, 1536, 1561 ff.; *Wagner*, in: FS Köndgen, S. 649, 673; *Möllers*, AcP 208 (2008), 1, 16; *Carstens*, S.79 f.

945 *Stephenson*, 91 Va. L. Rev. (2005), 93, 116.

finanziellen und personellen Ressourcen. Budgetbegrenzungen schließen die Überwachung des gesamten Kapitalmarkts faktisch aus.[946] Der Kapitalmarkt wird von zahlreichen Verhaltensweisen beeinflusst, die tatbestandsrelevant sein können, aber nicht vollumfänglich[947] oder nur gegen unverhältnismäßige Kosten nachvollzogen werden können[948]. Außerdem sind komplexe Sachverhalte oftmals nur mit Hinweisen von Wissensträgern aufklärbar.[949] Auch haben die Aufsichtsbehörden Schwierigkeiten, mit der dynamischen Entwicklung am Kapitalmarkt Schritt zu halten.[950] Dazu kommt eine lange Verfahrensdauer, die die Präventionswirkung der Sanktionen verringert.[951] Letztlich kann es auch zu Motivationsproblemen der ausführenden Mitarbeiter kommen: In der öffentlichen Beschäftigung existieren kaum persönliche Anreize, um möglichst viele oder komplexe Sachverhaltskonstellationen aufzudecken.[952] Auch besteht durch die erhebliche Asymmetrie bei Vergütungen im öffentlichen Dienst gegenüber Tätigkeiten in der freien Wirtschaft mit Kapitalmarktbezug die erhöhte Gefahr von Amtsdelikten.[953]

---

946 Vgl. dazu: *Poser*, Economic Analysis, S. 866 ff.; *Stewart/Sunstein*, Harvard Law Review (1981/1982), 1195, 1214; *Wagner*, AcP 206 (2006), 352, 441; *Wagner*, in: FS Köndgen, S. 649, 673; *Veil/Brüggemeier*, in: Fleischer/Kalls/Vogt, Gesellschafts- und Kapitalmarktrecht, S. 277, 285.

947 Siehe dazu auch die Zweifel an der vollkommenen Effizienz des Marktes: E. I. 2.

948 *Klöhn*, in: Fleischer/Kalls/Vogt, Gesellschafts- und Kapitalmarktrecht, S. 229, 238; *Veil/Brüggemeier*, in: Fleischer/Kalls/Vogt, Gesellschafts- und Kapitalmarktrecht, S. 277, 285.

949 Vgl. dazu die Ausführungen zur Whistleblower-Regelung: J. IV. 2. a) bb) (1).

950 *Diederichsen*, Referat L zum 56. DJT, S. L 59 ff, siehe auch: *Wagner*, AcP (206) 2006, 352, 436 f.

951 *Veil/Brüggemeier*, in: Fleischer/Kalls/Vogt, Gesellschafts- und Kapitalmarktrecht, S. 277, 286.

952 *Ackermann*, in: FS Köndgen, S. 1, 10; *Klöhn*, in: Fleischer/Kalls/Vogt, Gesellschafts- und Kapitalmarktrecht, S. 229, 239; allgemeiner zu diesem Problemkreis siehe: *Becker/Stigler*, 3 J. Legal Stud. (1974), 1, 2; dagegen mit der Forderung nach Anreizen wie Beförderungen oder den Arbeitsplatzverlust: *Franck*, S. 49.

953 *Wagner*, in: FS Köndgen, S. 649, 673; *Klöhn*, in: Fleischer/Kalls/Vogt, Gesellschafts- und Kapitalmarktrecht, S. 229, 240; *Veil/Brüggemeier*, in: Fleischer/Kalls/Vogt, Gesellschafts- und Kapitalmarktrecht, S. 277, 285; *Ackermann*, in: FS Köndgen, S. 1, 10; allgemeiner zu diesem Problemkreis siehe auch: *Stigler*, Bell Journal of Economics & Management Science (1971), 3; *Posner*, 5 Bell Journal of Economics & Management Science (1974), 335, 341 ff.

c) Vorteile des Private Enforcement

Der größte Vorteil des Private Enforcement liegt in der dezentralen Informationsbeschaffung[954] durch die aktive Beteiligung von Wissensträgern im Markt.[955] Indem Geschädigte versuchen, ihre Vermögensverluste auszugleichen, werden das Aufdeckungspotenzial und die Durchsetzungschance erhöht.[956] Der Informationsbeschaffungsprozess wird mit seinen Kosten, die für die Aufdeckung des tatbestandlichen Verhaltens entstehen würden, auf Private ausgelagert. Durch die Ergänzung von Public und Private-Enforcement-Ansätzen kann es so zu einem Effektivitätsgewinn bei der Rechtsverfolgung kommen.[957] In der Literatur wenig Erwähnung findet der Gerechtigkeitsgedanke, der in einem Schadensausgleich enthalten ist. Zudem bietet die gerichtliche Überprüfung im Einzelfall eine agilere Möglichkeit zur ausdifferenzierten Rechtsfortbildung als einzelne Überprüfungsverfahren nach einer behördlichen Entscheidung.[958] Ein kollusives Zusammenwirken wie die Vorteilsnahme von Ermittlungspersonen im öffentlichen Dienst ist mangels Amtsträgereigenschaft ausgeschlossen. Die Rechtsverfolger möchten nur im Eigeninteresse ihren Vermögensnachteil ausgleichen.[959]

d) Nachteile des Private Enforcement

Dem Private-Enforcement-Ansatz werden einige Bedenken entgegengehalten. Zunächst stellt *Klöhn*[960] darauf ab, dass das von *Franck*[961] veranschaulichte Informationshebungspotenzial teilweise deutlich geringer sei als angenommen.

---

954 Was *Franck* als „Informationshebungspotenzial" beschreibt, S. 45.

955 Vgl. dazu: *Shavell*, 13 J. Legal Studies (1984), S. 357, 360; *Stephenson*, 91 Va. L. Rev. (2005), 93, 108; *McAfee/Mialon/Mailon*, 92. J. Pub. Econ. (2008), 1863, 1864; in der deutschen Literatur siehe vor allem: *Wagner*, AcP (2006), 352, 446; *Wagner*, in: FS Köndgen, S. 649, 674; *Klöhn*, in: Fleischer/Kalss/Vogt, Gesellschafts- und Kapitalmarktrecht, S. 229, 237; aber auch mit ähnlichen Ausführungen: *Carstens*, S. 82, 85 ff.

956 Vgl. dazu *Franck*, S. 45 ff.

957 *Engel*, JZ 1995, 213, 215; aktueller dann: *Wagner*, AcP 206 (2006), 352, 447.

958 Vgl. *Wagner*, AcP (206) 2006, 352, 437, 440; *Franck*, S. 48; *Stephenson*, 91 Va. L. Rev. (2005), 93, 112.

959 Vgl. dazu: *Duggan*, 26 Oxford J. Leg. Stud. (2006), 303, 323; dagegen hält *Poelzig* diesen Effekt aufgrund der Gefahr von Arbeitsplatzverlusten auch beim public enforcement für gering, S. 569, 571; siehe dann aber auch: *Franck*, S. 49.

960 *Klöhn*, Gesellschafts- und Kapitalmarktrecht, S. 229, 243 ff.

961 *Franck*, S. 45 ff.

Vor allem bei handelsgestützten Marktmanipulationen, die nur durch die Auswertung einer Vielzahl von Transaktionen nachgewiesen werden können, seien aufsichtsrechtliche Ermittlungen effektiver. Informationsgestützte Marktmanipulationen könnten dagegen besser von Privaten aufgedeckt werden. Daher sei eine Pauschallösung nicht zielführend. Bei Leerverkaufsattacken spielt dieses Argument indes nur eine untergeordnete Rolle,[962] da Leerverkaufsattacken als informationsgestützte Marktmanipulation subsumiert werden können.[963] Ferner ließe sich – nach dem Vorbild des Kartellrechts – die Möglichkeit der Geltendmachung von Schäden nach Vorliegen des aufsichtsrechtlichen Ermittlungsergebnisses (sog. Follow-on-Klage[964]) vorstellen.[965] Das Abwägungsproblem zwischen den Kosten für die Rechtsdurchsetzung und einem möglichen Schadensausgleich kann allerdings nicht vollständig aufgelöst werden. Bei Vermögensnachteilen durch Marktmanipulationen handelt es sich regelmäßig um Streuschäden,[966] die auf eine Vielzahl von Aktionären verteilt sind. Mithin besteht die Gefahr, dass der Schaden für den Einzelnen zu gering ausfällt und den Kosten für die Rechtsdurchsetzung unterliegt, obwohl der kumulierte Schaden um ein Vielfaches größer ist.[967] Darin liegt die Tendenz zur Unterabschreckung (Under Enforcement) begründet.

Aufschlussreich ist in diesem Zusammenhang ein Blick in das US-Kapitalmarktrecht. In den USA ist eine gegensätzliche Entwicklung festzustellen, die im Prozessrecht der USA verankert ist. Da der spezialgesetzliche Haftungstatbestand in Section 9 (f) Securities Exchange Act aufgrund der herausragenden Tatbestandshürden in der Rechtspraxis wenig Relevanz besitzt,[968] wurde zusätzlich mit der SEC Rule 10b-5 ein vergleichbarer Rechtsmechanismus wie die deutsche Schutzgesetzdoktrin des § 823 Abs. 2 BGB normiert. Die Schaffung

962 Ebenso spielt die Täterfrage aufgrund der Transparenzpflichten bei Leerverkäufe (s. o.) eine geringere Rolle, allgemein dazu aber bei Marktmanipulationen siehe: *Klöhn*, Gesellschafts- und Kapitalmarktrecht, S. 229, 238 f.

963 Vgl. dazu: G. II.

964 *Veil/Brüggemeier*, in: Fleischer/Kalss/Vogt, Gesellschafts- und Kapitalmarktrecht, S. 277, 307 f.; *Klöhn*, Gesellschafts- und Kapitalmarktrecht, S. 229, 237 ff.; *Franck*, S. 45.

965 In Abgrenzung zur „stand-alone-Klage“, begrifflich geprägt von *Poelzig*, S. 394.

966 *Ott/Schäfer*, S. 131, 148; *Poelzig*, S. 382 f.; *Veil/Brüggemeier*, in: Fleischer/Kalss/Vogt, Gesellschafts- und Kapitalmarktrecht, S. 277, 296 f.; *Klöhn*, Gesellschafts- und Kapitalmarktrecht, S. 229, 240.

967 *Klöhn*, Gesellschafts- und Kapitalmarktrecht, S. 229, 240.

968 Vgl. dazu einführend: *Kulms*, in: Hopt/Voigt, Kapitalmarktinformationshaftung, S. 1101, 1133: *Mock*, in: KK-WpHG, § 20a Rn. 69; *Poelzig*, ZGR 2015, 801, 818 f.

weiterer privater Klagemöglichkeiten neben der Section 9 (f) Securities Exchange Act diente der Unterstützung der US-Börsenaufsichtsbehörde bei der Rechtsverfolgung und zielte auf einen Effektivitätsgewinn[969] ab.[970] Dazu wurden den Geschädigten Privilegien zugestanden, etwa eine Beweiserleichterung oder die Möglichkeit einer kollektiven Geltendmachung von Schäden im Rahmen einer Sammelklage (‚Class Action'.)[971] Dabei können die Prozesskosten geteilt werden. Die Kosten für die Rechtsberatung können zudem als Erfolgshonorare vereinbart werden. Anders als beim Under Enforcement ist damit die gegenteilige Gefahr unbegründeter Klagen vorhanden, um den Beklagten so in einen Vergleich zu zwingen (‚Strike Suits').[972] Hierauf stützt sich im Wesentlichen das Argument der Überabschreckung (Over Enforcement).

e) Zwischenergebnis zu den Vor- und Nachteilen der Enforcement-Ansätze

Die Bedenken gegen ein Private Enforcement sind nicht gegen den Rechtsverfolgungsansatz als solches gerichtet, sondern lediglich gegen das Ausmaß des Wirksamkeitszugewinns. Es ist nicht die Frage, ‚ob' Private Enforcement der Rechtsdurchsetzung dienlich ist, sondern nur, ‚wie hoch' dieser Vorteil ausfallen könnte.[973] Den wesentlichen Vorteil des ergänzenden Private-Enforcement-Ansatzes bildet das Informationshebungspotenzial durch dezentrale Wissensträger im Eigeninteresse. Das Vorliegen von Streuschäden und mögliche Beweisprobleme reduzieren den Effektivitätsgewinn. Gleichwohl kann daraus keine prinzipielle Ineffektivität des Private-Enforcement-Ansatzes geschlossen werden. Es sind „Stellschrauben"[974], die bei der Haftungsausgestaltung zu bestimmen sind.[975]

---

969 Vgl. *v. Robinson*, 203 f. 2d, 627, 632 (9th Circuit 1953): „[…] neccesary supplement to SEC enforcements actions"; siehe darauf auch in deutscher Sprache eingehend: *Poelzig*, S. 60 ff. (m. w. N.).

970 Vgl. dazu: US Supreme Court, J. I Case Co. V. Borak, 377 U. S. 426, 432 (1964); in deutscher Sprache dazu auch: *Poelzig*, S. 60.

971 *Poelzig*, S. 63 ff.

972 *Mankowski*, JZ 2009, 321, 327; *Poelzig*, S. 65 ff; *Poelzig*, ZGR 2015, 801, 819; siehe dazu auch *Carstens*, S.77 f. (jeweils m. w. N.).

973 Gleichsinnig *Carstens*, S. 85 ff.

974 So *Franck*, S. 40, 112, siehe dazu auch: Fn. 19.

975 Vgl. dazu: *Poelzig*, S. 443; *Poelzig*, ZGR 2015 801, 826; *Carstens*, S. 85 f. schlägt dazu vor, die Aufsichtsbehörden als amicus curiae in das Zivilverfahren einzubinden.

Dem Hinweis von *Klöhn*, dass handels- und informationsgestützte Marktmanipulationen unterschiedlich zu bewerten sind, kann die Wirkungsweise von Sanktionsregelungen entgegengehalten werden.[976] Die Abschreckungswirkung von Sanktionen folgt dem zugrunde gelegten rationalen Verhaltensmodell, wonach der Normverletzer zwischen den Vorteilen aus der Normverletzung einerseits und den Kosten für den Regelverstoß, multipliziert mit dessen Aufdeckungswahrscheinlichkeit, andererseits abwägt.[977] Private Schadensersatzansprüche im Wege des Private-Enforcement-Ansatzes können zum einen die Sanktionswahrscheinlichkeit durch das dezentrale Informationshebungspotenzial erhöhen. Zum anderen nimmt aber auch die Sanktionshöhe durch zu befürchtende Schadensersatzansprüche zu. Selbst bei handelsgestützten Marktmanipulationen, die nach *Klöhn* wohl fast ausschließlich durch die Ermittlungsarbeit von Aufsichtsbehörden aufgedeckt werden würden, steigt ebenso die Sanktionshöhe durch mögliche Follow-on-Klagen durch Private. Dementsprechend kann durch die höhere mögliche Sanktionierung bereits von einem Effektivitätsgewinn ausgegangen werden.[978] Dies zeigt auch ein Blick auf das Kartellrecht, bei dem Follow-on-Klagen von Geschädigten die Regel sind.[979] Der EuGH geht in diesen Sachverhalten stets von einem Effektivitätsgewinn aus.[980]

Die mögliche Missbrauchsgefahr wie im US-Prozessrecht, begründet durch den prozessualen ‚Toxic Cocktail'[981], ist zumindest in Deutschland eher unwahrscheinlich, da nach § 49b Abs. 2 S. 1 BRAO keine Erfolgshonorare[982] vereinbart werden dürfen und die unterliegende Partei für die anfallenden Kosten

976 Vgl. dazu: J. V. 2. a) und b).

977 Vgl. J. V. 2. b).

978 Vgl. *Poelzig*, S 513 ff, 520 f.; *Poelzig*, ZGR 2015, 801, 838 f.

979 So auch *Poelzig*, ZGR 2015, 801, 828; siehe dann auch: *Veil*, § 12 Rn. 35; *H.-W. Roth*, ZBB 2012, 429, 436.

980 Zur Abgrenzung in stand-alone und follow-on-Klage des EuGH, siehe: *Poelzig*, ZGR 2015, 801, 827 f, durchaus kritisch, da nicht die Aufdeckungswahrscheinlichkeit für das Fehlverhalten erhöht wird.

981 Vgl. dazu Green Paper on Consumer Collective Redress, Memo v. 27. 11. 2008 08/741, Nr. 9 (http://europa.eu/rapid/press-release_MEMO-05-489_en.htm?locale=en [Stand: 23.09.2022].

982 Jedenfalls von der Europäischen Kommission unerwünscht, siehe: Europäische Kommission, Empfehlung Gemeinsame Grundsätze für kollektive Unterlassungs- und Schadensersatzverfahren in den Mitgliedstaaten bei Verletzung von durch Unionsrecht garantierten Rechten vom 11. 6. 2013, ABl. EU L 201/60, Nr. 30.

vollumfänglich aufkommen muss (§ 91 ZPO).[983] Zudem ist auch in den USA zu beobachten, dass Kapitalmarktschäden überwiegend mittels Follow-on-Klage geltend gemacht werden.[984]

Nach diesen Betrachtungen kann ein Effektivitätsgewinn durch ein ergänzendes Private-Enforcement-Regime angenommen werden.[985] Vorbehalte sind im Bereich der Haftungsausgestaltung angesiedelt, nicht bei der Begründung von Ansprüchen als solches. Die Rechtsverfolgung von Privaten im Eigeninteresse lässt sich ökonomisch als klassische Trade-off-Problematik[986] (‚Lohnt sich eine Klage?') einordnen. Es ist Aufgabe der Rechtgestaltung, diese ökonomische Abwägungsproblematik zu kanalisieren und Fragen der Beweisführung sowie Verhältnismäßigkeit zu beantworten. Rechtsökonomische Betrachtungen des Over und Under Enforcement sind deshalb richtigerweise im Rahmen der Verhältnismäßigkeit der Haftungsausgestaltung zu verorten.[987]

5. Ergebnis der Auslegung der MAR

Durch Auslegung war zu überprüfen, ob ein implizites Klagerecht nach dem Konzept der funktionalen Subjektivierung aus dem Verbotstatbestand der Marktmanipulation abgeleitet werden kann oder ob dieses im Widerspruch zum Regelungskonzept der Verordnung steht.

Die grammatikalische Auslegung hat ergeben, dass der Bezug zum Anlegerschutz evident und als Anknüpfungspunkt für die funktionale Subjektivierung prädestiniert ist. Der Anlegerschutz weist dualistische Schutzrichtungen auf, die in einem wechselseitigen Abhängigkeitsverhältnis stehen. Wer Anlegerschutz nur als reinen Funktionsschutz begreift, der den individuellen Anleger lediglich reflexartig zu schützen vermag, ignoriert die Wechselwirkungen beider Schutzrichtungen, die in Summe zur Verbesserung des Schutzes des einzelnen Anlegers, aber auch zur Verbesserung des Kapitalmarkts als Ganzes, beitragen.

Systematische Erwägungen liefern weitere Hinweise darauf, dass die Marktmissbrauchsverordnung ein möglichst hohes Durchsetzungsniveau zu erreichen

---

983 *Carstens*, S. 87; *Halfmeier/Rott/Feess*, S. 81; *Poelzig*, ZGR 2015, 801, 825; *Möllers*, AcP 208 (2008), 1, 32 f.

984 *Cox/Thomas/Kiku*, 53 Duke L.J. 737, 777 (2003)

985 So sieht es auch *Carstens*, S. 85 ff. mit ähnlich gelagerten Argumenten.

986 Einführend dazu: *David Tilman*, Constraints and tradeoffs: toward a predictive theory of competition and succession (1990), Oikos 58, 3; abrufbar unter: https://www.jstor.org/stable/3565355 [Stand: 23.09.2022].

987 So dann auch: J. V. 3.

versucht. Dazu zählen die Whistleblower-Regelung (Art. 32 MAR), die – anders als in der Literatur vertreten – gerade keinen Schluss darauf zulässt, dass sich der Verordnungsgeber ausschließlich für ein Public-Enforcement-Regime entscheiden wollte. Gleiches gilt für die Überprüfungsprärogative des Art. 38 MAR, durch die *Schmolke* seine institutionellen Bedenken erneut einbringen wollte. Beide Regelungen deuten genau in die andere Richtung: Die Rechtsdurchsetzung soll nicht beschränkt, sondern auf einem möglichst hohen Niveau sichergestellt werden. Die Rechtsfortbildung soll nicht verhindert werden, sondern sich der zunehmenden Komplexität des Kapitalmarktrechts anpassen. Anhand rechtsaktübergreifender Überlegungen ließen sich vermehrt zivilrechtliche Haftungsansprüche im jüngeren harmonisierten Kapitalmarktrecht finden, die mit der Zielerreichung eines hohen Anlegerschutzniveaus funktional festgeschrieben wurden. Der Harmonisierungsprozess deutet lösungsorientiert auf eine engere Verzahnung von Public- und Private-Enforcement-Ansätzen hin.

Historisch betrachtet, bestätigt sich diese Annahme. Seit der Finanzkrise wurden die Maßnahmen und Sanktionen regelmäßig verschärft und der Anlegerschutz als zentrales Ziel des Kapitalmarktrechts vorgegeben. Auch wenn im Marktmissbrauchsrecht noch keine historisch zwingende Lesart ausgemacht werden konnte, zeigt der Blick auf die Haftungstatbestände der MiFID II sowie auf die ausdrücklichen Anspruchsgrundlagen in der Ratingagenturen-VO, dass die Entwicklung im Kapitalmarktrecht noch nicht abgeschlossen ist. Sie steht erst am Anfang.

Überzeugend reihen sich sodann die teleologischen Erwägungen ein. Ergänzende private Haftungsansprüche führen zu einem Effektivitätsgewinn. Die dezentrale Informationsbeschaffung durch Private wird in vielen Fällen die Sanktionswahrscheinlichkeit erhöhen. Durch die drohenden Schadensersatzansprüche steigt zudem die Sanktionshöhe. Somit kann – ohne jeden Zweifel – von einem Effektivitätsgewinn ausgegangen werden. Kritische Stimmen konnten ausschließlich der Haftungsausgestaltung zugeordnet werden, nicht der Begründung der Ansprüche als solches. Rechtsökonomische Betrachtungen des Over und Under Enforcement sind im Rahmen der Verhältnismäßigkeit der Haftungsausgestaltung einzuordnen, nicht bei der teleologischen Betrachtung, ob ein ergänzendes Private Enforcement zweckstiftend ist.

Nach diesen Betrachtungen kann ein Widerspruch zur Regelungskonzeption der Marktmissbrauchsverordnung ausgeschlossen werden. Aus den Verbotstatbeständen der Marktmanipulation kann ein implizites Klagerecht im Wege einer funktionalen Subjektivierung abgeleitet werden.

V. Erfüllung der Sanktionsanforderungen

Da zivilrechtliche Haftungsansprüche als funktionales Äquivalent zu den öffentlich-rechtlichen sowie den strafrechtlichen Sanktionen angesehen werden, können und müssen sie sich ebenso an den unionsrechtlichen Sanktionsanforderungen messen lassen sowie mitunter wirksam, abschreckend und verhältnismäßig sein. Sie müssen „echten Sanktionscharakter entfalten".[988]

1. Wirksamkeit

Sanktionen sind wirksam, wenn sie dazu geeignet sind, eine tatsächliche Erhöhung des Rechtsschutzes zu erreichen und die Einhaltung des Unionsrechts sicherstellen.[989] Umgekehrt formuliert, ist eine Sanktion nicht wirksam, wenn sie die unionsrechtlich vorgegebenen Ziele unmöglich macht[990] oder zu hohe Tatbestandshürden aufgestellt werden, sodass deren Erfüllung praktisch unmöglich oder sicher unwahrscheinlich ist.[991] Im Kontext der Marktmissbrauchsverordnung stehen zivilrechtliche Sanktionen dem Verordnungsziel nicht entgegen, sondern unterstützen diese Zielerreichung.[992] Zivilrechtliche Schadensersatzansprüche sind wirksam darstellbar.[993]

2. Abschreckung

Sanktionen sind abschreckend, wenn sie etwaige potenzielle Normverletzer von ihrem Fehlverhalten absehen lassen, also eine Normverletzung „wirtschaftlich unattraktiv"[994] werden lassen. Anders formuliert, können Sanktionen als abschreckend angesehen werden, wenn sich potenzielle Normverletzer vom

---

988 *Poelzig*, S. 300.

989 EuGH, Urteil vom 10.04.1984, Rs. 14/83, Rn. 23 („von Colson und Kamann"); siehe auch: Europäische Kommission, Mitteilung über die Stärkung der Sanktionsregelungen im Finanzdienstleistungssektor vom 08.12.2010, KOM (2010), 716 endg., S. 5.

990 EuGH, *GA Kokott*, Schlussanträge vom 14.10.2004, Rs. C-387/02 („Berlusconi"), Slg. 2005, I-3565, Rn. 88; siehe dazu auch *Poelzig*, S. 301 m. w. N. in Fn. 256 zum allgemeinen Effektivitätsgrundsatz.

991 Vgl. mit ähnlichen Ausführungen zum Wettbewerbsrecht: *Alexander*, GRUR Int 2005, 809, 811.

992 Vgl. dazu: J. IV. 5.

993 Vgl. dazu: K. II. 8.

994 *Poelzig*, S. 302.

Fehlverhalten weniger Vorteile versprechen können als die mögliche Sanktionierung in Aussicht stellt.[995]

a) *Sanktionshöhe*

Nicht ausreichend sind vor diesem Hintergrund bloße symbolische Entschädigungen.[996] Gleiches gilt, wenn der zugestandene Schadensersatz durch die Verrechnung mit anderen Sanktionen letztlich ausbleibt.[997] Die Abschreckungswirkung erfolgt durch die ausreichende Kompensation.[998]

b) *Sanktionswahrscheinlichkeit und ‚Unterabschreckung'*

Zu berücksichtigen ist neben der Sanktionshöhe ebenfalls die Sanktionswahrscheinlichkeit. Eine Sanktion kann nicht als abschreckend angesehen werden, wenn der Normverletzer realistischerweise keine Rechtsverfolgung befürchten muss und deshalb nicht von seinem Fehlverhalten absieht.[999] Geschädigte Anleger haben üblicherweise ein Interesse an der Verfolgung eigener Schadensersatzansprüche, sofern der Schadensausgleich die Kosten für die Rechtsdurchsetzung übersteigt.[1000] Dabei werden professionelle Anleger aufgrund höhere Haftungssummen auch größere Anreize haben, ihre Ansprüche durchzusetzen, als Kleinanleger mit geringeren Vermögensnachteilen.[1001] Bei Marktmanipulationen besteht überdies die Gefahr von Streuschäden, die kumuliert zwar einen immensen Schaden ausweisen, aber auf zahlreiche Geschädigte verteilt sind,

995 Siehe dazu die Mitteilung der Kommission an den Rat und das Europäische Parlament über die Bedeutung von Sanktionen für die Anwendung des Gemeinschaftsrecht im Binnemarkt, KOM (95), 162 endg., S. 2; vgl. dazu auch: *Poelzig*, S. 302, *Schütt*, S. 350 f.

996 Vgl. dazu: EuGH, Urteil vom 10.4.1984, Rs. C14/83 („con Colson und Kamman"), Slg. 1984, 1891, 1908, Rn. 24.

997 Dazu siehe die Ausführungen des EuGH zum Verhältnis von zu leistender Abfindung des Arbeitsgeber im Verhältnis zur Sanktionierung: EuGH, Urteil vom 8.6.1994, Rs. C-382/92 („Kommission. /. Vereinigtes Königreich"), Slg. 1994, I-2435; Rn. 56 f.

998 *Poelzig*, S. 303.

999 Vgl. für die Sanktionierung von Verstößen gegen Art. 260 Abs. AEUV durch die Mitgliedstaaten, EuGH, *GA Geelhoed*, Schlussanträge vom 18.11.2004, Rs. 304/02 („Kommission. /. Frankreich"), Slg. 2005, I-6263, Rn. 10; darauf eingehend auch *Poelzig*, S. 303, 304 („de facto nicht ernsthaft damit rechnen muss").

1000 Siehe dazu: *Poelzig*, ZGR 2015, 801, 822 ff. (m. w. N.).

1001 Siehe beispielhaft: OLG Stuttgart, ZIP 2014, 781; dazu auch *Poelzig*, ZGR 2015, 801, 822.

sodass einzelne Anleger aufgrund der übersteigenden Rechtsverfolgungskosten von der Rechtsdurchsetzung absehen.[1002]

Mit der Einführung des Musterverfahrens für kapitalmarktrechtliche Streitigkeiten (KapMuG) ist in Deutschland bereits ein Schritt in die richtige Richtung gegangen worden. Ausgewiesenes Ziel dieses Gesetzes ist es, den Anlegerschutz im Wege einer kollektiven Rechtsschutzform zu stärken.[1003] So lassen sich de lege late auch Marktmanipulationen als Schadensersatzanspruch wegen der Verwendung falscher oder irreführender öffentlicher Kapitalmarktinformationen gem. § 1 Abs. 1 Nr. 2 KapMuG fassen, ohne das Gesetz novellieren zu müssen. Dafür spricht auch, dass die Legaldefinition der öffentlichen Kapitalmarktinformation in § 1 Abs. 2 KapMuG lediglich als Regelbeispiel formuliert wurde, sodass weitere Anwendungsfelder grundsätzlich offen bleiben. Über die Wirksamkeit und den Erfolg dieses Gesetzes lässt sich trefflich streiten.[1004] An dieser Stelle soll indes auf eine weitere Problematisierung verzichtet werden.

c) Empirische Messschwierigkeiten bei Sanktionen

Die zivilrechtliche Sanktionierung kämpft mit den gleichen empirischen Messschwierigkeiten wie öffentlich-rechtliche oder strafrechtliche Sanktionen, sodass sich die Abschreckungswirkung lediglich argumentativ nachvollziehen lässt. Diese ist nach den obigen Ausführungen anzunehmen, sofern prozessuale Hindernisse hinreichend berücksichtigt werden. Zudem ist das Private-Enforcement-Regime nur als ergänzende Rechtsverfolgung mit dem bestehenden Public-Enforcement-Ansatz angedacht, sodass sich nur die Frage stellt, wie viel Abschreckungswirkung durch zivilrechtliche Haftungsansprüche ergänzt wird, und nicht, ob diese Sanktionen überhaupt wirken.[1005]

3. Verhältnismäßigkeit und ‚Überabschreckung'

Ferner müssen die Sanktionen verhältnismäßig sein. Die Geeignetheit kann aufgrund der wirksamen und abschreckenden Wirkung angenommen werden. Eine ergänzende zivilrechtliche Haftung ist mit Verweis auf das dezentrale

---

1002 *Möllers*, AcP 208 (2008), 1, 25; *Poelzig*, ZGR 2015, 80, 822 ff. (m. w. N.).

1003 Siehe dazu die Regierungsbegründung zum KapMuG, BT-Drucks. 15/5091, S. 1, abrufbar unter: https://dserver.bundestag.de/btd/15/050/1505091.pdf [Stand: 23.09.2022].

1004 Dazu bereits *Rotter*, BRK 2004, 296; zur jüngeren Entwicklung im Kapitalmarktrecht dann: *Weber*, NJW 2019, 968, 971 ff. (je m. w. N.).

1005 Vgl. dazu: H. IV, V.

Informationshebungspotenzial auch erforderlich.[1006] Dessen ungeachtet müssen die Sanktionen nach Art und Schwere der Normverletzung in einem angemessenen Verhältnis stehen.[1007]

Zivilrechtliche Haftungsansprüche könnten unverhältnismäßig sein, wenn sie eine ‚überabschreckende Wirkung' entfalten. [1008] Dem Argument der Überabschreckung liegt die Idee zugrunde, dass Marktteilnehmer durch die Befürchtung von Sanktionen von zulässigem Verhalten absehen könnten und hieraus volkswirtschaftliche Schäden entstehen würden.[1009] Eine Haftung wäre damit den Regelungszielen der Marktmissbrauchsverordnung abträglich.[1010] Entscheidend ist deshalb, dass der Normadressat aus der Verbotsnorm antizipieren kann, welches Verhalten zulässig oder untersagt ist.[1011] Da die Sachverhaltskonstellationen im Kapitalmarktrecht häufig komplex sind, kann eine Abgrenzung im Vorfeld schwierig sein. Es ist mithin besondere Aufgabe der Rechtssetzung, klare Regeln zu schaffen.[1012]

Dennoch ist die Gefahr der Überabschreckung von ergänzenden zivilrechtlichen Haftungsansprüche für Marktmanipulationen als gering einzustufen, da bereits die Strafnormen eine höhere Abschreckungswirkung entfalten werden. Empirisch nachgewiesen ist, dass Freiheitsstrafen eine höhere Abschreckung erzeugen als wirtschaftliche Sanktionierungen.[1013] Zudem lassen sich

---

1006 Siehe dazu: J. IV. c).

1007 EuGH, *GA Geelhoed*, Schlussanträge vom 13.12.2002, Rs. C-253/00 („Munoz"), Slg. 2992, I.-7289, Rn. 54; siehe dazu zum Wettbewerbsrecht: *Alexander*, GRUR Int, 809, 811; allgemeiner: *Poelzig*, S. 303 f.; EuGH, *GA Sharpston*, Schlussanträge vom 6.4.2006, Rs. C-348/04 („Boehringe Ingelheim"), Slg. 2007, I-3391, Rn. 76 verweist auf eine vorzunehmende Abstufung der Sanktionshöhe je nach Schwere des Fehlverhaltens.

1008 Mit einer Analyse vor allem zu handelsgestützten Marktmanipulationen siehe: *Klöhn*, in: Kalss/Fleischer/Vogt, Gesellschafts- und Kapitalmarktrecht, S. 229, 240 f., 243, 246 f.; dazu auch: *Schmolke*, AG 2016, 434, 439 ff; *Schmolke*, in: Klöhn, Marktmissbrauchsverordnung, Art. 15, Rn. 98 f.; *Poelzig*, ZGR 2015, 801, 825 f.

1009 Vgl. dazu: *Klöhn*, in: Kalss/Fleischer/Vogt, Gesellschafts- und Kapitalmarktrecht, S. 229, 240 f.

1010 *Cless*, S. 125.

1011 Vgl. IOSCO, Credible Detrennce In The Enforcement Of Securities Regulation, Juni 2015, S. 10 ff.

1012 Im Rahmen Marktmissbrauchsregime beweist bereits die MAR (wie Fn. 311) und die Crim-MAD (wie Fn. 408) jeweils mit Anhängen und zahlreichen Delegierten Verordnungen wie kompliziert die Regelungsaufstellung ist, vlg. oben: G. und H.

1013 Siehe dazu auch: K. II. 6. a) ee).

zivilrechtliche Ansprüche anhand des Verschuldensmaßstabs ausrichten. So kann beispielsweise der Gefahr der Überabschreckung mit einem Vorsatzerfordernisses entgegengewirkt werden.[1014] ‚Strike Suits' wie in den USA sind nicht zu befürchten, da diese auf den Besonderheiten des US-Prozessrechts beruhen.

Die Gefahr einer Überabschreckung durch ergänzende zivilrechtliche Haftungsansprüche kann sonach vernachlässigt werden. Im Zusammenhang mit Leerverkaufsattacken ist ferner darauf zu hinzuweisen, dass diese mit einer hohen Professionalität durchgeführt werden und kaum Befürchtung bestehen muss, fälschlicherweise risikoaverse Leerverkäufer von einer durchdachten Attacke abzuhalten.

4. Zwischenergebnis

Es konnte dargelegt werden, dass zivilrechtliche Haftungsansprüche als funktionales Äquivalent zu öffentlich-rechtlichen oder strafrechtlichen Sanktionen ebenso den Sanktionsanforderungen entsprechen. Sie können als wirksam, abschreckend und verhältnismäßig angesehen werden. Die Argumente der Über- und Unterabschreckung konnten entkräftet werden.

VI. Gesamtergebnis des Kapitels

Die Ergebnisse dieses Kapitels soll zunächst zusammengefasst werden, um dann Schlussfolgerungen für die Betrachtung des nationalen Rechts zu ziehen.

1. Darstellung der Ergebnisse

Das zuvor entwickelte Prüfungsvorgehen für die funktionale Subjektivierung konnte für Marktmanipulationen nachvollzogen werden.

Die unmittelbare Anwendbarkeit im horizontalen Verhältnis sowie die faktische Betroffenheit konnten bei diesen Marktverhaltensregeln angenommen werden. Der Effektivitätsgewinn durch die ergänzenden Haftungsansprüche im Wege des Private Enforcement wurde durch grammatikalische, systematische, historische und teleologische Auslegung veranschaulicht. So konnte der Anlegerschutz als prädestinierte Zielrichtung für die funktionale Subjektivierung ausgemacht werden. Durch eine teleologische Begriffsbestimmung des Anlegerschutzes wurden die wechselseitigen Interdependenzen zwischen Funktions- und Individualschutz erkannt und die persönliche Schutzrichtung der

---

1014 *Schäfer/Ott*, S. 709; aber auch: *Poelzig*, ZGR 2015, 801, 826.

Marktmissbrauchsverordnung wurde herausgearbeitet. Diese Schutzrichtung ist in die Tatbestände der Marktmanipulation hineinzulesen. Gegensätzliche Vorbehalte aufgrund der Whistleblower-Regelung und der Überprüfungsprärogative konnten verworfen werden. In einer rechtsaktvergleichenden Betrachtung konnte systematisch eine Tendenz zur Verschärfung des Kapitalmarktrechts festgestellt werden. Der Harmonisierungsprozess deutet auf eine enge Verzahnung von Public- und Private-Enforcement-Ansätzen hin. Diese Annahmen ließen sich historisch bestätigen. Überzeugend waren ebenfalls die teleologischen Erwägungen. Es konnte ermittelt werden, dass private Haftungsansprüche in jedem Fall zu einem Effektivitätsgewinn führen werden: Selbst wenn die dezentrale Informationsbeschaffung in Einzelfällen weniger beachtenswert ist, verbleibt die Erhöhung der zu befürchtenden Sanktionshöhe. Zivilrechtliche Haftungsansprüche erfüllen damit die unionsrechtlichen Sanktionsanforderungen. Die Argumente der Über- und Unterabschreckung ließen sich entkräften.

Ferner konnten die Bedenken zur institutionellen Balance mit dem bestehenden Durchsetzungsdefizit verworfen werden. Die Befunde der ESMA wurden mit einem transnationalen Blick in die USA relativiert. Dort weisen gegensätzliche empirische Studien darauf hin, dass die Gefahr durch Marktmanipulationen zunimmt. Durch die voranschreitende technische Entwicklung werden sich diese Effekte verstärken. Die empirische Forschung steht jedoch – selbst in den USA – noch am Anfang. Die bereits durchgeführten empirischen Studien aus den USA[1015] konterkarieren aber bereits jetzt die weniger erheblichen Auswertungen der ESMA[1016] und deuten darauf hin, dass in der Union ein Durchsetzungsdefizit vorliegt.

Darüber hinaus wird der Paradigmenwandel in der Mediennutzung nachweislich eine Zunahme von Manipulationsversuchen bedingen. Zweifelsfrei werden Leerverkaufsattacken durch die digitale Mediennutzung noch an Einfluss gewinnen.[1017]

Hierbei ist zu beachten, dass die SEC Rule 10b-5 in den USA einen vergleichbaren Anwendungsbereich wie Art. 15, 12 MAR[1018] abbildet, sodass auch diese Ergebnisse aufgrund der Internationalität der Kapitalmärkte zu übertragen sind.[1019] Es ist als Wegweiser für das Unionsrecht zu bewerten, dass selbst bei

---

1015 Siehe dazu: E. II. und J. I. 3. b) bb) ff.

1016 Siehe dazu: J. I. 3. b) aa).

1017 Siehe dazu: E. II.

1018 Vgl. dazu: J. I. 3. b) dd).

1019 Vgl. dazu: J. I. 3. b) ee).

den strengeren Kapitalmarktvorschriften in den USA weiterhin noch konsequentere Regeln gefordert werden[1020].[1021]

In diesem Sinne werden die Maßnahmen in der Union erst recht nicht ausreichen können, zumal auch das Unionsrecht mit der Novellierung des Marktmissbrauchsrechts ein höheres Durchsetzungsniveau[1022] angestrebt hat und der Anlegerschutz ausdrücklich als Regelungsziel benannt wurde. Für das Vorliegen eines Durchsetzungsdefizits sprechen dann auch die gegenüberliegenden Entwicklungen: Einerseits nimmt die Gefahr von Leerverkaufsattacken durch die digitalen Medien zu. Andererseits soll das Schutzniveau durch das Marktmissbrauchsrecht erhöht und der Anleger ausdrücklich geschützt werden. Ein Durchsetzungsdefizit wird durch diese widerstreitenden Tendenzen mehr und mehr evident. Der Finanzstandort Deutschland nimmt bei diesen Betrachtungen eine Schlüsselrolle ein: Neben der zunehmenden Bedeutung des Börsenplatzes[1023] repräsentiert Deutschland den Hauptdeliktsort für Marktmanipulationen,[1024] sodass besonderer Handlungsbedarf besteht und die obsolete Rechtsprechung zum § 20a WpHG a. F.[1025] zu korrigieren ist.

2. Schlussfolgerungen

Zusammenfassend konnte nachgewiesen werden, dass sich im Wege der funktionalen Subjektivierung implizite Klagrechte als zivilrechtliches Sanktionsmittel begründen lassen.

Aufgrund der zunehmenden Rolle, die Leerverkaufsattacken im Bereich der Marktmanipulation spielen, und des rechtsdogmatischen Ergebnisses, das herausgearbeitet wurde, spricht viel dafür, dass der EuGH in einem Vorabentscheidungsverfahren ähnlich positiv in Hinblick auf die Begründung subjektiver Rechte Einzelner entscheiden würde wie in den *Rs. Courage*[1026], *Manfredi*[1027]

1020 Vgl. dazu: J. I. 3. b) dd).
1021 Vgl. dazu die zahlreichen Studien: E. II. und J. I. 3. b) dd) ff.
1022 Vgl. dazu: J. I. 3.
1023 Insbesondere nach Ausscheiden Londons durch den Austritt Großbritanniens aus der Europäischen Union.
1024 Siehe dazu selbst die Auswertungen der ESMA: J. I. 3. b) aa).
1025 Siehe dazu bspw. die IKB-Entscheidung, BGHZ 192, 90 oder die ComROAD-Entscheidung, BGH, NZG 2007, 708; BGH, ZIP 2007, 681; ZIP 2007, 679; ZIP 2007, 326; ZIP 2007, 1560; ZIP 2007, 1564; ZIP 2008, 407; ZIP 2008, 410; ZIP 2008, 829 (zu § 826 BGB mit Verweis auf ähnliche Vorgaben für § 823 Abs. 2 BGB).
1026 Siehe dazu: I. II. 1.
1027 Siehe dazu: I. II. 2.

und *Muñoz*[1028]. Es konnten keine überzeugenden Argumente eruiert werden, die gegen eine funktionale Subjektivierung des Art. 15, 12 MAR im Zusammenhang mit Leerverkaufsattacken sprechen würden. Hierbei ist klarzustellen, dass die Darlegungs- und Argumentationslast nicht gegen solche Maßnahmen zur Rechtsdurchsetzung spricht, sondern diese nach Maßgabe des Art. 4 Abs. 3 EUV fordert. Dazu konnte der Effizienzgewinn, der von diesen zivilrechtlichen Sanktionen ausgehen würde, zweifelsfrei belegt werden.

Diese Erkenntnisse lassen lediglich die Schlussfolgerung zu, dass nicht nur die Möglichkeit angezeigt ist, zivilrechtliche Haftungsansprüche herzuleiten, sondern auch die Verpflichtung existiert, diese anzunehmen. Diese Wertungen auf Unionsrechtsebene sollen anschließend bei der nationalen Rechtsbetrachtung Berücksichtigung finden.

1028 Siehe dazu: I. II. 4.

K. Das Haftungspostulat in Deutschland

Vor diesem Hintergrund soll das Haftungsregime bei Leerverkaufsattacken aus deutscher Sicht untersucht werden. Eine ausdrückliche Haftung für Leerverkaufsattacken ist nicht normiert. Insoweit stellt sich die Frage, ob sich Leerverkaufsattacken bereits unter die bestehenden Haftungstatbestände subsumieren lassen.

Durch Leerverkaufsattacken können unterschiedliche Schäden eintreten. Während beim Emittenten Rufschädigungen und die Kreditgefährdung im Raum stehen, sind es bei den Aktionären Vermögensschäden. Mögliche zivilrechtliche Haftungstatbestände lassen sich anhand der Betroffenen kategorisieren.

I. Haftung gegenüber dem Emittenten

Unmittelbares Ziel der Leerverkaufsattacke ist der Emittent selbst, der durch einen negativen Bericht in Verruf gebracht werden soll. Je skandalreicher der Bericht ausgestaltet ist, desto größer ist das Korrekturpotenzial der Aktie, aber auch die Rufschädigung und die Kreditgefährdung des Emittenten.

Als spezieller Schadensersatzanspruch zugunsten des Emittenten sind § 117 Abs. 1 S. 1 AktG und Art. 35a Abs. 1 UAbs. 2 Ratingagenturen-VO[1029] normiert. Zudem könnte auf das allgemeinere Recht zurückgegriffen werden. Hier ließe sich an Ersatzansprüche wegen der Verletzung der Treupflichten des leerverkaufenden Aktionärs gegenüber dem Emittenten, aber auch an deliktische Ansprüche denken.

1. § 117 Abs. 1 S. 1 AktG

Ein Anspruch des Emittenten gegen den aktivistischen Leerverkäufer aus § 117 Abs. 1 S. 2 AktG setzt voraus, dass der Anspruchsgegner Einfluss auf die Gesellschaft, den Vorstand, einen Prokuristen bzw. Handlungsbevollmächtigten oder den Aufsichtsrat nimmt, der dazu bestimmt ist, der Gesellschaft oder den Aktionären Schaden zuzufügen.

1029 Verordnung (EU) Nr. 462/2013 des Europäischen Parlaments und des Rates vom 21. Mai 2013 zur Änderung der Verordnung (EG) Nr. 1060/2009 über Ratingagenturen (wie Fn. 452).

Bei Leerverkaufsattacken nehmen die aktivistischen Leerverkäufer indes keinen Einfluss auf die benannten Personen(gruppen), sondern auf die Aktionäre, die entweder davon abgehalten werden sollen, Aktien des Zielunternehmens zu erwerben, oder angehalten werden sollen, diese zu veräußern. Eine schädliche Einflussnahme, wie sie von § 117 Abs. 1 S. 1 AktG vorgesehen ist, liegt nicht vor.

Ein Anspruch des Emittenten gegen den aktivistischen Leerverkäufer aus § 117 Abs. 1 S. 1 AktG scheidet aus.

2. Art. 35a Abs. 1 UAbs. 2 Ratingagenturen-VO

Als spezialgesetzliche Anspruchsgrundlage des Emittenten gegen den aktivistischen Leerverkäufer kommt Art. 35a Abs.1 UAbs. 2 Ratingagenturen-VO infrage.

Dazu müsste der aktivistische Leerverkäufer als Ratingagentur einzustufen sein und in dieser Rolle vorsätzlich oder grob fahrlässig eine der in Anhang III der Ratingagenturen-VO aufgeführten Zuwiderhandlungen begangen haben, die den Emittenten oder dessen Finanzinstrumente betreffen.

Gemäß Art. 3 Ratingagenturen-VO sind Ratingagenturen Rechtspersönlichkeiten, deren Tätigkeit in der gewerbsmäßigen Abgabe von Ratings besteht (Art. 3 Abs. 1 b) Ratingagenturen-VO). Als Rating werden Bonitätsurteile verstanden, denen ein erhebliches Vertrauen von Anlegern auf deren Richtigkeit entgegengebracht wird (vgl. Art. 3 Abs. 1 a) sowie die Erwägungsgründe (1), (43), (55) Ratingagenturen-VO).

Aktivistische Leerverkäufer werden diesem Begriffsverständnis nicht gerecht und lassen sich folglich nicht als Ratingagenturen subsumieren, da sie weder gewerbsmäßig Ratings abgeben noch ihre Berichterstattung ein vergleichbares Vertrauen im Markt hervorruft.

Eine analoge Anwendung scheidet ebenfalls aus, da Art. 35a Ratingagenturen-VO gerade vor Interessenkonflikten schützen soll, die aufgrund einer Sonderbeziehung zwischen dem Emittenten und der Ratingagentur besteht. Zwischen dem Emittenten und einem Leerverkäufer ist eine solche Verbindung aber gerade nicht vorhanden.

Ein Anspruch des Emittenten gegenüber dem Leerverkäufer aus Art. 35a Abs. 1 UAbs. 2 Ratingagenturen-VO scheidet aus.

3. § 4 Nr. 1 und 2 UWG

Ferner ist an die §§ 4 Nr. 1 und 2 UWG zu denken, die tatbestandlich den Mitbewerber vor schädigenden Tatsachenbehauptungen schützen sollen. Allerdings werden bei Leerverkaufsattacken nur in Ausnahmefällen Tatsachenbehauptungen vorliegen. Jedenfalls scheitern die §§ 4 Nr. 1 und 2 UWG allerdings an der Mitbewerberstellung des Leerverkäufers, da zwischen dem Emittenten und dem Leerverkäufer kein konkretes Wettbewerbsverhältnis existiert (§ 2 Nr. 3 UWG).

§§ 4 Nr. 1, 2 UWG scheiden mithin aus.

4. Treupflicht des Leerverkäufers gegenüber dem Emittenten

Weiter könnte auf die Treupflicht des Leerverkäufers gegenüber dem Emittenten abgestellt werden. Als Anspruchsgrundlage der Gesellschaft gegen den ‚leerverkaufenden Aktionär' kommt § 280 Abs. 1 BGB i. V. m. der verletzten Treupflicht infrage.[1030]

a) Herleitung der Treupflicht

Die Treupflicht des Aktionärs ist weder gegenüber anderen Aktionären noch gegenüber der Gesellschaft ausdrücklich geregelt. Ihr Ursprung liegt im Personengesellschaftsrecht, weshalb wegen der eingeschränkten Vergleichbarkeit die Übertragung auf die Gesellschafterstellung bei Kapitalgesellschaften – und vor allem bei Aktiengesellschaften – teilweise umstritten war.[1031]

Gegenstimmen führten vor allem an, dass das Verhältnis unter den Aktionären anonymer und nicht mit einem Verhältnis in einer Personengesellschaft vergleichbar sei.[1032] Abzugrenzen davon ist das Verhältnis der Gesellschafter gegenüber der Gesellschaft, das regelmäßig den Schwerpunkt der Treupflicht ausmachen wird, da aus der gesellschaftsvertraglichen Verbundenheit Rechte und Pflichten erwachsen und hierin der wirtschaftliche Schwerpunkt liegen wird.

In der Literatur werden die beiden unterschiedlichen Schutzrichtungen – gegenüber den Mitgesellschaftern einerseits und der Gesellschaft andererseits – nicht immer trennscharf voneinander abgegrenzt und mitunter gleichgesetzt.[1033] Nach *Lutter* gibt es keine originäre Treupflicht des Aktionärs gegenüber der Gesellschaft, sondern sie ergibt sich als Bündelung der Treupflicht zwischen den Gesellschaftern.[1034]

1030 *Wentz*, WM 2019, 196, 202; *Koch*, in: Koch, AktG, § 53a, Rn. 13.

1031 *Koch*, in: Koch, AktG, § 53a Rn. 13 ff.

1032 *Cahn/v. Spanneberg*, in: Spindler/Stilz, AktG, § 53a, Rn. 36. (sehen den Begriff der „Realstruktur der Gesellschaft" kritisch und hinterfragen die personalistische Prägung in Gesellschaften, bejahen letztlich aber ebenfalls die Treupflicht unter den Aktionären).

1033 Anders ausdrücklich bei: *Koch*, in: Koch, AktG, § 53a Rn. 16 (m. w. N.).

1034 *Lutter*, ZHR 162 (1998), 164, 183.

Dies lässt sich insbesondere mit dem Ursprung des Rechtsinstituts der Treupflicht im Personengesellschaftsrecht begründen, da trotz der Teilrechtsfähigkeit der Personengesellschaften eine Treupflicht gegenüber den Gesellschaftern, die grundsätzlich selbstorganschaftlich in die Gesellschaft eingebunden sein werden, üblicherweise mit den Interessen der Gesellschaft gleichläuft. Insoweit überrascht es dann auch nicht, dass historisch auf die persönliche Prägung innerhalb der Gesellschaft abgestellt und dieses Merkmal erst im Laufe der Zeit von der Rechtsprechung und der Literatur aufgegeben wurde. Heute wird die Treupflicht trotz der unterschiedlichen Schutzrichtungen an denselben Grundsätzen festgemacht.

aa) Entwicklung der Rechtsprechung

Bereits einige Jahre nach Anerkennung der Treupflicht unter den Gesellschaftern einer GmbH hatte der BGH die Grundsätze zur Treupflicht auf die Aktiengesellschaft übertragen und schließlich auch im Verhältnis zur Gesellschaft anerkannt.

Zunächst hatte der BGH in seinem ITT-Urteil[1035] die Treupflicht zwischen den Gesellschaftern einer GmbH anerkannt. In der Linotype-Entscheidung[1036] wurde dann die Treupflicht des Mehrheitsaktionärs gegenüber den anderen Aktionären und der Gesellschaft bejaht, wobei hier noch der Bezug zum personengesellschaftsrechtlichen Ursprung hergestellt wurde.[1037] Mit der Girmes-Entscheidung[1038] wurden dann vice versa dem Minderheitsaktionär ebenfalls Treupflichten zugesprochen. Das Besondere an dieser Entscheidung war, dass erstmals nicht auf eine vergleichbare personengesellschaftliche Beziehung unter den Aktionären, sondern vielmehr auf die funktionale Begrenzung der gesellschaftsrechtlichen Rechte des Aktionärs abgestellt wurde.[1039] Die Treupflicht des Aktionärs wurde somit losgelöst von einem vergleichbaren Verhältnis unter den Gesellschaftern wie in einer Personengesellschaft bejaht, aber auch von den Gesellschafter gegenüber der Gesellschaft. Das Bestehen der Treupflicht

---

1035 BGHZ 65, 15, 18 f. (auch hier stellt der BGH bereits auf die ähnliche Prägung wie in einer Personengesellschaft ab).

1036 BGHZ 103, 184.

1037 *Cahn/v. Spanneberg*, in: Spinder/Stilz, AktG, § 53a, Rn. 37.

1038 BGHZ 129, 136.

1039 BGHZ 129, 136, 143 ff.; vgl. dazu auch *Drygala, in:* KK-AktG, § 53a, Rn. 94; *Servatius*, in: Wachter, AktG, § 53a, Rn. 51 ff.; *Schäfer*, in: FS Hommelhoff, S. 939, 947 ff.; *Cahn/v. Spanneberg*, in: Spinder/Stilz, AktG, § 53a, Rn. 37.

zwischen einem Aktionär und der Gesellschaft sowie zwischen den Gesellschaften wurde folglich bereits früh judiziert.[1040]

bb) Traditionelle Ansichten in der Literatur

Trotz dieser wegweisenden Urteile ist der rechtliche Grund für die Treupflicht des Gesellschafters respektive des Aktionärs in der Literatur bis heute noch immer nicht abschließend geklärt. Einige Ansichten stellen auf den allgemeinen Grundsatz von Treu und Glauben (§ 242 BGB) ab.[1041] Andere knüpfen dagegen – ähnlich wie der BGH – an die Leistungsvereinigung der Gesellschafter in der Gesellschaft (§ 705 BGB) an und leiten dann die Treupflicht unterschiedlich her. Während sich ältere Ansichten auf das gegenseitige Vertrauen im gesellschaftsrechtlichen Gemeinverhältnis beziehen,[1042] nehmen andere Ansichten direkt auf den Organisationsvertrag – also auf die Satzung der Gesellschaft – Bezug[1043]. In neueren Ansichten wird dagegen auf eine mitgliedschaftsrechtliche Sonderbeziehung abgestellt.[1044] Die Treupflicht wird teilweise auch als ein Korrelat zur Gesellschaftermacht gesehen: Aus der rechtlichen Möglichkeit, über das Vermögen anderer mitbestimmen zu können, ergebe sich eine gesteigerte Verantwortung, namentlich eine Treupflicht.[1045] Wieder andere verweisen darauf, dass bei Abschluss des Gesellschaftsvertrags nicht absehbar sei, welche konkreten Verpflichtungen aus der Förderpflicht zukünftig erwachsen könnten. Folglich bestehe eine gesteigerte Loyalitätspflicht, die sich aus den mitgliedschaftlichen Förderpflichten ergebe.[1046]

cc) Treuhandrechtliche Begründung

Ein etwas anderer Ansatz ordnet die Treupflicht der allgemeinen Treuhand-Dogmatik zu. Demnach ist zwischen der Treupflicht im engeren und im weiteren Sinne zu differenzieren.[1047]

1040 Götze, in: MüKoAKtG § 53a, Rn. 28.

1041 Vgl. die Übersicht zu den Anwendungsfällen bei *Lutter,* ZHR 153 (1989), 446, 455.

1042 *Hueck*, S. 12 f.

1043 *Koch*, in: Koch, AktG, § 53a, Rn. 15.

1044 BGHZ 103, 184, 195; *Dreher,* ZHR (1993) 157, 150, 153; *Winter.* S. 67 ff.; andere Ansicht jedoch *Hennrichs,* AcP 195, 221, 242 ff.; *Kindler,* in: FS Spiegelberger, S. 778, 779 f.

1045 Vgl. BGHZ 65, 15, 18 f.; BGHZ 103, 184, 195; BGHZ 129, 136, 143 f.; dazu *Zöllner,* S. 342 ff.

1046 *Lutter,* AcP 180 (1980), 84, 91 f. und 102 ff.

1047 *Grundmann,* S. 269 ff.

Als Treupflicht im engeren Sinne wird die Beziehung zum Treugut selbst bezeichnet. Als Treugut lassen sich diejenigen Werte zusammenfassen, die dem Treuhänder zur Verwaltung überlassen worden sind, ohne dass er für die Einräumung der Entscheidungsmacht eine Gegenleistung erbracht hätte. Hierbei muss der Treuhänder die Interessen des Treugebers berücksichtigen und seine eigenen Belange zurückstellen.

Bezogen auf das Aktionärsverhältnis, ließen sich als Treupflicht im engeren Sinne solche Verhaltensweisen des Aktionärs verstehen, die die Beteiligungsverhältnisse an der Gesellschaft über ein gerechtfertigtes Maß hinaus verändern würden, ohne dass der Aktionär hierfür eine hinreichende Gegenleistung erbringen würde. Der Aktionär hält mit den Aktien lediglich eine anteilige Beteiligung am Gesellschaftsvermögen und dessen Erträgen. Führt sein Verhalten indes zu einer quotalen Veränderung der Beteiligungsverhältnisse, erhält der Aktionär Entscheidungsmacht, ohne eine Gegenleistung dafür erbracht zu haben. Insoweit wirft sich die Frage auf, ob der Aktionär durch seine Einflussnahme mehr erhalten würde, als ihm durch seine anteilige Eigentümerstellung zukommen dürfte. Wäre dies der Fall, dann hat er sein Verhalten anzupassen und im Interesse des Treugebers, also der Gesellschaft, zu handeln. In diese Folge hätte der Aktionär seine eigenen Belange zugunsten der Gesellschaft zurückzustellen.[1048]

Die Treupflicht im weiteren Sinne betreffe dagegen alle weiteren Entscheidungen in der Rolle als Aktionär, die nicht zu einer quotalen Veränderung der Beteiligungsverhältnisse führen. Hier müsse sich der Aktionär nur an den Grundsätzen von Treu und Glauben im Kontext der Zweckförderpflicht messen lassen. Anwendbar seien aber weiterhin die Grundsätze zum Rechtsmissbrauch und des Wegfalls der Geschäftsgrundlage.[1049]

Anhand dieses Treuhand-Dogmas ließen sich sämtliche Anwendungsfälle der gesellschaftsrechtlichen Treupflicht sachgerecht lösen, weshalb die eigenständige dogmatische Kategorie entbehrlich wäre.[1050] Da Leerverkaufsattacken die quotalen Beteiligungsverhältnisse nicht über Gebühr verändern, käme lediglich eine Treupflicht im weiteren Sinne infrage, die sich wiederum nur an Treu und Glauben im Kontext der Zweckförderungspflicht ausrichtet, was im Ergebnis dann gleichlaufend mit den konventionellen Literaturstimmen ist.

1048 *Grundmann*, S. 269 ff.

1049 *Cahn/v. Spannenberg*, in: Spindler/Stilz, AktG, § 53a, Rn. 48; *Grundmann*, S. 275 f.

1050 *Cahn/v. Spannenberg*, in: Spindler/Stilz, AktG, § 53a, Rn. 48; *Grundmann*, S. 169 ff.

dd) Zwischenfazit

Im Ergebnis schließen sich die Ansicht der Rechtsprechung und der traditionellen Begründungen in der Literatur nicht gegenseitig aus. Sie müssen nicht exklusiv gesehen werden. Der treuhänderische Ansatz fällt zwar aus der Reihe, bejaht im Ergebnis aber eine Treupflicht – lediglich mit einem divergierenden Ansatz. Aus den dogmatischen Herleitungen ergeben sich keine praxisrelevanten Unterschiede. Vielmehr lässt sich zusammenfassen, dass die Treupflicht an zahlreichen Anknüpfungspunkten festgemacht werden kann und sich daraus ein allgemein anerkannter Grundsatz entwickelt hat.[1051]

Es lässt sich daher resümieren, dass die Treupflicht sowohl im Verhältnis von Aktionär zur Gesellschaft als auch unter den Gesellschaftern anerkannt ist.[1052]

b) Umfang der Treupflicht

Trotz der grundsätzlichen Bejahung der Treupflicht könnte der damit verbundene Umfang in personeller und sachlicher Hinsicht unterschiedlich eingeordnet werden. Während sich der Umfang der Treupflicht nach dem treuhänderischen Ansatz aus der Treuhand-Dogmatik selbst ergibt, steht die Klärung des Umfangs nach den anderen Ansichten noch aus.

Trotz der unterschiedlichen Herleitung herrscht Konsens dahin gehend, dass die Aktionäre – allgemein gesprochen – diejenigen Handlungen vornehmen sollen, die dem Gesellschaftszweck dienen, und schädliche Handlungen unterlassen sollen. Die Treupflicht begründet demnach eine Rücksichtnahmepflicht der Aktionäre zugunsten gesellschaftsbezogener Belange.[1053] Dieser allgemein gehaltene Grundsatz bedarf der Konkretisierung. Als Orientierungspunkt für den personellen und sachlichen Umfang der Treupflicht dient die mitgliedschaftliche Stellung des Aktionärs.

1051 So ähnlich sieht es auch: *Mimberg* in: Marsch-Barner/Schäfer, Handbuch börsennotierte AG, Rechte und Pflichten des Aktionärs, Rn. 36.31.

1052 und das seit der Linotype-Entscheidung (BGHZ 103, 184, 194 f.) sowohl im vertikalen Verhältnis unter den Aktionären als auch im horizontalen Verhältnis gegenüber der Gesellschaft, siehe dazu: *Henze*, BB 1996, 489; vgl. auch: *Lutter*, ZHR 162 (1998), 164, 183.

1053 BGHZ 103, 184, 195; BGHZ 129, 137, 142, 144; *Bungeroth*, in: MüKoAktG, Vor § 53a, Rn. 25; *Laubert*, in: Hölters/Weber, AktG, § 53a, Rn. 17; *Cahn/v. Spannenberg*, in: Spindler/Stilz, AktG, § 53a, Rn. 48.

aa) Persönlich

Personell trifft die Treupflicht nur den Aktionär, nicht Dritte.[1054]

bb) Sachlich

Sachlich kann zwischen dem mitgliedschaftlichen Bereich und weiteren Nebenpflichten unterschieden werden.

(1) Mitgliedschaftlicher Bereich

Durch die Treupflicht werden dem Aktionär zunächst Schranken bei der Ausübung seiner Rechte als Aktionär gesetzt (Schrankenfunktion). Umfasst sind insbesondere Stimm-, Informations- und Kontrollrechte.[1055] Es handelt sich hierbei um die mitgliedschaftlichen Rechte des Aktionärs, die im Kontext der Treupflicht weiter ausdifferenziert werden können.

Die mitgliedschaftlichen Rechte lassen sich in eigennützige und uneigennützige Rechte kategorisieren.[1056] Als eigennützige Mitgliedschaftsrechte werden solche Rechte verstanden, die überwiegend dem persönlichen Interesse des Aktionärs dienen – nicht der Gesellschaft. Dazu zählen vor allem Vermögensrechte, beispielsweise der Anspruch auf die Ausschüttung einer Dividende, aber auch Kontrollrechte wie das Teilnahmerecht an der Hauptversammlung oder das dortige Rederecht.

Als uneigennützige Rechte werden dagegen solche Rechte verstanden, die in erster Linie dem Gesellschaftsinteresse förderlich sind – also dem Unternehmenszweck und dessen Ziel dienen. Dazu werden die organschaftlichen Befugnisse[1057] der Aktionär sowie das Stimmrecht[1058] auf der Hauptversammlung und dessen Ausübung als Mitglied dieses Gesellschaftsorgans[1059]

1054 *Koch*, in: Koch, AktG, § 53a, Rn. 18, 22 mit Verweis auf das Problem der Stimmrechtsbündelung im Girmes-Fall: BGHZ 129, 136.

1055 BGH NJW 1995, 1739, 1741; *Girmes*, in: Spindler/Stilz, AktG, § 53a, Rn. 38; *Drygala*, in: KK-AktG, § 53a, Rn. 95; vgl. für die GmbH: *Fastrich*, in: Noack/Servatius/Haas, GmbHG, § 13 GmbHG Rn. 23; *Merkt*, in: MüKoGmbHG, § 13, Rn. 88 ff.; im Kontext von Leerverkäufen: *Schockenhoff/Culmann*, AG 2016, 517, 11.

1056 *Henze*, BB 1996, 489, 491; *Laubert*, in: Hölters/Weber, AktG, § 53a, Rn. 17; ähnliche Ausführungen zum GmbH-Gesellschafter machte schon: *Winter*, S. 19 ff., 95 ff.

1057 *Henze*, BB 1996, 489, 491

1058 *Henze*, BB 1996, 489, 491; *Koch*, in: Koch, AktG, § 53a, Rn. 16; vgl. dazu: *Winter*, S. 85 ff., 89.

1059 *Henze*, BB 1996, 489, 491 (differenziert weiter nach einer formellen und materiellen Sichtweise im Kontext der Anfechtungsklage nach § 246 Abs. 1 AktG).

gezählt.[1060]

Der sachliche Umfang der Treupflicht orientiert sich am Charakter der mitgliedschaftlichen Rechte. Handelt es sich um uneigennützige Rechte, begründet die Treupflicht eine Rücksichtnahmepflicht des Aktionärs, seine persönlichen Interessen zurückzustellen.[1061] Die Treupflicht hat damit eine rechtsbegrenzende Funktion.[1062]

Bei eigennützigen Rechten kann dagegen lediglich einschränkend auf die Treupflicht verwiesen werden. Hier gelte nur eine Willkürgrenze, nach der der Aktionär nicht grundlos und damit rechtsmissbräuchlich gegen die Interessen der Gesellschaft handeln darf.[1063]

Abweichende Meinungen unterscheiden sich nur sprachlich, meinen inhaltlich aber dasselbe. So verweisen *Cahn/v.Spanneberg* auf die Unterscheidung der verliehenen Rechte im eigenen und im Interesse der Gesellschaft.[1064] Dabei werden die Treupflichten auf die mitgliedschaftlichen Belange beschränkt, sodass vermeintliche Verletzungen gegen die Treupflicht im außergesellschaftlichen Bereich hierüber nicht sanktioniert werden können.[1065]

Henze bringt es ‚plastischer' auf den Punkt, indem er anführt, dass es dem Aktionär nicht vorgeworfen werden könne, lediglich seine Dividenden zu beziehen und sich im Übrigen nicht um das Schicksal der Aktiengesellschaft zu kümmern.[1066] Anderes gelte nur, wenn es um die Mitverwaltungsrechte gehen würde.[1067]

1060 *Henze*, BB 1996, 489, 491; *Lutter*, ZHR 153 (1989), 446, 455; *Winter*, S. 85 (m. w. N.); grundlegend: *Ulmer*, in: FS Möhring, S. 295, 299 f.; *Zöllner*, S. 344 ff.; vgl. die Einteilung bei *Ulmer*, in: Großkommentar-HGB, Bankvertragsrecht, § 105 Rn. 219, 235.

1061 *Henze*, BB 1996, 489, 494, *Ulmer*, in: Großkommentar-HGB, Bankvertragsrecht, § 105, Rn. 241 f.

1062 *Drygala*, in: KK-AktG § 53a, Rn. 95; *Fleischer*, in: *K. Schmidt/Lutter*, AktG, § 53a, Rn. 55; *Cahn/v. Spanneberg*, in: Spinder/Stilz, AktG, § 53a, Rn. 37 f.

1063 *Cahn/v. Spanneberg*, in: Spindler/Stilz § 53a, Rn. 48 ff.; *Henze*, BB 1996, 489, 494; *Ulmer*, in: Großkommentar-HGB, Bankvertragsrecht, § 105, Rn. 237, 240.

1064 *Cahn/v. Spanneberg*, in: Spindler/Stilz, AktG, § 53a, Rn. 48 ff. (m. w. N.), so auch: *Zöllner*, Die Schranken mitgliedschaftlicher Stimmrechtsmacht bei den privatrechtlichen Personenverbänden, S. 344 ff.; *Winter*, S. 20; *Dygala*, in: KK-AktG, § 53a, Rn. 97.

1065 BGH, NJW 1992, 3167, 3171; *Koch*, in: Koch, AktG, § 53a, Rn. 18.

1066 *Henze*, BB 1996, 489.

1067 *Henze*, BB 1996, 489.

Sowohl die Ansichten, die in eigennützige und uneigennützige Rechte unterscheiden, als auch die sprachlich etwas abweichenden Ansichten stellen bei der Treupflicht auf die Begrenzung der mitgliedschaftlichen Rechte ab.[1068]

Im Ergebnis besteht sonach Einigkeit dahin gehend, dass der Treupflicht jedenfalls eine rechtsbegrenzende Funktion des mitgliedschaftlichen Bereichs zukommt. Es kann damit offenbleiben, welchem dogmatischen Ansatz gefolgt wird.

Bei der Leerverkaufsattacke agiert der aktivistische Leerverkäufer aber nicht im mitgliedschaftlichen Bereich. Der Leerverkäufer bedient sich weder eigennütziger Rechte wie des Rederechts noch gesellschaftlicher Mittel wie des Stimmrechts. Eine Verletzung der Treupflicht im mitgliedschaftlichen Bereich scheidet folglich aus. Denkbar wäre es jedoch, eine allgemeine Nebenpflicht des Aktionärs anzunehmen, der Gesellschaft nicht zu schaden.

(2) Allgemeine Nebenpflicht

Es ist umstritten, ob neben der Treupflicht im mitgliedschaftlichen Bereich eine allgemeine Nebenpflicht des Aktionärs besteht, der Gesellschaft nicht zu schaden.

Der BGH lässt dies in seinen Entscheidungen zumindest offen.[1069]

In der Literatur wird teilweise vertreten, dass allgemeine Nebenpflichten nicht bestünden, aber sich die Treupflicht auf persönliche Beziehungen erstrecken könne, sofern sich die private Sphäre und der mitgliedschaftliche Bereich überschneiden. Grundsätzlich könne der außergesellschaftliche Bereich indes nicht über eine Treupflichtverletzung haftbar gemacht werden.[1070]

In Abgrenzung zur Personengesellschaft wird ferner vorgebracht, dass die Stellung als Aktionär anonymer sei als beispielsweise die eines OHG-Gesellschafters. Aktionäre würden sich weniger als Gesellschafter sehen, sondern eher als Investoren. Eine Haftung sei daher abzulehnen. [1071]

Teilweise wird mit Verweis auf die Realstruktur[1072] der Gesellschaft eine Rückausnahme zugelassen, sofern die Aktiengesellschaft personalistisch geprägt

---

1068 Zu restriktiven Auslegung des mitgliedschaftlichen Bereichs, vgl.: *Thaeter/Guski*, AG 2007, 301.

1069 BGHZ 65, 15, 18; BGHZ 103, 184; BGHZ 129, 136.

1070 BGH NJW 1992, 3167, 3171; *Henze/Notz,* in: Großkommentar-AktG, Anh. zu § 53a, Rn. 25; ausführend dazu auch: *Koch,* in: Koch, AktG, § 53a, Rn. 13 f.

1071 *Cahn/v. Spanneberg,* in: Spindler/Stilz, AktG, § 53a, Rn. 43 ff.

1072 *Cahn/v. Spanneberg,* in: Spindler/Stilz, AktG, § 53a, Rn. 48 ff.; *Henze*, BB 1996, 489, 491 ff.

ist. Jedenfalls seien jedoch die Spezialtatbestände im AktG[1073] zu beachten, die den Grundgedanken der Treupflicht aufgreifen und somit in solch gelagerten Fällen – nach dem Willen des Gesetzgebers – einen Rückgriff auf den allgemeinen Grundsatz verwehren.[1074]

Nach diesen eher restriktiveren Ansichten ist die Rechtsbegrenzungsfunktion der Treupflicht auf den mitgliedschaftlichen Bereich beschränkt. Gleichwohl finden sich auch Ansichten, die den Anwendungsbereich der Treupflicht etwas großzügiger auslegen.

So sei das gesellschaftsbezogene Interesse eines jeden Aktionärs regelmäßig der wirtschaftliche Erfolg der Gesellschaft, weshalb eine allgemeine Rücksichtnahmepflicht bestünde, dieses Interesse nicht zu gefährden.[1075] Die Rechtsbegrenzungsfunktion der Treupflicht beziehe sich zwar im Regelfall auf die mitgliedschaftlichen Rechte, beschränke sich aber nicht ausschließlich auf diese.[1076]

Im Kontext von Leerverkaufsattacken wird es zumindest als denkbar eingestuft, eine Verletzung von Treupflichten als allgemeine Nebenpflicht zu bejahen – ohne aber das Bestehen einer allgemeinen Nebenpflicht hinreichend zu begründen.[1077]

Wird den großzügigeren Auffassungen gefolgt und eine allgemeine Nebenpflicht des Aktionärs unterstellt, die Gesellschaft nicht zu schädigen, müssten sich Leerverkaufsattacken unter die Treupflicht des Aktionärs subsumieren lassen. Andernfalls könnte der Streit in diesem Kontext vernachlässigt werden.

c) Subsumtion von Leerverkaufsattacken als Treupflichtverletzung

Um eine Treupflicht verletzt zu haben, müsste der Leerverkäufer erstens selbst Aktionär gewesen sein und zweitens ihm eine ebensolche Pflichtverletzung vorgeworfen werden können.

1073 Zu nennen sind hier insbesondere § 117, §§ 291 ff. und §§ 311 ff.

1074 *Cahn/v. Spanneberg,* in: Spindler/Stilz, AktG, § 53a, Rn. 48 ff.

1075 *Cahn/v. Spanneberg, in: Spindler/Stilz,* AktG, § 53a, Rn. 49 f.*;* so auch schon dem Grunde nach: *Lutter*, ZHR 162 (1998), 162, 164; 183

1076 *Wentz*, WM 2019, 196, 2023.

1077 So im Kontext von Leerverkaufsattacken auch: *Schockenhoff/Culmann*, AG 2016, 517, 525.

aa) Leerverkäufer ist Aktionär

Zunächst müsste der aktivistische Leerverkäufer Aktionär des Zielunternehmens gewesen sein. *Mülbert*[1078] und *Graßl/Nikoleyczik*[1079] unterstellen pauschal, dass der aktivistische Leerverkäufer bereits kein Aktionär der betreffenden Gesellschaft sei. Die Treupflicht scheide folglich aus.

Gleichwohl ist diese Sichtweise zu kurz gegriffen. Ob der Leerverkäufer Aktionär der Zielgesellschaft geworden ist, entscheidet das Deckungsverhältnis. Da das Deckungsverhältnis unterschiedlich ausgestaltet sein kann, handelt es sich stets um eine Einzelfallentscheidung. Im Deckungsverhältnis muss zumindest ein unbedingter Anspruch auf eine ausreichende Anzahl leerverkaufter Aktien bestehen, der zeitlich und quantitativ den Leerverkauf deckt und bei dem der Leerverkäufer berechtigterweise davon ausgehen kann, dass er auch tatsächlich abgewickelt wird.[1080]

(1) Wertpapierleihe und vergleichbare Rechtsverhältnisse

Den Regelfall des Deckungsverhältnisses bildet eine Wertpapierleihe. Bei der Wertpapierleihe oder einem vergleichbaren Rechtsverhältnis wird der Leerverkäufer nach deutschem Verständnis zwar nicht wirtschaftlicher, dafür aber zivilrechtlicher Eigentümer der Aktien. Die EU-LVVO und das deutsche Sachenrecht gehen an dieser Stelle von einem unterschiedlichen Eigentumsbegriff aus.[1081] Entscheidend ist deshalb, welcher Eigentumsbegriff bei der Treupflicht zugrunde gelegt werden muss.

Nach dem Verständnis der EU-LVVO ist auf das wirtschaftliche Eigentum abzustellen – allerdings nur bei der Definition des Leerverkaufs (Art. 2 EU-LVVO) sowie des Deckungsverhältnisses (Art. 12 f. EU-LVVO).

Da die Treupflicht an die mitgliedschaftliche Stellung als Aktionär anknüpft, ist die wirtschaftliche Betrachtung nach der EU-LVVO nicht entscheidend. Danach wird lediglich vorgegeben, wann begrifflich ein Leerverkauf vorliegt – nicht aber, wer als zivilrechtlicher Eigentümer, also als Aktionär, anzusehen ist.

Ob der Leerverkäufer Aktionär des Zielunternehmens geworden ist, richtet sich nicht nach dem wirtschaftlichen Verständnis der EU-LVVO[1082], sondern ist eine Frage des deutschen Sachrechts. Demnach ist der Leerverkäufer durch die

1078 *Mülbert*, ZHR 182 (2018), 105, 108
1079 *Graßl/Nikoleyczik*, AG 2017, 49, 54 („mangels Aktionärsstellung").
1080 Siehe dazu ausführlich: B. I. 4.
1081 Siehe dazu: B. II. 2.
1082 Siehe dazu: B. II. 2. f).

Übereignung der Aktien nach § 929 S. 1 BGB Eigentümer geworden. Dass der Entleiher wirtschaftlicher Eigentümer nach Maßgabe der EU-LVVO geblieben ist, spielt für den Aktionärsstellung des Leerverkäufers keine Rolle. Einzig entscheidend ist die dingliche Verfügung.

Schockenhoff/Culmann führen dagegen an, dass der Leerverkäufer eine wirtschaftlich entgegensetzte Position zum Aktionär halte und nicht Eigentümer der Aktien geworden sei.[1083] Dieses Dilemma könne nur umgangen werden, wenn nicht auf das rechtliche, sondern auf das wirtschaftliche Eigentum abgestellt würde, wenn es also ausreichen sei, dass der Leerverkäufer, ohne Aktionär geworden zu sein, die wirtschaftlichen Chancen und Risiken der Aktionärsstellung übernommen hätte.[1084]

Gleichwohl verwechseln *Schockenhoff/Culmann* hier die Eigentumsbegriffe. Das zivilrechtliche Eigentum an den Aktien ist aus deutscher Sicht mit der Übereignung im Rahmen der Wertpapierleihe übergegangen. Der Leerverkäufer ist zivilrechtlicher Eigentümer und Aktionär geworden. Allein das wirtschaftliche Eigentum verbleibt nach dem Begriffsverständnis der EU-LVVO beim Verleiher. Somit wird zwar wirtschaftlich eine entgegengesetzte Position zum ‚einfachen' Aktionär aufgebaut – zivilrechtlich betrachtet sind die Leerverkäufer aber ebenso als Eigentümer anzusehen wie die übrigen Aktionäre. Wird beim Aktionärsbegriff eine wirtschaftliche Betrachtungsweise unterstellt, würde genau der umgekehrte Fall eintreten, wie *Schockenhoff/Culmann* es rekurrieren. Der Leerverkäufer würde gerade nicht als Aktionär eingeordnet werden können. Dies führt weder zum gewünschten Ergebnis noch ist ersichtlich, weshalb das Eigentumsübertragung nach § 929 S. 1 BGB wirtschaftlich ausgelegt werden sollte.

Bei der Wertpapierleihe und vergleichbaren Rechtsverhältnissen wird der Leerverkäufer durch die Übereignung nach § 929 S. 1 BGB zum Aktionär.

(2) Lokalisierungsvereinbarung nach Art. 12 Abs. 1 c) EU-LVVO

Etwas anderes könnte bei einer Lokalisierungszusage gelten. Bei einer Lokalisierungszusage nach Art. 12 Abs. 1 c) EU-LVVO)[1085] muss der Leerverkäufer berechtigterweise lediglich darauf vertrauen können, dass der Zusagende durch Vorkehrungen gegenüber Dritten sichergestellt hat, dass die konkrete Transaktion bei Fälligkeit abgewickelt werden kann. Eine dingliche Übereignung im

1083 *Schockenhoff/Culmann*, AG 2016, 517, 524 f.

1084 *Schockenhoff/Culmann*, AG 2016, 517, 525.

1085 Weiter konkretisiert durch Art. 6 DVO (EU) Nr. 827/2012 der Kommission vom 29. Juni 2012 (wie Fn. 25).

Deckungsverhältnis findet folglich nicht statt. Der aktivistische Leerverkäufer wird nicht Aktionär.

Eine Übertragung der Treupflicht oder eine entsprechende Anwendung auf die schuldrechtliche Lokalisierungsvereinbarung würde das Rechtsinstitut überdehnen.[1086] Demnach scheidet eine Treupflichtverletzung bei Fallkonstellationen mit einer Lokalisierungsvereinbarung mangels Aktionärsstellung des Leerverkäufers aus.

(3) Zwischenergebnis

Dementsprechend ist bereits bei der Stellung als Aktionär zu differenzieren. Kommt es durch das entsprechende Deckungsverhältnis zu einer dinglichen Übereignung der Aktien, käme eine Verletzung der Treupflicht – zumindest in personeller Hinsicht – infrage. Liegt indes nur eine schuldrechtlich gelagerte Lokalisierungsvereinbarung vor, scheidet dieser Weg aus. Der aktivistische Leerverkäufer hat es mithin selbst in der Hand, ob er in die Stellung des Aktionärs eintreten möchte.[1087]

bb) Zeitpunkt der Aktionärsstellung

Problematisch könnte sich der Zeitpunkt der Aktionärsstellung darstellen. Bei einer Leerverkaufsattacke handelt es sich um einen mehraktigen Sachverhalt. Zunächst wird ein Deckungsgeschäft abgeschlossen und ausgeführt, dann werden die entsprechenden Aktien verkauft, anschließend wird ein negativer Bericht über das Zielunternehmen veröffentlicht und letztlich werden die Aktien am Markt zurückerworben und dem Verleiher zurückerstattet.

Das schädigende Ereignis ist die negative Berichterstattung über das Zielunternehmen. Bezüglich der möglichen Verletzung der Treupflicht ist deshalb auf diesen Zeitpunkt abzustellen.

Zu diesem Zeitpunkt ist der aktivistische Leerverkäufer regelmäßig nicht Aktionär – andernfalls könnte er durch die ‚Attacke' keinen Gewinn erzielen. Der Gewinn des Leerverkäufers ergibt sich aus dem Differenzbetrag der geliehenen sowie der zurückgekauften Aktien. Der Leerverkäufer wird zunächst durch Übereignung im Rahmen der Wertpapierleihe[1088] zum Aktionär. Nach dem Verkauf der Aktien am Markt erfolgt der Bericht und erst im Anschluss wird

---

1086 *Wentz*, WM 2019, 196, 202.

1087 So auch *Wentz*, WM 2019, 196, 202.

1088 Oder vergleichbare Rechtsgeschäfte, die zu einem zivilrechtlichen Eigentumserwerb führen, nicht jedoch eine schuldrechtliche Lokalisierungsvereinbarung.

der Leerverkäufer durch Übertragung im Rahmen des Rückkaufs wieder zum Aktionär – wenn auch nur, um die Aktien dem Verleiher zurückzuerstatten.

Eine Verletzung der Treupflicht scheidet zum Zeitpunkt der Berichterstattung denknotwendig aufgrund der fehlenden Aktionärsstellung aus.[1089] Auch *Schockenhof/Culmann*[1090] stellten in ihren Ausführungen – trotz irreführender Anmerkungen zum Eigentumsbegriff – richtigerweise fest, dass der Leerverkäufer eine wirtschaftlich entgegengesetzte Position zum Aktionär halte, und ließen die Treupflicht anhand der fehlenden Aktionärsstellung scheitern.

cc) Vor- bzw. nachmitgliedschaftliche Verletzung

Denkbar bleibt die Verletzung einer vor- bzw. nachmitgliedschaftlichen Treupflicht.

Weber diskutierte bereits 1999 in seiner Habilitationsschrift die einzelnen rechtlichen Aspekte der Vorwirkung und bejahte diese letztlich, u. a. mit dem Verweis darauf, dass zukünftige Gesellschafter oftmals bereits Einfluss auf die Gesellschaft nehmen würden, obwohl sie noch nicht in die Aktionärsstellung eingetreten seien.[1091]

In der Literatur wird die Vorwirkung der Treupflicht seit dem Jahr 2000 nicht mehr eingehend diskutiert.[1092] Ältere Ansichten standen der Ansicht *Webers* offen gegenüber.[1093]

Andere lehnten diese Vorwirkung bereits damals grundlegend ab und verwiesen auf eine Überdehnung der Treupflicht.[1094] Die Treupflicht sei lediglich ein Bestandteil des Pflichtenkatalogs eines Aktionärs, wenn dieser bereits Mitglied in diesem Verbund sei.[1095] Zudem ließen sich die Fallkonstellationen sachgerechter über eine weite Auslegung der c. i. c.-Haftung lösen.[1096] Auch die

---

1089 Siehe dazu: K. I. 4. c) bb).

1090 *Schockenhoff/Culmann*, AG 2016, 517, 524 f.

1091 *Weber*, Vormitgliedschaftliche Treubindung, S. 239 ff.

1092 So feststellend auch: *Armbrüster*, NJW 2000, 567 ff.

1093 *Tröger*, § 3, S. 59 ff.; *Lutter*, ZHR 153 (1989), 446, 460; *Joussen*, BB 1992, 1075, 1079; *Wastl*, NZG 2000, 505, 507; mit dem Fokus auf Personengesellschaften: *Fleischer*, NZG 2000, 561, 563.

1094 *Joussen*, BB 1992, 1075, 1079; *Wastl*, NZG 2000, 505, 507; *Bungeroth*, in: MüKoAktG, Vor § 53a, Rn. 19 und 46; *Fleischer*, NZG 2000, 561, 563; *Drygala*, in: KK-AktG, § 53, Rn. 84; *Fleischer*, in: K. Schmidt/Lutter, AktG, § 53a, Rn. 61; *Zwissler*, S. 150 f.; *Lutter*, ZHR 153 (1989), 446, 460.

1095 *Joussen*, BB 1992, 1075, 1079 (mit Verweis, dass eine Offenlegungspflicht aus der Treupflicht erst existieren könne, wenn der Betroffene bereits Aktionär ist)

1096 *Fleischer*, NZG 2000, 561, 563.

Annahme einer vormitgliedschaftlichen Treupflicht würde einen Rückgriff auf c. i. c. nicht vollständig entbehrlich machen.[1097] Dessen ungeachtet führe die Ausweitung der Treupflicht zu dem verführerischeren Ansatz, alle Rechtsverstöße mit einem generalklauselartigen Billigkeitsgedanken haftbar zu machen. Deshalb zeige auch der BGH besondere Zurückhaltung dahin gehend, die Treupflicht auf weitere Konstellationen auszuweiten.[1098]

Auch heute behalten diese Argumente ihre Gültigkeit. Die vormitgliedschaftliche Treupflicht wird nach ganz herrschender Meinung mit den damaligen Argumenten abgelehnt.[1099] Angeführt wird heute außerdem noch, dass die hohe Regelungsdichte und die ausreichenden Verbots- und Informationsregelungen[1100] im Kapitalmarktrecht den weiteren Haftungsansätzen im Sinne einer vorgelagerten Treupflichtverletzung aus c. i. c. keinen Raum mehr lassen würden. Im Gegenteil: Mit der Ausweitung der Treupflicht würde der Willen des Gesetzesgebers konterkariert.[1101]

Vor diesem Hintergrund überrascht es etwas, dass *Wentz*[1102] gerade im Kontext von Leerverkaufsattacken die Vor- bzw. Nachwirkung der Treupflicht wieder aufgegriffen hat. Die Leerverkaufsattacke sei als Sondersituation zu bewerten, bei der es nicht sachgerecht sei, die vormitgliedschaftliche Treupflicht pauschal abzulehnen. Vielmehr sei der Korrelatsgedanke zwischen Verantwortung und Eingriffsmöglichkeiten des Aktionärs weiterzuentwickeln – auch wenn sich der Leerverkäufer nicht der Mittel der Aktionärsstellung bediene.[1103] *Wentz* zieht Parallelen zum schädlichen Beteiligungserwerb, bei dem der künftige Aktionär

---

1097 mit dem treffenden Verweis auf die bürgerlich-rechtliche Prospekthaftung: *Fleischer*, NZG 2000, 561, 563; dazu auch: BGHZ 79, 337, 340; 115, 213, 218.

1098 BGH, NJW 1992, 3167, 3171, bei dem zwischen einem gesellschaftlichen und einem außergesellschaftlichen Bereich unterschieden wird und die Treupflicht nur auf ersteren bezogen wird.

1099 *Götze*, MüKoAktG, Vor § 53a, Rn. 36; *Drygala*, in: KK-AktG, § 53a, Rn. 84; *Cahn/v. Spannenberg*, in: Spindler/Stilz, AktG, § 53a, Rn. 47 (mit Verweis auf die zunehmende Regelungsdichte des Insider- und des Übernahmerechts, das Verbot einer eigennützigen Ausnutzung der Organstellung und das dadurch eröffneten Zugang zu Informationen und der Grundsätze über die c. i. c.); *Fleischer*, in: K. Schmidt/Lutter, AktG, § 53a, Rn. 53.

1100 *Mertens/Cahn*, in: KK-AktG, § 93, Rn. 100, 105.

1101 *Mertens/Cahn*, in: KK-AktG, § 93, Rn. 100, 105.

1102 *Wentz*, WM 2019, 196, 202.

1103 *Wentz*, WM 2019, 196, 203.

gegenüber der Gesellschaft zum Ersatz der Schäden verpflichtet werden könne, sofern die Schäden aufgrund seines Beteiligungserwerb eintreten.[1104]

Gleichwohl sind die Grundsätze zum schädlichen Beteiligungserwerb[1105] nicht auf Leerverkäufe übertragbar. Zwar handelt es sich bei Leerverkaufsattacken um eine gewisse Sondersituation – anders als beim schädlichen Beteiligungserwerb möchte der Leerverkäufer aber nicht in die Aktionärsstellung eintreten. Sie ist vielmehr Mittel zum Zweck, um durch das Spekulieren auf fallende Aktienkurse einen Gewinn realisieren zu können.

Schockenhoff/Culmann[1106] lehnen eine vor- oder nachmitgliedschaftliche Treupflicht im Kontext von Leerverkaufsattacken grundsätzlich ab. Um eine Verletzung der Treupflicht dennoch bejahen zu können, benennen sie als Lösungsvorschlag eine wirtschaftliche Betrachtungsweise. Der Leerverkäufer sei wie ein Aktionär wirtschaftlich in die Chancen und Risiken eingetreten. Insoweit könnten ihn auch Treupflichten treffen.[1107]

d) Stellungnahme

Richtigerweise setzen *Schockenhoff/Culmann* an dieser Stelle auf eine wertende Betrachtung. Der aktivistische Leerverkäufer ist zum maßgeblichen Zeitpunkt nicht Aktionär. Ob eine vor- bzw. nachmitgliedschaftliche Treupflicht angenommen werden kann, ist letztlich eine Wertungsfrage, wie weit die Treupflicht ausgedehnt werden soll.

Ebenso ist es eine Wertungsfrage, ob der aktivistische Leerverkäufer gegen eine allgemeine Nebenpflicht, der Gesellschaft nicht zu schaden, verstoßen haben könnte – sofern deren Existenz bejaht wird.

Der Ursprung der Treupflicht entspringt dem Grundgedanken der Gemeinschaft und der gemeinsamen Zweckverfolgung, wenn der Aktionär bereits in diese Gemeinschaft eingetreten ist. Ebendies ist beim Leerverkäufer aber nicht der Fall. Der aktivistische Leerverkäufer steht der Gesellschaft bei der Veröffentlichung seines Berichts wie ein Dritter gegenüber.[1108] Der Leerverkäufer ist im maßgeblichen Zeitpunkt weder Aktionär, noch hat er ein Interesse an einer

---

1104 Grundlegend zum schädlichen Beteiligungserwerb: *Mülbert/Kiem,* ZHR 177 (2013), 819, 844 ff.

1105 Grundlegend zu diesem Problemkreis: *Mülbert/Kiem,* ZHR 177 (2013), 819 (m. w. N.).

1106 *Schockenhoff/Culmann,* AG 2016, 517, 524 f. (ohne dies aber zu begründen).

1107 *Schockenhoff/Culmann,* AG 2016, 517, 525.

1108 So sehen es auch: *Schockenhoff/Culmann*, AG 2016, 517, 524.

gemeinsamen Zweckverfolgung. Ferner hat er kein Interesse am wirtschaftlichen Erfolg der Gesellschaft oder an einer Wertsteigerung des Unternehmens. Vielmehr setzt er darauf, dass der Aktienkurs sinkt – oder zumindest nicht weiter steigt. Die übrigen Aktionäre werden dagegen eine Wertsteigerung des Unternehmens anstreben.

Der Leerverkäufer bildet damit in tatsächlicher und wirtschaftlicher Hinsicht einen Gegenpol zum typischen Aktionär, denn er hält genau die entgegengesetzte Position – auch wenn er zivilrechtlich zum Aktionär werden könnte oder geworden ist.

Entfernt man sich vom formalen (eigentumsrechtlichen) Aktionärsbegriff, würde es der Rechts- und Wirtschaftsverkehr als befremdlich einstufen, gerade den Leerverkäufer wegen einer Treupflichtverletzung haftbar zu machen. Ist auf der einen Seite das Spekulieren auf fallende Kurse mittels Leerverkäufen von der Rechtsordnung und dem Rechts- und Wirtschaftsverkehr als legitimes Ziel anerkannt, wäre es auf der anderen Seite widersprüchlich, gerade demjenigen, der dieses Ziel aktiv verfolgt, die Treupflicht des entgegengesetzten Personenkreises vorzuhalten. Mit der EU-LVVO wurde ein Rechtsrahmen für Leerverkäufe geschaffen, wonach diese Beteiligung am Marktgeschehen zulässig ist.[1109]

Dass der Leerverkäufer zum Aktionär wird, ist rein technisch bedingt und eine bloße Ausführungsmodalität. Dies zeigt sich daran, dass ein Leerverkauf im Wege einer Lokalisierungsvereinbarung abgeschlossen werden kann, bei der unstreitig eine Treupflicht ausscheidet. Es liegt also von vornherein in der Hand des Leerverkäufers, welche technische Abwicklung er wählt.

Darüber hinaus sollte die Treupflicht grundsätzlich sehr restriktiv angewendet werden. Andernfalls besteht die Gefahr, dass die Treupflicht als Instrument missbraucht werden könnte, anerkannte Handlungen in außergesellschaftlichen Bereichen einer generellen Billigkeitsprüfung zu unterziehen.

Im Ergebnis ist die vormitgliedschaftliche Treupflicht deshalb – jedenfalls in gegebenen Sachverhaltskonstellationen – abzulehnen. Gleiches gilt spiegelbildlich für eine nachmitgliedschaftliche Treupflicht, die in der Literatur praktisch nicht diskutiert wird.[1110]

Das Vorbringen von *Wentz*[1111], aber auch die Ansätze von *Schockenhoff/Culmann*[1112] sind lediglich ergebnisorientierte Versuche, eine Haftung des

1109 Siehe dazu: C.

1110 *Götze*, MüKoAktG, § 53a, Vorbemerkung, Rn. 36 („spiegelbildliche Ablehnung"); a. A. wohl *Servatius*, in: Wachter, AktG, § 53a, Rn. 44 (jedoch nur bezüglich des als solchen umstrittenen Wettbewerbsverbots des Mehrheitsaktionärs).

1111 *Wentz*, WM 2019, 196 ff.

1112 *Schockenhoff/Culmann*, AG 2016, 517 ff.

Leerverkäufers gegenüber dem Emittenten zu konstruieren. Allerdings ist die Ausdehnung der Treupflicht der falsche Ansatz.

Zusammenfassend lässt sich festhalten, dass der Anspruch des Emittenten gegen den aktivistischen Leerverkäufer auf Schadensersatz aus § 280 Abs. 1 BGB i. V. m. der Treupflichtverletzung mangels Aktionärsstellung des Leerverkäufers im Zeitpunkt der schädigenden Handlung ausscheidet. Darüber hinaus müsste ebenfalls die Verletzung der Treupflicht verneint werden, da der Leerverkäufer – wertend betrachtend – eine entgegengesetzte Position zum Aktionär hält und ihm deshalb keine Verletzung der Treupflicht vorgeworfen werden kann.

Jedenfalls besteht damit kein Anspruch des Emittenten gegen den aktivistischen Leerverkäufer aus § 280 Abs. 1 BGB i. V. m. einer Verletzung der (vor- bzw. nachmitgliedschaftlichen) Treupflicht.

5. § 824 BGB

Im allgemeinen Deliktsrecht käme ein Anspruch des Emittenten gegen den aktivistischen Leerverkäufer aus § 824 BGB infrage, der diesen vor wirtschaftlich nachteiligen Äußerungen schützen soll. § 824 BGB setzt tatbestandlich das Behaupten oder Verbreiten einer unwahren Tatsache voraus, die geeignet ist, den Kredit eines anderen zu gefährden oder sonstige Nachteile für dessen Erwerb oder Fortkommen herbeizuführen, sofern dieser die Unwahrheit zwar nicht notwendigerweise gekannt hat, aber hätte erkennen müssen.

Bei den Äußerungen aktivistischer Leerverkäufer handelt es sich regelmäßig um Werturteile, die zwar teilweise tatsächliche Anknüpfungspunkte vorweisen, aber nicht als Tatsachenbehauptung bewertet werden können.[1113] Darüber hinaus verlangt § 824 BGB die Unwahrheit der Äußerung. Als unwahr ist eine Äußerung zu verstehen, die im Zeitpunkt der Äußerung im Widerspruch zur Realität steht.[1114] Als unwahr werden indes auch grobe Übertreibungen[1115] gewertet oder wenn relevante Informationen ausgelassen[1116] werden, sodass die Darstellung erheblich verzerrt wird. Abgestellt wird auf den Kern der Aussage.[1117]

1113 Vgl. dazu: F. II. 8.

1114 *Wagner*, in: MüKoBGB, § 824, Rn. 26.

1115 RGZ, 75, 61, 63; RG JW 1932, 3060, 3061; *Wagner*, in: MüKoBGB, § 824 Rn. 27; *Mansel*, in: Staudinger, BGB, C. Das Persönlichkeitsrecht, C86.

1116 RG, JW 1932, 3060, 3061; BVerfGE 12, 113, 130; BGHZ 31, 308, 318; BGH, NJW 1961, 1913, 1914; 1965, 2395, 2396; 1974, 1762, 1763; 2000, 656, 657; 2006, 601, 603.

1117 RGZ 75, 61, 63; RG JW 1912, 290, 293; BGH, NJW 1987, 1403, 1404; *Wagner*, in: MüKoBGB, § 824, Rn. 26.

Bei Werturteilen kann qua Definition keine Unwahrheit festgestellt werden, da sie nur der Ausdruck des Dafürhaltens und gerade nicht dem Wahrheitsbeweis zugänglich sind.[1118]

Bei den untersuchten Leerverkaufsattacken wurden keine Äußerung gefunden, die die tatbestandlichen Voraussetzungen des § 824 BGB erfüllen. In der Gesamtbetrachtung musste in jedem Fall – auch unter Hinzuziehung der aufgestellten These zu ökonomisch-derivativen Äußerungen[1119] – ein Werturteil angenommen werden. Wegen der klaren Wortlautgrenze kann § 824 BGB nicht bei wahren Tatsachen[1120] oder bei Werturteilen[1121] herangezogen werden. Eine analoge Anwendung wird abgelehnt.[1122]

Grundsätzlich ist es vorstellbar, dass bei anderen Leerverkaufsattacken unwahre Tatsachenbehauptungen enthalten sind. Praxisnah ist es jedoch wenig realistisch, da einzelne Aussagen nicht kontextlos herausgegriffen werden dürfen, sondern stets auf den Gesamtzusammenhang abzustellen ist. [1123] Wie herausgearbeitet, sind Leerverkaufsattacken regelmäßig als Werturteile einzuordnen, da sie sich üblicherweise auf ökonomische Wertungsfragen beziehen (ökonomisch-derivative Äußerungen[1124]). Einen Anspruch des Emittenten gegen den aktivistischen Leerverkäufer aus § 824 BGB zu begründen, erscheint damit wenig aussichtsreich.

1118 BVerfG, NJW-RR 2017, 1003, Rn. 13 (m. w. N.); aufgegriffen auch von *Teichmann*, in: Jauernig, BGB, § 824 Rn. 4.

1119 Siehe dazu ausführlich: F. II. 7.

1120 *Wagner*, in: MüKoBGB, § 824, Rn. 26; zum Begriff der Unwahrheit siehe einführend: RGZ 75, 61, 63; RG, JW 1932, 3060, 3061; *Wagner*, in: MüKoBGB, § 824, Rn 27; *Mansel*, in: Staudinger, BGB, C. Das Persönlichkeitsrecht, C86; zu unvollständigen Äußerungen: RG, JW 1932, 3060, 3061; BVerfGE 12, 113, 130; BGHZ 31, 308, 318; BGH, NJW 1961, 1913, 1914; 1965, 2395, 2396; 1974, 1762, 1763; 2000, 656, 657; 2006, 601, 603.

1121 BGHZ 166, 84, Rn. 62; BGH, GRUR 2005, 289, Rn. 7; BGH, GRUR 2017, 918, Rn. 25 („Hochleistungsmagneten").

1122 Anstelle von vielen hier nur: *Wagner*, in: MüKoBGB, § 824, Rn. 16 (m. w. N.).

1123 BVerfG, NJW 1993, 930, 931; 1995, 3303, 3305; BGHZ 132, 13, 20; BGHZ 139, 95, 102; BGHZ 166, 84, Rn. 64; BGH, NJW 1987, 2225, 2226; 1994, 2614, 2615; 1997, 2513; siehe dazu auch: *Wagner*, in: MüKoBGB, § 824, Rn. 12.

1124 Siehe dazu ausführlich: F. II. 7.

6. § 823 Abs. 1 BGB

Infrage käme ein Anspruch auf Schadensersatz des Emittenten gegen den aktivistischen Leerverkäufer aus § 823 Abs. 1 BGB. Bei Leerverkaufsattacken könnten aus Sicht des Emittenten der wirtschaftliche Betrieb sowie der soziale Geltungsanspruch verletzt sein. Beide Rechtsgüter sind nicht ausdrücklich im § 823 Abs. 1 BGB benannt. Es könnte allerdings auf das Recht am Unternehmen[1125] oder das Unternehmenspersönlichkeitsrecht[1126] zurückgegriffen werden. Beide absoluten Rechtsgüter lassen sich als sonstiges Recht i. S. d. § 823 Abs. 1 BGB einordnen.[1127]

a) Das Recht am Unternehmen

Das Recht am Unternehmen[1128] ist heute nach ständiger Rechtsprechung[1129] anerkannt[1130] und wurde im Laufe der Zeit schrittweise ausgeweitet.[1131] Das Recht am Unternehmen hat eine Auffangfunktion gegenüber dem Wettbewerbsrecht sowie dem gewerblichen Rechtsschutz. Sind ebensolche Vorschriften oder speziellere Vorschriften wie § 824 BGB berührt, bleibt für die Anwendung des

---

1125 *Hager*, in: Staudinger, BGB, § 823, Rn. 115 ff.; *Wagner*, in: MüKoBGB, § 823, Rn. 316 ff.

1126 *Hager*, in: Staudinger, BGB, § 823, Rn. 90 ff.; bei Unternehmen auch als Unternehmenspersönlichkeitsrecht bezeichnet: BGH, NJW 2005, 2766, so auch: *Teichmann*, in: Jauernig, BGB, § 823, Rn. 66.

1127 *Hager*, in: Staudinger, BGB, § 823, Rn. 42.

1128 Auch als Recht am eingerichteten und ausgeübten Gewerbebetrieb bezeichnet, so noch: *Teichmann*, in: Jauernig, BGB, § 823, Rn. 95 ff. Da mittlerweile aber auch Freiberufler zum geschützten Personenkreis zählen, ist es treffender vom ‚Recht am Unternehmen' zu sprechen, überzeugend dazu: *Hager*, in: Staudinger, BGB, § 823, Rn. 115 (m. w. N.).

1129 Schon RGZ 58, 24; zur historischen Darstellung der Entwicklung vergleiche: BGHZ 29, 67; aber auch BGHZ 45, 307.

1130 Kritik kommt noch von vorwiegend *Canaris* und *Sack*, die das Recht am Gewerbebetrieb als „Normerschleichung" ansehen, um letztlich reine Vermögensschäden ersatzfähig zu machen: *Larenz/Canaris*, SchuldR BT II, § 81 II 2, S. 545, § 81 IV, S. 560 ff.; *Canaris*, VersR 2005, 577, 582 f.; *Sack*, Gewerbebetrieb, S. 142 ff.; *Sack*, VersR 2006, 1001, 1003 ff.; ablehnend: *Wagner*, in: MüKoBGB, § 823, Rn. 318, 320.

1131 *Teichmann*, in: Jauernig, BGB, § 823, Rn. 95a; mit Verweis auf die kritischen Stimmen in der Literatur zur Ausweitung des Anwendungsbereichs: *Biedenkopf*, in: FS Böhm, S. 126 f.

Rechts am Unternehmen kein Raum.[1132] Aufgrund seiner Auffangfunktion ist das Recht am Unternehmen grundsätzlich subsidiär.[1133] Das Recht am Unternehmen lässt sich grundsätzlich bei der Verbreitung wahrer, aber geschäftsschädigender Tatsachen[1134] sowie bei geschäftsschädigenden Werturteilen[1135] anwenden.

aa) Schutzobjekt

Unter den Schutzgegenstand des Rechts am Unternehmen fallen definitorisch der Betrieb selbst sowie alle Rechte und Rechtsgüter, die mit diesem verbunden sind und sich nicht ohne Weiteres ablösen lassen.[1136] Der Tatbestand ist ausdrücklich weit zu verstehen.[1137]

Da die Berichterstattung bei Leerverkaufsattacken regelmäßig auf das Unternehmen als Ganzes abzielt oder konkreter auf das Geschäftsmodell, die internen

1132 BGHZ 36, 256 f.; 138, 315; BGH, NJW 03, 1041; mittlerweile stRspr: BGHZ 105, 350; so auch *Teichmann*, in: Jauernig, BGB, § 823 Rn. 97; *Hager*, in: Staudinger, BGB, § 823, Rn. 116.

1133 BGHZ 105, 350 (mit Verweis auf die stRspr.); das Recht am Unternehmen wurde geradezu dazu konzipiert, um die Haftung für reine Vermögensschäden in engen Grenzen zu erweitern: BGHZ 69, 128, 139 („Fluglotsenstreik"); ausführend dazu: *Wagner*, in: MüKoBGB, § 823, Rn. 326.

1134 Jedoch sind dem enge Grenzen zu setzen, denn bei der Verbreitung wahrer Tatsachen müssen unlauterer Umstände hinzutreten, um eine Haftung begründen zu können. Als unzulässig wurde so das unaufgeforderte Verschicken sog. Schwarzer Listen mit säumigen Schuldnern angesehen, siehe: BGHZ 8, 145; ähnlich entschied das OLG Rostock bei einem „Schuldnerspiegel" im Internet, OLG Rostock, ZIP 01, 793; dagegen ist der Bericht über die Beteiligung einer Bank im Waffenhandel als zulässig einzuordnen, so zumindest: BGHZ 36, 82; grundlegend ausführend *Hager*, in: Staudinger, BGB, § 823, Rn. 136 (m. w. N.); jedenfalls sei die Art der Informationsbeschaffung mitzuberücksichtigen: BGHZ 80, 38; 138, 318; aber auch: BGH GRUR 18, 648; BVerfGE 66, 130.

1135 BVerfG 7, 198 („Lüth"), im Anschluss OLG Stuttgart NJW-RR 2014, 682 („Hühnerstall als Hotelbewertung"; m. w. N.); dazu auch *Teichmann*, in: Jauernig, BGB, § 823, Rn. 103; hier sollen jedoch wegen der widerstreitenden Interessen enge Grenzen gesetzt werden müssen; anders sehen es: *Larenz/Canaris,* SchuldR BT II § 81 III 2c, S. 550; *Assmann/Kübler* ZHR 142 (1978), 413, 425 f.; ähnlich entschied auch noch das RG, das mit § 826 BGB löste; vgl. RG, JW 1932, 1883.

1136 BGHZ 86, 156; BGH, r+s 04, 85; so auch ausführend: *Hager*, in: Staudinger, BGB, § 823, Rn. 122.

1137 *Teichmann*, in: Jauernig, BGB, § 823, Rn. 96.

Strukturen oder die Geschäftsbeziehungen, ist es grundsätzlich denkbar, dass der Schutzbereich berührt wird.

bb) Betriebsbezogener Eingriff

Da der Schutzbereich sehr weit gefasst ist und das Recht am Unternehmen lediglich Auffangcharakter besitzt, bedarf es einer tatbestandlichen Einschränkung, dass reine Vermögensschäden grundsätzlich nur in den vorgegebenen engen Grenzen erstattungsfähig sein sollen, damit es nicht zu einer ungewollten Privilegierung von Privatpersonen und auch nicht zu einer Durchbrechung des Haftungsgrundsatzes kommt.[1138]

Bereits nach der ständigen Rechtsprechung des Reichsgerichts schützte § 823 Abs. 1 BGB i. V. m. dem Recht am Unternehmen[1139] nicht die bloßen Erwerbsaussichten. Vielmehr bedurfte es dazu eines „unmittelbaren Eingriffs gegen den Bestand des Gewerbebetriebs, der diesen gefährdet".[1140] Das Kriterium der Bestandsgefährdung wurde im Laufe der Jahre von der Rechtsprechung aufgegeben und durch ein Unmittelbarkeitskriterium ersetzt.[1141] Heute wird als Unmittelbarkeitskriterium auf eine spezifische Betriebsbezogenheit abgestellt. Demnach muss sich der schädliche Eingriff gegen das Unternehmen als solches richten und nicht bloß gegen abtrennbare Unternehmensteile oder Rechtspositionen.[1142] Anders formuliert, muss sich der Eingriff „nach seiner objektiven Stoßrichtung gegen den betrieblichen Organismus oder die unternehmerische Entscheidungsfreiheit richten"[1143]. Mit diesen Einschränkungen soll ausgeschlossen werden, dass eine bloße mittelbare Verletzung des Unternehmens

1138 *Schulze*, in: Staudinger, BGB, § 823, Rn. 122.

1139 Teils auch historisch bedingt als „eingerichteter und ausgeübter Gewerbebetrieb" bezeichnet, so beispielsweise: *Teichmann*, in: Jauernig, BGB, § 823, Rn. 95a (mit Verweis auf die stRspr des BGH und dessen Nachzeichnung der Entwicklung in: BGHZ 29, 67; 45, 307).

1140 Besonders deutlich: RGZ 73, 253, 256 f.; 102, 223, 225; vgl. auch: RGZ 64, 52, 55 f.; RGZ 73, 107, 112; 77, 217, 218 f.; 79, 224, 226; 102, 223, 225; ähnlich: RGZ 76, 35, 46; 95, 339, 340.

1141 *Wagner*, in: MüKoBGB, § 823, Rn. 323.

1142 BGHZ 29, 65, 74; BGHZ 193, 227 Rn. 21; vgl. auch dazu: BGHZ 2, 287, 293; BGHZ 3, 270, 278 ff.; BGH, NJW 2013, 2760, Rn. 16; BGH, NJW-RR 2014, 1508, Rn. 12; *Hager*, in: Staudinger, BGB, § 823, Rn. D11; so auch: *Wagner*, in: MüKoBGB, § 823, Rn. 323.

1143 BGHZ 138, 311, 317 f.; BAG, NJW 2009, 1990, Rn. 24.

über eine ausufernde Auffanghaftung aus § 823 Abs. 1 BGB haftbar gemacht werden kann.

Die Berichterstattung bei Leerverkaufsattacken müsste sich hierunter subsumieren lassen, also betriebsbezogen sein. Dazu stellen sich zwei Fragen: (1) Welche Auswirkungen hat die Leerverkaufsattacke auf das Unternehmen? (2) Sind diese Auswirkungen als Eingriff in das Recht am Unternehmen einzuordnen oder – anders formuliert – ist es fraglich, ob Leerverkaufsattacken in das Recht am Unternehmen eingreifen können? Dazu müsste sich die Berichterstattung der Leerverkaufsattacke als Eingriff gegen den Betrieb als solchen richten und nicht Rechte oder Rechtsgüter betreffen, die sich ohne Weiteres vom Betrieb ablösen lassen.[1144]

(1) Tatsächliche Auswirkungen der Leerverkaufsattacke für das Unternehmen

Zunächst geht es den aktivistischen Leerverkäufern vordergründig um die Verringerung des Aktienkurses. Eine unmittelbare Schädigung des Unternehmens ist nicht das primäre Ziel. Die Berichterstattung erfolgt auch nicht gegenüber dem Unternehmen, sondern regelmäßig gegenüber jedermann via Internet. In dieser Hinsicht ist die Schädigung des Unternehmens ein notwendiges Zwischenziel, um am Markt wenigstens eine Unsicherheit über das Zielunternehmen zu schaffen und die Verringerung des Aktienkurses herbeizuführen. Dabei nehmen die aktivistischen Leerverkäufer eine Schädigung des Unternehmens zumindest billigend in Kauf. Umso skandalreicher die Berichterstattung das Zielunternehmen in Verruf bringt, desto größer ist auch das Korrekturpotenzial der Aktie.

Bei der Verbreitung nachteiliger Werturteile wird ein Eingriff in das Recht am Unternehmen teilweise angenommen, selbst wenn die Eingriffe außerhalb der Anwendungsbereiche des § 826 BGB oder § 4 UWG liegen.[1145]

Dennoch lässt sich hieraus nicht pauschaliert ableiten, dass jedes veröffentlichte Werturteil einen Eingriff in das Recht am Unternehmen darstellt. Vielmehr wird bei diesen Entscheidungen immanent unterstellt, dass die Reputation des Unternehmens als untrennbarer geschützter Bereich des Rechts am Unternehmen anzusehen sei. Zunächst soll deshalb bestimmt werden, was unter Reputation im Rahmen des Rechts am Unternehmen zu verstehen ist und inwiefern Leerverkaufsattacken darauf einwirken (können).

1144 BGHZ 86, 156; BGH r+s 04, 85; siehe aber auch anstelle von vielen: *Hager*, in: Staudinger, BGB, § 823, Rn. 122; *Teichmann*, in: Jauernig, BGB, § 823, Rn. 97 ff.

1145 *Teichmann*, in: Jauernig, BGB, § 823, Rn. 102 ff.

α) *Reputation als Teil des Rechts am Unternehmen*

Klöhn/Schmolke[1146] brachten Untersuchungen der Reputationsökonomik in ihre Ausführungen zum Kapitalmarkt- und Gesellschaftsrechts ein, die auch in diesem Kontext weiterhelfen könnten. Die Reputation eines Unternehmens habe demnach zwei Komponenten.

β) *Reputation als Disziplinierungsmittel*

Erstens sei die Reputation ein Disziplinierungsmittel, um die Vertragserfüllung auch ohne staatliche Rechtsdurchsetzung zu gewährleisten.[1147] Beispielsweise wird ein Händler, der sich einen guten Ruf durch positive Vertragsabschlüsse und eine gewisse Qualität aufgebaut hat, diesen nicht dadurch gefährden, indem er sich im Einzelfall vertragswidrig verhält oder unangemessene Preise verlangt. Der Händler wird sich in jedem Einzelfall aus purem Eigeninteresse dazu entscheiden, sich an seinen Willenserklärungen und an seinen Qualitätszusagen messen zu lassen.[1148] Gleiches gilt in Bezug auf weitere Vertragspartner: So ist ein Unternehmen angehalten, Darlehensvaluta vertragsgemäß zurückzuzahlen und die vereinbarten Zinsen zu bedienen, um seine Kreditwürdigkeit zu erhalten. Andernfalls steigen die Fremdkapitalkosten durch höhere Risikoaufschläge. Gleiches gilt in Bezug auf die eigenen Arbeitnehmer[1149] oder etwaige Nachhaltigkeitsstandards. Hier sind diese Effekte zwar schwieriger nachweisbar. Es ist indes nachvollziehbar, dass Unternehmen mit einer positiven Reputation eine stärkere Arbeitnehmerbindung entfalten und nachhaltige Unternehmensstandards Kaufentscheidungen von Kunden positiv beeinflussen können.

Dabei bestehen zwischen den verschiedenen Stakeholdern nicht zwingend Interdependenzen. So wird beispielsweise die Bonitätsprüfung der Banken nicht wesentlich davon beeinflusst werden, wie gut der Ruf des Unternehmens bezogen auf die Beschäftigungsverhältnisse der Angestellten ist oder inwieweit Umweltstandards entlang der Lieferkette eingehalten werden. Gleichzeitig werden Kunden nicht vor ihrer Kaufentscheidung eine Bonitätsprüfung

---

1146 *Klöhn/Schmolke*, NZG 2015, 689 ff.

1147 Grundlegend *Akerlof*, 84 Q. J. Econ. 488 (1970); *Fleischer*, Informationsasymmetrie im Vertragsrecht, S. 121 ff.; aber weiter ausführend auch: *Klöhn/Schmolke*, NZG 2015, 689, 690.

1148 *Klöhn/Schmolke*, NZG 2015, 689, 690.

1149 Vgl. *Turban/Greening*, 40 Academy of Management Journal, 658, 663 ff. (1997), im Ergebnis: Reputation erhöht die Attraktivität als Arbeitgeber und zieht Bewerber für offene Stellen an.

des Unternehmens durchführen. In der Praxis ist es vielmehr der Regelfall, dass Bilanzen oder die Kreditwürdigkeit nicht vor jeder Kaufentscheidung geprüft werden.

Damit lässt sich Folgendes zusammenfassen: Was früher als der gute Ruf eines Unternehmens und „meist als eindimensionale aggregierte Einschätzung aller Stakeholder angesehen“ wurde, muss richtigerweise als „mehrdimensionale Konzeption“ der Reputation betrachtet werden.[1150] Definitorisch ist festzuhalten, dass unter Reputation eines Unternehmens das Vertrauen der Stakeholder auf regelgerechtes Verhalten verstanden wird, das auf den Erfahrungssätzen der Vergangenheit aufbaut.[1151]

γ) *Reputation als Vermögenswert*

Die Reputation eines Unternehmens hat spiegelbildlich zur Disziplinierungsfunktion positive wirtschaftliche Effekte auf bestehende und künftige Vertragspartner. So führen beispielweise hochwertige Produkte, die zu einem günstigen Verkaufspreis offeriert werden, zu weiteren positiven Kaufentscheidungen von Kunden. Gute Erfahrungen aus vorangegangenen Darlehensverträgen bewirken eine bessere Bonität und somit günstigere Fremdkapitalzinsen für künftige Darlehen. Faire Arbeitsverträge bedingen mehr Mitarbeitermotivation und aus der Einhaltung von Umweltstandards resultieren höhere Nachfragen nach den eigenen Produkten. Diese Reputationseffekte lassen sich an zahlreichen Beispielen festmachen.[1152]

Der Mehrwert dieser Reputationseffekte lässt sich im Vergleich zu einer fehlenden Reputation als Reputationsgewinn (in Summe auch als

---

1150 *Walker*, 12 Corp. Rep. Rev. 357, 369 (2012); aber auch: *Klöhn/Schmolke*, NZG 2015, 689, 690.

1151 *Klöhn/Schmolke*, NZG 2015, 689, 690 mit Bezugnahme auf: *Fombrun*, Reputation: Realizing Value from the Corporate Image, 1996, S. 165: „a perceptual representation of a company's past actions and future prospects that describe the firm's appeal to all of its key constituents“; *Fombrun/van Riel*, 1 Corporate Reputation Review 5, 10 (1997): „a collective representation of a firm's past actions and results that describes the firm's ability to deliver valued outcomes to multiple stakeholders“; *Rindova/Williamson/Petkova/Sever*, 48 Academy of Management Journal 1033 (2005): „stakeholders' perception of an organization's ability to create value relative to competitors“.

1152 *Jarrell/Peltzman*, 93 J. Pol. Econ. 512 (1985); *Mitchell*, 27 Econ. Inquiry 601, 610–616 (1989); *Dranove/Olsen*, 37 J. L.& Econ 323, 329–332 (1994); *Barber/Darrough*, 104 J. Pol. Econ. 1084 (1996).

„Reputationskapital“[1153]) beschreiben. Diese Reputationsgewinne sind teilweise durch diskontierte Zahlungsströme quantifizierbar, müssen sich im Übrigen aber schätzen lassen. Die Unmöglichkeit einer exakten Berechnung mindert indes keinesfalls den tatsächlichen Wert. Es fehlt lediglich an einem Weg zur exakten Berechnung. Angemerkt sei an dieser Stelle, dass auch die besten Diskontmodelle auf Schätzungen über künftige Zahlungsströme basieren und beliebige Diskontzinsen unterstellen, die streitbar gestellt werden können.

Im Ergebnis bestehen allerdings keine Zweifel, dass Reputationsgewinne zu einem Mehrwert für das Unternehmen führen und damit einen eigenen Vermögenswert darstellen können.[1154] Die fehlende Möglichkeit einer exakten Berechnung stellt aufseiten des haftungsbegründenden Tatbestands kein Hindernis dar. Es soll an dieser Stelle genügen, dass dem Grunde nach ein Reputationsschaden als Eingriff in das Recht am Unternehmen festgestellt und näherungsweise bestimmt werden konnte.

δ) Berechnung des Reputationsschadens

Um Reputationsschäden nachzuweisen und approximativ zu quantifizieren, existieren verschiedene Herangehensweisen. Bei börsennotierten Unternehmen hat sich die sog. Event Study als Standard durchgesetzt.[1155] Dazu wird

---

1153 *Karpoff*, in: Barnett/Pollock, The Oxford Handbook, S. 361, 363 f.: „the present value of the improvement in net cash flow and lower cost of capital that arises when a firm's counterparties trust that the firm will uphold its explicit and implicit contracts, and will not act opportunistically to their detriment.“; ausführend dazu: *Klöhn/Schmolke*, NZG 2015, 689 ff.

1154 siehe zu Reputationsschäden durch den Rückruf von Produkten: *Jarrell/Peltzman*, 93 J. Pol. Econ. 512 – 536 (1985); *Mitchell*, 27 Econ. Inquiry 601, 610 – 616 (1989); *Dranove/Olsen*, 37 J. L.& Econ 323, 329 – 332 (1994); *Barber/Darrough*, 104 J. Pol. Econ. 1084 – 1099 (1996); zu Flugzeugkatastrophen: *Mitchell/Maloney*, 32 *J.* L. & Econ. 329 – 355 (1989); zu Verwaltungsverfahren wegen irreführender Werbung: *Peltzman*, 24 *J.* L. & Econ. 403 – 448 (1981); wegen Fehlinformationen am Kapitalmarkt: *Karpoff*, in: *Barnett/Pollock*, The Oxford Handbook, S. 361, 364 ff.; *Karpoff/Lee/Martin*, 43 *J.* Fin & Quant. Anal. 581 – 611 (2008); siehe auch schon wegen öffentlicher Berichterstattungen über Fehlverhalten gegenüber Geschäftspartnern: *Karpoff/Lott*, 36 *J. L.* & Econ. 757 – 802 (1993).

1155 Etwa *Peltzman*, 24 *J.* L. & Econ. 403 – 448 (1981); *Jarrell/Peltzman*, 93 J. Pol. Econ. 512 – 536 (1985); *Mitchell/Maloney*, 32 J. L. & Econ. 329 – 355 (1989); *Karpoff/Lott*,

die Entwicklung des Aktienkurses des Zielunternehmens vor und nach einen erheblichen Reputationsereignis wie einem Produktrückruf[1156] oder einer Flugzeugkatastrophe[1157] beobachtet. Anschließend werden übliche Volatilitäten, Marktentwicklungen und weitere externe Effekte herausgerechnet, etwa die zu erwartenden rechtlichen Konsequenzen durch Strafzahlungen oder Schadensersatzforderungen. Der verbleibende Kursverlust kann als Reputationsschaden eingeordnet werden. Klarzustellen ist, dass es praktisch nicht möglich sein wird, sämtliche externe Effekte zu erfassen und herauszunehmen. Beispielweise könnten Aktionäre ohne Kenntnis des Reputationsereignisses Aktienkäufe oder -verkäufe tätigen, die in jedem Fall kurserheblich sind, aber aufgrund von Unkenntnis nicht als kausale Reputationsschäden angesehen werden dürfen. Der Reputationsverlust durch eine Event Study kann deshalb nur ein Annährungswert sein.

ε) Karpoff/Lee/Martin-*Studie zum Reputationsverlust*

Die breit angelegte Event Study von *Karpoff/Lee/Martin*[1158], auf die auch *Klöhn/Schmolke*[1159] ausführlich Bezug genommen haben, macht das Ausmaß von Reputationsschäden besonders deutlich.

Die Ökonomen *Karpoff/Lee/Martin*[1160] untersuchten 585 Emittenten, gegen die von der US-Börsenaufsicht SEC ein Verfahren wegen der Verletzung von Berichtsvorschriften eingeleitet wurde. Bereinigt um externe Effekte, ließ sich feststellen, dass der Aktienkurs aufgrund des Reputationsereignisses um durchschnittlich 38 % gesunken ist. Als Grund für den Kursrückgang wurde auf drei Komponenten abgestellt: erstens die Anpassung des Aktienkurses aufgrund der neuen Information („= der Unwert der Fehlinformation“)[1161], zweitens die zu erwartenden rechtlichen Sanktionen wie Geldstrafen oder Schadensersatzansprüche und drittens den Reputationsschaden, der durch Subtraktion der ersten

36 *J.* L. & Econ. 757 – 802 (1993); *Alexander,* 42 *J.* L. & Econ. 489 – 526 (1999); *Karpoff/Lott/Wehrly,* 48 *J.* L. & Econ. 653 – 675 (2005); *Karpoff/Lee/Martin,* 43 J. Fin & Quant. Anal. 581, 582 (2008); *Murphy/Shrieves/Tibbs,* 44 *J.* Fin. & Quant. Anal. 55 - 83 (2009); dazu auch: *Klöhn/Schmolke,* NZG 2015, 689 ff.

1156 *Jarrell/Peltzman,* 93 J. Pol. Econ. 512 (1985); *Mitchell,* 27 Econ. Inquiry 601, 610–616 (1989); *Dranove/Olsen,* 37 J. L.& Econ 323, 329–332 (1994); *Barber/Darrough,* 104 J. Pol. Econ. 1084 (1996).

1157 *Mitchell/Maloney,* 32 *J.* L. & Econ. 329 (1989).

1158 *Karpoff/Lee/Martin,* 43 J. Fin. & Quant. Anal. 581, 582 (2008).

1159 *Klöhn/Schmolke,* NZG 2015, 689

1160 *Karpoff/Lee/Martin,* 43 J. Fin. & Quant. Anal. 581, 582 (2008).

1161 *Klöhn/Schmolke,* NZG 2015, 689

beiden Komponenten verbleibt. Wie veranschaulicht, handelt es sich beim Reputationsschaden um einen Annäherungswert, der keinen Anspruch auf Genauigkeit verfolgt. Aufschlussreich ist jedoch, dass *Karpoff/Lee/Martin* auf Grundlage einer belastbaren Datenbasis rechnerisch zu dem Ergebnis gekommen sind, dass Reputationsschäden zwei Drittel des Kursverlusts ausmachen können.[1162] Eine jüngere ökonomische Studie von *Murphy/Shrieves/Tibbs*[1163] bekräftigt diese Annahme und bescheinigt zudem, dass der Reputationsschaden sich im nachfolgenden operativen Ergebnis des betroffenen Unternehmens niederschlagen wird. Die Kursverluste an den Börsen nehmen diesen Einfluss auf die operative Geschäftsentwicklung also richtigerweise vorweg und sind im Lichte der Markteffizienzhypothese nachvollziehbar.[1164]

ζ) Übertragbarkeit der Event Study auf Leerverkaufsattacken

Die Herangehensweise der Event Study im Allgemeinen und die Ergebnisse der ökonomischen Studien im Besonderen lassen sich auf Leerverkaufsattacken übertragen. Die negative Berichterstattung des aktivistischen Leerverkäufers kann als Reputationsereignis eingeordnet werden. Die kurzfristigen Kursverluste lassen sich eindeutig an der Entwicklung des Aktienkurses ablesen.

Nach dem Vorbild der ökonomischen Studien von *Karpoff/Lee/Martin*[1165] und *Murphy/Shrieves/Tibbs*[1166] lässt sich der Reputationsschaden differenziert betrachten, wobei zwischen der Einpreisung der neuen Information durch die Anleger, den zu erwartenden rechtlichen Sanktionen sowie dem Reputationsschaden als solchem und späteren operativen Auswirkungen zu unterscheiden ist.

Bei der Untersuchung von *Karpoff/Lee/Martin*[1167] ging es auf der ersten Stufe um die Verletzung von Berichtsvorschriften durch die Emittenten, die durch die Ermittlungsverfahren der Börsenaufsicht als neue Information für den Kapitalmarkt öffentlich wurde. Eine Vergleichbarkeit für Leerverkaufsattacken lässt sich ziehen, da auch aktivistische Leerverkäufer für sich beanspruchen, Fehlleistungen der Emittenten aufzudecken.[1168] Für den Markt spielt es keine Rolle,

---

1162 *Karpoff/Lee/Martin,* 43 J. Fin. & Quant. Anal. 581, 582 (2008).

1163 *Murphy/Shrieves/Tibbs,* 44 *J.* Fin. & Quant. Anal. 55 ff. (2009); siehe aber auch schon Karpoff/Lott, 36 J. L. & Econ. 757, 790 ff. (1993).

1164 So auch die Schlussfolgerung von *Karpoff,* in: Barnett/Pollock, The Oxford Handbook, S. 361, 373: „*findings are consistent with the event study results*".

1165 *Karpoff/Lee/Martin,* 43 J. Fin. & Quant. Anal. 581, 582 (2008).

1166 *Murphy/Shrieves/Tibbs,* 44 *J.* Fin. & Quant. Anal. 55 ff. (2009).

1167 *Karpoff/Lee/Martin,* 43 J. Fin. & Quant. Anal. 581, 582 (2008).

1168 Siehe dazu: E. I. 2. b) und c).

wer etwaiges Fehlverhalten aufdeckt. Entscheidend ist vielmehr, dass eine neue Information vorliegt, die geeignet ist, das Transaktionsverhalten der Aktionäre zu verändern.

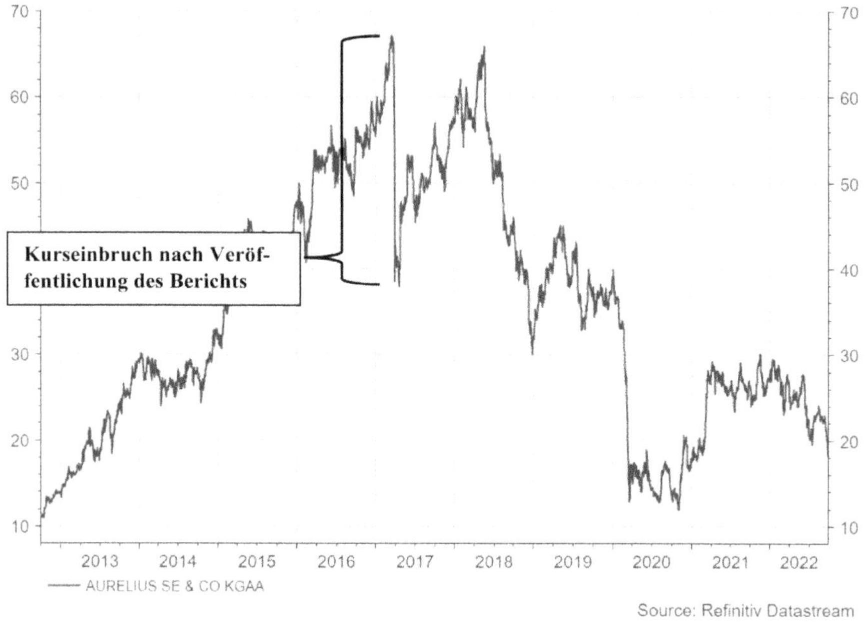

Abb. 12: Aurelius-Chart mit Kurseinbruch nach der Leerverkaufsattacke

Auch wenn davon auszugehen ist, dass der Börsenaufsicht grundsätzlich ein höheres Vertrauen entgegengebracht wird als aktivistischen Leerverkäufern, können Leerverkaufsattacken wiederum nicht erfolgreich sein, wenn sie unglaubwürdig wären. Regelmäßig gelingt es den aktivistischen Leerverkäufern, ausreichend Validität zu erwecken, um das Transaktionsverhalten der Anleger zu beeinflussen.[1169] Insoweit steht die Vertrauenswürdigkeit der neuen Information in einer Abhängigkeit zur Bedeutung der Information für die Gesellschaft. Während es bei den Ermittlungen der Börsenaufsicht lediglich um einfache Verletzungen von Berichtsvorschriften ging, stellen aktivistische Leerverkäufer üblicherweise das gesamte Geschäftsmodell oder wesentliche Teile der operativen

1169 Siehe dazu: D. III., aber auch: E. II.

Geschäftsentwicklung infrage, sodass den investierten Aktionären im Zweifel ein Totalverlust droht. Das Risiko, in dieser Gesellschaft investiert zu bleiben, gewinnt damit an Stellenwert gegenüber der Vertrauenswürdigkeit der Informationen per se. Deshalb kann der Inhalt der Information die geringe Glaubwürdigkeit aufwiegen.

Im zweiten Schritt stellen *Karpoff/Lee/Martin*[1170] auf die zu erwartenden Sanktionen ab. Auch dies kann auf Leerverkaufsattacken übertragen werden. Sollten sich die aufgedeckten Fehlinformationen als wahr herausstellen, drohen dem Emittenten gleichwohl öffentlich-rechtliche Sanktionen oder Schadensersatzansprüche bis hin zur Insolvenz wie beim Beispiel Wirecard[1171].

Den Reputationsschaden als solchen ermitteln *Karpoff/Lee/Martin*[1172] dann in einem dritten Schritt durch die Subtraktion der ersten beiden Stufen vom Wertverlust der Aktien im Zeitpunkt der Veröffentlichung. Auch bei Leerverkaufsattacken lässt sich auf diese Weise ein Annährungswert für den Reputationsschaden finden. Spätere Wertaufhellungen sind auf den Schaden anzurechnen, verhindern allerdings nicht dessen Eintritt.[1173] Insoweit spielen die späteren Wertentwicklungen der Aktien für den Schadenseintritt keine Rolle, sondern beantworten lediglich die Frage, bis wann der Schaden zumindest nominal wieder behoben ist.

Ergänzend dazu stellten *Murphy/Shrieves/Tibbs*[1174] heraus, dass sich ein Reputationsschaden gleichsam nachteilig auf die operative Geschäftsentwicklung auswirken kann. Auch diese Erkenntnisse sind auf die Sachverhaltskonstellation von Leerverkaufsattacken übertragbar. So verringert sich bereits mit dem Eintritt des Kursrückgangs die Refinanzierungsmöglichkeit der Gesellschaft, denn der Beleihungswert der Aktien sinkt. Darüber hinaus verteuert dieser Kursrückgang Kapitalerhöhungen, da mit der Ausgabe neuer Aktien – dann zu einem geringeren Wert – das Kapitalbeschaffungspotenzial sinkt und die Verwässerung der investierten Aktionäre steigt, was wiederum eine negativere Bewertung der Aktie bedingen wird. Gleichzeitig kann sich der Reputationsschaden indes auch nachteilig auf Geschäftsbeziehungen auswirken, wenn dem Zielunternehmen weniger Vertrauen entgegengebracht wird als vor der Leerverkaufsattacke.

1170 *Ebd.*

1171 Siehe dazu beispielsweise die Entwicklungen bei Wirecard: F. II. 5. c) ff).

1172 *Karpoff/Lee/Martin*, 43 J. Fin. & Quant. Anal. 581, 582 (2008).

1173 Siehe zum Schadensbegriff: K. II. 6. a) cc).

1174 *Murphy/Shrieves/Tibbs*, 44 *J.* Fin. & Quant. Anal. 55 ff. (2009).

Insoweit lässt sich ein Reputationsschaden nicht vollständig aufwiegen, selbst wenn der Aktienkurs das vorherige Kursniveau übersteigt. Dieser Effekt lässt sich auch mit Zahlen belegen, denn die Gegendarstellungen der Zielunternehmen erreichen nie denselben Effekt wie die Berichte der Leerverkaufsattacke.[1175] Die eingetretenen Reputationsschäden werden erst im Lauf der Zeit behoben werden können, nämlich dann, wenn die Gesellschaft – für den Markt und Vertragspartner erkennbar – ihre Integrität durch eine Reihe positiver Ereignisse nachweist.

η) Zwischenergebnis der Reputation als Teil des Rechts am Unternehmen

Die ökonomische Einordnung der Reputation eines Unternehmens und der Einfluss auf die operative Geschäftsentwicklung veranschaulichen, dass die Reputation eines Unternehmens mehr ist als ein guter Ruf. Es wurde dargelegt, dass die Unternehmensreputation als mehrdimensionales Konzept zu verstehen ist und an zahlreichen Schnittstellen die operative Geschäftsentwicklung beeinflussen kann.

Diese vertretene Auffassung von Reputation eines Unternehmens lässt sich nicht isoliert abtrennen, sondern ist vielmehr als wesentlicher Bestandteil des Rechts am Unternehmen zu verstehen. Die Auswirkungen von Leerverkaufsattacken auf die Reputation des Zielunternehmens lassen sich unter Zuhilfenahme der ökonomischen Studien ablesen.

(2) Zwischenergebnis

Beide gestellten Fragen zur Betriebsbezogenheit lassen sich folglich positiv beantworten: Leerverkaufsattacken haben erstens Auswirkungen auf das Unternehmen und zweitens können diese einen Eingriff in das Recht am Unternehmen darstellen. Die Betriebsbezogenheit von Leerverkaufsattacken wird von diesem Hintergrund angenommen.

cc) Rechtswidrigkeit

Fraglich ist, ob die Berichterstattung der aktivistischen Leerverkäufer auch rechtswidrig ist.

Anders als bei Verletzungen der ausdrücklich benannten Schutzgüter des § 823 Abs. 1 BGB wird die Rechtswidrigkeit der Verletzungshandlung nicht

1175 Siehe dazu: D. III.

indiziert.[1176] Das Recht am Unternehmen ist ein sog. Rahmenrecht, bei dem eine Interessenabwägung den Schutzbereich konturiert.[1177]

(1) Güter- und Interessenabwägung

Grundsätzlich wird demnach abgewogen, ob die verletzende Handlung zu vermeiden war oder sie von der Rechtsordnung als gerechtfertigt angesehen werden konnte.[1178] Diese Interessenabwägung wird auch als „Einfallstor für die Spielregeln einer freiheitlich-demokratischen Marktgesellschaft"[1179] bezeichnet und ist neben der Betriebsbezogenheit das zweite Korrektiv des weiten Auffangtatbestands.

Bei dieser Abwägung nehmen die Meinungsfreiheit[1180] und das Wettbewerbsprinzip[1181] eine bedeutende Rolle ein.[1182] Da eine Wettbewerbsstellung des Leerverkäufers regelmäßig nicht vorliegen wird, ist hier im Wesentlichen auf die Abwägung mit der Meinungsfreiheit abzustellen.

Nach Art. 5 Abs. 2 GG findet die Meinungsfreiheit zwar ihre Grenzen in den allgemeinen Gesetzen, zu denen auch § 823 BGB gezählt wird. Diese müssen aber wiederum im Lichte dieses Grundrechts ausgelegt werden, sodass der Wertgehalt der Meinungsfreiheit gewahrt bleibt. Somit erfolgt eine regelrechte Wechselwirkung, indem es § 823 Abs. 1 BGB zwar vermag, der Meinungsfreiheit Schranken zu setzen, gleichzeitig wird dieser aber in seiner begrenzenden Funktion durch das Grundrecht selbst wieder eingeschränkt.[1183] Bei Meinungsäußerungen, die

1176 BGH, NJW 2015, 773; *Teichmann*, in: Jauernig, BGB § 823, Rn. 99, 46.

1177 *Lange* in: Herberger/Martinek/Rüßmann/Weth/Würdinger, BGB, § 823 Abs. 1, Rn. 76; *Wagner*, in: MüKoBGB, §823, Rn. 5 ff.; die Gerichte bemühen sich um eine klare Konturierung anhand der zu entscheidenden Einzelfälle (zur Indizierung der Rechtswidrigkeit mit Verweis auf die Abgrenzung von Handlungs- und Erfolgsunrecht), vgl. dazu miteinander: BGHZ 65, 325, 331 f.; BGHZ 90, 113, 125; BGHZ 91, 117, 121 ff.; BGHZ 138, 311, 318; BGH, NJW 2009, 1872 Rn. 17 ff.

1178 Vgl. dazu *Teichmann*, in: Jauernig, BGB, § 823, Rn. 49 (m. w. N.).

1179 So zumindest *Wagner*, in: MüKoBGB, § 823, Rn. 324 f.

1180 Siehe zum Beispiel: BVerfG NJW 1989, 31 („Aufruf zum Mietboykott"); BGHZ 137, 99 („Blockade eines Unternehmens") oder BGH NJW 2002, 1192 („scharfe Kritik an Unternehmensleitung")

1181 Insbesondere bei der dem „Eindringen in fremde Kundenkreise mit marktkonformen Mitteln", so *Teichmann*, in: Jauernig, BGB, § 823, Rn. 99.

1182 *Teichmann*, in Jauernig, BGB, § 823, Rn. 99.

1183 So auch: BGHZ 166, 84, Rn. 99; grundlegend zur Wechselwirkungslehre und der Bedeutung der Meinungsfreiheit im Kontext der Schranken in stRspr.: BVerfGE 7, 198, 208 f.; 68, 226, 231; 69, 257, 269 f.; 85, 1, 16; BVerfG, NJW 2000, 2413, 2414.

die Öffentlichkeit berühren oder interessieren könnte, greift dementsprechend eine Vermutung zugunsten der Meinungsfreiheit.[1184] Zwar steht der Meinungsfreiheit bei Verletzung des Rechts am Unternehmen regelmäßig Art. 12 Abs. 1 GG entgegen, allerdings schützt dieser gerade nicht vor einer öffentlichen Debatte oder kritischen Äußerungen, die schlechterdings konstitutionell für die freiheitlich-demokratische Staatsordnung sind.[1185] Aufgrund der überragenden Bedeutung der Meinungsfreiheit (Art. 5 Abs. 1 S. 1 GG[1186]) ist der Maßstab bei der Abwägung zugunsten des Schädigers großzügig anzulegen.[1187]

Bei der Güter- und Interessenabwägung sind aufseiten des Geschädigten die Schwere des Eingriffs, die betroffene Sphäre[1188] sowie das eigene Verhalten zu berücksichtigen.

Dagegen ist aufseiten des Schädigers der verfolgte Zweck maßgeblich, aber auch das eingesetzte Mittel, das zur Verfolgung des Zwecks eingesetzt wurde, sowie die damit verbundene Schwere des Eingriffs. Bei einer Schädigung durch eine Äußerung ist zudem zu beachten, ob die geäußerten Informationen rechtswidrig erlangt worden sind.[1189]

Als Schaden ist für das Zielunternehmen auf den Reputationsverlust abzustellen, der wiederum schlechtere Refinanzierungsmöglichkeiten nach sich ziehen könnte.[1190] Eine schlechtere Refinanzierungsmöglichkeit kann weitreichende Folgen haben und im äußersten Fall sogar eine Existenzvernichtung bedingen.[1191]

Dagegen würden die Leerverkäufer für sich beanspruchen, dass ihre Berichterstattung dem öffentlichen Interesse diene. Ferner ist das Spekulieren

---

1184 Ebenfalls in stRspr.: BVerfGE 61, 1, 7; 82, 272, 281 f.; 90, 241, 249; 93, 266, 294 f.; BGHZ 45, 296, 308; 65, 325, 331 f.

1185 BVerfGE 7, 198; BGH, NJW 2015, 773 Rn. 23; BVerfG, NJW-RR 2004, 1710, 1711; ausführend dazu auch auch: *Wagner*, in: MüKoBGB, § 823, Rn. 343

1186 Auf europäischer Ebene ebenso richtig über: Art. 10 EMRK, Art. 11 EU-Grundrechtecharta oder aus den gemeinsamen Verfassungsüberlieferungen, vgl. dazu: Art. 6 Abs. 3EUV.

1187 *Wagner*, in: MüKoBGB, § 823, Rn. 343.

1188 Gestützt auf: BVerfGE 34, 238, 248 („heimliche Tonbandaufnahmen"); siehe zur grundlegenden Einordnung dazu einführend: *Di Fabio*, in: Maunz/Dürig, Grundgesetz, Art. 2 Abs. 1 Rn. 158 (m. w. N.).

1189 *Lange*, in: Herberger/Martinek/Rüßmann/Weth/Würdinger, BGB, § 823 Abs. 1, Rn. 67.

1190 *Schockenhoff/Culmann*, AG 2016, 517, 528.

1191 Vgl. dazu den „Kirch-Fall": BGHZ 166, 84.

auf fallende Aktienkurse ein legitimes Ziel und nicht von der Rechtsordnung untersagt, sondern ausdrücklich im konturierten Rechtsrahmen der EU-LVVO gestattet.[1192] Genauso sind eine kritische Berichterstattung oder ein negatives Werturteil über das Zielunternehmen nicht per se rechtswidrig, sondern grundsätzlich im Rahmen der Meinungsfreiheit zu dulden. Rechtswidrigkeit kann lediglich angenommen werden, wenn die Berichterstattung nicht mehr von der Meinungsfreiheit gedeckt ist und somit das Reputationsinteresse des Unternehmens überwiegt. Da auf beiden Seiten geschützte Interessen und Rechtsgüter berührt sind, ist es letztlich stets eine Frage der Abwägung im Einzelfall.

Bei dieser Abwägung stellen *Schockenhoff/Culmann* darauf ab, dass das Interesse der Öffentlichkeit an kritischen Berichten des Leerverkäufers dann nicht vorliegen könne und die Meinungsfreit dann nicht überwiegen würde, wenn der verständige Anleger nach sorgfältiger Prüfung zu dem Ergebnis kommen würde, dass der Bericht nicht in den Aktienkurs einzupreisen sei.[1193]

Doch diese Betrachtung ist ein Zirkelschluss. Aktionäre ‚bepreisen' den Aktienkurs nicht unmittelbar selbst. Vielmehr bildet sich der Aktienkurs aus der letzten Transaktion, die aus Angebot und Nachfrage entstanden ist. Abzustellen wäre demnach darauf, ob der verständige Anleger Aktien des Zielunternehmens nach sorgfältiger Prüfung des Berichts zum aktuellen Marktpreis kaufen oder verkaufen würde. Entscheidend ist demnach das aus der Validität des Berichts abgeleitete Kaufverhalten.

Bei Werturteilen kann die Validität allerdings bereits qua Definition nicht oder nur eingeschränkt erbracht werden. Es gibt hier kein Richtig oder Falsch. Es kann nur darauf abgestellt werden, ob einzelne Aktionäre das Werturteil teilen und diesem folgen. Hieraus eine Rechtswidrigkeit abzuleiten, liegt indes selbst dann fern, wenn sich diese Äußerungen geschäftsschädigend für das Zielunternehmen auswirken. Das Teilen und Folgen von Werturteilen repräsentiert den Inbegriff[1194] der Demokratie und genießt deshalb auch im Rahmen der einfachgesetzlichen Tatbestandsaugestaltungen erhebliches Gewicht. Eine Rechtswidrigkeit ist daher selbst im äußersten Ausnahmefall als kritisch zu bewerten und regelmäßig auszuschließen.

Werden bei den geäußerten Werturteilen tatsächliche Anknüpfungspunkte umrissen, schützt auch Art. 12 GG nicht vor der Verbreitung sachlich zutreffender Informationen, selbst wenn diese für das Zielunternehmen nachteilig sein

1192 Vgl. dazu: G. II.

1193 So sehen es *Schockenhoff/Culmann*, AG 2016, 517, 528.

1194 Anstelle von vielen hier nur: BVerfGE 7, 198 ff.

könnten. Vielmehr verkörpert es eine Grundvoraussetzung der Marktwirtschaft, dass wettbewerbsrelevante Informationen möglichst gleichmäßig im Markt verteilt sind.[1195] Dies muss gerade dann gelten, wenn ökonomisch-derivative Äußerungen[1196] den Kern der Leerverkaufsattacke bilden. In diesem Zusammenhang ist dann auch auf die positiven Disziplinierungseffekte aktivistischer Leerverkäufer zu verweisen.[1197]

Mithin ist Rechtswidrigkeit im Regelfall abzulehnen.

(2) Strengere Anforderungen an die Rechtswidrigkeit

Anderes könnte jedoch gelten, wenn ein strengerer Maßstab anzulegen ist, wie es bei Äußerungen von Ratingagenturen und Boykottaufrufen ohne wettbewerbliche Zielsetzung angenommen wird. Dazu müssten sich die aufgestellten Grundsätze dieser Fallgruppen auf Leerverkaufsattacken übertragen lassen.

α) Ratingagenturen

Ratingagenturen berichten kritisch über Unternehmen und bilden einen Gegenpol zur Darstellung des Unternehmens. Für Ratingagenturen wird mit Verweis auf die sog. Warentest-Rechtsprechung des BGH[1198] ein deutlich strengerer Maßstab als für gewöhnliche Äußerungen angelegt.[1199] Hierbei müssen die Äußerungen neutral, sachkundig und möglichst objektiv richtig sein.[1200] Auffassungen von Ratingagenturen steht ein erhöhtes Informationsinteresse der Allgemeinheit an einer Korrekturfunktion zur Eigenwerbung des Unternehmens gegenüber, das eine höhere Validität unterstreicht.[1201]

1195 Siehe dazu grundlegend: BVerfGE 105, 252, 265 f. („Glykol") und BVerfG, NJW-RR 2004, 1710, 1711 („gerlachreport").

1196 Sieh dazu: F. II. 7.

1197 Siehe dazu: E. I. 2.

1198 BGHZ 138, 320f; BGH, NJW 1998, 2141 ff.; BGH, NJW 1987, 2222, 2223; BGH, NJW 1989, 1923; BGH, NJW 1997, 2593, 2594; zur Entwicklung dieser Rechtsprechung: *Franz*, GRUR 2014, 1051, 1053 ff.; aber auch: OLG München, NJW-RR 2015, 425.

1199 *Schockenhoff/Culmann*, AG 2016, 517, 528; so ausdrücklich auch: KG, NJOZ 2006, 3347; *Arntz*, BRK 2012, 89, 94.

1200 Vgl. zum Beispiel: KG, NJOZ 2006, 3347, 3348; mit dem Vergleich auf Leerverkaufsattacken auch: *Schockenhoff/Culmann*, AG 2016, 517, 528.

1201 Siehe zu diesem Themenkomplex: *Köhler/Bornkamm*, UWG, § 6, Rn. 195ff. (m. w. N.); sowie einführend: *Teichmann*, in: Jauernig, BGB, § 823 Rn. 103.

Die Berichterstattung bei Leerverkaufsattacken stellt regelmäßig eine gegensätzliche Auffassung zur Eigendarstellung des Unternehmens dar, weshalb eine wertende Übertragung der Rechtsprechung in Betracht kommen könnte. Beispielhaft ist auf die Ausführungen von *Muddy Waters* zur organischen Wachstumsrate[1202] oder auf *Gotham City* in Hinblick auf den Goodwill[1203] zu verweisen, die beide als ökonomisch-derivative Äußerungen[1204] einzuordnen sind. Doch anders als Ratingagenturen bewerten aktivistische Leerverkäufer nicht primär die Bonität des Unternehmens. Sie ist allenfalls eine Folge der Wertung, die in der Berichterstattung getroffen wird. Auch ist für den Leser solcher Leerverkaufsberichte unmissverständlich erkennbar, dass diese Äußerungen nicht um Objektivität bemüht sind, sondern vielmehr ein persönlicher Standpunkt wiedergegeben wird.[1205] Ist für den Leser allerdings ersichtlich, dass der Bericht nicht objektiv ist, kann dem Verfasser auch nicht der strengere Maßstab für Ratingagenturen entgegengehalten werden.

Der strengere Maßstab für Ratingagenturen kann folglich nicht sachgerecht auf Leerverkaufsattacken übertragen werden.

β) Boykottaufruf ohne wettbewerbliche Zielsetzung

Eine Parallele könnte sich zwischen Leerverkaufsattacken und einem Boykottaufruf ohne wettbewerbliche Zielsetzung ziehen lassen. Der aktivistische Leerverkäufer versucht zwar nicht – wie beim Boykottaufruf –, die Kunden davon abzuhalten, gewisse Produkte des Zielunternehmens zu kaufen. Er versucht aber, potenzielle Investoren davon abzuhalten, in die Aktien des Zielunternehmens zu investieren oder diese zu verkaufen, um so einen Angebotsüberhang am Markt zu erzeugen.

Bei einem Boykottaufruf ohne wettbewerbliche Zielsetzung wird eine rechtswidrige Verletzung des Rechts am Unternehmen grundsätzlich angenommen.[1206] Auch Leerverkäufer rufen zum ‚Boykott von Aktienkäufen' auf und verfolgen keine wettbewerbliche Zielsetzung. Sofern beim Boykottaufruf aber

---

1202 Siehe dazu: F. II. 1. e).

1203 Siehe dazu: F. II. 3. e).

1204 F. II. 7.

1205 Zum Beispiel „Muddy Waters is Short Stroer (SAX:GR)", abrufbar unter: https://www.muddywatersresearch.com/research/sax/mw-is-short-stroeer/ [Stand: 23.09.2022]; dieses Beispiel wurde auch aufgegriffen von: *Schockenhoff/Culmann*, AG 2016, 517, 528.

1206 Vgl. dazu: *Hager*, in: Staudinger, BGB, § 823, Rn. 126 (m. w. N.).

zugleich Meinungsäußerungen enthalten sind oder ein Allgemeininteresse (mit-)verfolgt wird, ist der Meinungsfreiheit eine hohe Bedeutung beizumessen.[1207] Wie herausgearbeitet, handelt es sich auch bei den Äußerungen aktivistischer Leerverkäufer um Werturteile und oftmals um ökonomisch-derivative Äußerungen[1208]. Ebenso würden aktivistische Leerverkäufer in Hinblick auf die ökonomischen Vorteile[1209] von sich behaupten, dass sie mit ihrer Berichterstattung der Aufklärung der Allgemeinheit dienen.[1210] Zudem haben aktivistische Leerverkaufsattacken einen Disziplinierungseffekt für Unternehmen, ihre Konzernrechnungslegung und Prognoseberichte nicht zu positiv auszuschmücken. Demnach werden Informationsasymmetrien im Markt abgebaut oder im Vorfeld verhindert.[1211]

Vor diesem Hintergrund kann nach Maßgabe des Boykottaufrufs ohne wettbewerbliche Zielsetzung kein strengerer Maßstab an die Rechtswidrigkeit bei Äußerungen im Rahmen von Leerverkaufsattacken angenommen werden.

γ) Kirch. /. Deutsche Bank

Aufschluss könnten die Wertungen des BGH im prominenten Fall *Kirch. /. Deutsche Bank* geben.[1212] Zwar handelt es sich hierbei nicht um eine etablierte Fallgruppe des § 823 Abs. 1 BGB (Recht am Unternehmen). Gleichwohl ist dieser Fall, der Reputationsschädigungen durch kritische Äußerungen über Unternehmen betrifft, so eingehend, dass sich aus den Wertungen des BGH Rückschlüsse für Leerverkaufsattacken ergeben könnten. In jedem Fall unterstreicht der Sachverhalt deutlich, welche weitreichenden Folgen kritische Äußerungen über Unternehmen in der Öffentlichkeit haben können.

Der damaligen Vorstandssprecher der Deutschen Bank äußerte sich gegenüber einem Nachrichtensender kritisch über die Bonität der sog. Kirch-Gruppe, worunter mehrere Gesellschaften im Mediengeschäft zusammengefasst wurden. Im Dezember 2001 wurde ein Darlehen zwischen der Deutschen Bank und der Kirch-Gruppe über 900 Mio. DM zur Rückzahlung fällig, dessen Laufzeit dann im Januar 2002 um drei Monate verlängert wurde. Daraufhin berichteten

---

1207 BGH, VersR 15, 717 Rn. 25; BGH, WM 2016, 405, Rn. 21, sowie *Hager*, in: Staudinger, BGB, § 823, Rn. 126 (m. w. N.).
1208 Siehe dazu: F. II. 7.
1209 Siehe dazu: E. I.
1210 Siehe dazu: E. I.
1211 Siehe dazu: E. I. 2. e).
1212 BGHZ 166, 84.

mehrere Medien über die wirtschaftliche Schieflage der Kirch-Gruppe, sodass sich kein Darlehensgeber für eine Refinanzierung finden ließ. Im April 2002 stellte die KirchMedia GmbH & Co.KG – eine Obergesellschaft des Mediengeschäfts – Insolvenzantrag.[1213] Der Kläger begehrte Schadensersatz wegen der getroffenen Äußerungen des Vorstandssprechers, die zwangsläufig zur Insolvenz geführt hätten.

In der Sache nahm der BGH neben weiteren Ansprüchen eine Verletzung des Rechts am Unternehmen wegen des Reputationsschadens an.[1214] Der BGH hatte zunächst grundlegend konkretisiert, dass sachliche Meinungsäußerungen in der Öffentlichkeit berührende Fragestellungen grundsätzlich keinen rechtswidrigen Eingriff verkörpern würden.[1215] Anders verhalte es sich nur bei Werturteilen, bei denen sachfremde Erwägungen eingeflossen seien oder der Inhalt herabsetzend formuliert sei.[1216] Liege dies nicht vor, gewähre auch das Grundrecht der Berufsfreiheit keinen Schutz aufseiten des Unternehmens, auch wenn die wirtschaftliche Position des Unternehmens nachteilig beeinflusst würde.[1217]

Gleichzeitig betonte der BGH aber auch, dass sich die Rechtswidrigkeit erst aus einer Interessen- und Güterabwägung im Einzelfall ergeben könne, bei der vor allem grundgesetzlich geschützte Positionen der Beteiligten zu berücksichtigen seien.[1218] Der BGH verwies zudem auf das intendierte Übergewicht der Meinungsfreiheit, insbesondere dann, wenn die getroffenen Äußerungen das Interesse der Öffentlichkeit berühren könnten. Insgesamt überwog in der Sache aber ein eher strenger Maßstab, der als Wegweiser für die im Rahmen der Rechtswidrigkeit zu treffende Güter- und Interessenabwägung – auch bei Leerverkaufsattacken – dienen könnte.

Die dort getroffenen Wertungen des BGH über kritische Werturteile lassen sich indes nur bedingt auf Leerverkaufsattacken übertragen, denn sowohl Ziel, Zweck als auch Umstände differieren. Zunächst bestand im Kirch-Fall ein Vertragsverhältnis zwischen den Parteien, womit Nebenpflichten einhergehen (§ 241 Abs. 2 BGB), dem anderen Teil nicht zu schaden. Hierunter fällt auch

1213 Zum Tatbestand siehe ausführlich: BGHZ 166, 84 Rn. 1 -9.

1214 Aus der Presse zum Beispiel ein Artikel der WELT: „Das größte Trauma der Deutschen Bank", abrufbar unter: https://www.welt.de/wirtschaft/article173515088/Kirch-Prozess-Das-groesste-Trauma-der-Deutschen-Bank.html [Stand: 23.09.2022].

1215 BGHZ 166, 84 (dann insbesondere den 10. Leitsatz).

1216 BGHZ 166, 84, 98.

1217 BVerfG, NJW-RR 2004, 1710, 1711; BGHZ 166, 84, 98.

1218 BGHZ 166, 84, 117, Rn. 97 („Kirch. /. Deutsche Bank"); so auch: BGHZ 45, 296, 307; 65, 325, 331; 138, 311, 318.

die Verpflichtung, Vertragsinhalte, Bonitätsprüfungen oder Teile hiervon nicht öffentlich zu machen.[1219] Bei Leerverkäufern bestehen diese Nebenpflichten gerade nicht.[1220] Leerverkäufer sind keine Vertragspartner des Zielunternehmens, sondern stehen der Gesellschaft wie Dritte gegenüber. Insoweit unterscheidet sich auch die Vorwerfbarkeit, denn an einen Vertragspartner sind strengere Maßstäbe anzulegen als an einen Dritten.

Der entwickelte Maßstab des BGH in Sachen *Kirch. /. Deutsche Bank* ist deshalb aus gegebenen Gründen besonders streng und eignet sich bereits auf abstrakter Ebene nicht dazu, eine konkretere Zielrichtung für die Rechtswidrigkeit bei Leerverkaufsattacken vorzugeben.

δ) Fazit

Zusammenfassend lässt sich festhalten, dass sich weder die entwickelten Fallgruppen noch die Wertungen des Falls *Kirch. /. Deutsche Bank* sinnvoll auf Leerverkaufsattacken übertragen lassen, sodass regelmäßig ein Anspruch des Zielunternehmens gegen den Leerverkäufer aus § 823 Abs. 1 BGB (Recht am Unternehmen) mangels Rechtswidrigkeit ausscheiden wird.

(3) Äußerste Grenze zur Rechtswidrigkeit

Dennoch könnte im Ausnahmefall Rechtswidrigkeit angenommen werden. Die äußerste Grenze bildet die Schmähkritik. Die getroffenen Äußerungen dürften nicht mehr der Sache dienlich sein, sondern nur noch herabsetzen wollen.[1221]

Allerdings ist ein solcher Fall nur in äußerst engen Grenzen denkbar.[1222] Zwar werden aktivistische Leerverkäufer stets versuchen, das Zielunternehmen möglichst schwer zu diffamieren, um so die größtmögliche Korrektur der Aktie herbeizuführen. Es konnte anhand der ökonomisch-derivativen Äußerungen[1223] jedoch aufgezeigt werden, dass Leerverkaufsattacken zwar die größtmögliche Unsicherheit an den Märkten erzielen möchten. Die größtmögliche Unsicherheit wird indes dann erreicht, wenn nicht klar ist, ob die kritische Berichterstattung

---

1219 BGHZ 166, 84, 117, Rn. 13. („Kirch. /. Deutsche Bank").

1220 Siehe dazu: K. I. 4.

1221 In stRspr, so zum Beispiel anstelle von vielen nur: BVerfGE 82, 272, 284; BVerfGE 93, 266, 294; BVerfG NJW 1993, 1462; zur Qualifizierung als sonstiges Recht siehe in stRspr beispielsweise: BGHZ 139, 99 ff. (m. w. N.).

1222 Siehe dazu auch: BGH, NJW 2002, 1192; aber auch *Teichmann*, in: Jauernig, BGB, § 823 Rn. 99 (m. w. N.).

1223 Siehe dazu: F. II. 7.

der Leerverkäufer als ‚wahr' eingestuft wird (‚Da könnte etwas dran sein.'). Bloße Schmähkritik oder gar eine stumpfe Beleidung erzielen keine solche Wirkung. Von ‚plumper' Schmähkritik werden die Äußerungen von Leerverkäufern regelmäßig weit entfernt sein. Die enthaltenen Werturteile bei Leerverkaufsattacken werden deshalb in aller Regel nicht rechtswidrig sein, weshalb ein Anspruch aus § 823 Abs. 1 BGB (Recht am Unternehmen) auf Grundlage geschäftsschädigender Werturteile in aller Regel ausscheidet.

dd) Ergebnis

Im Ergebnis ist zu resümieren, dass eine Verletzung des Rechts am Unternehmen aufgrund mangelnder Rechtswidrigkeit abgelehnt werden muss.

b) Unternehmenspersönlichkeitsrecht

Als zweites sonstiges Recht i. S. d. § 823 Abs. 1 BGB kommt das Unternehmenspersönlichkeitsrecht infrage. Das allgemeine Persönlichkeitsrecht ist als sonstiges Recht i. S. d. § 823 Abs. 1 BGB nach ständiger Rechtsprechung anerkannt.[1224] Abgeleitet wurde das allgemeine Persönlichkeitsrecht aus der Menschenwürde, dem Ehrgefühl sowie der allgemeinen Handlungsfreiheit (Art. 2 Abs. 1, 1 Abs. 1 GG).[1225]

aa) Übertragbarkeit auf Unternehmen

Nicht unumstritten ist in der zivilrechtlichen Bedeutung die Übertragbarkeit auf Unternehmen respektive auf juristische Personen (Art. 19 Abs. 3 GG). In diesem Kontext ist vom Unternehmenspersönlichkeitsrecht die Rede.[1226]

Nach der Rechtsprechung[1227] und der herrschenden

1224 Bereits seit BGHZ 13, 338; 24, 76; 50, 143.

1225 *Hager*, in: Staudinger, BGB, § 823, Rn. 90.

1226 BGH, NJW 2005, 2766.

1227 BGHZ 98, 94, 97; BGH, NJW 1994, 1281 („Bilanzanalyse"); BGH, NJW 2008, 2110, Rn. 9 („Gen-Milch"); BGH, NJW 2015, 773 („Hochleistungsmagneten"); BGHZ 81, 75 („Carrera"); BGHZ 78, 22, 29 („Medizin-Syndikat IV"); BGHZ 78, 24, 25 f. („Medizin-Syndikat I"); BGH, NJW 1975, 1882, 1884 („Geist von Oberzell"); siehe aber auch: KG, NJW 2000, 2210 („Versteckte Kamera"); OLG Köln, NJW-RR 1997, 786, 787 f. („Blut und Sperma"); OLG Köln, NJW 1992, 2641 („Schtonk); OLG Frankfurt, GRUR 1987, 62 („Missmanagement").

Literatur[1228] sind nicht nur natürliche Personen Rechtsträger, sondern auch Personengesellschaften[1229], nichtrechtsfähige Vereine[1230] oder juristische Personen[1231], sofern sie in „ihrer Funktion als Wirtschaftsunternehmen oder Arbeitgeber“[1232] betroffen sind oder „nach ihrem Wesen als Zweckschöpfung“[1233] Schutz bedürfen. [1234] Bei der dogmatischen Herleitung wird entweder auf den sozialen Geltungsanspruch eines Unternehmens als Äquivalent zur Menschenwürde[1235] oder auf den „Geist der Gründer“[1236] hinter dem Unternehmen abgestellt. Auch wenn die Herleitung teils differiert, herrscht weitestgehend Konsens, dass das berechtigte Interesse eines Unternehmens persönlichkeitsrechtlichen Anklang finden muss.[1237]

Gegensätzlich wird vereinzelt vertreten, dass das Unternehmenspersönlichkeitsrecht vollständig entbehrlich sei. Das allgemeine Persönlichkeitsrecht entspringe dem Wesen nach aus Art. 1 GG und sei deshalb wegen des fehlenden Menschenrechtsbezugs nicht über Art. 19 Abs. 3 GG auf juristische Personen anwendbar. [1238] Dessen ungeachtet sei das enthaltene Recht auf die Außendarstellung eines Unternehmens bereits ausreichend über Art. 12 Abs. 1 GG geschützt. Das Unternehmenspersönlichkeitsrecht sei bloß eine falsa demonstratio. Bei Lichte betrachtet, handele es sich um eine Verletzung des Rechts am Unternehmen. Der einzig verbleibende Anwendungsbereich für das Unternehmenspersönlichkeitsrecht liege bei nichtwirtschaftlichen Vereinigungen, die

---

1228 *Teichmann*, in: Jauernig, BGB, § 823, Rn. 66; *Sprau*, in: Grüneberg, BGB, § 823, Rn. 92; *Soehring*, in: Soehring/Hoene, Presserecht, § 13, Rn. 13ff. (je m. w. N.); zumindest auf verfassungsrechtlicher Ebene dagegen: *Brauer*, S. 40.

1229 BGH, DB 1980, 2280.

1230 BGH, NJW 1971, 1665.

1231 BGH, NJW 2016, 1284, Rn. 11.

1232 *Teichmann*, in: Jauernig § 823 Rn. 66.

1233 *Schulze*, in: Staudinger, BGB, § 823, Rn. 95.

1234 Ganz grundlegend bereits: BGHZ 98, 94, 97; aber auch BGH, NJW 1994, 1281 („Bilanzanalyse“).

1235 *Prinz*, in: Fezer/Büschr/Obergfell, UWG, Presse im Wettbewerbsrecht (S 7), Rn. 90.

1236 *Prinz*, in: Fezer/Büschr/Obergfell, UWG, Presse im Wettbewerbsrecht (S 7) Rn. 90.

1237 *Kraft*, S. 201 ff.; *Schwerdtner*, S. 122; *Kau*, S. 61 ff.; siehe dazu auch: *Prinz*, in: Fezer/Büschr/Obergfell, UWG, Presse im Wettbewerbsrecht (S 7), Rn. 90; siehe aber schon zu dem zivilrechtlichen Persönlichkeitsrecht von Verbänden: *Klippel*, JZ 1988, 625, 626 f.

1238 *Brauer*, S. 40, der jedenfalls ein allgemeines, verfassungsrechtlich begründetes Persönlichkeitsrecht der juristischen Person verneint; siehe dazu auch: *Koregn*, GRUR 2010, 1065, 1068.

üblicherweise nicht als Unternehmen eingestuft werden würden und sich deshalb nicht auf Art. 12 Abs. 1 GG berufen könnten.[1239]

Ferner wird auch eine vermittelnde These vertreten, wonach das allgemeine Persönlichkeitsrecht in unterschiedliche Teilgehalte aufgespalten werden soll, bei denen der Bezug zu Art. 1 GG und damit dann der Menschenrechtsbezug unterschiedlich stark ausgeprägt sein soll.[1240] So würde sich das Unternehmenspersönlichkeitsrecht weniger an der Menschenwürde orientieren, sondern sich stärker aus der allgemeine Handlungsfreiheit ableiten.[1241] Demnach sei ein sozialer Geltungsanspruch aufgrund der vergleichbaren Gefährdungslagen für Unternehmen zu bejahen.[1242]

Das Bundesverfassungsgericht hat die Übertragbarkeit des allgemeinen Persönlichkeitsrechts auf Unternehmen über Art. 19 Abs. 3 GG bislang offengelassen[1243] und in dem Beschluss von 2002 ausdrücklich darauf hingewiesen, dass kein Anlass bestehen würde, abschließend zu diesem Problemkreis Stellung zu nehmen.[1244] Gleichwohl hat sich das Bundesverfassungsgericht grundsätzlich als Befürworter eines Unternehmenspersönlichkeitsrecht ausgesprochen.[1245] Das zeigen auch die Entscheidungen des BGH[1246], die mittels

---

1239 *Koreng*, GRUR 2010, 1065, 1069 f.

1240 *Brauer*, S. 40 und S. 65.

1241 BVerwGE 82, 76, 78 („Jugendsekten"); OLG Hamburg, NJW 2009, 1510, 1511, 1513 („Contergan"); OLG Köln, NJW-RR 2007, 698, 701 („Gen-Milch"); OLG München, NJW 1996, 2515; OLG Frankfurt, NJW 1995, 876, 877 („Universelles Leben"); NJW 1982, 648 („Lusthansa"); OVG Lüneburg, NJW 1992, 192, 193; OVG Koblenz, NVwZ 1986, 575 (bezogen auf das Recht auf informationelle Selbstbestimmung); *Dünnwald*, ZUM 2009, 538, 546; *Gostomzyk*, NJW 2008, 2082, 2084; *Holzner*, MMR-Aktuell 2010, 298851; *Jarass*, NJW 1989, 857, 860; im Ergebnis unklar bleibt: *Rixecker*, in: MüKoBGB, Anh. § 12 Rn. 21.

1242 Siehe dazu *Lorenz*, in: BK-GG, Art. 2 I, Rn. 383 ff.

1243 Vgl. BVerfGE 106, 28, 42.

1244 BVerfGE 106, 28, 42 f. („Mitgehörtes Telefonat").

1245 BVerfGE 106, 28, 42 f. („Mitgehörtes Telefonat"); siehe dazu auch: *Prinz*, in: Fezer/Bscher/Obergfell, UWG, Presse im Wettbewerbsrecht (S 7), Rn. 91.

1246 BGH, AfP 2005, 360, 362 („Angedrohter Pressebericht"); BGH, GRUR 1994, 394, 395 („Jahresabschluss"); BGHZ 98, 94, 98 („BMW"); BGHZ 81, 75, 77 („Carrera"); BGHZ 78, 22 („Medizin-Syndikat IV"); BGHZ 78, 24, 25 f. („Medizin-Syndikat I"); BGH NJW 1975, 1882, 1884 („Geist von Oberzell); KG, AfP 2006, 75; NJW 2000, 2210 („Versteckte Kamera"); OLG Köln, NJW-RR 1997, 786, 787 f. („Blut und Sperma"); OLG Köln, NJW 1992, 2641 („Schtonk"); OLG Frankfurt, GRUR 1987, 62 („Missmanagement"); LG Münster, ZUM-RD 2004, 262, 264 („Tierversuche").

Urteilsverfassungsbeschwerde angegriffen wurden. Das Bundesverfassungsgericht hat diese Entscheidungen als verfassungsgemäß bestätigt, sodass ein Schulterschluss mit dem BGH erkennbar ist.[1247]

Wie vertreten, ist die Aufspaltung des Unternehmenspersönlichkeitsrechts lediglich akademisch konstruiert und es wird regelmäßig dahinstehen können, mit welcher Teilgewichtung das Unternehmenspersönlichkeitsrechts aus Art. 2 Abs. 1, 1 Abs. 1 GG abgeleitet wird. Soweit die Gegenauffassungen auf eine vollständige Entbehrlichkeit des Unternehmenspersönlichkeitsrecht abstellen, wird die unterschiedliche Schutzrichtung[1248] des Rechts am Unternehmen verkannt: Das Recht am Unternehmen schützt als Ausfluss des Art. 12 Abs. 1 GG die wirtschaftliche Betätigung des Unternehmens. Dazu zählt zwar auch die Außendarstellung, die betriebswirtschaftlich erheblichen Einfluss auf den Erfolg des Unternehmens haben kann.[1249] Dagegen entspringt das Unternehmenspersönlichkeitsrecht dem Aspekt des sozialen Geltungsanspruchs (Art. 2 Abs. 1, 1 Abs. 1 GG). Dabei ist der Anwendungsbereich des Unternehmenspersönlichkeitsrechts gleichzeitig enger und weiter zu fassen. Der Anwendungsbereich ist enger, weil ‚nur' der gute Ruf und die Außendarstellung umfasst sind. Gleichzeitig ist er aber auch weiter zu fassen, weil – anders als beim Recht am Unternehmen – keine konkrete Betriebsbezogenheit vorliegen muss. Ein eigener Anwendungsbereich ist folglich vorhanden.

Ferner kann das Unternehmenspersönlichkeitsrecht unstreitig bei nichtwirtschaftlichen Betätigungen verletzt sein, die nicht über das Recht am Unternehmen nach Art. 12 Abs. 1 GG abgebildet werden würden. In dieser Konsequenz würde es demnach zu einer künstlichen Aufspaltung des Unternehmenspersönlichkeitsrechts kommen, sodass hierüber nur ‚Unternehmen' ohne wirtschaftliche Zweckverfolgung geschützt wären, Wirtschaftsunternehmen aber nicht. Weshalb jedoch die wirtschaftliche Zweckverfolgung abträglich für die Anerkennung des sozialen Geltungsanspruchs sein soll, erschließt sich nicht.

1247 Siehe dazu: BGH, NJW 2008, 2110 („Gen-Milch"); vorinstanzlich genauso das LG Köln, NJOZ 2010, 1233; bestätigt vom BVerfG, 1 BvR 1890/08, Rn. 5; siehe dazu auch die Pressemitteilung des BVerfG mit dem Verweis auf die jedenfalls vertretbare Verfassungsmäßigkeit der Entscheidung, abrufbar unter: https://www.bundesverfassungsgericht.de/SharedDocs/Pressemitteilungen/DE/2010/bvg10-081.html [Stand: 23.09.2022].

1248 zur parallelen Schutzrichtung dieser beiden Rechtsgüter *Hager*, in: Staudinger, BGB, § 823, Rn. C 28.

1249 In Bezugnahme auf den Bankensektor in Großbritannien: *Buil/Catalán/Martínez*, Business Research Quarterly 2016, Vol. 19 Issue 1, 3, 10 ff.

Vielmehr können beide Rahmenrechte dem unternehmerischen Reputationsschutz dienen. Es ist indessen einzeln zu überprüfen, welches Rahmenrecht vorliegt. In überschneidenden Fällen sind beide Rahmenrechte dann nicht exklusiv gegeneinander auszuspielen. Vielmehr können sie kumulativ vorliegen.[1250] Die Anwendungsbereiche sind weder deckungsgleich, noch geht das Unternehmenspersönlichkeitsrecht vollständig im Recht am Unternehmen auf.[1251] Folglich kann das Unternehmenspersönlichkeitsrecht auch nicht vollständig entbehrlich sein.

Im Ergebnis ist der Rechtsprechung und dem überwiegenden Teil der Literatur zu folgen und das Unternehmenspersönlichkeitsrecht anzuerkennen.[1252]

bb) Verletzungshandlung

Als Verletzungshandlung ist, wie anhand der angeführten Beispiele von Leerverkaufsattacken herausgearbeitet,[1253] auf die Verbreitung geschäftsschädigender Werturteile abzustellen, die geeignet sind, den sozialen Geltungsanspruch des Unternehmens zu verletzen.[1254]

cc) Rechtswidrigkeit

Beim Unternehmenspersönlichkeitsrecht handelt es sich – ebenso wie beim Recht am Unternehmen – um ein Rahmenrecht, bei dem die Rechtswidrigkeit

---

1250 So auch in: BGH, NJW 2008, 2110 („Gen-Milch"); vorinstanzlich genauso das LG Köln, NJOZ 2010, 1233; bestätigt vom BVerfG, 1 BvR 1890/08, Rn. 5; siehe dazu auch die Pressemitteilung des BVerfG mit dem Verweis auf die jedenfalls vertretbare Verfassungsmäßigkeit der Entscheidung, abrufbar unter: https://www.bundesverfassungsgericht.de/SharedDocs/Pressemitteilungen/DE/2010/bvg10-081.html [Stand: 23.09.2022]; ebenso in den zwei Contergan-Entscheidungen des OLG Hamburg, NJOZ 2007, 2695 sowie NJW 2009, 1510.

1251 *Klippel*, JZ 1988, 625, 634, nimmt eine Teildeckungsgleichheit zwischen dem Persönlichkeitsrecht und dem Recht am Gewerbebetrieb an, stellt im Ergebnis aber die unterschiedlichen Intentionen der Rahmenrechte heraus; zu den Konkurrenzverhältnissen zwischen Persönlichkeitsrecht und Recht am Gewerbebetrieb, siehe bereits: *Quante*, S. 143; ausführlich eingehend darauf siehe dann auch: *Koreng*, GRUR 2010, 1065.

1252 *Prinz*, in: Fezer/Büschr/Obergfell, UWG, Presse im Wettbewerbsrecht (S 7), Rn. 90 (m. w. N.).

1253 Siehe dazu F. II.

1254 Siehe dazu die Beispiele in: D. und F.

nicht indiziert wird.[1255] Vielmehr muss eine Güter- und Interessenabwägung vorgenommen werden, bei der die widerstreitenden Interessen und betroffenen Rechtsgüter im Einzelfall gegeneinander abgewogen werden müssen.[1256]

Bei Werturteilen überwiegt regelmäßig die Meinungsfreiheit des Äußernden. Lediglich im Fall der Schmähkritik kann eine Rechtswidrigkeit angenommen werden. Allerdings werden aktivistische Leerverkäufer bei ihrer Berichterstattung auf eine subtile Diffamierung verzichten, um die Validität ihrer Äußerungen zu unterstreichen.[1257]

Könnte anstelle ökonomisch-derivativer Äußerungen[1258] ausnahmsweise ein Werturteil anknüpfend an einen Tatsachenkern ausgemacht werden, sei darüber hinaus darauf hingewiesen, dass selbst dann das Persönlichkeitsrecht nur verletzt sein kann, wenn dieser Äußerung eine ‚Prangerwirkung' zukommt.[1259] Hierbei ist wegen des berechtigten Informationsinteresses der Öffentlichkeit[1260] sowie unter Berücksichtigung der Meinungsfreiheit[1261] eine restriktive Abwägung angezeigt.[1262] Sofern eine Auseisandersetzung mit der Sache erfolgt, wird die Rechtswidrigkeit wegen einer ‚Prangerwirkung' regelmäßig abzulehnen sein. Bei Leerverkaufsattacken ist zwar eine gewisse Stigmatisierung des Zielunternehmens enthalten, jedoch erfolgt gleichzeitig eine inhaltliche Auseinandersetzung mit dem Zielunternehmen.

Die Rechtswidrigkeit ist deshalb in aller Regel abzulehnen.

dd) Ergebnis

Im Ergebnis ist mithin festzuhalten, dass eine rechtswidrige Verletzung des Unternehmenspersönlichkeitsrechts aufgrund mangelnder Rechtswidrigkeit abgelehnt werden muss.

1255 *Schulze*, in: Staudinger, BGB, § 823 Rn. 91; als „*offene Tatbestände*" bezeichnet von *Teichmann*, in: Jauernig, BGB, § 823, Rn. 67.

1256 vgl. dazu beispielsweise: BGH, NJW 2014, 2276 („Adoptivtochter von Günther J.").; BGHZ 199, 237 Rn. 22 („Sächsische Korruptionsaffäre"); BGH, NJW 2015, 782 („Innenminister unter Druck").

1257 Siehe dazu ausführlich: F. II.

1258 Siehe zum Begriff: F. II. 7.

1259 BGHZ 161, 268.

1260 BGH, VersR 17, 959.

1261 So beispielsweise *Müller*, VersR 2008, 1141, 1142 ff. (m. w. N.).

1262 Vgl. dazu: BVerfGK 8, 107, 115 und BVerfG, 1 BvR 1745/06, Rn. 21.

7. § 823 Abs. 2 BGB

Denkbar erscheint ein Anspruch aus § 823 Abs. 2 BGB i. V. m. mit einem Schutzgesetz. § 823 Abs. 2 BGB sanktioniert nicht die widerrechtliche und schuldhafte Rechtsgutverletzung, sondern vielmehr den Verstoß gegen eine individualschützende Norm.[1263]

Das deliktische Haftungsregime wird dadurch zweifach erweitert: Zunächst setzt § 823 Abs. 2 BGB keine Verletzung absoluter Rechte und konkreter Rechtsgüter oder Interessen voraus. Praktisch bedeutsam ist dies vor allem bei primären[1264] Vermögensschäden, die nicht unter § 823 Abs. 1 BGB fallen.[1265] Zu beachten ist, dass die Schutzgesetzhaftung im Kontext des Regelungskanons des Deliktsrechts gesehen werden muss. Um nicht die grundlegenden Wertungen von §§ 823 Abs. 1, 824 und 826 BGB zu konterkarieren, scheidet eine allgemeine Fahrlässigkeitshaftung bei Vermögensschäden kategorisch aus.[1266]

Zweitens müssen sich die Schutzgesetze nicht auf ein konkretes Recht oder Interesse beziehen. Auch subjektiv verlangt § 823 Abs. 2 BGB keinen Schädigungsvorsatz. Das geforderte Verschulden bezieht sich ausschließlich auf den Verstoß des Schutzgesetzes.[1267] Folglich können auch abstrakte Gefährdungsdelikte über § 823 Abs. 2 BGB haftbar gemacht werden, sofern den Schutzgesetzen ein individualschützender Charakter zukommt.[1268]

1263 *Hager*, in: Staudinger, BGB, § 823, Rn. 141.

1264 Nicht umfasst sind mittelbare Schäden, etwa bei Kleinanlegern, auch wenn der Druck der Öffentlichkeit eine Haftung konstituieren möchte, dazu: BGHZ 66, 388, 391; ausführlich eingehend auf den Anlegerschutz: *Wagner*, in: MüKoBGB, § 823, Rn. 504.

1265 Beispielsweise bei einem fahrlässigen Falscheid nach § 161 Abs. 1 StGB eines gerichtlichen Sachverständigen, so: BGHZ 62, 57 (Anm.: heute ggf. ebenfalls über § 839a BGB darstellbar).

1266 *Wagner*, in: MüKoBGB, § 823, Rn. 476; dies soll selbst dann gelten, wenn Spezialgesetze wie die §§ 31 ff. WpHG einschlägig sind, vgl. dazu: *Canaris*, in: FS Larenz, 1983, S. 27, 58 ff.; *Larenz/Canaris*, SchuldR BT II, § 77 I 1c, S. 431 f.; ebenso ist aber auch eine „Strafrechtsakzessorität" des § 823 Abs. 2 BGB abzulehnen, wonach nur Verbrechen haftbar gemacht werden sollen, denn der moderne Strafrechtsgesetzgeber verfolgt keinen geschlossenen systematischen Ansatz, viel mehr soll der Vermögensschutz partiell durch Spezialgesetze erreicht werden, siehe dazu grundlegend: *Spickhoff*, S. 54; *Hager*, in: Staudinger, BGB, § 823, Rn. G6 , G9; eher beiläufig: BGH, VersR 2005, 238, 239.

1267 BGHZ 103, 200.

1268 So in der Regel bei Straßenverkehrsvorschriften, siehe dazu: *Teichmann*, in: Jauernig, BGB, § 823, Rn. 41.

Aufgrund des weiten Anwendungsfelds wird § 823 Abs. 2 BGB auch als „kleine Generalklausel" bezeichnet.[1269] Die Schutzgesetzmechanik ist damit ein „Ausdruck des Kompromisses zwischen Generalklausel und Enumerationsprinzip"[1270].[1271] In Bezug auf die in § 823 Abs. 1 BGB geschützten Rechtsgüter hat § 823 Abs. 2 eine „Präzisierungs- und Ergänzungsfunktion"[1272].

a) Begriff des Schutzgesetzes

Damit der Anwendungsbereich von § 823 Abs. 2 BGB eröffnet ist, muss es sich bei dem einschlägigen Gesetz um ein Schutzgesetz handeln. Der Verletzte muss in dessen Schutzbereich fallen und die Norm muss das verfolgte Interesse schützen.[1273]

Als Gesetz ist jede Rechtsnorm zu verstehen (Art. 2 EGBGB). Es sind nicht nur Gesetze im formellen Sinne gemeint, sondern auch Verordnungen[1274], Satzungen sowie europäische Regelungen[1275].[1276] Damit das Gesetz als Schutzgesetz eingestuft werden kann, muss es dem Schutz eines anderen und nicht ausschließlich der Allgemeinheit dienen. Das Gesetz muss den Schutz individueller Rechtsgüter „durch die Gewährung von privatrechtlichen Schadenersatzansprüchen"[1277] verfolgen, „im Lichte des haftungsrechtlichen Gesamtsystems" tragbar erscheinen"[1278] und „nicht allgemeinen Rechtsprinzipien widersprechen"[1279].[1280] Ob das Gesetz einen Individualschutz verfolgt, lässt sich anhand

1269 *Medicus/Lorenz*, SchuldR BT II, Rn. 1236 ff.; *Hager*, in: Staudinger, BGB, § 823 Rn. 141.

1270 *Spickhoff*, S. 57 ff.

1271 *Wagner*, in: MüKoBGB, § 823, Rn. 474.

1272 *Wagner*, in: MüKoBGB § 823, Rn. 475.

1273 Zur „Schrittfolge der Untersuchung", siehe: *Teichmann*, in: Jauernig, BGB, § 823, Rn. 45.

1274 Beispielsweise die Straßenverkehrsordnung.

1275 Zum unmittelbar anwendbaren EU-Recht: BGHZ 188, 330 f.; zur Vorgängerregelung des Art. 105 AEUV, dem Art. 85 I EGV: BGH, NJW-RR 99, 189.

1276 *Hager*, in: Staudinger, BGB, § 823, Rn. 143 ff.

1277 *Medicus/Lorenz*, SchuldR BT II, Rn. 1319 f.

1278 BGHZ 127, 374, dabei sei heranzuziehen, ob der Geschädigte in ausreichender Weise anderweitig abgesichert sei, so zumindest: BGHZ 84, 317; 116, 14 („Subsidiarität des Schadenersatzes bei lediglich bußgeldbewehrter Ordnungswidrigkeit"); dazu kritisch: *Larenz/Canaris*; SchuldR II 2 § 77 II 3b).

1279 BGHZ 125, 374.

1280 *Hager*, in: Staudinger, BGB, § 823 Rn. 146 f.

des persönlichen und sachlichen Schutzbereichs ermitteln. Persönlich muss der Anspruchsteller zum geschützten Personenkreis gehören.[1281] Sachlich muss das benannte Rechtsgut betroffen sein.[1282] Zudem muss sich das spezifische Risiko[1283] im persönlichen und sachlichen Schutzbereich verwirklichen.[1284] Das Schutzgesetz ist verletzt, wenn sämtliche Tatbestandsmerkmale erfüllt sind. Zu beachten sind die Regeln der in Betracht kommenden Rechtsnormen. Bei Straftatbeständen[1285] müssen beispielsweise neben den objektiven und subjektiven Tatbestandsmerkmalen auch die Rechtswidrigkeits- und Schuldkomponenten vorliegen.[1286]

Schließlich muss die verletzte Rechtsnorm auch das geltend gemachte Interesse des Anspruchstellers schützen.[1287] Insofern ein Schadensersatzanspruch wegen einer Vermögensschädigung angestrebt wird, muss das Schutzgesetz auch das Vermögensinteresse schützen und nicht bloß den Schutz anderer Interessen verfolgen.

b) Einzelne Schutzgesetze

Im Kontext von Leerverkaufsattacken kommen aus Sicht des Emittenten die Äußerungsdelikte aus §§ 185 ff. StGB und Art. 12, 15 MAR in Betracht.

aa) § 187 StGB

Sachnähe zu § 824 BGB weist der Verleumdungstatbestand aus § 187 StGB auf. Dieser verfolgt zwei Schutzrichtungen: die Ehre und den Kredit.[1288] Ein Angriff

1281 Beispielsweise BGHZ 22, 295 (§ 248b StGB schützt als Gebrauchsanmaßung eines Fahrzeug nicht sonstige Verkehrsteilnehmer); grundlegend, siehe: *Hager*, in: Staudinger, BGB, § 823 Rn. 146 ff.

1282 *Hager*, in: Staudinger, BGB, § 823 Rn. 149.

1283 Nicht dagegen bei Quotenschäden der Altgläubiger, zur abweichenden Rechtslage bei Neugläubigern, vgl.: BGHZ 126, 181; 138, 211; BGH, NJW 99, 2199.

1284 Grundlegend dazu: *Larenz/Canaris*, SchuldR BT II, § 77 III 3c); *Hager*, in: Staudinger, BGB, § 823, Rn. 150.

1285 Bei strafrechtlichen Schutzgesetzen sind aus Gründen der Einheit der Rechtsordnung die geltenden Auslesungsschranken wie das Analogieverbot zu berücksichtigen, vgl dazu: BVerfG, NJW 2008, 1726.

1286 *Hager*, in: Staudinger, BGB, § 823 Rn. 151.

1287 So schützt die Umweltstraftat aus § 330 StGB nicht das Eigentum oder Vermögen des Bauherren, wohl aber sein Leben und die Gesundheit, dazu: BGHZ 39, 367; ebenfalls angeführt von *Teichmann*, in: Jauernig, BGB, § 823, Rn. 45.

1288 *Zacyz*, in: Kindhäuser/Neumann/Paeffgen, StGB, § 187, Rn. 1.

auf die Ehre wird als Verleumdung i. e. S. bezeichnet.[1289] Insoweit ist § 187 StGB eine Form der Beleidigung (§ 185 StGB) und als besondere Qualifikation der üblen Nachrede einzuordnen.[1290]

(1) Taugliche Tatobjekte

Denkbares Tatobjekt von Ehrverletzungsdelikten ist der lebende Mensch, denn nur dieser verfügt über ein Ehrgefühl.[1291] Verstorbene werden über § 189 StGB geschützt.[1292] Darüber hinaus erweitert § 193 Abs. 3 und 4 StGB den Schutz auf Personengemeinschaften, Verbände und politische Körperschaften.[1293] Aus diesem Regelungskanon folgt im Umkehrschluss, dass juristische Personen des Privatrechts nicht erfasst sind. Da es sich beim Emittenten regelmäßig um eine juristische Person[1294] handelt, scheidet die Ehre als geschütztes Rechtsgut über § 823 Abs. 2 i. V. m. § 187 StGB aus.

Etwas anderes kann für die Kreditgefährdung (§ 187 Hs. 2 StGB) gelten. Vereinzelt wird vertreten, dass die Kreditgefährdung ebenfalls als Ehrverletzungsdelikt einzuordnen sei und juristische Personen deshalb nicht umfasst seien.[1295] Allerdings wäre dann die ausdrückliche Benennung der Kreditgefährdung – neben der Ehrverletzung – in § 187 StGB obsolet, wenn die Kreditgefährdung ohnehin als Bestandteil der Ehrverletzung zu begreifen ist.[1296] Vielmehr ist die Kreditgefährdung nach ganz h. M. ein Vermögensdelikt.[1297] Relevant ist dies für den besonderen Rechtfertigungsgrund des § 193 StGB, der lediglich Ehrverletzungsdelikte umfasst, aber nicht bei Vermögensdelikten wie der Kreditgefährdung anzuwenden ist.[1298] Die Gefährdung des Kredits ist in § 187 Hs. 2

1289 *Zacyz*, in: Kindhäuser/Neumann/Paeffgen, StGB, § 187, Rn. 1.

1290 *Regge/Pegel*, in: MüKoStGB, § 187, Rn. 2.

1291 *Regge/Pegel*, in: MüKoStGB, § 185, Rn. 6.

1292 *Regge/Pegel*, in: MüKoStGB, § 185, Rn. 6.

1293 *Regge/Pegel*, in: MüKoStGB, § 185, Rn. 6.

1294 Gleiches ist für die KGaA zu unterstellen.

1295 *Rudolphi/Rogall*, in: SK-StGB, § 187, Rn. 10.

1296 So sieht es auch: *Lenckner/Eisele*, in: Schönke/Schröder, StGB, § 187 Rn. 1; *Regge/Pegel*, in: MüKoStGB, § 187, Rn. 3.

1297 RGSt 31, 85; 44, 158; *Fischer*, in: Fischer, StGB, § 187 Rn 3a; *Hilgendorf*, in: LK-StGB, § 187, Rn. 3; *Lenckner/Eisele*, in: Schönke/Schröder, StGB, § 187 Rn. 1 und 4; *Rogall*, in: SK-StGB, § 187, Rn. 10; *Maurach/Schroeder/Maiwald/Hoyer/Momsen*, Strafrecht BT/1, § 25, Rn. 34; *Zacyk*, in: Kindhäuser/Neumann/Paeffgen, StGB, § 187, Rn. 4.

1298 *Satzger/Schluckebier/Widmaier/Sinn*, in: StGB-Kommentar, § 187, Rn. 14; aber auch: *Regge/Pegel*, in: MüKoStGB § 187, Rn. 21.

StGB nicht wörtlich im Sinne eines ‚Kredits' zu verstehen. Vielmehr ist die Schädigung des Vertrauens gemeint, eine Person könne ihre vermögensrechtlichen Verbindlichkeiten nicht erfüllen.[1299] Vermögensdelikte schützen die speziellen Beziehungen zwischen Personen und ihrem Vermögen.[1300] Demzufolge können auch juristische Personen taugliche Tatobjekte sein[1301] und damit börsennotierte Gesellschaften als Zielunternehmen für Leerverkaufsattacken.

(2) Tathandlungen und subjektiver Tatbestand

Tatbestandlich erfordert § 187 Hs. 2 StGB ein Behaupten oder Verbreiten einer unwahren Tatsache in Beziehung auf einen anderen, die geeignet ist, dessen Kredit zu gefährden. Als Behaupten wird das Aufstellen einer Tatsache verstanden, die der Überzeugung des Äußernden zutreffend ist.[1302] Wer eine Tatsache verbreitet, stellt dagegen die Äußerung als fremdes Wissen dar und gibt sie an einen Dritten lediglich weiter.[1303] Anders als bei § 186 StGB zählt die Unwahrheit der Tatsache zum objektiven Tatbestand und ist nicht nur objektive Strafbarkeitsbedingung.[1304] Eine Tatsache ist unwahr, wenn sie im Widerspruch zur Realität steht. Maßgeblich ist der wesentliche Kern der Äußerung.[1305] Nicht ausreichend

1299 *Regge/Pegel*, in: MüKoStGB, § 187, Rn. 11; *Fischer*, in: Fischer, § 187, Rn. 3a, *Hilgendorf*, in: LK-StGB, § 187, Rn. 3.

1300 *Otto*, Strafrecht BT, § 32, Rn. 26; zur Verletzung des sozialen Geltungsanspruchs, siehe auch Wessels/*Hettinger/Engländer*, Strafrecht BT/1, Rn. 496; *Zacyk*, in: Kindhäuser/Neumann/Paeffgen, StGB, § 187, Rn. 4.

1301 *Heger*, in: Lackner/Kühl/Heger, StGB, § 187 Rn 2; *Fischer*, in: Fischer, § 187, Rn. 3a; *Hilgendorf*, in: LK-StGB, § 187, Rn 3; *Rogall*, in: *SK-StGB*, § 187, Rn. 4, 11; *Maurach/Schroeder/Maiwald/Hoyer/Momsen*, Strafrecht BT/1, § 25, Rn 35; *Zacyk*, in: Kindhäuser/Neumann/Paeffgen, § 187, Rn. 4.

1302 *Zacyk*, in: Kindhäuser/Neumann/Paeffgen, StGB,§ 186, Rn. 8; *Heger*, in: Lackner/Kühl/Heger, StGB, § 186, Rn. 5; ähnlich: *Fischer*, in: Fischer, § 186, Rn. 8; *Hilgendorf*, in: LK-StGB, § 186, Rn. 7; *Lenckner/Eisele*, in: Schönke/Schröder, StGB, § 186, Rn. 7; *Rogall*, in: SK-StGB, § 186, Rn. 13; vgl. aber auch grundlegend: *Maurach/Schroeder/Maiwald/Hoyer/Momsen*, Strafrecht BT/1, § 25, Rn 28.

1303 *Zacyk*, in: Kindhäuser/Neumann/Paeffgen, StGB, § 186 Rn. 9; vgl. auch *Fischer*, in: Fischer, § 186, Rn. 9; *Heger*, in: Lackner/Kühl/Heger, StGB, § 186, Rn 5; *Hilgendorf*, in: LK-StGB, § 186, Rn 8; *Lenckner/Eisele*, in: Schönke/Schröder, StGB, § 186, Rn 8; *Rogall*, in: SK-StGB, § 186, Rn. 15; zur Verbreitung in Pressespiegeln: BVerfG, NJW-RR 2010, 470.

1304 *Regge/Pegel*, in: MüKoStGB, § 187, Rn. 8; zur Diskussion siehe auch § 185, Rn. 28 (m. w. N.).

1305 BGHSt 18, 182, 183; KG, BeckRS 2015, 20945 („Behauptung der Protokollfälschung durch einen Richter"); *Geppert*, Jura 1983, 580, 581; *Geppert*, Jura 2002,

sind geringfügige Übertreibungen oder die Unrichtigkeit von Nebensächlichkeiten,[1306] sofern die Äußerung nicht bewusst verändert wurde, um einen unwahren Gesamteindruck zu erwecken.[1307]

Auf subjektiver Seite des Tatbestands muss der Äußernde die unwahre Tatsache wider besseres Wissen tätigen. Verlangt wird sicheres Wissen, also dolus directus zweiten Grades.[1308] Bezogen auf die übrigen Tatbestandmerkmale genügt Eventualvorsatz.[1309]

(3) Einordnung von Leerverkaufsattacken in den Tatbestand des § 187 Hs. 2 StGB

Da aktivistische Leerverkäufer ihre Berichterstattung regelmäßig im Internet veröffentlichen, stellt die Tathandlung keine tatbestandliche Hürde dar. Auch werden sich die Äußerungen stets auf den Emittenten beziehen und sich zur Kreditgefährdung eignen.

Es konnte jedoch herausgearbeitet werden, dass es sich bei den Äußerungen aktivistischer Leerverkäufer nicht um unwahre Tatsachen handelt, sondern um Werturteile.[1310] Grundsätzlich ist es denkbar, dass in anderen Berichten von Leerverkäufern Äußerungen enthalten sind, die als unwahre Tatsachenbehauptungen eingeordnet werden können. In den angeführten Beispielen konnten solche Äußerungen allerdings nicht ausgemacht werden. Zudem dürfen einzelne Aussagen nicht kontextlos herausgegriffen werden. In der Gesamtbetrachtung wird mit größter Wahrscheinlichkeit von einem Werturteil auszugehen sein. Für diese Annahme spricht auch, dass keine Strafverfahren gegen aktivistische Leerverkäufer bekannt sind, die auf § 187 StGB hinweisen.

Sofern ausnahmsweise unwahre Tatsachenbehauptungen vorliegen, wird es sich hierbei lediglich um Zufallsfunde handeln können, die den Problemkreis der aktivistischen Leerverkäufer nicht hinreichend erfassen. Anzumerken ist, dass Leerverkaufsattacken professionell erstellt werden und die Tatbestandsgrenze zu

---

820, 823; *Kühl*, in: Lackner/Kühl/Heger, StGB, § 187 Rn. 1; *Hilgendorf*, in: LK-StGB, § 187, Rn. 2; *Lenckner/Eisele*, in: Schönke/Schröder, § 187, Rn. 2; *Regge/Pegel*, in: MüKoStGB, § 187, Rn. 8 f.

1306 *Geppert*, Jura 2002, 820, 823; *Kühl*, in: Lackner/Kühl/Heger, StGB, § 187, Rn. 1; *Lenckner/Eisele*, in: Schönke/Schröder, StGB, § 187 Rn. 2.

1307 BGH, NJW 2000, 656, 657; *Valerius*, in: BeckOK-StGB, § 187, Rn. 2.

1308 *Regge/Pegel*, in: MüKoStGB, § 187, Rn. 10.

1309 *Regge/Pegel*, in: MüKoStGB, § 187, Rn. 10.

1310 Siehe dazu ausführlich XX.

unwahren Tatsachenbehauptungen nicht überschritten werden wird. Ausführungen zum subjektiven Tatbestand erübrigen sich somit.

(4) Ergebnis

Es wird folglich davon ausgegangen, dass die Äußerungen aktivistischer Leerverkäufer regelmäßig außerhalb des Tatbestands des § 187 Hs. 2 StGB liegen. Ein Anspruch aus § 823 Abs. 2 BGB i. V. m. § 187 StGB scheidet aufgrund des eindeutigen Wortlauts des § 187 StGB und des Analogieverbots im Strafrecht[1311] aus.

bb) § 186 StGB

Die Tathandlungen des § 186 StGB decken sich mit § 187 StGB, sodass auch die üble Nachrede als denkbares Schutzgesetz infrage käme. Hierbei erinnert der BGH regelmäßig daran, dass gerade beim Ersatz reiner Vermögensschäden nicht zu niedrige Anforderungen an den Tatbestand aus § 823 Abs. 2 BGB i. V. m. § 186 StGB gestellt werden sollten.[1312]

Allerdings handelt es sich bei § 186 StGB um ein Ehrverletzungsdelikt, das juristische Personen nicht umfasst.[1313] Gleichermaßen würde § 186 StGB ebenfalls am Tatsachenbegriff scheitern, da auf nicht erweislich wahre Tatsachen abgestellt wird. Bei Leerverkaufsattacken handelt es sich regelmäßig um Werturteile.[1314] Werturteile sind wegen der Wortlautgrenze und des Analogieverbots nicht von § 186 StGB umfasst, sodass ein Anspruch aus § 823 Abs. 2 BGB i. V. m. § 186 StGB ausscheidet.

1311 Anstelle von vielen, nur: *Hassemer/Kargl*, in: Kindhäuser/Neumann/Paeffgen, StGB, § 1 Rn. 70 ff. und *Hecker*, in: Schönke/Schröder, StGB, § 1, Rn. 27 (je m. w. N.).

1312 Insbesondere sollte die Wertung des Gesetzgebers gegen eine allgemeine Haftung für Vermögensschäden unterlaufen werden. Vielmehr sei für den „Preis“ dieser Haftung die strengeren Anforderungen i. S. d. § 826 BGB zu übertragen, vgl. dazu: BGHZ 175, 276; vgl. zuvor bereits BGH NJW-RR 2005, 680; BGHZ 106, 204, 207; BGHZ 66, 388 390 f.; ausführend dazu: *Förster*, in: BeckOK-BGB, § 823, Rn. 266; siehe dagegen noch: RGZ 59, 236, 238.

1313 Sofern die Tauglichkeit als Tatobjekt bejaht wird; soweit der wirtschaftliche Geltungsanspruch des Unternehmens betroffen ist, bejaht dies zumindest das: LG Köln, NJOZ 2010, 1233, 1238; überwiegend wird dies aber abgelehnt, da nur der lebende Mensch in der Ehre verletzt werden kann: *Regge/Pegel*, in: MüKoStGB, § 185, Rn. 6 (m. w. N.).

1314 Vgl. dazu ausführlich: F. II.

cc) § 185 StGB

Bei besonders diskreditierenden Werturteilen, die den Tatbestand der Beleidigung erfüllen, ist an § 823 Abs. 2 BGB i. V. m. § 185 StGB zu denken.

§ 185 StGB verkörpert das Grunddelikt der Ehrverletzungsdelikte. Auch wenn der Ehrbegriff selbst umstritten ist,[1315] besteht Einigkeit dahin gehend, dass jedenfalls ausschließlich das Ehrgefühl des lebenden Menschen geschützt ist.[1316] Demnach scheidet das Zielunternehmen als juristische Person als taugliches Tatobjekt aus.

dd) Art. 15, 12 MAR

Aus Sicht des Emittenten kommen im Rahmen des § 823 Abs. 2 BGB die Tatbestände des Art. 12 MAR als Schutzgesetz infrage. Europäische Verordnungen eignen sich als Schutzgesetz.[1317] Gleichwohl müssten die Tatbestände des Art. 12 MAR einen individualschützenden Charakter zugunsten des Emittenten aufweisen.

Die MAR dient dem Schutz der Kapitalmärkte als Ganzes sowie dem individuellen Anlegerschutz.[1318] Ein Schadensersatzanspruch des Emittenten aus § 823 Abs. 2 BGB i. V. m. Art. 12 MAR scheidet aus.

c) Ergebnis

Ein Anspruch des Emittenten gegen den aktivistischen Leerverkäufer auf Schadensersatz aus § 823 Abs. 2 BGB kommt aufgrund eines fehlenden Schutzgesetzesverstoßes nicht in Betracht.

8. § 826 BGB

Infrage kommt eine vorsätzliche sittenwidrige Schädigung des Emittenten durch aktivistische Leerverkäufer nach § 826 BGB, der als Auffangtatbestand für

---

1315 Zum Diskurs zum ‚faktischen Ehrbegriff', ‚normativen Ehrbegriff' und ‚normativ-faktischen Ehrbegriff' siehe zusammenfassend: *Regge/Pegel*, in: MüKoStGB, § 185, Rn. 13 ff., *Rogall*, in: SK-StGB, § 185, Rn. 1 ff.

1316 Anstelle von vielen nur: *Hilgendorf*, in: LK-StGBm § 185 Rn. 1; *Regge/Pegel*, in: MüKoStGB § 185 Rn. 7; *Rogall*, in: SK-StGB, § 185 Rn. 1; *Zaczyk, in:* Kinhäuser/Neumann/Paeffgen, StGB, § 185, Rn. 1 (je m. w. N).

1317 Zum unmittelbar anwendbaren EU-Recht: BGHZ 188, 330 f.; zur Vorgängerregelung des Art. 105 AEUV, dann Art. 85 I EGV: BGH, NJW-RR 99, 189.

1318 Siehe dazu: J. IV. 1. c).

den Schutz materieller Interessen – insbesondere von Vermögensinteressen – dient.[1319] Das Reputationsinteresse und der Kredit des Emittenten können als Vermögensinteressen eingestuft werden.

Historisch betrachtet, sollte es § 826 BGB erlauben, künftige Entwicklungen und gesellschaftliche Wertevorstellungen tatbestandlich haftbar zu machen.[1320] Durch den Begriff der Sittenwidrigkeit hat sich § 826 BGB als eine funktionelle Norm herausgebildet, die anzuerkennende Verhaltensanforderungen und Grundrechte im zivilrechtlichen Kontext manifestiert.[1321] § 826 BGB ist als übergeordnete[1322] Norm neben anderen Anspruchsgrundlage anwendbar und trotz des Auffangcharakters nicht subsidiär.[1323]

Während Verletzungen des Persönlichkeitsrechts heute regelmäßig über § 823 Abs. 1 BGB zu lösen sind, erfüllt § 826 BGB eine zentrale Aufgabe bei reinen Vermögeninteressen, die andernfalls nicht über das allgemeine selektive Deliktsrecht haftbar gemacht werden könnten.[1324]

a) Sittenwidrigkeit als Tatbestandsmerkmal

Tatbestandlich wird ein Verstoß gegen die guten Sitten verlangt. Nach der Lehr- und Leerformel der stRspr. ist hierunter das „Anstandsgefühl aller billig und gerecht Denkenden" zu verstehen.[1325] Angesichts der pluralistischen Gesellschaft lässt sich ein allgemeiner moralischer Konsens nicht konkret festmachen. Die Auslegung der Sittenwidrigkeit erfordert vielmehr eine normative Wertung.[1326] Es reicht nicht aus, dass der Schädiger lediglich vertragliche oder gesetzliche Pflichten verletzt, denn andernfalls wäre die in § 823 Abs. 2 BGB

1319 *Teichmann*, in: Jauernig, BGB, § 826, Rn. 1.

1320 Anders sieht es: *Wagner*, in: MüKoBGB, § 826, Rn. 1 mit Verweis auf die Vorläufervorschrift des § 705 des Ersten Entwurfs, siehe dazu weiter zur Entstehungsgeschichte des § 826: *Benöhr*, in: Zimmermann, Rechtsgeschichte und Privatrechtsdogmatik, S. 515 ff.

1321 *Teichmann*, in: Jauernig, BGB, § 826, Rn. 1

1322 BGH NJW 1990, 708 ff.

1323 BGHZ 69, 139; so auch: *Hager*, in: Staudinger, BGB, § 823, Rn. 116; *Teichmann*, in: Jauernig, BGB, § 826 Rn. 3; anders zu sehen bei § 839, vgl. dazu: BGHZ 108, 77 ff.; BGH NJW 2014, 3580.

1324 So auch: *Wagner*, in: MüKoBGB, § 826, Rn. 1 ff.; ähnlich sehen es auch: *Larenz/ Canaris*, SchuldR BT II, § 78 I 1, S. 447; § 78 II 2, S. 452.

1325 Siehe dazu bereits: RGZ 48, 124; aber auch BGH NJW 2014, 1380.

1326 *Teichmann*, in: Jauernig, BGB, § 826, Rn 4 f.

normierte Tatbestandsstruktur obsolet.[1327] Vielmehr müssen weitere Umstände hinzutreten, die das Verhalten als besonders verwerflich kennzeichnen.[1328]

Als Maßstab der Sittenwidrigkeit ist der Blick auf den verfolgten Zweck, das eingesetzte Mittel und deren Verhältnis zueinander zu werfen. Sofern eine besonders rücksichtlose Prägung vorliegt, ist von Sittenwidrigkeit auszugehen.[1329] Die Abwägung erfordert eine sorgfältige Prüfung im Einzelfall.[1330] Entsprechend haben sich Stimmen in der Literatur positioniert, um das abstrakte Kriterium der Sittenwidrigkeit besser einordnen zu können.

Die Sittenwidrigkeitshaftung nach § 826 BGB wird in der Literatur häufig als eine Evidenzhaftung gesehen, was inhaltlich zwar korrekt ist, als normative Orientierung aber zu vage bleibt.[1331] Auch der Verweis auf einen Fairnessverstoß bildet lediglich einen nicht zielführenden Austausch von Vokabeln. Richtigerweise lässt sich der Schädigungsvorsatz mit „evidenten Indizien nachweisen"[1332]. Überwiegend wird zudem auf die allgemeinen Rechtsprinzipien und -institute oder das Verfassungsrecht verwiesen, was teilweise zum Begriff des ordre public verdichtet wird.[1333] *Deutsch* stellt die verselbstständigte ‚Entwicklungsfunktion' des § 826 BGB der von ihm begründeten ‚Überwindungsfunktion' gegenüber, um die Sittenwidrigkeit konkreter zu verorten.[1334] Nach *Wagner* hat die Konkretisierung der Sittenwidrigkeit mit einem offenen Verständnis für die Funktion des § 826 BGB zu erfolgen, einzelne Vermögensschäden selektiv in den Schutzbereich des Deliktsrecht einzubeziehen. Davon abzugrenzen seien Schädigungen, die ohne Auslösung einer haftungsrechtlichen Folge zugefügt worden sind.[1335] Zudem würden Vermögensschäden des einen oftmals mit einem Vermögenszuwachs auf der anderen Seite korrespondieren.[1336] Im wirtschaftlichen Zusammenhang sei eine Handlung deshalb nur als unerlaubt anzusehen, wenn sie nicht der eigenen Bedürfnisbefriedigung dient, sondern lediglich zum Ziel

1327 BGH, VersR 2013, 1144 Rn. 14; BGH, NJW 2014, 1380.
1328 BGH, VersR 2001, 1431, 1432; BGH, NJW-RR 2013, 550; BGH, NJW 2014, 1380.
1329 Vgl. dazu: *Teichmann*, in: Jauernig, BGB, § 826 Rn. 5, aber auch: BGH, NJW 2014, 1380.
1330 *Teichmann*, in: Jauernig, BGB, § 826, Rn. 5.
1331 *Sester*, ZGR 2006, 1, 2 (m. w. N.); siehe dazu auch: *Wagner*, in MüKoBGB § 826, Rn. 7.
1332 *Wagner*, in: MüKoBGB, § 826, Rn. 7, 29, 51.
1333 So zumindest: *Simits*, S. 172 ff.
1334 *Deutsch*, JZ 1963, 385, 389 f.
1335 *Wagner*, in: MüKoBGB, § 826, Rn. 12.
1336 *Wagner*, in: MüKoBGB, § 826, Rn. 15.

hat, Dritte zu schädigen und dem Schädiger Sondervorteile zu verschaffen.[1337] Auch bei § 826 wäre deshalb auf eine restriktive Anwendung hinzuweisen.[1338]

Letztlich zeigen diese Einordnungen nur, wie schwierig es ist, den Begriff der Sittenwidrigkeit praktisch greifbar zu machen. Zu konstatieren ist, dass an die Haftung aus § 826 BGB nicht zu geringe Hürden gestellt werden sollten.

b) Einordnung von Leerverkaufsattacken

Vor diesem Hintergrund haben sich Fallgruppen[1339] herausgebildet, die als Orientierungshilfe herangezogen werden können.[1340] Darüber hinaus weisen Spezialgesetze den rechtlichen Rahmen aus, in den sich § 826 BGB als Auffangnorm für sittenwidrige Verwerfungen systematisch einzufügen hat. Im Zusammenhang mit Leerverkaufsattacken ist die Haftung für fehlerhafte Informationen am Kapitalmarkt zu beleuchten – konkreter die Fallgruppen des Sekundärmarkts[1341].

§ 826 BGB wird flankiert von Spezialgesetzen wie den §§ 97 f. WpHG mit der Haftung für fehlerhafte Insider-Informationen des Emittenten. Diese stehen im Zusammenhang mit dem Wissensvorsprung des Emittenten, der aufgrund der betrieblichen Sachnähe eine überlegene Stellung gegenüber Dritten einnimmt, die wiederum insoweit schutzwürdig sind. Es handelt sich um die umgekehrte Schutzrichtung, wie sie bei Leerverkaufsattacken vorliegt. § 826 findet zu diesen Spezialtatbeständen kumulativ Anwendung.[1342] Für die umgekehrte Sachkonstellation der Leerverkaufsattacken sind indes keine Spezialgesetze vorgesehen. Aus Sicht des Emittenten gegenüber aktivistischen Leerverkäufern ließe sich lediglich auf die öffentlich-rechtlichen Marktmanipulationstatbestände der MAR verweisen, die den Rechtsrahmen für alle Akteure am Kapitalmarkt konturieren. Als Schutzgesetze kommen diese Vorschriften aus Sicht des Emittenten allerdings nicht infrage, da sie nur den Markt als Institution sowie die einzelnen Anleger schützen.[1343] Dennoch bescheinigen diese Vorschriften, dass der Kapitalmarktgesetzgeber Marktmanipulationen als strafbare Handlung einstufen

1337 *Wagner*, in: MüKoBGB, § 826, Rn. 19; zur Flankierung der Prospekthaftung beim Missbrauch der negativen Informationsfreiheit zum Schaden von Anlegern: Rn. 98 ff.

1338 *Wagner*, in: MüKoBGB, § 826, Rn. 13.

1339 Siehe *Wagner*, in: MüKoBGB, § 826, Rn. 68 ff.

1340 *Teichmann*, in: Jauernig, BGB, § 826, Rn. 5, 13.

1341 *Wagner*, in: MüKoBGB § 826, Rn. 108 ff.; zum Primärmarkt siehe Rn. 98 ff.

1342 *Hellgardt*, Kapitalmarktdeliktsrecht S. 213 ff.; *Wagner*, in: MüKoBGB, § 826, Rn. 108 ff.

1343 Siehe aber aus Sicht der Aktionäre: K. II. 6. a) aa).

möchte, die mitunter auch sittenwidrig sein können. Gleichwohl geht mit einem Gesetzesverstoß nicht zwangsläufig eine Sittenwidrigkeitshaftung nach § 826 BGB einher. Andernfalls würde einerseits der Gedanke des selektiven Individualrechtsschutzes des § 823 Abs. 2 BGB bedeutungslos werden. Andererseits würde der in der Systematik des deutschen Deliktsrechts verkörperte Wille des Gesetzgebers konterkariert, dass Verstöße gegen öffentlich-rechtliche Normen gerade nicht zu reflexartigen Schadensersatzansprüchen führen sollen.

c) Subsumtion der Sittenwidrigkeit

Es ist vielmehr mit einer restriktiven Handhabe eine zusätzliche Sittenwidrigkeitsprüfung vorzunehmen, inwiefern der verfolgte Zweck, das eingesetzte Mittel oder deren Relation als besonders verwerflich einzustufen sind.

aa) Verwerflichkeit des Zwecks

Über den verfolgten Zweck von Leerverkaufsattacken lässt sich streiten.[1344] Aktivistische Leerverkäufer würden von sich behaupten, als Zweck dem öffentlichen Interesse an der Aufdeckung von Fehlinformationen im Markt zu dienen. Somit wäre der wirtschaftliche Erfolg durch die Leerverkäufer nur die Amortisierung der geleisteten Aufklärungsarbeit. Eine bloße Schädigung zur Erreichung von Sondervorteilen liegt vor diesem Hintergrund nicht vor. Dem kann entgegengehalten werden, dass aktivistische Leerverkäufer primär die Herabsetzung des Aktienkurses bezwecken. Doch auch in diesen Fällen konnten die Vorteile, die von Leerverkaufsattacken ausgehen, nachgewiesen werden, sodass keine evidente Sittenwidrigkeit des verfolgten Zwecks angenommen werden kann.[1345]

bb) Verwerflichkeit des Mittels

Das Mittel, dessen sich aktivistische Leerverkäufer bedienen, ist eine Berichterstattung im Internet.[1346] Die Berichterstattung im Internet ist als Ausdruck der Meinungsfreiheit selbst nicht sittenwidrig.[1347]

1344 Anm.: Da der Schädiger nicht das Bewusstsein der Sittenwidrigkeit haben muss, sondern es als ausreichend erachtet wird, dass dieser die begründenden Umstände der Sittenwidrigkeit kennt, kann der Zweck an dieser Stelle offenbleiben, vgl. dazu: BGH NJW 2005, 2992; a. A. *Sack*, NJW 2006, 947 f.

1345 Vgl. dazu: E. I.; zur Pervertierung durch Leerverkaufsattacken siehe sodann: K. I. 8. c) dd).

1346 Vgl. dazu die Beispiele in D. und F.

1347 Vgl. dazu ausführlich F. II. 8.

cc) Verwerflichkeit der Zweck-Mittel-Relation

Der verfolgte Zweck sowie das eingesetzte Mittel sind als solche nicht verwerflich. Jedoch könnte die Zweck-Mittel-Relation als sittenwidrig eingeordnet werden.

Die Kritik, die Leerverkaufsattacken anhaftet, ist der erhebliche Einfluss auf die Preisbildung am Aktienmarkt. Aufgrund der Reichweite des Internets und der oftmals drastischen Darstellung in der Berichterstattung könnte somit das eingesetzte Mittel in Relation zum verfolgten Zweck als verwerflich gekennzeichnet sein, da es über das notwendige Maß hinaus zu weiteren Verwerfungen an den Aktienmärkten führt.

Dennoch ist es dem Internet fast schon inhärent, dass Meinungen überzeichnet dargestellt werden. Zudem dient die Sittenwidrigkeit als unbestimmter Rechtsbegriff als Einfallstor der grundgesetzlichen Wertungen.[1348] Da es sich bei der Berichterstattung von Leerverkaufsattacken regelmäßig um Werturteile handelt, nimmt die Meinungsfreiheit eine gewichtige Rolle ein. Dessen ungeachtet gehen mit Leerverkaufsattacken ökonomische Vorteile einher. Hier ist vor allem auf den Disziplinierungseffekt gegenüber den Emittenten zu verweisen, die Konzernrechnungslegung oder Unternehmensmitteilungen nicht zu positiv auszuschmücken, sowie die verbesserte Preisfindung des Markts.[1349] Auch mit Blick auf die Zweck-Mittel-Relation ist die Sittenwidrigkeit deshalb eher abzulehnen.

dd) Pervertierung durch Leerverkaufsattacken

In Ausnahmefällen könnte allerdings eine nicht mehr haltbare Pervertierung der Umstände zu einer Begründung des Anspruchs nach § 826 BGB führen. Gestützt werden kann diese Annahme auf die missbrauchsähnliche[1350] Ausnutzung der Leerverkäufer, die sich gezielt die Verhaltensmuster von Anlegern zunutze machen,[1351] um erhebliche Kursrückgänge an den Finanzmärkten herbeizuführen. Folglich rücken Leerverkaufsattacken in die Richtung des „Marktbetrugs",[1352] indem sich der Schädiger durch den Eingriff in die Märkte Sondervorteile verschaffen möchte, die gleichzeitig für andere schädlich sind.[1353]

1348 *Teichmann*, in: Jauernig, BGB, § 826 Rn. 1.

1349 Siehe dazu: E. I.

1350 Anstelle von vielen nur: *Teichmann*, in: Jauernig. BGB, § 826 Rn. 20 ff. (m. w. N.)

1351 Ähnlich sehen es: *Schockenhoff/Culmann*, AG 2016, 517, 526.

1352 Zum fraud-on-the-market, siehe: K. II. 6. a) dd) (2) α).

1353 Zu den Sondervorteilen: *Wagner*, in: MüKoBGB, § 826, Rn. 19; zur Flankierung der Prospekthaftung beim Missbrauch der negativen Informationsfreiheit zum Schaden von Anlegern: Rn. 98 ff.

Aufgrund der restriktiven Lesart des § 826 BGB sowie der grundsätzlich zulässigen Zweck-Mittel-Relation wird diese Sachverhaltskonstellation in der Praxis jedoch eine Ausnahme bleiben. § 826 BGB kann aus Sicht des Emittenten nicht ausreichend zur Schadensregulierung bei Leerverkaufsattacken herhalten. Es bleibt eine Haftung für Extremfälle.

d) Ergebnis

Eine Leerverkaufsattacke kann – je nach Ausgestaltung – zwar eine verbotene Marktmanipulation[1354] verkörpern. Eine darüber hinaus gehende evidente Sittenwidrigkeit ist aufgrund des erheblichen Gewichts der Meinungsfreiheit und der ökonomischen Aspekte aber regelmäßig abzulehnen.

Da es sich bei der Sittenwidrigkeitsprüfung um eine Einzelfallprüfung handelt, ist es in Ausnahmefällen denkbar, dass sich die Zweck-Mittel-Relation als zu drastisch darstellt und die Sittenwidrigkeit bejaht werden kann. Ein Haftbarmachen des aktivistischen Leerverkäufers gegenüber dem Emittenten wird allerdings nur bei besonders verwerflichen Leerverkaufsattacken angezeigt sein. Im Regelfall wird ein Anspruch des Emittenten gegen den aktivistischen Leerverkäufer nicht über § 826 begründet werden können.

9. Gesamtergebnis aus Sicht des Emittenten

Der Emittent hat es als Ziel von Leerverkaufsattacken nicht leicht. Ansprüche auf Schadensersatz sind regelmäßig nicht gegeben. Spezialgesetze sind nicht normiert. Während es bei Treupflichtverletzungen an der gesellschaftsrechtlichen Stellung scheitert, scheiden deliktische Tatbestände überwiegend aufgrund des Tatsachenbegriffs aus oder können aufgrund der Meinungsfreiheit nicht als rechtswidrig angesehen werden. Die Vorschriften der MAR sind aufgrund des fehlenden Individualschutzes aus Sicht des Emittenten nicht geeignet, einen Haftungsanspruch zu begründen. Den Zielunternehmen bleibt de lege lata nur die Möglichkeit, mit eigenen Gegenberichterstattungen ihre Ansichten in der Öffentlichkeit zu verteidigen. Die Praxis zeigt indessen, dass Gegendarstellungen bei Weitem nicht die Wirkung der Leerverkaufsattacken kompensieren können.

1354 Siehe dazu: G. II.

II. Haftung gegenüber den Aktionären

Leerverkaufsattacken können nicht nur das Zielunternehmen schädigen, sondern auch die investierten Aktionäre, die durch den Kurseinbruch einen Buchverlust erleiden. Als spezialgesetzliche Anspruchsgrundlage kommen § 117 Abs. 1 S. 1, 2 AktG, die Haftung für Ratingagenturen i. S. v. Art. 35a Ratingagenturen-VO[1355] sowie Schadensersatzansprüche wegen der Verletzung der horizontalen Treupflicht zwischen den Aktionären sowie allgemeine deliktische Ansprüche infrage.

1. § 117 Abs. 1 S. 1, 2 AktG.

Ein Anspruch der Aktionäre gegen den aktivistischen Leerverkäufer aus § 117 Abs. 1 S. 1, 2 AktG setzt voraus, dass der Anspruchsgegner Einfluss auf die Gesellschaft, den Vorstand, einen Prokuristen bzw. Handlungsbevollmächtigten oder den Aufsichtsrat nimmt, der dazu bestimmt ist, der Gesellschaft oder den Aktionären Schaden zuzufügen.

Bei Leerverkaufsattacken nehmen die aktivistischen Leerverkäufer indes keinen Einfluss auf die benannten Personen(gruppen), sondern auf die Aktionäre, die entweder davon abgehalten werden sollen, Aktien des Zielunternehmens zu erwerben oder diese zu veräußern. Eine schädliche Einflussnahme, wie sie von § 117 Abs. 1 S. 1 AktG vorgesehen ist, liegt nicht vor.

Ein Anspruch der Aktionäre gegen den aktivistischen Leerverkäufer aus § 117 Abs. 1 S. 1, 2 AktG scheidet aus.

2. Art. 35a Ratingagenturen-VO

Als spezialgesetzliche Anspruchsgrundlage der Aktionäre gegen den aktivistischen Leerverkäufer ließe sich auf Art. 35a Abs.1 UAbs. 1 Ratingagenturen-VO abstellen. Dazu müsste der aktivistische Leerverkäufer als Ratingagentur einzustufen sein und in dieser Rolle vorsätzlich oder grob fahrlässig eine der in Anhang III der Ratingagenturen-VO aufgeführten Zuwiderhandlungen begangen haben, sich diese Handlung auf das Rating ausgewirkt haben und dem Aktionär dadurch ein Schaden entstanden sein, indem er das fehlerhafte Rating als Grundlage für seine Investitionsentscheidung genutzt hat.

1355 Verordnung (EU) Nr. 462/2013 des Europäischen Parlaments und des Rates vom vom 21. Mai 2013 zur Änderung der Verordnung (EG) Nr. 1060/2009 über Ratingagenturen (wie Fn. 452).

Allerdings handelt es sich bei aktivistischen Leerverkäufern nicht um Ratingagenturen, da ihre Berichterstattung kein vergleichbares Vertrauen im Markt hervorruft.[1356] Das Lesen des Berichts erzielt keine vergleichbare Wirkung für den Anleger, sodass ein spezifischer Eingriff der Leerverkäufer gegenüber den Aktionären ausscheidet.[1357] Eine analoge Anwendung scheidet ebenfalls aus, da Art. 35a Ratingagenturen-VO gerade davor schützen soll, dass aufgrund der Vertragsbeziehung zwischen Ratingagentur und Emittenten eine fehlerhafte Bewertung aufgrund eines Interessenkonflikts abgegeben wird.[1358] Leerverkäufer und Emittent stehen regelmäßig nicht in einem Vertragsverhältnis. Ein Interessenkonflikt kann ausgeschlossen werden.

Ein Anspruch der Aktionäre gegenüber dem Aktionär aus Art. 35a Abs. 1 UAbs. 1 Ratingagenturen-VO scheidet somit aus.

3. Treupflicht des Leerverkäufers gegenüber den anderen Aktionären

Ferner könnte auf die Treupflicht des Leerverkäufers gegenüber den anderen Aktionären abgestellt werden. Als Anspruchsgrundlage käme § 280 Abs. 1 BGB i. V. m. der verletzten Treupflicht infrage.[1359] Die Treupflicht des Aktionärs ist nicht ausdrücklich geregelt, aber sowohl im vertikalen Verhältnis von Aktionär und Emittenten als auch im horizontalen Verhältnis zwischen den Aktionären anerkannt.[1360] Der Umfang der Treupflicht zwischen den Aktionären besteht darin, dass diejenigen Handlungen vorzunehmen sind, die dem Gesellschaftszweck dienen und schädliche Handlungen unterlassen werden sollen. Die Treupflicht begründet daher eine Rücksichtnahmepflicht der Aktionäre zugunsten gesellschaftsbezogener Belange.[1361]

1356 Siehe dazu bereits oben: K. I. 2.

1357 Siehe dazu auch mit Blick auf Ratings: *Wojcik*, NJW 2013, 2385, 2386, Fn. 19; allgemeiner zum Erfordernis der Betriebsbezogenheit des Eingriffs: BGH, WM 2014, 1532; *Beater*, in: Soergel, BGB, § 823 Anh. V, Rn. 34; *Sprau*, in: Grüneberg, BGB, § 823,Rn. 135; *Wagner*, in: MüKoBGB, § 823, Rn. 257; in Zusammenhang mit Leerverkäufen siehe auch: *Schockenhoff/Johannes Culmann*, AG 2016, 517, 521 ff.

1358 Vgl. beispielsweise die ErwGr. (2), (12), und (20) Ratingagenturen-VO (wie Fn. 452).

1359 *Wentz*, WM 2019, 196, 202; *Koch*, in: Koch, AktG, § 53a, Rn. 13.

1360 Ausführlich zur Entwicklung, siehe: K. I. 4.

1361 BGHZ 103, 184, 195; BGHZ 129, 137, 142, 144; *Bungeroth*, in: MüKoAktG, Vor § 53a, Rn. 25; *Laubert*, in: Hölters/Weber, AktG, § 53a, Rn. 17; *Cahn/v. Spannenberg*, in: Spindler/Stilz, AktG § 53a, Rn. 48.

Personell trifft die Treupflicht nur den Aktionär, nicht Dritte.[1362] Sachlich kann zwischen dem mitgliedschaftlichen Bereich und weiteren Nebenpflichten unterschieden werden. Bei der Leerverkaufsattacke bewegt sich der aktivistische Leerverkäufer nicht im mitgliedschaftlichen Bereich, womit eine Verletzung ausscheidet.[1363] Eine allgemeine Nebenpflicht des Aktionärs anzunehmen, der Gesellschaft nicht zu schaden, wird überwiegend abgelehnt.[1364] Doch selbst wenn eine allgemeine Nebenpflicht bejaht werden würde, scheidet ein Anspruch der Aktionäre gegen den Leerverkäufer auf Schadensersatz wegen einer Treupflichtverletzung jedenfalls aus, da der Leerverkäufer im Zeitpunkt der Verletzungshandlung nicht Aktionär ist und eine Vor- bzw. Nachwirkung der Treupflicht nicht angenommen werden kann.[1365]

Ein Anspruch der Aktionäre auf Schadensersatz gegenüber dem aktivistischen Leerverkäufer aus § 280 Abs. 1 BGB i. V. m. einer Treupflichtverletzung ist folglich abzulehnen.

4. § 824 BGB

Ein Anspruch auf Schadensersatz der Aktionäre gegen den aktivistischen Leerverkäufer aus § 824 BGB erfordert das Behaupten oder die Verbreitung einer unwahren Tatsache, die geeignet ist, den Kredit zu gefährden.

Die Äußerungen des aktivistischen Leerverkäufers sind als Werturteil einzuordnen[1366] und zielen nicht gegen die Aktionäre, sondern gegen den Emittenten. Demzufolge scheidet ein Anspruch der Aktionäre auf Schadensersatz gegen den aktivistischen Leerverkäufer aus § 824 BGB aus.

5. § 823 Abs. 1 BGB

Ferner käme ein Anspruch der Aktionäre auf Schadensersatz gegen den aktivistischen Leerverkäufer aus § 823 Abs. 1 BGB in Betracht. Da bei den Aktionären aber lediglich ein Vermögensschaden vorliegen wird, der mangels Rechtsgutverletzung nicht über § 823 Abs. 1 BGB ersatzfähig ist,[1367] scheidet ein Anspruch

---

1362 *Koch*, in: Koch, § 53a, Rn. 18, 22 (mit Verweis auf das Problem der Stimmrechtsbündelung im Girmes-Fall: BGHZ 129, 136.).
1363 Siehe dazu: K. I. 4. b) bb).
1364 Siehe hierzu ausführlich K. I. 4. b) bb) (2).
1365 Siehe dazu: K. I. 4. c) bb).
1366 Siehe dazu: F. II. 8.
1367 *Wagner*, ZGR 2008, 495, 502.

der Aktionäre auf Schadensersatz gegen den aktivistischen Leerverkäufer in Hinblick auf die benannten Rechtsgüter des § 823 Abs. 1 BGB aus.

Ebenso kommt eine Verletzung des Rechts am Unternehmen nicht infrage, da das Halten von Aktien keine unternehmerische Tätigkeit darstellt, sondern als reine Vermögensverwaltung einzuordnen ist.[1368] Weitere Rahmenrechte sind nicht berührt.

Ein Anspruch der Aktionäre auf Schadensersatz gegen den aktivistischen Leerverkäufer aus § 823 Abs. 1 BGB scheidet aus.

6. § 823 Abs. 2 BGB

Darüber hinaus erscheint ein Anspruch der Aktionäre gegen den aktivistischen Leerverkäufer auf Schadensersatz aus § 823 Abs. 2 BGB i. V. m. mit einem Schutzgesetz denkbar. § 823 Abs. 2 BGB sanktioniert nicht die widerrechtliche und schuldhafte Rechtsgutverletzung, sondern vielmehr die Verletzung einer individualschützenden Norm und ist somit auch bei primären[1369] Vermögensschäden anwendbar, die nicht unter § 823 Abs. 1 BGB fallen.[1370] Das geforderte Verschulden bezieht sich ausschließlich auf den Verstoß gegen das Schutzgesetz.[1371]

a) Art. 15, 12 MAR

Tatbestandlich können Leerverkaufsattacken als Marktmanipulation eingeordnet werden.[1372] Für die weitere Untersuchung werden die verschiedenen Tatbestandsvarianten des Art. 12 MAR zusammengefasst veranschaulicht, da maßgeblich auf Art. 15 MAR abgestellt wird, der sämtliche Handlungen des Art. 12 MAR gleichermaßen untersagt.[1373] Sollten unterschiedliche Wertungen erfolgen, werden diese an der zu verortenden Stelle herausgearbeitet.

1368 BGH, NJW 2006, 830, 839; geschützt sind der Betriebsinhaber, nicht die Gesellschafter. So *Sprau*, in: Grüneberg, BGB, § 823, Rn. 134; zu den allgemeinen Anforderungen auch: *Beater*, in: Soergel, BGB, § 823 Anh. V, Rn. 21 ff.

1369 Nicht umfasst sind mittelbare Schäden, etwa bei Kleinanlegern, auch wenn der Druck der Öffentlichkeit eine Haftung konstituieren möchte, dazu: BGHZ 66, 388, 391; ausführlich eingehend auf den Anlegerschutz: *Wagner*, in: MüKoBGB, § 823, Rn. 504.

1370 Beispielsweise bei einem fahrlässigen Falscheid nach § 161 Abs. 1 StGB eines gerichtlichen Sachverständigen, so: BGHZ 62, 57 (Anm.: heute ggf. ebenfalls über § 839a BGB darstellbar).

1371 BGHZ 103, 200.

1372 Siehe dazu: G. II.

1373 Siehe zur schwierigen und teils widersprüchlichen Abgrenzung: G. II.

aa) Schutzgesetzqualität

Art. 15 MAR entfaltet durch den Verordnungscharakter der Marktmissbrauchsverordnung unmittelbare Wirkung in den Mitgliedstaaten und ist als Gesetz im Sinne von Art. 2 EGBGB anzusehen.[1374]

(1) Schutznormtheorie

Ferner müsste Art. 15 MAR nach der tradierten Schutznormtheorie des § 823 Abs. 2 BGB ein individualschützender Charakter zukommen. Ob Art. 15 MAR als Schutzgesetz einzustufen ist, ist im Wege der Auslegung zu ermitteln.

α) Grammatikalische Erwägungen

Art. 15 MAR schreibt das Verbot von Marktmanipulationen fest und ist demnach als Verbotsnorm einzustufen. Verbotsnormen sind Verhaltensnormen, die zur Einstufung als Schutzgesetz geeignet sind. Aus dem Charakter einer Verbotsnorm lässt sich jedoch kein Rechtsschluss auf den individualschützenden Charakter der Norm ziehen.[1375] Vielmehr bleibt offen, ob Art. 15 MAR der Allgemeinheit oder dem Individualschutz dienen soll.[1376] Das Hinzuziehen des Anlegerschutzes als ausgewiesenes Regelungsziel lässt indes eine personale Schutzrichtung erkennen.[1377] Die grammatikalische Auslegung lässt insofern die Möglichkeit offen, einen Individualschutz anzunehmen. Zwingende Folge der Auslegung ist sie allerdings nicht.

β) Systematische Erwägungen

In systematischer Auslegung konnte für das unionsrechtliche Kapitalmarktrecht eine komplexe Gemengelage mit unterschiedlicher Regelungsdichte und -tiefe festgestellt werden, die jedoch weder einen Schluss für noch gegen den individualschützenden Charakter des Art. 15 MAR zulässt.[1378]

1374 BGH, DB 1998, 2461; BGHZ 188, 326 Rn. 17 ff.; *Carstens*, S. 27; *Hellgardt*, AG 2012, 154, 164.

1375 Vgl. BGH NJW 1965, 2007; *Hager*, in: Staudinger, BGB, § 823, Rn. G19 (m. w. N.).

1376 Vgl. dazu: J. IV.

1377 Vgl. dazu: J. IV. 1. c).

1378 Vgl. dazu: J. IV. 2.

γ) Historische Erwägungen

Die historische Betrachtung des Marktmissbrauchs- und Kapitalmarktrechts offenbarte Verschärfungstendenzen für Sanktionen. In Anbetracht der Schutzgesetzerwägungen des Art. 15 MAR i. S. v. § 823 Abs. 2 BGB können hieraus allerdings keine verbindlichen Schlüsse für einen Individualschutz gezogen werden. Gleichermaßen kann hieraus jedoch auch kein Ausschluss begründet werden.[1379]

δ) Teleologische Erwägungen

Teleologisch ist zu untersuchen, inwiefern Art. 15 MAR den Individualschutz bezweckt. Mit dem dargestellten Sanktionssysteme aus verwaltungsrechtlichen und strafrechtlichen Konsequenzen lässt sich die Relevanz des Marktmissbrauchsrechts bescheinigen.[1380] Der Umkehrschluss, dass das bestehende Sanktionssystem abschließend ist und zivilrechtliche Ansprüche ausgeschlossen sein müssen, konnte widerlegt werden.[1381] Hieraus lässt sich umgekehrt aber nicht ableiten, dass ein Individualschutz aus § 823 Abs. 2 BGB gegeben sein muss. Allein der Sanktionskatalog und die Ausgestaltung als Verbotsnorm lassen keinen verbindlichen Schluss auf den individualschützenden Charakter der Norm zu, auch wenn die Erwägungsgründe und das Regelungsziel der Marktmissbrauchsverordnung in diese Richtung deuten. Einerseits lässt sich – wie nach der Vorgängervorschrift des § 20a WpHG a. F. – begründen, dass der einzelne Anleger nur reflexartig vom Funktionsschutz profitiert. Andererseits weist der Anlegerschutz eine klare individuelle Komponente auf.[1382]

ε) Zwischenergebnis

Durch Auslegung lässt sich ein individualschützender Charakter des Art. 15 MAR i. S. v. § 823 Abs. 2 BGB weder eindeutig bejahen noch verneinen. Die Einstufung als Schutzgesetz scheint – wie auch in Österreich[1383] – rechtlich möglich zu sein. Zwingend ist dieses Ergebnis nach der deutschen Schutzgesetzdoktrin nicht.

1379 Vgl. dazu: J. IV: 3.
1380 Siehe H. IV.
1381 Siehe H. V.
1382 Vgl. dazu J. IV. 1.
1383 Siehe dazu: H. V. 4. a).

(2) Unionsrechtskonforme Auslegung im Rahmen der funktionalen Subjektivierung

Gleichwohl ist bei der Auslegung der unionsrechtliche Ursprung des Art. 15 MAR zu berücksichtigen. Im Rahmen der funktionalen Subjektivierung des Marktmissbrauchsrechts konnte ein Effektivitätsgewinn durch zivilrechtliche Haftungsansprüche nachvollzogen werden.[1384] Nach diesen Ausführungen konnten keine belastbaren Gründe erkannt werden, die gegen eine funktionale Subjektivierung des Marktmissbrauchsregimes sprechen. Vielmehr ist ein Effektivitätsgewinn aufgrund des voranschreitenden Durchsetzungsdefizits geboten.[1385]

Da die nationale Auslegung nach der Schutznormlehre den individualschützenden Charakter des Art. 15 MAR zulässt, kann im Wege der unionsrechtskonformen Auslegung das Prinzip der funktionalen Subjektivierung Berücksichtigung finden, ohne die nationalen Auslegungsgrenzen zu überschreiten. Der Effektivitätsgrundsatz des Art. 4 Abs. 3 EUV führt im Wege der funktionalen Subjektivierung zu einer extensiven Auslegung des Schutzgesetzbegriffs des § 823 Abs. 2 BGB, sodass restriktivere Lesarten überwunden werden können. Dazu konnte herausgearbeitet werden, dass der Unionsrechtssetzer ein besonders hohes Durchsetzungsniveau im Marktmissbrauchsrecht anstrebt.[1386] Unionsrechtskonform finden diese Erwägungen ihren Einschlag, indem Art. 15 MAR individualschützend ausgelegt werden muss.[1387] Somit ist Art. 15 MAR als Schutzgesetz i. S. v. § 823 Abs. 2 BGB anzusehen. Auch in der weiteren Prüfung ist dieser unionsrechtliche Einschlag zu berücksichtigen.

bb) Anspruchsberechtigung

Um einer ausufernden Haftung entgegenzuwirken, bedarf es einer persönlichen Betroffenheit. Nach der tradierten Schutznormlehre des § 823 Abs. 2 BGB muss der Anspruchsteller zum geschützten Personenkreis gehören.[1388] Sachlich muss das geschützte Rechtsgut betroffen sein.[1389] Zudem muss sich das spezifische

---

1384 Vgl. dazu: J. VI.

1385 Vgl. dazu: J. I. 3. b).

1386 Siehe dazu: J. I. 2. und 3. a).

1387 *Wagner*, in: MüKoBGB, § 823, Rn. 541, nach dem der Individualschutz dann keine tragende Rolle mehr spielt.

1388 Beispielsweise BGHZ 22, 295 (§ 248b StGB schützt als Gebrauchsanmaßung eines Fahrzeug nicht sonstige Verkehrsteilnehmer); grundlegend, siehe: *Hager*, in Staudinger, BGB, § 823, Rn. 146 ff.

1389 *Hager*, in: Staudinger, BGB, § 823, Rn. 149.

Risiko[1390] im persönlichen und sachlichen Schutzbereich verwirklichen.[1391] Nach dem Konzept der funktionalen Subjektivierung genügen bereits eine faktische Betroffenheit[1392] und ein möglicher Individualbezug, der denkbar weit zu verstehen ist und nicht dem Abgrenzungskatalog aus Individual- und Institutionsschutz entspricht. Entscheidend ist, dass die Norm dem Einzelnen auf irgendeine Weise zugutekommt und der Normdurchsetzung dienlich ist.[1393] Die strengeren Tatbestandvoraussetzungen der Schutznormlehre sind unionsrechtskonform auszulegen, sodass jedenfalls eine faktische Betroffenheit und ein Individualbezug vorausgesetzt werden.

(1) Abgrenzung zwischen Alt- und Neuanlegern

In Bezug auf die Anspruchsberechtigten zwischen Neu- und Altanleger unterschieden werden. Als Altanleger sind solche Anleger zu verstehen, die bereits zum Zeitpunkt der Leerverkaufsattacke in die betroffenen Finanzinstrumente investiert sind. Neuanleger investieren erst nach der Marktmanipulationshandlung in die betroffenen Finanzinstrumente oder sehen von ihrer Kaufentscheidung ab. Maßgeblich hierfür ist das schuldrechtliche Geschäft.[1394] Die Abgrenzungsfrage zwischen Marktmanipulation und Bekanntwerden der Marktmanipulation hat bei Leerverkaufsattacken keine Relevanz, da die Zeitpunkte regelmäßig zusammenfallen werden.[1395]

α) Altanleger

Als anspruchsberechtigte Altanleger kommen zunächst diejenigen Anleger infrage, die Finanzinstrumente oder deren Derivate[1396] vor der Leerverkaufsattacke gekauft und durch den Verkauf zu einem geringeren Aktienkurs einen

---

1390 Nicht dagegen bei Quotenschäden der Altgläubiger, zur abweichenden Rechtslage bei Neugläubigern, vgl.: BGHZ 126, 181; 138, 211; BGH, NJW 99, 2199.

1391 Grundlegend dazu: *Larenz/Canaris*, SchuldR BT II, § 77 III 3c); *Hager*, in: Staudinger, BGB, § 823, Rn. 150.

1392 Siehe dazu: I. III. c) cc) (2).

1393 Siehe dazu: I. III. c) cc) (1).

1394 Vgl. zur Aktivlegitimation bei fehlerhaften Ad-hoc-Mitteilungen sinngemäß: *Hellgardt*, in: Assmann/Schneider/Mülbert, Wertpapierhandelsrecht, §§ 97, 98 Rn. 72; *Zimmer/Steinhaeuser*, in: Schwark/Zimmer, Kapitalmarktrecht, §§ 97, 98, Rn. 77.

1395 Anders kann es allgemeinen Marktmanipulationen sein, vgl. *Carstens*, S. 109 ff.

1396 Vgl. *Zimmer/Steinhaeuser*, in: Schwark/Zimmer, Kapitalmarktrecht, §§ 97, 98, Rn. 89, wobei bei ‚weit entfernten' Derivaten Beweis- oder Erheblichkeitsprobleme auftreten können.

Vermögenschaden erlitten haben. Gleiches gilt für Altanleger, die zwar keinen Verlust durch den Verkauf realisieren, aber die Finanzinstrumente weiterhin halten und auf eine Kurssteigerung hoffen. Hier kann auf den erlittenen Buchwertverlust abgestellt werden. Anders als teilweise vertreten, sind sie sind nicht bloß in ihrer Willensfreiheit eingeschränkt.[1397] In diesen Verlusten verwirklicht sich auch kein allgemeines Marktrisiko, wie es teilweise bei fehlerhaften Ad-hoc-Mitteilungen (Art. 17 MAR, §§ 97, 98 WphG) vertreten wird.[1398] Vielmehr stellen Leerverkaufsattacken einen erheblichen Eingriff in die Preisbildung des Markts dar, der nicht mit den üblichen Marktschwankungen zu begründen ist.[1399]

Die Vermögenspositionen der Altanleger sind vom Schutzzweck des Art. 15 MAR umfasst. Anhand der Vermögensnachteile lässt sich die unmittelbare Betroffenheit feststellen.

β) Neuanleger

Ebenso kommen Neuanleger als anspruchsberechtigte Anleger in Betracht, die aufgrund der Leerverkaufsattacke von ihrer Investitionsentscheidung abgesehen haben. Hier wirft sich dann aber im Weiteren die Frage auf, inwieweit sich die potenzielle Kaufentscheidung bereits konkretisiert haben muss, beispielweise durch Anweisungen oder Kommunikation mit den Intermediären. Diese Frage offengelassen, begründet *Carstens*, dass bei einem hypothetischen Aktienkursverlauf ohne die Marktmanipulation Gewinne hätten erzielt werden können, die dann als Schadensposition des § 252 BGB geltend gemacht werden könnten.[1400] Nach dem Opportunitätsgedanken lässt sich ein entgangener Gewinn als Schadensposition nachvollziehen.

Dagegen lässt sich einwenden, dass Neuanleger lediglich in ihrer Willensfreiheit eingeschränkt gewesen sind, aber keinen wirtschaftlichen Nachteil erlitten haben.[1401] Angelehnt an das Transaktionserfordernis bei fehlerhaften Ad-hoc-Mitteilungen nach §§ 97, 98 WpHG, soll in diesem Sinne nur derjenige anspruchsberechtigt sein, der vor der Veröffentlichung der Falschinformation

---

1397 Zu den unterschiedlichen Schadensarten und dem Vergleich zum Betrug, siehe sodann: K. II. 6. a) bb) (1) β) (bb) und K. II. 6. a) cc).

1398 Siehe dazu beispielsweise: *Hopt/Voigt*, Kapitalmarktinformationshaftung, S. 9, 111; *Hellgardt*, Kapitalmarktdeliktsrecht, S. 343 f; *Zimmer/Steinhaeuser*, in: Schwark/Zimmer, Kapitalmarktrecht, §§ 97, 98, Rn. 88.

1399 Vgl. dazu: D.

1400 *Carstens*, S. 110, 130.

1401 Vgl. dazu ähnlich: *Möllers/Leisch*, in: Möllers/Rotter, Ad-Hoc-Publizität, § 14, Rn. 57; *Hopt/Voigt*, Kapitalmarktinformationshaftung, S. 9, 111.

Finanzinstrumente erwirbt und bei dessen Bekanntwerden der Manipulation diese bereits wieder veräußert hat, et vice versa.[1402] Abgestellt wird auf die getroffene, nicht aber auf die hypothetische Transaktionsentscheidung.[1403] Damit orientiert sich diese Ansicht an der *Birnbaum-Regel* des US-Kapitalmarktrechts, bei dem bei einem täuschungsbedingten Verzicht auf einen Wertpapiertranskation kein Schadensersatzanspruch gewährt werden soll.[1404]

(aa) Einschränkungen des Schutzzwecks

Im deutschen Recht ist die *Birnbaum-Regel* mit den Einschränkungen durch den Schutzzweck der Norm aufseiten der Haftungsausfüllung vergleichbar. Demnach sind nur die Schäden zu ersetzen, die von der betroffenen Norm verhindert werden sollten.[1405] Konkret stellt sich bei Art. 15 MAR die Frage, ob der Anlegerschutz ausschließlich das Vermögen der Anleger oder auch deren Dispositionsfreiheit über das Vermögen schützt.

(bb) Vergleich zur ähnlich gelagerten Diskussion bei § 263 StGB

Eine vergleichbare Diskussion über Vermögennachteile und der lediglichen Beeinträchtigung der Dispositionsfreiheit über das Vermögen wird beim Betrugstatbestand des § 263 StGB geführt,[1406] bei dem – ebenso wie bei der Marktmanipulation – die (täuschungsbedingte) Willensbeeinflussung einen Vermögensnachteil nach sich zieht. Der Vermögensbegriff des Betrugs ist bis heute umstritten.[1407] Nach herrschender vermittelnder Ansicht[1408] und der

1402 *Fleischer*, in: Assmann/Schütze/Buck-Heeb, Handbuch des Kapitalanlagerechts, § 6 Haftung für fehlerhafte Kapitalmarktkommunikation, Rn. 51.

1403 Vgl. *Baums*, ZHR 166 (2002), 375; *Fleischer*, NJW 2002, 2977, 2980; *Maier-Reimer/Webering*, WM 2002, 1857, 1859; *Schäfer*, in: Marsch-Barner/Schäfer, Handbuch börsennotierte AG, § 17, Rn. 22; *Zimmer/Grotheer*, in: Schwark/Zimmer, Kapitalmarktrecht, §§ 37b, c WpHG, Rn. 75.

1404 Birnbaum v. Newport Steel Corp., 193 F.2d 461 (2nd Cir. 1962), cert. denied, 343 U. S. 956; darauf eingehend siehe auch: *Hazen*, S. 566 ff.

1405 Anstelle der kaum noch überschaubaren Anzahl an zitierfähigen Quellen hier nur: *Oetker*, in: MüKoBGB, § 249 Rn. 124 (m. w. N., insbesondere in Fn. 568).

1406 *Perron*, in: Schönke/Schröder, StGB, § 263, Rn. 81, 121.

1407 Vgl. *Perron*, in: Schönke/Schröder, StGB, § 263 Rn. 78b, zum juristischen Vermögensbegriff Rn 79, zum extrem-wirtschaftlichen Vermögensbegriff Rn. 80, zum personalen Vermögensbegriff Rn. 81, zum juristisch-ökonomischen Vermögensbegriff Rn. 82 f. (je m. W. N.).

1408 Anstelle von vielen, dazu nur ausführlich: *Eisele*, JuS 2018, 97 (m. w. N.).

ständigen Rechtsprechung des BGH[1409] ist jedoch nur die im Vermögen verkörperte Dispositionsfreiheit vom Schutzbereich des § 263 StGB umfasst, nicht aber die täuschungsfreie Willensbildung.[1410] Im übertragenen Sinne ist auch die Investitionsentscheidung des Anlegers der Ausfluss seiner Dispositionsfreiheit. Gleichsam wie beim Betrug ist diese Freiheit an sich nicht schützenswert, sondern erst dann, wenn sich die Entscheidung in der Investition verdichtet hat.

(cc) Schlussfolgerungen für Art. 15 MAR

Der Vergleich zum Betrug lässt sich ziehen: Auch Leerverkaufsattacken können trotz Disclaimer und Aufmachung Täuschungspotenzial[1411] entwickeln. Nicht gefolgt werden kann der Auffassung, dass aufgrund der Effizienz der Kapitalmärkte sämtliche Informationen im Markt eingepreist sind, sodass eine Täuschung ausgeschlossen sein muss.[1412] Die Aktienmärkte sind nicht vollumfänglich effizient, sondern von Informationsasymmetrien geprägt.[1413] Für die Dispositionsfreiheit ist dieser Umstand unschädlich. Mithin kann es auch keinen Unterschied machen, wenn einzelne Informationen dem Anleger nicht, nur teilweise oder falsch bekannt sind. Dadurch lässt es sich relativieren, dass ein manipulierter Anleger nicht Herr seiner Dispositionsfreiheit ist und es in dieser Folge zu Fehlallokationen am Markt kommen kann.[1414] Es widerspricht jeder ökonomischen Lehre, dass Aktienkursverläufe belastbar und in dieser Folge dann auch justiziabel einschätzbar sind – selbst für einen kurzfristig definierten Zeitraum. Hierbei handelt es sich auch nicht bloß um Beweisschwierigkeiten, die mit einer Schätzung nach § 287 ZPO überwunden werden könnten.[1415] Aufgrund der zahlreichen Einflussfaktoren auf den Aktienkurs lässt sich nicht vorhersagen, wie sich der Aktienkurs ohne die Leerverkaufsattacke entwickelt hätte. Anders als bei Altanlegern, bei denen der Kaufzeitpunkt und -kurs bekannt sind, wäre es bei Neuanlegern ein Blick in eine abweichende Zukunft, die nicht

1409 BGHSt 7, 197, 198; 16, 220, 221; 16, 321, 325; 16, 367, 372; BGH, NJW 1983, 1917.

1410 stRspr. BGHSt 16, 220, 221 und 321, 325; NJW 16, 3543; *Eisele*, Strafrecht BT II, Rn. 517; *Kühl*, in: Lackner/Kühl/Heger, StGB § 263 Rn. 2 (je m. w. N.).

1411 Zum Täuschungspotenzial und zur Abgrenzung zwischen trash and cash und Scalping siehe: G. II. 6.

1412 Vgl. *Hellgardt*, Kapitalmarktdeliktsrecht, S. 174 f.; *Hellgardt*, ZIP 2005, 2000, 2003; siehe aber auch *Franck*, S. 459.

1413 Vgl. dazu: E. I.

1414 So sieht es wohl *Carstens*, S. 131 ff.

1415 Zu den Grenzen der Schätzung siehe: *Foerste*, in: Musielak/Voit, 17. Aufl. 2020 Rn. 9, ZPO § 287 Rn. 9, aber auch Rn. 7, 8.

rekonstruierbar ist. Dabei ist keineswegs klar, dass überhaupt ein Schaden entstanden ist. Gegensätzlich ließ sich aus (Neu-)Anlegersicht sogar begründen, dass nach einer erfolgreichen Leerverkaufsattacke besonders attraktive Chancen für ein Investment eröffnet sind. (Neu-)Anleger, die bereits von dem Zielunternehmen überzeugt waren, aber noch von einer Investition abgesehen hatten, können nach der Leerverkaufsattacken zu reduzierten (Aktien-)Preisen investieren. Folglich lässt sich die Anspruchsberechtigung von Neuinvestoren aus Anlegersicht – zumindest im Zusammenhang von Leerverkaufsattacken – nicht überzeugend darstellen. Demnach bleiben Schadensersatzansprüche für Neuanleger nur ein theoretischer Exkurs, der sich nicht de lege lata abbilden lässt.

(dd) Zwischenergebnis zum Schutzgut des Art. 15 MAR

Das Schutzgut des Art. 15 MAR bildet der Anlegerschutz, nicht die Dispositionsfreiheit des Anlegers, sich für ein konkretes Finanzinstrument zu entscheiden. Aus diesen Schutzguterwägungen scheidet die Anspruchsberechtigung für Neuanleger dogmatisch aus.

(2) Ergebnis

Zusammenfassend lässt sich festhalten, dass die Altanleger vom Schutzzweck des Art. 15 MAR umfasst sind. Möglichen Neuinvestoren fehlt es an der verdichteten Vermögensposition. Hypothetische Aktienkursverläufe sind in Zweifel zu ziehen, denn insbesondere bei Leerverkaufsattacken können sich aus Anlegersicht positive Einstiegszeitpunkte ergeben, sodass ein Opportunitätsverlust nicht überzeugen kann.

cc) Kausalität

Das Kausalitätserfordernis war in der historischen Rechtsprechung des BGH ein Schlüsselargument, um kapitalmarktnahe Informationshaftung auszuschließen, wobei unionsrechtliche Vorgaben, wie sie hier herausgearbeitet wurden,[1416] bislang noch unberücksichtigt blieben.[1417] Zunächst sollen Überlegungen zur Kausalität im kapitalmarktnahen Bereich veranschaulicht werden, um anschließend die bisherige Rechtsprechungslinie des BGH einzuordnen.

1416 Siehe dazu: J. VI.

1417 Vgl. bspw. BGHZ 192, 90 (IKB-Entscheidung) oder BGH, NZG 2007, 708.

(1) Abgrenzung von haftungsbegründender und -ausfüllender Kausalität

Aufgrund des fragmentarischen Charakters des deutschen Deliktsrechts, der sich aus der Voraussetzung einer Rechtsgutverletzung ergibt, ist grundsätzlich auch bei § 823 Abs. 2 BGB – wie nach dem Vorbild des § 823 Abs. 1 BGB – zwischen haftungsbegründender und haftungsausfüllender Kausalität zu differenzieren. Die haftungsbegründende Kausalität beschreibt die Ursachen-Wirkung-Beziehung zwischen Verletzungshandlung und Rechtsgutverletzung[1418] und richtet sich nach der Conditio-Formel,[1419] die durch normative Kriterien der Adäquanz und des Schutzzwecks der Norm eingeschränkt werden kann.[1420] Die haftungsausfüllende Kausalität bildet die Verbindung zwischen Rechtsgutverletzung und dem eingetretenen Schaden. In § 823 Abs. 2 BGB ist anstelle der Rechtsgutverletzung auf die Verletzung des Schutzgesetzes abzustellen. Da die Verletzungshandlung und die Verletzung des Schutzgesetzes regelmäßig zusammenfallen, können in diesem Zusammenhang keine Probleme auftreten.[1421] Die Abgrenzung von haftungsbegründender und haftungsausfüllender Kausalität kann im Einzelfall schwierig sein und wird teilweise willkürlich getroffen.[1422] Teilweise wird auf die haftungsbegründende Kausalität verzichtet.[1423] Genauso werden teils auch eigentliche Fragen der haftungsbegründende Kausalität bei der haftungsausfüllende Kausalität aufgeworfen.[1424] Im Unionsrecht ist der Kausalitätsbegriff dagegen weniger problematisch. Der EuGH lässt regelmäßig einen unmittelbaren Kausalzusammenhang aufgrund der faktischen Betroffenheit ausreichen.[1425]

Im Rahmen der haftungsbegründenden Kausalität ist bei Leerverkaufsattacken auf das Einwirken auf den Börsenkurs der betroffenen Finanzinstrumente abzustellen. Bei der haftungsausfüllenden Kausalität geht es im Weiteren um die Schadenshöhe, die durch diese Einwirkung entstanden ist.[1426]

1418 *Teichmann*, in: Jauernig, BGB, § 823, Rn. 20 ff.

1419 Anstelle von vielen hier nur: BGH, NJW 2012, 2024; *Wagner*, in: MüKoBGB, § 823, Rn. 67 (je m. w. N.).

1420 Vgl. *Wagner*, in: MüKoBGB, § 823, Rn. 70 ff.

1421 *Teichmann*, in: Jauernig, BGB, § 823, Rn. 41 f.

1422 *Teichmann*, in: Jauernig, BGB, § 823, Rn. 24.

1423 *Leuschner*, ZIP 2008, 1050, 1054, *Lange/Schiemann*, S. 77.

1424 *Teichmann*, in: Jauernig, BGB, § 823, Rn. 24.

1425 Vgl. EuGH, Urteil vom 5.6.2014, Rs. C-557/12 („Kone"), ECLI:EU:C2014:1317, Rn. 33, siehe aber auch: I. III. 1. B) cc) (2).

1426 Vgl. zu Marktmanipulationen allgemein: *Klöhn*, ZHR 178 (2014), 671, 704; *Hellgardt*, Kapitalmarktsdeliktsrecht, S. 519 ff.

(2) Haftungsbegründende Kausalität

Bei Leerverkaufsattacken verkörpert das rechtswidrige Einwirken auf die Kapitalmärkte sowohl die Verletzungshandlung als auch die Schutzgesetzverletzung, sodass die haftungsbegründende Kausalität grundsätzlich ohne weitere Prüfung zu bejahen ist.[1427] Eine Ausnahme hiervon könnte nur die Tatbestandsvariante des Art. 15, 12 Abs. 1 lit. a), i, ii, c) MAR bilden, die ausreichen lässt, dass eine Kursbeeinflussung ‚wahrscheinlich' ist. Mangels Schadens würde dann ein Schadensersatzanspruch nach § 823 Abs. 2 BGB jedoch ohnehin ausscheiden, sodass sich die Frage nach der Kausalität gar nicht stellt.[1428]

α) Fraud-on-the-market Theory

Dieses Ergebnis deckt sich mit der vom US-Supreme Court entwickelten ‚Fraud-on-the-market Theory' (Marktbetrug), bei der es nicht darum geht, dass der einzelne Anleger durch die Manipulationshandlung getäuscht wurde. Vielmehr steht die Integrität des Markts als solches im Vordergrund.[1429] Hiernach wird angenommen, dass der Anleger auf die Integrität des Preisbildungsprozesses vertraut hat.[1430] In der haftungsausfüllenden Kausalität wird dazu spiegelbildlich auf die Preiskausalität abgestellt.[1431]

β) Informationsarbitragegewinne und Preisintegrität

Nicht überzeugen können dagegen Einwände, die auf die Informationsarbitragegewinne von Anlegern verweisen und ihnen so das Vertrauen auf die

---

1427 In diesem Sinne sehen es auch: *Engelhardt*, BKR 2006, 443, 448; *Franck*, S. 512 ff.; *Hellgardt*, Kapitalmarktdeliktsrecht, S. 519 ff.; *Hopt/Voigt*, Kapitalmarktinformationshaftung, S. 9, 133 ff.; *Möllers/Leisch*, BKR 2002, 1071, 1079; *Rössner/Bolkart*, ZIP 2002, 1471, 1475 f.; *Schäfer*, NZG 2005, 985, 911; *Wichmann*, S. 160 ff.; *Hellgardt*, in: Assmann/Schütze/Mülbert, Wertpapierhandelsrecht, §§ 97, 98, Rn. 142.

1428 Mit Verweis auf den Eingriffstatbestand nach *Hanau* siehe *Carstens*, S. 152, hier insbesondere in Fn. 794, weitere Ausführungen in Fn. 800.

1429 Gestützt auf die beiden Supreme Court Entscheidungen Basic v. Basic, Inc. v. Levinson, 485 U. S. 224 (1988) und Erica P. John Fund, Inc. v. Halliburton Co., 131 S. Ct. 2179, 563 U.S., 180 L. Ed. 2d 24 (2011); mit Bezug zum deutschen Kausalitätsbegriff siehe dazu: *Klöhn*, ZHR 178 (2014), 671, der de facto Preiskausalität feststellt.

1430 *Maier-/Reimer/Seulen*, in: Habersack/Mülbert/Schlitt, Handbuch der Kapitalmarktinformation, § 30, Rn. 124 ff.; *Maier-Reimer/Webering*, WM 2002, 1857, 1860 f.; *Zimmer*, WM 2004, 9, 17; zur Ad-Hoc-Publizität: *Zimmer/Grotheer*, in: Schwark/Zimmer, Kapitalmarktrecht, §§ 37b, 37c, Rn. 86.

1431 Im Ergebnis so auch: *Klöhn*, ZHR 178 (2014), 671.

Preisintegrität des Markts absprechen. Als Informationsarbitrage werden Situationen bezeichnet, die von Informationsasymmetrien gekennzeichnet sind. Aufgrund dieser Umstände haben einzelne Anleger einen Wissensvorsprung gegenüber anderen Anlegern, wodurch sie die Bewertung von Finanzinstrumenten besser einordnen können.

Dieser Umstand wird als Einwand gegen die Kausalität vorgebracht, denn durch diese Unvollkommenheit fehle es an einem Zusammenhang zwischen der einzelnen Information und den Entwicklungen am Markt. In dieser Konsequenz sei die haftungsbegründende Kausalität ausgeschlossen, da diese Arbitrageanleger ohnehin nicht auf die bekannten Kapitalmarktinformationen vertrauen, sondern die Unvollkommenheit ausnutzen. Wenn sie aber nicht hierauf vertrauen, können fehlerhafte Informationen auch nicht kausal für ihre Investmententscheidung und etwaige Folgen sein.[1432]

Gleichwohl erweist sich das Gegenteil als korrekt. Anleger, die auf Informationsarbitragegewinne setzen, möchten gerade durch mögliche Wissens- oder Bewertungsvorsprünge einen überdurchschnittlichen Gewinn am Kapitalmarkt erzielen. Sie vertrauen auf die Preisintegrität des Markts, denn dieser wird irgendwann – nach ihrer Investmententscheidung – die Fehlentwicklungen ausgleichen und die Informationen einpreisen. Die Preisintegrität des Markts schließt richtigerweise Über- und Unterbewertungen von Finanzinstrumenten am Markt nicht aus, da diese der Unvollkommenheit der Märkte geschuldet sind und jederzeit sowie zeitweilig auftreten können.[1433] Lediglich bei vollkommenen Märkten können keine Arbitragegewinne erzielt werden. Vollkommene Märkte sind indes nur ein (theoretisches) ökonomisches Modell, um Ceteris-paribus-Annahmen abzubilden. Darüber hinaus wird der Umstand verkannt, dass der Markt Informationen „arbeitsteilig“[1434] auswertet und der Kurs nur das Ergebnis der Kauf- und Verkaufstransaktionen unterschiedlicher Anleger ist.[1435] Diese arbeitsteilige Verarbeitung unterbricht aber keinesfalls den Kausalverlauf, sondern sorgt dafür, dass jede verarbeitete Information ein Teil in der Aggregation des Kurses und damit ein kausaler Faktor für die Wertbildung der Finanzinstrumente ist.

1432 So sieht es wohl *Carstens*, S. 159 f.; dazu im Allgemeinen auch: *Klöhn*, ZHR 178 (2014), 671, 677 ff.

1433 Vgl. dazu: E. I.

1434 *Baums*, ZHR 167 (2003), 2000, 2006.

1435 *Teichmann*, JuS 2006, 953, 956, 957.

(3) *Haftungsausfüllende Kausalität*

Im Rahmen der haftungsausfüllenden Kausalität ist das Ursachen-Wirkungs-Verhältnis zwischen Manipulationserfolg und eingetretenem Schaden zu untersuchen. Gestützt auf die Differenzhypothese des § 249 Abs. 1 BGB, ist auf den Zustand abzustellen, der ohne die schädigende Preisbeeinflussung bestanden hätte. Insoweit ist dann die Kausalität dahin gehend zu untersuchen, inwieweit eine Kausalität zwischen dem Ereignis und dem weiteren Anlegerverhalten bestehen muss.

Der BGH zeichnet in seiner historischen Rechtsprechungslinie ein strenges Bild der Kausalität. Im Wesentlichen stützt sich die höchstrichterliche Rechtsprechung auf die Leitentscheidungen *Infomatec*[1436], *IKB*[1437] und *ComROAD*[1438], deren wesentliche Gemeinsamkeiten kurz veranschaulicht werden sollen, um sie dann in die herausgearbeiteten Vorgaben einzuordnen.

α) Darstellung der bisherigen Rechtsprechungslinie des BGH

Die BGH-Entscheidungen beruhen jeweils darauf, dass versucht wurde, einen Schadensersatzanspruch gegen den Vorstand bzw. den Emittenten klageweise geltend zu machen. Gestützt wurden diese Klagen auf unzureichende oder falsche Kapitalmarktinformationen. In diesem Sinne wurde diskutiert, wie Verstöße gegen die Veröffentlichungspflichten auch als Marktmanipulation i. S. v. § 20a WpHG a. F. bzw. § 88 BörsG a. F. angesehen und schließlich über § 823 Abs.2 BGB oder § 826 BGB haftbar gemacht werden könnten und welche Anforderungen grundsätzlich an die Kausalität zu stellen sind.

In Sachen *Infomatec* stützte sich der BGH bei der Kausalität im Wesentlichen auf die Ausführungen der Vorinstanz, die auf etwaige sachfremde Erwägungen des Anlegers für seine Kaufentscheidung – losgelöst von den fehlerhaften Ad-hoc-Mitteilungen – abstellte. Zudem wurde das Zeitmoment als Auslegungsindiz für die Kausalität angedeutet. Gleichzeitig lehnte der BGH eine Übertragung der Kausalitätserleichterungen wie bei der Prospekthaftung ab, wonach vermutet wurde, dass ein fehlerhafter Prospekt zumindest zeitweise die Anlegerentscheidung kausal beeinflusst.[1439]

1436 BGHZ 160, 134 („Infomatec I"); BGH.Z 160, 149 („Infomatec II"); BGH, NJW 2004, 2668 („Infomatec III).

1437 BGHZ 192, 90

1438 BGH, ZIP 2007, 681; ZIP 2007, 679; ZIP 2007, 326; ZIP 2007, 1560; ZIP 2007, 1564; ZIP 2008, 407; ZIP 2008, 410; ZIP 2008, 829.

1439 Vgl. BGHZ 139, 225, 233 (m. w. N.).

Bei *comROAD* ging der BGH ausführlich auf die haftungsbegründende Kausalität einer Informationsdelikthaftung im Rahmen von § 826 BGB ein und forderte einen konkreten Nachweis dafür, dass sich die Täuschung durch falsche Ad-hoc-Mitteilungen auf die konkrete Willensentschließung der Anlegerentscheidung ausgewirkt hätte. Als wesentliches Argument wurde vorgetragen, dass es sonst zu einer uferlosen Anwendung des § 826 BGB kommen würde. Angemerkt sei, dass mehr als 40 Ad-hoc-Mitteilungen streitgegenständlich waren, in denen die Umsatz- und Gewinnerwartungen des Unternehmens frei erfunden wurden. Auf eine Haftung nach § 823 Abs. 2 BGB i. V. m. § 400 AktG ging der BGH nur oberflächlich ein und verwies darauf, dass die Ausführungen zu § 826 BGB entsprechend heranzuziehen seien.[1440]

In Sachen *IKB* verneinte der BGH die Schutzgesetzeigenschaft des § 20a WpHG a. F., da dieser lediglich die Funktionsfähigkeit des Markts, aber nicht den einzelnen Anleger schütze. Überdies lehnte der BGH die Kausalität einer unterlassenen Ad-hoc-Mitteilung für die Anlegerentscheidung nur deshalb ab, weil der Tatbestand des Berufungsgerichts in dieser Hinsicht widersprüchlich war.[1441] In diesem Zuge stellte der BGH ebenfalls fest, dass dem Anleger jedenfalls keine Beweiserleichterungen über §§37b, 37c WpHG a. F. sowie die Grundsätze des Anscheinsbeweises bei der Prospekthaftung zugutekämen.[1442]

β) Einordnung und Stellungnahme

Diese Rechtsprechungslinie des BGH stammt aus den Zeiten des sog. Neuen Markts bzw. der Finanzkrise 2008/2009 und lässt sich lediglich eingeschränkt auf das heutige Marktmissbrauchsregime übertragen.

So unterschieden sich bereits die Anspruchsrichtungen. Während es bei *Infomatec*, *comROAD* und *IKB* um die Haftung des Vorstands bzw. des Emittenten ging, steht bei Leerverkaufsattacken der Schadensersatzanspruch des Anlegers gegenüber einem schädigenden Dritten im Vordergrund. Wegen der unterschiedlichen Wertungen lassen sich auch die entwickelten Grundsätze in der Rechtsprechung nicht ohne Weiteres übertragen: Es liegen andere Sachverhaltskonstellationen, andere Schutzrichtungen sowie eine neue Rechtslage vor, die jetzt im erheblichen Maße von einem funktionalen Unionsrecht geprägt ist, sodass auch die Kausalität anders zu bewerten ist. So können Verstöße gegen die Ad-hoc-Publizität nicht mit marktmanipulativen Leerverkaufsattacken

1440 BGH, ZIP 2007, 681.
1441 BGHZ 192, 90, Rn. 59 f.
1442 BGHZ 192, 90, Rn. 61 f.

gleichgesetzt werden. Zwar geht es in beiden Fällen um die Verbreitung von kapitalmarktrelevanten Informationen. Allerdings wirken diese Informationen genau entgegengesetzt. Bei den zitierten Leitentscheidungen des BGH ging es um positive Meldungen, die den Aktienkurs in die Höhe getrieben hatten. Anleger kauften das Papier in der Folge zu teuer. Gegenstand der Kausalitätsprüfung waren die (positive) kursrelevante Information und die anschließende Kaufentscheidung des Anlegers. Bei Leerverkaufsattacken verhält es sich genau umgekehrt: Es werden nachteilige Informationen von einem Dritten verbreitet, die den Kurs sinken lassen sollen. Die Anleger sind zu diesem Zeitpunkt bereits in das betroffene Zielunternehmen investiert und erleiden beim Erfolg der Leerverkaufsattacke denknotwendig einen Kursverlust – unabhängig davon, ob sie die Aktien weiter halten oder unmittelbar verkaufen. Eine Kausalität zwischen der Transaktionsentscheidung und dem Kursverlust durch die verbreitete Information ist nicht zu überprüfen, da der Buchverlust in jedem Fall kausal eingetreten ist. Wie hoch dieser Schaden ist und ob Wertaufhellungen zu berücksichtigen sind, ist dann eine Frage des Schadens und einer etwaigen Schadensanrechnung, nicht der Kausalität.

Sofern dennoch eine (weitergehende) Kausalität zum konkreten Anlegerverhalten gefordert wird, kommt eine wertende Betrachtung zum gleichen Ergebnis. Demnach kann nicht nur der Kauf oder Verkauf, sondern auch das Halten der betroffenen Finanzinstrumente als eine (konkludente) Transaktionsentscheidung des Anlegers verstanden werden, die kausal durch die Leerverkaufsattacke verursacht werden muss. Als wesentliches Kriterium zur Bestimmung der Kausalität kann der zeitliche Zurechnungszusammenhang, der wertend in einem Gesamtzusammenhang gesehen werden muss, herangezogen werden. Somit ist die Anlegerentscheidung umso eher als kausal anzusehen, desto zeitlich näher die Leerverkaufsattacke stattfand. Ähnliche Argumente ließ der BGH auch bei seiner Rechtsprechung zur Prospekthaftung anklingen.[1443] Gegensätzlich bedeutet dies aber nicht, dass nur aufgrund des Zeitablaufs die Kausalität ausgeschlossen werden muss. Eine Grenze wird sich in der Praxis im Einzelfall am Beweiserfordernis festmachen lassen. In tatsächlicher Hinsicht sprechen dann gute Gründe für einen Anscheinsbeweis, der das strenge Kausalitätserfordernis aufweicht: Leerverkaufsattacken haben zum Ziel, eine möglichst große mediale Reichweite zu erreichen, sodass die Anleger diese Informationen in ihre Entscheidung einpreisen werden. Dass eine Anlegerentscheidung ohne das Wissen und ‚Einpreisen' der Leerverkaufsattacke getroffen wird, ist realitätsfern und

1443 Siehe dazu auch BGHZ 192, 90, Rn. 61 f. (m. w. N.).

lässt sich logisch untermauern: Ohne die Reichweite der Leerverkaufsattacke würde es nicht zu den Abverkäufen an der Börse kommen. Ohne diese Abverkäufe kommt es zu keinem Angebotsüberhang der Aktien. Kommt es zu keinem Angebotsüberhang der Aktien, sinkt der Kurs nicht kausal. Sinkt der Kurs nicht, ist die Leerverkaufsattacke nicht erfolgreich und der Schaden tritt nicht ein.[1444] Ein dauerhaftes Bewusstsein des Anlegers dahin gehend, sämtliche Informationen am Kapitalmarkt bei den Transaktionsentscheidungen zugrunde zu legen, ist bereits im Marktpreis enthalten. *Teichmann* spricht in diesem Zusammenhang richtigerweise von einem „informationsgesättigten Marktpreis“[1445].

Darüber hinaus muss bei einer wertenden Betrachtung den unionsrechtlichen Vorgaben hinreichend Rechnung getragen werden. Die Novellierung der MAR, die jetzt einen erweiterten Anlegerschutz zugrunde legt und diesen als ausdrückliches Regelungsziel benennt, ist rechtsdogmatisch bei der Kausalitätsprüfung einzubeziehen. Dabei sieht der EuGH die Kausalitätsvorgaben weniger streng als der BGH und lässt einen unmittelbaren Zusammenhang sowie eine faktische Betroffenheit ausreichen.[1446] Zudem sind an dieser Stelle die Erwägungen zur funktionalen Subjektivierung zu berücksichtigen, denn zivilrechtliche Haftungsansprüche sind nicht nur Individualansprüche, sondern stellen gleichzeitig auch eine Maßnahme zur Rechtsdurchsetzung des Unionsrechts nach Maßgabe des Art. 4 Abs. 3 EUV dar.[1447]

Im Gegensatz dazu ließ der BGH den notwendigen Tiefgang bei seiner Kausalitätsprüfung in den zitierten Entscheidungen vermissen. So wurde beispielsweise bei *comROAD* die haftungsbegründende Kausalität bei § 826 BGB abgelehnt und bei § 823 Abs. 2 BGB lediglich auf den entsprechenden Rechtsfehler verwiesen. Die Argumente einer uferlosen Haftung lassen sich indes nicht übertragen. Anders als bei § 826 BGB, der nur auf eine sittenwidrige Schädigung abstellt, bedarf es bei § 823 Abs. 2 BGB eines Schutzgesetzes, das den Anwendungsbereich hinreichend konturiert. Dessen ungeachtet wird die haftungsbegründende Kausalität bei § 823 Abs. 2 BGB regelmäßig angenommen, wobei

---

1444 Durchaus kritisch zu sehen ist es, wenn Leerverkaufsattacken Stopp-Loss-Mechanismen ausnutzen. Hier hilft dann nur eine Betrachtung weiter, da die Stopp-Order zeitlich vor der Leerverkaufsattacke abgegeben wurde.

1445 *Teichmann*, JuS 2006 953, 957.

1446 Vgl. EuGH, Urteil vom 5.6.2014, Rs. C-557/12 („Kone“), ECLI:EU:C2014:1317, Rn. 33, siehe aber auch: I. III. 1. B) cc) (2).

1447 Siehe J. VI.

diese Argumente teilweise jedoch in die haftungsausfüllende Kausalität verlagert werden.[1448]

Aus den vorgenannten Gründen ist die Rechtsprechungslinie des BGH nicht auf Leerverkaufsattacken i. S. d. Art. 15, 12 MAR zu übertragen. Kausalität liegt vor.

dd) Schadensermittlung

Der ersatzfähige Schaden richtet sich nach den §§ 249 ff. BGB. Nach dem Prinzip der Totalreparation soll der Geschädigte unabhängig vom Verschuldensgrad des Schädigers den gesamten Schaden ersetzt erhalten.[1449]

Nach § 249 Abs. 1 BGB ist grundsätzlich Naturalrestitution zu leisten. Es ist also der Zustand wiederherzustellen (hypothetischer Zustand), der ohne das schädigende Ereignis vorgelegen hätte (realer Zustand). Die Berechnung des Schadens ergibt sich nach der Differenzhypothese aus der Differenz von realem zu hypothetischem Zustand.[1450] Bei der Schadensermittlung kann grundlegend zwischen Vertragsabschlussschaden und Kursdifferenzschaden differenziert werden.

(1) Vertragsabschlussschaden

Im Wege des Vertragsabschlussschadens sind die Altanleger so zu stellen, als hätten sie nicht in die betroffenen Finanzinstrumente investiert. Nach § 249 Abs. 1 BGB kann der Kaufpreis der Finanzinstrumente zuzüglich anfallender Transaktionskosten Zug um Zug gegen die Herausgabe der Finanzinstrumente verlangt werden.[1451] Wurden

---

1448 *Teichmann*, in: Jauernig. § 823, Rn. 42.

1449 *Magnus*, in: Dauner-Lieb/Langen, BGB, Vorbemerkung zu §§ 249 – 255, Rn. 30; *Wagner*: MüKoBGB, § 823, Rn. 83; *Schiemann*, in: Staudinger, BGB, § 249 Rn. 2; siehe auch einführend: *Medicus/Lorenz*, SchuldR AT, Rn. 666 (m. w. N.).

1450 BGHZ 197, 75, Rn. 24; 198, 50, Rn. 20; BGH, NJW1998, 302, 304; BGH, NJW 200, 734, 736; BGH, NJW 2001, 673, 674; BGH, NJW 2001, 1274, 1275; BGH, NJW-RR 2005, 611, 612; BGH, NJW 2012, 50, 51; BGH, NJW 2013, 2345, 2346; BGH, NJW-RR 2015, 275, 276; *Schiemann*, in: Staudinger, BGB, § 249 Rn. 4 ff.; *Oetker*, in: MüKoBGB, § 249, Rn. 18 ff.

1451 BGHZ 160, 149, 153; 192, 90, Rn. 59; *Fleischer*, in: Assmann/Schütze/Buck-Heeb, Handbuch des Kapitalanlagerechts, § 6 Haftung für fehlerhafte Kapitalmarktkommunikation, Rn. 33 f.

die Finanzinstrumente bereits (teilweise) veräußert, ist der erzielte Kaufpreis anzurechnen.[1452]

Der Vertragsabschlussschaden stützt sich in der historischen Rechtsprechung auf das Verhältnis des Anlegers zum Emittenten, denn genau in diesen Fällen hatte der BGH zu entscheiden. Eine Ausweitung des Vertragsabschlussschadens auf weitere kapitalmarktnahe Schadenskonstellationen, erweist sich als bedenklich. *Teichmann* differenzierte dahin gehend zwischen Schäden im Primärmarkt und Sekundärmarkt. Im Primärmarkt – also bei der Ausgabe neuer Aktien durch den Emittenten – bestehe ein vertragsähnliches Verhältnis, sodass eine Rückabwicklung dieser Papiere bei der Schadensausfüllung in Naturalrestitution verlangt werden könne. Anders verhalte es sich im Sekundärmarkt. Dort finde der Handel zwischen den Anlegern und nicht mit dem Emittenten statt, sodass gerade bei einer Haftung aufgrund der Ad-hoc-Publizität auf einen etwaigen Kursrückgang als Differenzschaden abzustellen sei.[1453]

Darüber hinaus rücken *Franck*[1454] und *Hellgardt*[1455] ökonomische Bedenken in den Vordergrund. Der Geschädigte müsse für den Vertragsabschlussschaden beweisen, dass er die Finanzinstrumente nie erworben hätte.[1456] Anleger könnten sich gezwungen sehen, möglichst viele Informationen zu sammeln, um ihre Investitionsentscheidung nachweisen zu können. Diese Informationen seien aber bereits im Aktienkurs eingepreist, sodass besser auf die Kompensationsmöglichkeit eines Kursdifferenzschadens abzustellen sei.

Der BGH löste dieses Problem praxisorientiert und räumte in seiner *EM.-TV-Entscheidung* den Geschädigten bei fehlerhaften Ad-Hoc-Mitteilungen ein Wahlrecht ein, ob diese einen Vertragsabschlussschaden oder einen reinen Kursdifferenzschaden geltend machen möchten.[1457] Dazu überwindet der BGH sogar

---

1452 BGH, NZG 2005, 672, 673; *Fleischer*, in: Assmann/Schütze/Buck-Heeb, Handbuch des Kapitalanlagerechts, § 6 Haftung für fehlerhafte Kapitalmarktkommunikation, Rn. 33 f.

1453 *Teichmann*, JuS 2006, 953, 954 ff.

1454 Allgemeiner zur Marktordnung: *Franck*, S. 458 ff., siehe auch: *Wichmann*, S. 148.

1455 *Hellgardt*, Kapitalmarktdeliktsrecht, S. 508 ff. lässt den Vertragsabschlussschaden bei ‚hot markets' zu.

1456 Vgl. zur ähnlich gelagerten Diskussionen bei fehlerhaften Ad-Hoc-Mitteilungen: BGHZ 192, 90, Rn. 59; *Möllers/Leisch*, in: Möllers/Rotter, Ad-hoc-Publizität § 14, Rn. 99; *Maier/Reimer/Seulen*, in: Habersack/Mülbert/Schlitt, Handbuch der Kapitalmarktinformation, § 30, Rn. 1, 29; zur Übertragbarkeit auf die Marktmanipulation siehe auch *Carstens*, S. 136 f.

1457 BGH, NZG 2005, 672, 675.

die Erwerbseinschränkungen eigener Aktien des § 71 AktG, um eine möglichst nahe Schadensfreiheit sicherzustellen.[1458]

Gleichwohl lässt sich der Vertragsabschlussschaden bei Verstößen gegen die Ad-hoc-Publizität nicht sinnvoll auf Leerverkaufsattacken übertragen. Zunächst ist einzuwenden, dass der aktivistische Leerverkäufer[1459] nie Vertragspartner der Anleger war und folglich auch keine Rücknahmepflicht dieser Finanzinstrumente im Wege einer Naturalrestitution bestehen kann. Auch *Teichmann* sieht einen „inneren Zusammenhang" bei fehlerhaften Ad-hoc-Mitteilungen grundsätzlich nur zwischen der schädigenden Information und der Kursdifferenz.[1460] Diese Wertungen lassen sich übertragen, denn der verursachte Kursrückgang hätte nicht dazu geführt, dass die Finanzinstrumente gar nicht erworben worden wären, sondern nur, dass sich ein günstigerer Kurs dargeboten hätte. Auch aus Praktikabilitätsgründen wird sich der Kursdifferenzschaden als tauglichere Haftungsausfüllung herausstellen.[1461]

(2) Kursdifferenzschaden

Als Kursdifferenzschaden ist der Unterschiedsbetrag zwischen dem Wert des Finanzinstruments vor und nach der schädigenden Markteinwirkung zu verstehen.[1462] Bei Leerverkaufsattacken ist auf den Zeitpunkt vor Veröffentlichung des negativen Berichts und auf den folgenden Kursabschlag abzustellen.[1463] Als problematisch kann sich das Bestimmen des Schadens durch eine verzögerte Wirkung der Leerverkaufsattacke erweisen, etwa wenn die Kursreaktion erst nach exponentieller Vergrößerung der Reichweite durch Retweets oder andere Weiterleitungen[1464]

1458 BGH, NZG 2005, 672, 675.

1459 Ähnlich wie auch der Vorstand bei fehlerhaften Ad-Hoc-Mitteilungen, siehe dazu: *Fuchs/Dühn*, BKR 2002, 1063, 1068; *Reichert/Weller*, ZRP 2002, 49, 55; aber auch *Fleischer*, in: Assmann/Schütze/Buck-Heeb KapAnlR-HdB, § 6 Haftung für fehlerhafte Kapitalmarktkommunikation Rn. 35.

1460 *Teichmann*, JuS, 953, 957.

1461 Siehe dazu: K. II. 6. a) cc) (2), (7).

1462 Vgl. *Möllers/Leisch*, BKR 2002, 1071, 1077, 1078.

1463 Vgl. zu den Kursauschlagen: BGH, NJW 2005, 2540, 2454; *Baums*, ZHR 167 (2003), 139, 189 f.; *Fleischer*, BB 2002, 1869, 1873; *Hellgardt*, Kapitalmarktdeliktsrecht, S. 505, *Veil*, ZHR 167 (2003), 365, 387; siehe zur Übertragung auf Marktmanipulationen auch *Carstens*, S. 127 ff.

1464 Vgl. dazu: E. II.

einsetzt.[1465] Bei Leerverkaufsattacken zeigt sich indes ein klar abgrenzbarer Kurverlust, sodass jedenfalls die annäherungsweise Bestimmung des Schadens möglich erscheint.[1466] Sollten weitere kursbeeinflussende Elemente hinzutreten, kann versucht werden, diese zu bereinigen,[1467] beispielsweise im Wege der Schadensschätzung nach § 287 ZPO[1468].

(3) Kursfolgeschaden

Darüber hinaus wird diskutiert, inwiefern ein Kursfolgeschaden zu berücksichtigen sei, der nicht primär durch die Manipulationseinwirkung selbst verursacht wird, sondern durch die Befürchtung der Anleger, dass weitere kursbeeinflussende Ereignisse folgen könnten. Der Börsenkurs könne so unter das Niveau des hypothetisch verringerten Kurses fallen.[1469]

Übertragen auf Leerverkaufsattacken, würde dies bedeuten, dass in Befürchtung weiterer negativer Meldungen das Vertrauen in das Zielunternehmen so stark erschüttert wurde, dass über die Leerverkaufsattacke hinaus ein weitergehender Angebotsüberhang am Markt entstanden ist. Einerseits wird darauf abgestellt, dass es sich bei Kursfolgeschäden um die Verwirklichung des allgemeinen Marktrisikos handelt, was nicht mehr dem Schädiger zuzurechnen sei.[1470] Andererseits kann dem entgegengehalten werden, dass aktivistische Leerverkäufer auf einen erheblichen Kurseinbruch abzielen und im Vorfeld nicht antizipiert werden kann, wie weit der Börsenkurs korrigieren wird. Zudem sind weitere Kursverluste kausal mitverursacht und müssen sich allenfalls am Adäquanzgedanken

---

1465 Zu Problemen bei allmählichen Kurskorrekturen vgl.: *Fleischer*, BB 2002, 1869, 1873; *Möllers/Leisch*, BKR 2002, 1071, 1078; *Hellgardt*, in: Assmann/Schneider/Mülbert, Wertpapierhandelsrecht, §§ 97, 98, Rn. 136.

1466 Siehe dazu die Bespiele in D. III.

1467 *Fleischer*, BB 2002, 1869, 1873; *Veil*, ZHR 167 (2003), 365, 387; *Zimmer/Grotheer*, in: Schwark/Zimmer, Kapitalmarktrecht, §§ 37 b, c, Rn, 92.

1468 Vlg. dazu: *Möllers/Leisch*, BKR 2002, 1071, 1078; *Hellgardt*, in: Assmann/Schneider/Mülbert, Wertpapierhandelsrecht, §§ 97, 98, Rn. 137, siehe mit ähnlichen Ausführungen auch: *Carstens*, S. 127.

1469 Vgl. *Baums*, ZHR 167 (2003), 139, 167; *Hopt/Voigt*, Kapitalmarktinformationshaftung, S. 9, 112 f.; *Hellgardt*, Kapitalmarktdeliktsrecht, S. 507; *Maier-Reimer/Seulen*, in: Habersack/Mülbert/Schlitt, Handbuch der Kapitalmarktinformation, § 30, Rn. 27, 107, 132 ff., 139 ff.

1470 So sehen es *Hopt/Voigt*, Kapitalmarktinformationshaftung, S. 9, 112 f.; siehe aber auch: *Hellgardt*, Kapitalmarktdeliktsrecht, S. 507; anders dagegen: *Carstens*, S. 128 f.

der Verhältnismäßigkeit messen lassen.[1471] Eine Einschränkung der Haftung ist aufgrund der fehlenden entgegenstehenden Schutzbedürftigkeit der aktivistischen Leerverkäufer nicht angezeigt.

Leerverkaufsattacken stellen eine offensichtliche Zäsur in der Kursentwicklung der Finanzinstrumente dar, sodass die Reaktion von Anlegern auch nicht als Dazwischentreten von Dritten[1472] anzusehen ist, die eine neue Kausalkette in Gang setzen.[1473] Vielmehr schreibt sich die Kausalität der Leerverkaufsattacke fort, was gleichermaßen zu weiteren Gewinnen bei den aktivistischen Leerverkäufern führt. Somit kann auch das Argument der Überkompensation[1474] nicht überzeugen.[1475] Mögliche Kursfolgeschäden sind demnach ebenfalls erstattungsfähig und müssen nicht gegensätzlich auf die Kursdifferenzschäden angerechnet werden.

(4) Entgangener Gewinn

Als weitere Schadensposition ist an einen entgangenen Gewinn nach § 252 BGB zu denken, der grundsätzlich erstattungsfähig ist.[1476] Investierten Anlegern wird durch den Kursrückgang die Möglichkeit genommen, in gleicher Weise in vielversprechendere Finanzinstrumente zu investieren, die einen Gewinn hätten abwerfen können.[1477]

Allerdings entspricht der erstattungsfähige Schaden durch den Kursrückgang dem Kursdifferenzschaden. Die Möglichkeit, in weitere Finanzinstrumente zu investieren, betrifft ausschließlich die Dispositionsfreiheit des Anlegers. Der entgangene Gewinn durch alternative Investments ist somit nicht (mehr) vom Schutzzweck des Art. 15 MAR gedeckt. Dessen ungeachtet würde der Anleger durch hypothetische Neuzukäufe die bestehende Kausalkette unterbrechen. Deutlich wird dies in einem umgekehrten Beispiel, bei dem der geschädigte Anleger in unwirtschaftliche Finanzinstrumente

---

1471 Grundsätzlich dazu: *Teichmann*, in: Jauernig, BGB, § 823 Rn. 27 f. (m. w. N.); kritisch zu solchen Einschränkungen bei Marktmanipulationen: *Carstens*. S. 128.

1472 Anstelle von vielen hier nur: *Sternberg-Lieben/Schuster*, in: Schönke/Schröder, StGB, § 15 Rn. 169 ff. (m. w. N.).

1473 So sieht es auch *Carstens*, S. 128 f.

1474 Ebenfalls ablehnend zur überkompensatorischen Haftung siehe *Carstens*, S. 128, hier insbesondere in Fn. 662.

1475 Siehe dazu auch: *Carstens*, S. 128, hier insbesondere in Fn. 662.

1476 So auch im Rahmen des Effektivitätsgrundsatz der EuGH, Urteil vom 5.3.1996, Rs. C-295/04 – 298/04 („Manfredi"), Slg. 2006, I-6619, Rn. 95.

1477 So zumindest *Carstens*, S. 139.

investiert, die keinen Gewinn, sondern Verluste eingebracht hätten. Es wäre fernliegend, diese weiteren Verluste ebenfalls zu kompensieren. Bei Leerverkaufsattacken bildet der entgangene Gewinn folglich keine geeignete Schadensposition.

(5) Vorteilsausgleich

Aus der Ausgestaltung des Schadensrechts als Naturalrestitution ergibt sich ein schadensrechtliches Bereicherungsverbot. Niemand soll durch das schädigende Ereignis bessergestellt werden. Im Wege der Differenzhypothese geht es um die Wiederherstellung des ursprünglichen Zustands.[1478] Nach der stRspr. des BGH sind dem Geschädigten zufließende Vorteile anzurechnen, sofern zwischen dem Vorteil und dem Schadensereignis ein adäquater Zusammenhang besteht, der Vorteil seiner Art nach dem Schadensposten entspricht, die Anrechnung mit dem Zweck des jeweiligen Ersatzanspruchs übereinstimmt, die Anrechnung dem Geschädigten zumutbar ist und diese Anrechnung den Schädiger nicht unangemessen entlastet.[1479]

Bei Kursdifferenzschäden sind spätere mögliche positive Kursentwicklungen zu berücksichtigen, sofern die Finanzinstrumente gehalten werden. Entscheidend ist, dass die Vorteile tatsächlich zugeflossen[1480] sind und nicht rein hypothetisch konstruiert werden.[1481]

1478 BGHZ 118, 312, 338; BGH NJW 2001, 673, 674; NZV 2003, 371; NJW 2004, 2526, 2528 f.; 2004, 3324, 3325; BGHZ 163, 180, 184; BGHZ 173, 83 Rn. 18; BGH, NJW 2009, 3713; 2012, 50, Rn. 6; 2014, 535, Rn. 11; 2015, 468, Rn. 20; aus der Literatur anstelle von vielen vgl. dazu nur: *Oetker*, in: MüKoBGB, § 249, Rn. 20, 228 ff. (m. w. N.).

1479 Anstelle von vielen hier nur: BGHZ 91, 206, 209 f.; BGH, NJW 1990, 1360; BGHZ 136, 52, 54 f.; BGH, NJW-RR 2002, 905, 906; NZG 2006, 186; BGHZ 173, 83, 87; BGH, NJW 2010, 675; BGHZ 186, 205, Rn. 35; BGHZ 190, 145, Rn. 58; BGH, NJW 2013, 1958, Rn. 26; 2014, 3436, Rn. 23; 2015, 468, Rn. 20; 2015, 553, Rn. 14; vgl. übersichtsartig zu den Zurechnungskriterien: *Oetker*, in: MüKoBGB, § 249, Rn. 235 f. (m. w. N.).

1480 Irrelevant ist es dagegen, ob die Vorteile unmittelbar oder nachträglich zugeflossen sind, vgl. *Oetker*, in: MüKoBGB, § 249, Rn. 230.

1481 BGH, NJW 1979, 2033, 2034; OLG Stuttgart, BeckRS 2013, 09967; *Oetker*, in: MüKoBGB, § 249, Rn. 229, 231.

(6) Zwischenergebnis zum Schadensbegriff

Zunächst konnte zwischen Alt- und Neuanlegern schadensseitig differenziert werden. Während Neuanleger und deren Dispositionsfreiheit nicht vom Schutzzweck des Art. 15 MAR umfasst sind, können investierte Altanleger ihre Vermögensnachteile als Kursdifferenzschaden, aber nicht als Vertragsabschlussschaden geltend machen. Ebenso erstattungsfähig sind weitergehende Kursfolgeschäden, die adäquat-kausal durch die Leerverkaufsattacken mitverursacht wurden. Mögliche Kursverbesserungen sind im Wege des Vorteilsausgleichs anzurechnen.

ee) Verschulden

Nach § 823 Abs. 2 S. 2 BGB muss für das Eintreten der Ersatzpflicht Verschulden seitens des Schädigers vorliegen, selbst wenn das betroffene Schutzgesetz kein Verschulden vorschreibt. Verschulden ist definiert als Vorsatz oder Fahrlässigkeit – bezogen auf den Verletzungserfolg der betroffenen Norm, nicht auf die Rechtsgutverletzung selbst[1482].[1483]

Art. 15 MAR stellt als Verbotsnorm keinen eigenen Verschuldensmaßstab auf. Anhand der Tatbestandvarianten des Art. 12 MAR, den Vorgaben für die Maßnahmen des Public Enforcement aus der MAR und Crim-MAD sowie unionsrechtsdogmatischen Erwägungen soll versucht werden, einen Verschuldensmaßstab für die Haftung nach § 823 Abs. 2 BGB zu konturieren.

(1) Verankerter Verschuldensmaßstab in Art. 12 MAR

Anhand der Tatbestandsvarianten des Art. 12 MAR lässt sich grundsätzlich zwischen informations-, handels- und handlungsgestützter Marktmanipulationen differenzieren.[1484]

Für die informationsgestützte Marktmanipulation i. S. v. Ar. 12 Abs. 1 lit. c) MAR ist eine Fahrlässigkeitskomponente im Grundtatbestand festgeschrieben (‚hätte wissen müssen‘). Insofern stellt sich lediglich die Frage, welcher Grad von Fahrlässigkeit vorliegen muss. Diese sehr offene Tatbestandsformulierung wird in einigen Fällen ebenfalls eine Subsumtion nach § 98 Abs. 1 WpHG i. V. m. Art. 17 MAR zulassen,[1485] wonach zumindest grobe Fahrlässigkeit verlangt

---

1482 Anstelle von vielen aus der stRspr.: BGHZ 51, 103 f.; zitiert auch von: *Teichmann*, in: Jauernig, BGB, § 823, Rn. 58 f.

1483 *Teichmann*, in: Jauernig, BGB, § 823, Rn. 42, 57 ff.

1484 Vgl. dazu: G. II.

1485 Zum dortigen Sorgfaltsmaßstab siehe *Zimmer/Steinhaeuser*, in: Schwark/Zimmer, Kapitalmarktrecht, §§ 97, 98, Rn. 66 ff. (m. w. N.).

wird.[1486] Eine Herabsetzung dieses Verschuldensmaßstabs ist bei informationsgestützter Marktmanipulationen nicht angezeigt und ließe sich in diesem Rechtsgefüge kaum begründen. Ein Leerverkäufer steht dem Emittenten wie ein Dritter gegenüber und nimmt im Rechtsverkehr eine weniger vertrauensvolle Rolle ein. Ein zu geringerer Fahrlässigkeitsmaßstab könnte zu einer ausufernden Haftung führen.

Bei handelsgestützten und handlungsgestützter Marktmanipulationen ist insbesondere nach Art. 12 Abs. 1 lit. a) MAR i. V. m. den Indikatoren, der zulässigen Marktpraxis (Art. 13 MAR) sowie deren Anhängen eine Vorsatz- und Fahrlässigkeitshaftung denkbar. Gleichwohl dürfen nicht zu geringe Anforderungen an die Fahrlässigkeit gestellt werden. Allein aus Praktikabilitätsgründen ist es kaum möglich, jeden Einfluss eines abgeschlossenen Handelsgeschäfts oder jede Handlung auf das Preisniveau nachzuvollziehen. Rechtspolitisch gedacht, würde eine zu voreilige Fahrlässigkeitshaftung eine Überabschreckung bedingen, indem zulässige und gewollte Geschäfte aufgrund möglicher Haftungsansprüche unterblieben. Somit ist im Einklang mit der informationsgestützten Marktmanipulation ebenfalls auf grobe Fahrlässigkeit abzustellen.[1487]

Aus den Tatbestandsvarianten des Art. 12 MAR kann jedenfalls eine Vorsatzhaftung herausgelesen werden. An die Fahrlässigkeit dürfen nicht zu geringe Anforderungen gestellt werden, sodass nach diesen Betrachtungen von grober Fahrlässigkeit ausgegangen werden sollte.

(2) Hinweise für den Verschuldensmaßstab im Sinne des Public Enforcement

Einen Hinweis auf eine verschuldensorientierte Haftung gibt Art. 31 MAR, nach dem die Aufsichtsbehörden neben der „Schwere und Dauer des Verstoßes" auch den „Grad der Verantwortung" zu berücksichtigen haben.[1488] Mit Blick auf die Einheit der Rechtsordnung lässt sich nur schwer begründen, dass bei zivilrechtlichen Sanktionen geringere Anforderungen an das Verschulden gestellt werden als bei verwaltungsrechtlichen Folgen, gerade dann, wenn diese mit der unionsrechtlichen Sanktionsfunktion begründet werden.[1489] In diesem Sinne müssen

---

1486 Vgl. mit ähnlichen Überlegungen auch: *Carstens*, S. 178 f.

1487 *Carstens* S. 183 f. tendiert eher zu einer reinen Vorsatzhaftung; *Franck*, S. 130 f. erkennt vor allem Probleme bei der Abgrenzung von bewusster Fahrlässigkeit und Eventualvorsatz.

1488 Vgl. dazu: *Seibt/Wollenschläger*, AG 2015, 593, 607; *Hellgardt*, AG 2012, 154, 166.

1489 BVerfGE 123, 267, 339; kritisch dazu, ob ein solches Prinzip sich verfassungsrechtlich verankern lässt: *Felix*, S. 397 f.

sich auch zivilrechtliche Sanktionen an einem kohärentes Regelungssystem messen lassen, was nicht zuletzt auch Wertungswidersprüche verhindert.[1490]

(3) Unionsrechtsdogmatische Erwägungen

Der Verschuldensmaßstab wird teilweise als Korrektiv zur anlegerfreundlichen Haftungsausgestaltung im Sinne der funktionalen Subjektivierung gesehen.[1491] *Franck* begreift den Verschuldensmaßstab als ein „Sicherheitsnetz gegen Überabschreckung", das so einen Gegenpol zur anlegerfreundlichen Haftungsausgestaltung im Rahmen der funktionalen Subjektivierung repräsentieren kann.[1492] Ein Übermaß an Abschreckung[1493] sieht *Franck* im Grenzbereich zwischen Vorsatz und Fahrlässigkeit.[1494] Da von den Strafnormen eine größere Abschreckungswirkung ausgeht als von zivilrechtlichen Folgen, schlägt *Franck* vor, spiegelbildlich den Verschuldensmaßstab der Strafnormen auch für zivilrechtliche Sanktionen heranzuziehen. Demnach wäre bedingter Vorsatz ausreichend. Auf diese Weise könne zu einem kohärenten Sanktionsregime gefunden werden, was eine Überabschreckung verhindere. Nach *Franck* wäre dann zumindest (leichte) Fahrlässigkeit ausgeschlossen. Bei grober Fahrlässigkeit, die in den Grenzbereich des Vorsatzes übergeht, kann dagegen eine Haftung im Einzelfall angenommen werden.[1495] Insoweit dient der Verschuldensmaßstab als mögliches Korrektiv, um eine Haftung bei Verhalten im Grenzbereich einzelfallbezogen ausschließen zu können.

(4) Zwischenergebnis und Übertragung auf Leerverkaufsattacken

Aus diesen Betrachtungen konnten Vorsatz und grobe Fahrlässigkeit als Verschuldensmaßstab für Marktmanipulationen i. S. v. Art. 15 MAR bestimmt werden. Anhand dessen sollen Leerverkaufsattacken untersucht werden.

1490 Vgl. *Carstens*, S. 172 f., der darauf abstellt, dass der Schädiger sein Verhalten an dem Regelungssystem ausrichten kann.

1491 *Carstens*, S. 170 ff.; *Hellgardt*, S. 204; *Franck*, S. 130 f.; zu rechtsökonomischen Erwägungen, vgl. auch: *Wagner*, in: MüKoBGB, Vor § 823, § 53 f.

1492 *Franck*, S. 130; siehe dazu aber auch: *Wagner*, ZGR 2008, 495, 518 f.

1493 Zur Überabschreckung siehe: J. V. 3.

1494 *Franck*, S. 130 f.

1495 Zu diesem Schluss kommt auch *Carstens*, S. 174.

(5) *Vorsatzhaftung*

Bei Leerverkaufsattacken wird die vorsätzliche Verwirklichung den Regelfall verkörpern. Leerverkaufsattacken beabsichtigen im Normalfall die Verbreitung marktbeeinflussender Informationen, die dann zum Schaden führen.[1496] Die vorausgehende Wertpapierleihe[1497] sowie die darauf abgestimmten negativen Pressemeldungen erfordern einen hohen Planungsaufwand und Planungsgeschick. Leerverkaufsattacken sind kein Zufallsprodukt schlecht gemeinter Finanzinformationen. Zudem stellt der Kursverlust der Finanzinstrumente die notwendige Bedingung für die Gewinne der aktivistischen Leerverkäufer dar, weshalb kein Raum bleibt, eine schwächere Vorsatzform als Absicht anzunehmen. Es ist ausgewiesenes Ziel, einen Kursrückgang herbeizuführen und die investierten Anleger als notwendige Bedingung für die eigenen Gewinne zu schädigen. Bei Leerverkaufsattacken kann Vorsatz regelmäßig angenommen werden.[1498]

(6) *Fahrlässigkeitshaftung*

Darüber hinaus stellt sich gerade nicht die Frage, inwieweit auch fahrlässige Schädigungen haftbar gemacht werden können. Da bei Leerverkaufsattacken regelmäßig die stärkste Vorsatzform angenommen werden muss, bestehen – anders als bei anderen Marktmanipulationen – keine Abgrenzungs- und Wertungsschwierigkeiten. Fahrlässige Leerverkaufsattacken gibt es nicht.

(7) *Ergebnis zum Verschulden*

Eine Haftung aus § 823 Abs. 2 BGB i. V. m. Art. 15 MAR kommt bei Vorsatz und grober Fahrlässigkeit infrage. Der Verschuldensmaßstab kann im Grenzbereich zwischen Vorsatz und Fahrlässigkeit als Korrektiv zur weiten unionsrechtlichen Auslegung herangezogen werden.

Bei Leerverkaufsattacken wird regelmäßig Absicht vorliegen, sodass Verschulden angenommen werden muss. Aufgrund der aufwendigen Vorbereitungen, die für eine Leerverkaufsattacke getroffen werden, lässt sich die subjektive Tatseite zweifelsfrei objektiv nachvollziehen, sodass auch diese Beweisführung in der Praxis wenig Schwierigkeiten bereiten sollte.

1496 Vgl. dazu schon ausführlich die Darstellungen unter: G. II.

1497 Oder anderes Deckungsgeschäft, vgl. dazu: B. I. 4.

1498 Siehe dazu auch die Betrachtung der Marktmanipulationstatbestände: G. II.

ff) Ergebnis zu § 823 Abs. 2 i. V. m. Art. 15, 12 MAR

Nach Auslegung der Schutznormtheorie i. S. d. § 823 Abs. 2 BGB konnte Art. 15 MAR nicht zwingend als Schutzgesetz erkannt werden. Allerdings ließe sich im Wege der unionsrechtskonformen Auslegung jedenfalls der Schutzgesetzcharakter begründen. Als geschützte Personengruppe konnten investierte Anleger (Altanleger) ermittelt werden, die den erlittenen Kursdifferenz- und -folgeschaden geltend machen können. Grundsätzlich ist auch der entgangene Gewinn eine taugliche Schadensposition, die sich jedoch kaum schlüssig begründen lassen wird. Ebenso wenig können nichtinvestierte Neuanleger Schäden als Ausfluss ihrer eingeschränkten Dispositionsfreiheit geltend machen. Da die Verletzungshandlung und die Schutzgesetzverletzung bei Marktmanipulationen notwendigerweise zusammenfallen, treten bei der haftungsbegründenden Kausalität keine Probleme auf. Die Höhe des Schadens und die haftungsausfüllende Kausalität können durch die Zäsur in der Kursentwicklung nachgewiesen werden. In diesem Sinne wurden die historische Rechtsprechungslinie des BGH sowie deren Übertragbarkeit auf Leerverkaufsattacken in Zweifel gezogen und jedenfalls mithilfe der unionsrechtlichen Vorgaben überwunden. Beim Verschulden ist auf Vorsatz oder grobe Fahrlässigkeit abzustellen. Die schwierige Abgrenzung im Grenzbereich zwischen Vorsatz und Fahrlässigkeit kann bei Leerverkaufsattacken wenig Probleme bereiten, da diese regelmäßig vorsätzlich begangen werden. Ein Anspruch der geschädigten Anleger kann nach § 823 Abs. 2 BGB i. V. m. Art. 15 MAR begründet werden.

b) Weitere Schutzgesetze

Andere Schutzgesetze kommen nicht in Betracht, insbesondere richten sich die Äußerungen der Leerverkaufsattacke nicht gegen die Aktionäre, sondern gegen den Emittenten.[1499]

7. § 826 BGB

Infrage kommt kumulativ eine vorsätzliche sittenwidrige Schädigung der Aktionäre durch den aktivistischen Leerverkäufer nach § 826 BGB. Tatbestandlich wird ein Verstoß gegen die guten Sitten verlangt, was nach der tradierten Formel als „Anstandsgefühl aller billig und gerecht Denkenden“ zu verstehen ist.[1500] Als Maßstab der Sittenwidrigkeit ist der Blick auf den verfolgten Zweck,

1499 Dazu vgl oben: K. I. 7. b)

1500 Siehe dazu: K. I. 8. a).

das eingesetzte Mittel oder deren Verhältnis zueinander zu werfen. Sofern eine besonders rücksichtslose Prägung in Bezug auf das Verhalten oder die eingetreten Folgen vorliegt, ist von Sittenwidrigkeit auszugehen.[1501] Aus Sicht des Emittenten konnte die Verwerflichkeit des Zwecks, des Mittels sowie der Zweck-Mittel-Relation grundsätzlich abgelehnt werden. Lediglich in Ausnahmefällen kann auf eine Pervertierung abgestellt werden.[1502]

a) Unionsrechtskonforme Auslegung der Sittenwidrigkeit

Dem Grunde nach ist diesem Ergebnis aus Sicht der geschädigten Anleger zu folgen.[1503] Da der Sittenwidrigkeitsbegriff indes auslegungsbedürftig und -fähig ist, können die Wertungen des Unionsrechts Berücksichtigung finden.[1504] Insoweit dient § 826 BGB als kleine Generalklausel als zweites Einfallstor[1505] für die funktionale Subjektivierung des Marktmissbrauchsregimes, das herangezogen werden kann, um die restriktivere Auslegung nach deutscher Doktrin zu überwinden. Zwar ging der EuGH in den *Rs. Courage*, *Manfredi* und *Muñoz* nicht auf eine mögliche Sittenwidrigkeitshaftung ein, sondern betonte eher die Schutzwirkung zugunsten Einzelner.[1506] Es konnte indes herausgearbeitet werden,[1507] dass der EuGH einem funktionalen Rechtsverständnis folgt.[1508] Aus unionsrechtlicher Perspektive macht es keinen Unterschied, ob ein Anspruch auf § 823 Abs. 2 BGB oder § 826 BGB gestützt wird, sofern die Anforderungen an eine wirksame Sanktionierung erfüllt werden. Dafür spricht ferner, dass der BGH ebenfalls die Haftung für fehlerhafte Kapitalmarktinformationen nach § 826 BGB in Erwägung zieht.[1509] Bei der Bewertung der Sittenwidrigkeit können mithin die

---

1501 Vgl. dazu: *Teichmann*, in: Jauernig, BGB, § 826, Rn. 5, aber auch: BGH, NJW 2014, 1380.

1502 Vgl. dazu bereits aus Sicht des Emittenten als Geschädigten: K. I. 8. c) dd).

1503 Vgl. dazu oben die ‚Altanleger': K. II. 6. A) bb) (1) α).

1504 Vgl. dazu: J. VI.

1505 Neben § 823 Abs. 2 BGB.

1506 Vgl. dazu: I. II.

1507 Vgl. dazu: I. III.

1508 Entgegen dem prinzipienbasieren deutschen Rechtsverständnis, vgl. *Carstens*, S. 103.

1509 BGH, NJW-RR 2015, 275, Rn. 19; zur kumulativen Anwendung mit einschlägigen Spezialtatbeständen: BGHZ 160, 134 („Infomatec I"); BGHZ 160, 149 („Infomatec II"); BGH, NJW 2004, 2668 („Infomatec III); NJW 2005, 2450 („EM.TV"); siehe auch die ComROAD-Rechtsprechung: BGH, ZIP 2007, 681; ZIP 2007, 679; ZIP 2007, 326; ZIP 2007, 1560; ZIP 2007, 1564; ZIP 2008, 407; ZIP 2008, 410; ZIP 2008, 829; dazu dann auch: *Wagner*, in: MüKoBGB, §826, Rn. 112 ff. (m. w. N.).

Vorgaben des Art. 15 MAR ihren funktionalen Einschlag finden, wonach der einzelne Anleger besonders schutzbedürftig ist. Aufgrund dieser gesteigerten Schutzbedürftigkeit ist im Wege der Verwerflichkeitsabwägung eher von Sittenwidrigkeit auszugehen.

b) Vorsatzerfordernis

Zudem schreibt § 826 BGB Vorsatz vor. Der Schädiger muss zumindest Kenntnis des möglichen Schadenseintritts, der Kausalität seiner Verletzungshandlung und der Umstände haben, die die Sittenwidrigkeit begründen.[1510] Er muss sein Verhalten aber selbst nicht als sittenwidrig bewerten.[1511] Das Vorsatzerfordernis des § 826 BGB stellt im Rahmen von Leerverkaufsattacken keine große Hürde auf, da regelmäßig Absicht angenommen werden kann.[1512]

c) Haftungsausfüllung und Kausalität

Die Haftungsausfüllung entspricht den Ausführungen zu § 823 Abs. 2 BGB und kann bejaht werden.[1513] Die haftungsbegründende Kausalität ist bei § 826 zwar dem Argument des BGH ‚der uferlosen Haftung' ausgesetzt – dieses konnte aber mit Erwägungen auf unionsrechtlicher Ebene entkräftet werden.[1514]

d) Ergebnis

Grundsätzlich fällt der Verwerflichkeitstest bei Leerverkaufsattacken negativ aus, weshalb die Haftung wegen einer sittenwidrigen Schädigung nach § 826 BGB abzulehnen ist. Nur im Ausnahmefall kann eine pervertierte Sachlage zu einer positiven Bescheinigung der Sittenwidrigkeit führen.[1515] Da § 826 BGB aber im Lichte der unionsrechtlichen funktionalen Subjektivierung ausgelegt werden kann, lassen sich die strengen Maßstäbe an die Sittenwidrigkeit überwinden. Anders als Emittenten sind die Anleger von Art. 15 MAR geschützt,

1510 RGZ 72, 4, 7; 72, 175, 176; 123, 271, 277 f.; BGHZ 8, 83, 87 f.; 74, 281, 284 f.; 101, 380, 388; 176, 281 Tz. 46; aus der Literatur nur: *Wagner*, in: MüKoBGB, § 826, Rn. 33 (m. w. N.).

1511 RGZ 72, 4, 7; 175, 176; 123, 271, 277 f.; BGHZ 8, 83, 87 f.; 74, 281, 284 f.; 101, 380, 388; 176, 281, Rn. 46; aus der Literatur nur: *Wagner*, in: MüKoBGB, § 826, Rn. 33 (m. w. N.).

1512 Vgl. dazu: K. II. 6. a) ee) (7).

1513 Vgl. dazu: K. II. 6. a) dd).

1514 Siehe dazu: J. VI. und K. II. 6. a) dd) (4).

1515 Wie auch im Verhältnis zum Emittenten, vgl. dazu: K. I. 8 c) dd).

weshalb der Betrachtungswinkel zu unterschiedlichen Ergebnissen führen kann. Da sich diese Differenzierung allerdings dogmatisch am Sittenwidrigkeitsmerkmal festmachen lässt, ist dieses Ergebnis nicht widersprüchlich, sondern dem erhöhten Schutzbedürfnis der Anleger geschuldet, das in der Verwerflichkeitsabwägung Einschlag findet und unionsrechtlich verankert ist. Bei Leerverkaufsattacken können die Voraussetzungen von § 823 Abs. 2 i. V. m. Art. 15 MAR und § 826 BGB kumulativ vorliegen.[1516]

8. Gesamtergebnis aus Sicht der Aktionäre

Das deutsche Recht sieht keine spezialgesetzlichen Schadensersatzansprüche für geschädigte Aktionäre vor. Auch konnten keine Ansprüche aus einer Treupflichtverletzung abgeleitet werden. Gleichwohl ließ sich zeigen, dass sich Schadensersatzansprüche im Rahmen von § 823 Abs. 2 BGB und § 826 BGB begründen lassen. Zwingend war dieses Ergebnis indes nicht. Im Gegenteil wurde die Schutzgesetzeigenschaft des § 20a WpHG a. F. bereits zuvor verneint. Mit der unionsrechtlichen Novellierung des Marktmissbrauchsrechts wurde der Anlegerschutz jedoch als deklariertes Regelungsziel benannt, wodurch der individuelle Schutzcharakter hervorgehoben wurde.[1517] Die Würdigungen sind im Rahmen des Schutzgesetzbegriffs des § 823 Abs. 2 BGB, der Sittenwidrigkeit des § 826 BGB sowie bei der Kausalität zu berücksichtigen. Im Wege der unionsrechtlichen Auslegung konnte so ein Anspruch aus § 823 Abs. 2 BGB und § 826 BGB begründet werden. Aus unionsrechtlicher Sicht stellt diese funktionale Subjektivierung der Art. 15, 12 MAR zivilrechtliche Sanktionen auf. Es konnte veranschaulicht werden, dass sich auf diese Weise ein Durchsetzungsgewinn erzielen lässt, der dem angestrebten hohen Durchsetzungsniveau gerecht wird. Die unionsrechtlichen Anforderungen an Sanktionen werden erfüllt.

1516 BGH, NJW-RR 2015, 275 Rn. 19; zur kumulativen Anwendung mit einschlägigen Spezialtatbeständen: BGHZ 160, 134 („Infomatec I"); BGHZ 160, 149 („Infomatec II"); BGH, NJW 2004, 2668 („Infomatec III); NJW 2005, 2450 („EM.TV"); siehe auch die ComROAD-Rechtsprechung: BGH ZIP 2007, 681; ZIP 2007, 679; ZIP 2007, 326; ZIP 2007, 1560; ZIP 2007, 1564; ZIP 2008, 407; ZIP 2008, 410; ZIP 2008, 829; dazu dann auch: *Wagner*, in: MüKoBGB, §826, Rn. 112 ff. (m. w. N.).

1517 Vgl. dazu: J. IV. 1.

L. Wesentliche Ergebnisse dieser Arbeit

Die wesentlichen Ergebnisse dieser Arbeit sollen abschließend zusammengefasst werden.

Einführend wurde das rechtliche Instrument des Leerverkaufs schuldrechtlich[1518] und dinglich[1519] eingeordnet. Dabei konnte schuldrechtlich klargestellt werden, wie ein Deckungsverhältnis zwischen Leerverkäufer und (wirtschaftlichem) Eigentümer auszugestalten ist, damit von einem Leerverkauf gesprochen werden kann.[1520] In einem zweiten Schritt wurde die dingliche Rechtslage bestimmt und es wurden die Unterscheide zwischen dem wirtschaftlichen Begriffsverständnis der EU-Leerverkaufsverordnung von Eigentum zum deutschen Eigentumsbegriff herausgearbeitet. Ohne diese Abgrenzung ist es kaum möglich, den Regelungsgehalt der Verordnung zu erfassen, da zur Bestimmung des Leerverkaufs eine originäre, wirtschaftliche Betrachtung von Eigentum maßgeblich ist, die dem deutschen Sachrecht fremd ist.[1521] So ist bei Rechtsfragen, die auf unionsrechtliche Vorschriften rekurrieren,[1522] das Begriffsverständnis der EU-Leerverkaufsverordnung heranzuziehen. Geht es allerdings um eigentumsrechtliche Betrachtungen wie der Aktionärsstellung, ist weiterhin das deutsche Sachrecht maßgebend.[1523]

Im nächsten Kapitel wurde der unionsrechtliche Ordnungsrahmen von Leerverkäufen beleuchtet.[1524] Dabei wurde mit der Falschbezeichnung der ungedeckten Leerverkäufe aufgeräumt, die nach Maßgabe des herausgearbeiteten Begriffsverständnisses der EU-Leerverkaufsverordnung stets als gedeckte Leerverkäufe anzusehen sind.[1525] Anschließend wurden die Einschränkungen für einen Leerhandel und die Anzeige- und Meldepflichten dargestellt. Diese Transparenzvorschriften sind jedoch kaum geeignet, um Leerverkaufsattacken präventiv zu verhindern.[1526]

1518 B. I.
1519 B. II.
1520 B. I.
1521 B. II.
1522 Wie dem Ordnungsrahmen: C.
1523 K. I. 4.; K. II. 3.
1524 C.
1525 C. I.
1526 C. II.; C. III

Um den Problemkreis der Leerverkaufsattacken greifbarer zu machen, wurden deren Einflussnahme auf die Märkte und deren Zielrichtung analysiert.[1527] Zur Verdeutlichung wurden drei besonders erfolgreiche Leerverkaufsattacken, die auch in der Fachliteratur großes Aufsehen erregten, illustrierend betrachtet.[1528]Damit konnte aufgezeigt werden, welchen erheblichen Einfluss Leerverkaufsattacken auf den Markt haben können und dass praktisch keine Möglichkeit für Anleger besteht, hierauf präventiv zu reagieren.[1529]

Das Phänomen der Leerverkaufsattacken wurde anschließend interdisziplinär eingeordnet.[1530] Dazu wurde zunächst ein historisch-ökonomischer Erklärungsversuch für Leerverkäufe gesucht, der im sog. Hedging, also in Absicherungsstrategien, gefunden werden konnte.[1531] Der Wandel des Hedging-Begriffs in der Fondsökonomie wurde zum Anlass genommen, zwischen aktiven und passiven Portfoliostrategien abzugrenzen.[1532] Diese wurden den Verhaltensweisen aktiver und passiver Leerverkäufer gegenübergestellt.[1533] Mit diesem Hintergrund konnte im Anschluss auf die ökonomischen Vor- und Nachteile von Leerverkäufen eingegangen werden. Dabei konnte das negative Bild, das oftmals von Leerverkäufen gezeichnet wird, korrigiert werden. Im direkten Kontrast dazu lässt sich empirisch nachweisen, dass von Leerverkäufen – und sogar von Leerverkaufsattacken – positive ökonomische Effekte ausgehen. So wird nicht nur die Liquidität im Markt erhöht, wodurch Käufer und Verkäufer preiseffizienter zueinanderfinden, sondern es können gerade durch Leerverkaufsattacken Informationsasymmetrien im Markt abgebaut werden.[1534] Auch kann die latente Drohkulisse einer Leerverkaufsattacke präventiv dazu dienen, den zu positiven Darstellungen eines Vorstands Einhalt zu gebieten.[1535] Trotz all dieser positiven Effekte besteht eine mindestens genauso große Missbrauchsgefahr, die erhebliche ökonomische Verwerfungen nach sich ziehen kann.[1536] So sind Leerverkaufsattacken gerade dann gefährlich, wenn sie sich in einem Graubereich zwischen ‚richtig‘ und ‚falsch‘ bewegen und der Markt diese Unsicherheit

1527 D. I.; D. II.
1528 D. III.
1529 D. III. 4.
1530 E.
1531 E. I. 1.
1532 E. I. 2. a).
1533 E. I. 2. b).
1534 E. I. 2. c).
1535 E. I. 2. d).
1536 E. I. 2. e).

einpreist.[1537] Als zweite interdisziplinäre Annäherung diente der sozio-politische Strukturwandel in der Mediennutzung.[1538] So ist sowohl die Verbreitungsgeschwindigkeit als auch die erzielte Reichweite in den sozialen Medien um ein Vielfaches höher als in klassischen Medienformaten. Daraus resultiert, dass Meldungen eher und vorsorglich als zutreffend eingestuft werden, da der Verbreitungsgrad einer Information ein Indiz für deren Richtigkeit ist.[1539] Es bestehen empirisch keine Zweifel daran, dass diese medialen Instrumente für Manipulationszwecke ausgenutzt werden: Was in der politischen Welt dem Einflussgewinn dient, lässt sich an den Kapitalmärkten unmittelbar monetarisieren.[1540] Diese Umstände werden dafür sorgen, dass Leerverkaufsattacken in Zukunft zahlenmäßig zunehmen und noch erfolgreicher werden, sodass eine rechtliche Antwort auf diese Problemstellung gefordert ist.[1541]

Unter Zugrundelegung dieser Erkenntnisse wurden Leerverkaufsattacken inhaltlich untersucht.[1542] Dabei stellte sich für die tatbestandliche Einordnung die Frage, ob die beeinflussenden Berichte als Werturteil oder als Tatsachenbehauptung anzusehen sind.[1543] Hierbei kristallisierte sich heraus, dass Leerverkaufsattacken oftmals auf ökonomische Kennzahlen oder Bewertungen abstellen, die – nach Auffassung der aktivistischen Leerverkäufer – anders zu bewerten seien, als sie vom Unternehmen getroffen wurden. Diese abweichende Einschätzung dient dann als Anlass für uferlose Kritik am Zielunternehmen. Um diese Gemengelage aus Tatsachen und Werturteilen sachgerecht aufzulösen, wurde der Begriff der ökonomisch-derivativen Äußerungen entwickelt.[1544] Anhand dessen lassen sich ebensolche Aussagen als Werturteil einordnen. Die These, *ob ein Werturteil mit Tatsachenkern oder in der Gesamtbetrachtung eine Tatsachenbehauptung vorliegt, kann sich nicht stellen, wenn der Bezugspunkt für den Tatsachenbegriff bereits selbst als Wertungsfrage einzuordnen ist, die nicht dem Beweis, sondern nur subjektiver Einschätzungen wie bilanzieller Bewertungsansätze und -spielräume zugänglich ist, sofern sich die Äußerungen auf nachgelagerter Ebene in diesem Beurteilungsspielraum erschöpfen und keine*

1537 E. I. 2. f).
1538 E. II.
1539 E. II. 1.
1540 E. II. 2.
1541 E. II. 3.
1542 F.
1543 F. I; F. II.
1544 F. II. 2.

neuen Tatsachenbehauptungen vorbringen, die von diesem singulär abgrenzbar sind, wurde anhand der illustrierenden Beispiele von Leerverkaufsattacken verifiziert.[1545]

Mit diesem herausgearbeiteten Verständnis konnten Leerverkaufsattacken in den bestehenden Regelungsrahmen der Marktmissbrauchsverordnung eingeordnet werden.[1546] Dabei wurde zunächst der Tatbestand der falschen Anlageempfehlung verneint, da die bestehenden Interessenkonflikte regelmäßig in einem vorangestellten Disclaimer offengelegt werden.[1547] Aus dem gleichen Grund lassen sich Leerverkaufsattacken auch nicht als Scalping, einem Unterfall der informationsgestützten Marktmanipulation, subsumieren.[1548] Der Tatbestand der informationsgestützten Marktmanipulationen, insbesondere des sog. Trash and Cash, wird jedoch im Normalfall erfüllt sein, da diese Tatbeschreibung geradezu Leerverkaufsattacken als Vorbild hatte.[1549]

Damit unterliegen Leerverkaufsattacken dem Sanktionskatalog für Marktmanipulationen.[1550] Der ausdrückliche Sanktionskatalog gliedert sich in verwaltungsrechtliche[1551] und strafrechtliche[1552] Sanktionen, was zusammenfassend als ‚Public Enforcement'[1553] bezeichnet wird. Abgrenzend hierzu wurde herausgearbeitet, ob auch zivilrechtliche Haftungsansprüche, das sog. Private Enforcement, als weiteres Sanktionsinstrument infrage kommen.[1554]

Sodann wurde begrifflich geklärt, was das Unionsrecht unter Sanktionen versteht und welche Anforderungen an die Herleitung impliziter zivilrechtlicher Haftungsansprüche zu knüpfen sind, damit die Vorgaben für ein wirksames Private Enforcement erfüllt werden.[1555] Dazu wurde das allgemeine Strukturprinzip der funktionalen Subjektivierung historisch anhand der Entscheidungen *Courage*[1556], *Manfredi*[1557] und *Muñoz*[1558] hergeleitet und ein Prüfungsvorgehen

1545 F. II. 3. e); F. II. 4., F. II. 7., F. II. 8.
1546 G.
1547 G. II. 2.
1548 G. II. 3. c).
1549 G. II. 2. b).
1550 H.
1551 H. I.
1552 H. II.
1553 H. IV.
1554 H. V.
1555 I. I.
1556 I. II. 1.
1557 I. II. 2.
1558 I. II. 4.

zur Übertragbarkeit dieser Grundsätze auf das Marktmanipulationsregime bestimmt.[1559]

Mit diesem abstrakten Prüfungsvorgehen konnte die Übertragbarkeit dieser Grundsätze konkret für Leerverkaufsattacken als Ausprägung einer Marktmanipulation bescheinigt werden.[1560] Dazu wurden zunächst die Aspekte zur institutionellen Balance[1561] sowie zum Harmonisierungsgrad[1562] der Marktmissbrauchsverordnung beleuchtet. Anschließend wurden – mit Blick auf empirische Studien aus den USA[1563] sowie den Einschätzungen der BaFin – die Beurteilungen der ESMA entkräftet und das bestehende Durchsetzungsdefizit im Unionsrecht aufgezeigt. Im Folgenden wurde der Effektivitätsgewinn eines Private Enforcement zur Sanktionierung von Leerverkaufsattacken nachgewiesen, indem das Ziel der Verordnung grammatikalisch[1564], systematisch[1565], historisch[1566] sowie teleologisch-ökonomisch[1567] ausgelegt und die wirksame, abschreckende und verhältnismäßige Wirkung ebensolcher Sanktionen veranschaulicht wurde.[1568]

Diese Ergebnisse bereiteten den Weg, um die deutsche Rechtslage auf zivilrechtliche Ansprüche des Emittenten[1569] sowie der Aktionäre[1570] zu untersuchen.

Zunächst wurde festgestellt, dass dem Emittenten keine spezialgesetzlichen Ansprüche zustehen.[1571] Auch eine Treupflicht des leerverkaufenden Aktionärs scheitert entweder an der Aktionärsstellung[1572] – denn der aktivistische Leerverkäufer ist zum Zeitpunkt der Attacke nicht mehr und noch nicht wieder Aktionär – oder am Umfang der Treupflicht,[1573] die sich nicht uferlos auf sämtliche schädigende Verhaltensweisen im vor- und nachmitgliedschaftlichen

---

1559 I. IV.
1560 J.
1561 J. I.
1562 J. II.
1563 J. I. 3. b).
1564 J. IV. 1.
1565 J. IV. 2.
1566 J. IV. 3.
1567 J. IV. 4.
1568 J. V.
1569 K. I.
1570 K. II.
1571 K. I. 1.; K. I. 2.; K. I. 3.
1572 K. I. 4. c) bb).
1573 K. I. 4. b).

Zeitraum ausdehnen lässt. Vielmehr war herauszustellen, dass der aktivistische Leerverkäufer eine wirtschaftlich entgegengesetzte Position zu einem Aktionär innehat, weshalb ihm ebendiese Treupflichten nicht entgegengehalten werden können.[1574] Darüber hinaus mussten auch allgemeine deliktische Ansprüche ausscheiden. So konnte zwar insbesondere herausgearbeitet werden, dass die Reputation als Teil des Rechts am Unternehmen im Rahmen von § 823 Abs. 1 BGB schützenswert ist.[1575] Leerverkaufsattacken sind allerdings in Hinblick auf die ökonomisch-derivativen Äußerungen regelmäßig auszuhalten und im Lichte der Meinungsfreiheit gerechtfertigt.[1576] Letztlich käme nur ein Anspruch aus § 826 BGB infrage, der jedoch lediglich in vereinzelten Ausnahmefällen eingreifen wird.[1577]

Anders als beim Emittenten wirken sich bei den Anlegern die herausgearbeiteten Wertungen der Marktmissbrauchsverordnung aus, denn diese versucht zwar nicht, den Emittenten zu schützen, wohl aber den einzelnen Anleger.[1578] Als Anknüpfungspunkt für die funktionale Subjektivierung konnte der Schutzgesetzbegriff des § 823 Abs. 2 BGB unionrechtskonform ausgelegt werden, sodass ein Schadensersatzanspruch dem Grunde nach bejaht werden musste.[1579] Hinsichtlich der Kausalität wurde zunächst die Rechtsprechungslinie des BGH zu fehlerhaften Ad-hoc-Mitteilungen dargestellt.[1580] Im direkten Vergleich mit Leerverkaufsattacken wurden dann die tatsächlichen und rechtlichen Unterschiede herausgearbeitet.[1581] So ging es bei den streitgegenständlichen Ad-hoc-Mitteilungen um Kapitalmarktinformationen, die zu positiv ausgeschmückt wurden, wodurch die Aktien gestiegen sind. Anleger kauften die Papiere dann zu teuer. Bei Leerverkaufsattacken werden aber Kapitalmarktinformationen von einem Dritten verbreitet, die den Kurs sinken lassen. Auch sind die betroffenen Anleger zu diesem Zeitpunkt bereits investiert. Eine Kaufentscheidung muss nicht mehr erfolgen. Mithin tritt der kausale Schaden bereits dann ein, wenn der Aktienkurs infolge der Leerverkaufsattacke sinkt – ein weiteres Anlegerverhalten ist nicht nötig. Zum gleichen Ergebnis kommt auch eine wertende Betrachtung der Kausalität, wobei dann die Vorgaben des Unionsrechts Berücksichtigung

1574 K. I. 4. d).
1575 K. I. 6. a) bb) (1).
1576 F. II. 7.
1577 K. I. 8.
1578 J. IV. 5.
1579 K. II. 6.
1580 K. II. 6. a) cc) (3).
1581 K. II. 6. a) cc) (3) β).

finden konnten. In diesem Sinne ist die zivilrechtliche Haftung nicht nur der Ersatzanspruch eines Einzelnen, sondern gleichzeitig auch eine Sanktion, die zu einem funktionalen Effizienzgewinn führen und damit einen gewichtigen Beitrag zur Reduzierung des bestehenden Durchsetzungsdefizits leisten kann.[1582] Bei der Schadensermittlung wurde anschließend zwischen Vertragsabschlussschaden[1583] und Kursdifferenzschaden[1584] unterschieden, wobei hinsichtlich der Schäden im Sekundärmarkt mangels eines vertragsähnlichen Verhältnisses zwischen dem Schädiger und dem geschädigten Anleger der Kursdifferenzschaden vorzugswürdig ist.[1585] Wertaufhellungen des Aktienkurses sind im Wege des Vorteilsausgleichs auf den Schaden anzurechnen.[1586]

Auch im Rahmen von § 826 BGB[1587] konnten die Wertungen des Individualschutzes der Marktmissbrauchsverordnung Anklang finden. Als Einfallstor dient der unbestimmte Rechtsbegriff der sittenwidrigen Schädigung,[1588] sodass mit den gleichen Wertungen[1589] auch ein Anspruch des einzelnen Anlegers nach § 826 BGB infrage kommt.[1590]

Im Ergebnis konnte veranschaulicht werden, wie sich Schadensersatzansprüche von geschädigten Anlegern gegen aktivistische Leerverkäufer de lege lata abbilden lassen und wie zugleich die Novellierung der Marktmissbrauchsverordnung funktional zur Schließung des Durchsetzungsdefizits beitragen wird. In diesem Sinne sind die deutschen Gerichte angehalten, Schädigungen einzelner Anleger infolge marktmanipulativer Leerverkaufsattacken dem EuGH vorzulegen. Konsequenterweise wird der EuGH einen Anspruch als funktionales Sanktionsmittel bejahen und die Rechtsprechungslinie des BGH konterkarieren.

1582 K. II. 6. a) cc) (3) β).
1583 K. II. 6. a) dd) (1).
1584 K. II. 6. a) dd) (2).
1585 K. II. 6. a) dd) (6).
1586 K. II. 6. a) dd) (5).
1587 K. II. 7.
1588 K. II. 7. a).
1589 Vor allem K. II. 7. a) und c).
1590 K. II. 7. d).

Literaturverzeichnis

Abokhodair, Norah/*Yoo*, Daisy/*McDonald* David W.: Dissecting a Social Botnet: Growth, Content and Influence in Twitter, CSCW: ACM 2015, 839 - 851. (zitiert: *Abokhodair/Yoo/McDonald*, Dissecting a Social Botnet)

Ackermann, Thomas: Public und private enforcement im Wirtschaftsrecht: Eine fragwürdige Dichotomie, in: Casper/Klöhn/Roth/Schmies (Hrsg.), Festschrift für Johannes Köndgen zum 70. Geburtstag, München 2016, S. 1 - 16 (zitiert: *Ackermann*, in: FS Köndgen)

Akerlof, George A.: The Market for Lemons, Qualitative Uncertainty and the Market Mechanism, 84 The Quarterly Journal of Economics 1970, 488 - 500.

Alexander, Christian: Die Sanktions- und Verfahrensvorschriften der Richtlinie 2005/29/EG über unlautere Geschäftspraktiken im Binnenmarkt - Umsetzungsbedarf in Deutschland?, Gewerblicher Rechtsschutz und Urheberrecht Internationaler Teil (GRUR Int.) 2005, 809 - 815.

Alexander, Cindy R.: On the Nature of the Reputational Penalty for Corporate Crime: Evidence, 42 The Journal of Law and Economics 1999, 489 - 526.

Allen, Franklin/*Gale*, Douglas: Stock-Price Manipulation, 5 Review of Financial Studies 1992, 503 - 529.

Armbrüster, Christian: Vormitgliedschaftliche Treubindungen, Neue Juristische Wochenschrift (NJW) 2000, 567.

Arntz, Marthie-Marie: Die Haftung von Ratingagenturen gegenüber fehlerhaft bewerteten Staaten und Unternehmen, Bank- und Kapitalmarktrecht (BKR) 2012, 89 - 95.

Assmann, Heinz-Dieter/Schneider, Uwe H./*Mülbert*, Peter O.: Wertpapierhandelsrecht Kommentar, 7. Auflage, Köln 2019. (zitiert: *Bearbeiter*, in: Assmann/Schneider/Mülbert, Wertpapierhandelsrecht)

Assmann, Heinz-Dieter/*Schütze*, Rolf A./*Buck-Heeb*, Petra (Hrsg.): Handbuch des Kapitalanlagerechts, 5. Auflage, Tübingen/Stuttgart/Hannover 2020. (zitiert: *Bearbeiter*, in: Assmann/Schütze/Buck-Heeb, Handbuch des Kapitalanlagerechts)

Avgouleas, Emilios E.: The Mechanics and Regulation of Market Abuse, Oxford 2005.

Baetge, Jörg/*Kirsch*, Hans-Jürgen/*Thiele*, Stefan: Bilanzen. 16. Auflage, Düsseldorf 2021.

Barber, Brad/*Darrough*, Masako N.: Product Reliability and Firm Value: The Experience of American and Japanese Automakers, 104 Journal of Political Economy, 1996, 1084 - 1099.

Barnett, Michael L./*Pollock*, Timothy G. (Hrsg.): The Oxford Handbook of Reputation, Oxford 2012. (zitiert: *Bearbeiter*, in: The Oxford Handbook)

Basedow, Jürgen: Anmerkung zum Urteil des EuGH vom 22. November 2012, Zeitschrift für Europäisches Privatrecht (ZEuP) 2014, 400 - 409.

Basseler, Ulrich/ *Heinrich*, Jürgen/*Utecht*, Burkhard: Grundlagen und Probleme der Volkswirtschaft. 19. Auflage, Stuttgart 2010.

Baums, Theodor: Anlegerschutz und Neuer Markt, Zeitschrift für das gesamte Handelsrecht und Wirtschaftsrecht (ZHR) 166 (2002), 375 - 382.

Baums, Theodor: Haftung wegen Falschinformation des Sekundärmarktes, Zeitschrift für das gesamte Handelsrecht und Wirtschaftsrecht (ZHR) 167 (2003), 139 - 192.

Bayer, Walter/*Lingelbach*, Gerhard (Hrsg.), 100 Jahre Wirtschaftsrecht, Jena 2015.

Bayram, Milan/*Meier*, Dominik: Marktmanipulation durch Leerverkaufsattacken, Bank- und Kapitalmarktrecht (BKR) 2018, 56 - 61.

Beber, Alessandro/*Pagano*, Marco: Short-Selling Bans Around the World: Evidence from 2007-2009 Crisis, 68 The Journal of Finance 2013, 343 - 381.

Becker, Gary/*Stigler*, George: Law Enforcement, Malfeasance, and Compensation of Enforcers, 3 The Journal of Legal Studies 1974, 1 - 18.

Becker, Ralf/*Rodde*, Anja: Auswirkungen europäischer Rechtsakte auf das Kapitalmarktsanktionsrecht - Neuerungen durch das Finanzmarktnovellierungsgesetz, Zeitschrift für Bankrecht und Bankwirtschaft (ZBB) 2016, 11 - 20.

Berger, Hanno/*Matuszewski*, Jörn: Dividendenstripping im Fokus der Finanzverwaltung, Betriebs-Berater (BB) 2011, 3097 - 3104.

Bergmann, Jan M. (Hrsg.): Handlexikon der Europäischen Union, 5. Auflage, Baden 2015. (zitiert: *Bearbeiter*, in: Bergmann, Handlexikon der Europäischen Union)

Biedenkopf, Kurt-Hans: Über das Verhältnis wirtschaftlicher Macht zum Privatrecht, in: FS Böhm zum 70. Geburtstag, 1965, S. 113 - 135. (zitiert: *Biedenkopf*, in: FS Böhm)

Biondi, Andrea: Anmerkung zu 253/00 (Antonio Munoz y Cia, Superior Fruiticola SA v. Frumar Ltd, Redbridge Produce Marketing Ltd), CML Rev 40 (2003), 1241 - 1250.

Bliss, Barbara A./*Molk*, Peter/*Partnoy*, Frank: Negative Activism, 97 Washington University Law Review 2020, 1333 - 1393.

Blount, Justin/*Markel*, Spencer: The End of the Internal Compliance World as We Know It, or An Enhancement of the Effectiveness of Securities Law Enforcement? - Bounty Hunting Under the Dodd-Frank Act's Whistleblower Provision, 17 Fordham Journal of Corporate & Financial Law 2012, 1025 - 1061.

Böse, Martin (Hrsg.): Enzyklopädie Europarecht - Europäisches Strafrecht, Band 9, Baden-Baden 2019. (zitiert: *Bearbeiter*, in: Börse: Europäisches Strafrecht)

Boulton, Thomas J./*Braga-Alves*, Marcus V.: The skinny on the 2008 naked short-sale restrictions, 13 Journal of Financial Markets 2010, 397 - 421.

Brauer, Mafrend: Das Persönlichkeitsrecht der juristischen Person, München 1962.

Braun, Franz/Rotter, Klaus: Der Diskussionsentwurf zum KapMuG - Verbesserter Anlegerschutz?, Bank- und Kapitalmarktrecht (BKR) 2004, 296 - 300.

Brüggemeier, Gert: Haftungsrecht - Struktur, Prinzipien, Schutzbereich, Berlin/Heidelberg 2006.

Bryde, Brun-Otto: Die Effektivität von Recht als Rechtsproblem, Berlin/New York 1963.

Brzezicka, Justyna/ *Wiśniewski*, Radoslaw, Homo Oeconomicus and Behavioral Economics, 8 Contemporary Economics 2014, 353 - 364.

Buck-Heeb, Petra: Kapitalmarktrecht, 11. Auflage, Heidelberg 2020.

Buil, Isabel/*Catalán*, Sara/*Martínez*, Eva: The importance of corporate brand idendtity in business management: An application to the UK banking sector, 19 Business Research Quarterly 2016, 3 - 12.

Bulmahn, Edelgard: Regulierung der Finanzmärkte, 82 Vierteljahrshefte zur Wirtschaftsforschung 2013, 107 - 134.

Busch, Julia/*Zwirner*, Christian: Goodwill Impairment: Fortschreibung des Geschäfts- oder Firmenwertes aus Unternehmensakquisition, Zeitschrift für internationale Rechnungslegung (IRZ) 2011, 310 - 311.

Buttlar, Julia von/Hammermeier, Steffen: Non semper temeritas est felix: Was bedeutet Leichtfertigkeit im Kapitalmarktrecht?, Zeitschrift für Bankrecht und Bankwirtschaft (ZBB) 2017, 1 - 14.

Calliess, Christian: Feinstaub im Rechtsschutz deutscher Verwaltungsgerichte - Europarechtliche Vorgaben für Klagebefugnis vor deutschen Gerichten und ihre dogmatische Verarbeitung, Neue Zeitschrift für Verwaltungsrecht (NVwZ) 2006, 1 - 7.

Calliess, Christian: Kohärenz und Konvergenz beim europäischen Individualschutz - Der Zugang zum Gericht im Lichte des Grundrechts auf effektiven Rechtsschutz, Neue Juristische Wochenschrift (NJW) 2002, 3577 - 3582.

Calliess, Christian/*Ruffert*, Matthias (Hrsg.): EUV/AEUV Kommentar, 5. Auflage, München 2016. (zitiert: *Bearbeiter*, in: Callies/Ruffert, EUV/AEUV)

Canaris, Claus-Wilhelm: Die Feststellung von Lücken im Gesetz, Berlin 1964.

Canaris, Claus-Wilhelm: Grundstrukturen des deutschen Deliktsrecht, Zeitschrift für Versicherungsrecht, Haftungs- und Schadensrecht (VersR) 2005, 577 - 584.

Canaris, Claus-Wilhelm: Schutzgesetze-Verkehrspflichten-Schutzpflichten, in: Festschrift für Karl Larenz zum 80. Geburtstag, München 1983, S. 27 - 110. (zitiert: *Canaris*, in: FS Larenz)

Canaris, Claus-Wilhelm/*Staub*, Hermann (Hrsg.): Handelsgesetzbuch, Bankvertragsrecht Teil 2, Band 11, 5. Auflage, Berlin 2017. (zitiert: *Bearbeiter*, in: Großkommentar-HGB, Bankvertragsrecht).

Chang, Eric C./*Cheng*, Joseph W./*Yu*, Yinghui: Short-Sales Constraints and Price Discovery: Evidence from the Hong Kong Market, 62 The Journal of Finance 2007, 2097 - 2121.

Classen, Claus-Dieter: Der einzelne als Instrument zur Durchsetzung des Gemeinschaftsrechts, Verwaltungsarchiv (VerwArch), Band 88, 1997, 645 - 678.

Claussen, Peter Carsten (Hrsg.): Bank- und Börsenrecht, 4. Auflage, München 2008.

Cless, Micha: Unionsrechtliche Vorgaben für eine zivilrechtliche Haftung bei Marktmissbrauch, Berlin 2018.

Coffee, John C.: Reforming the Securities Class Action: On Deterrence and Its Implementation, 106 Columbia Law Review 2006, 1534 - 1586.

Cox, J. D./*Thomas*, R. S./*Kiku* D.: SEC Enforcement Heuristics: An Empirical Inquiry, 53 Duke Law Journal 2003, 737 - 779.

Dauner-Lieb, Barbara/*Langen*, Werner (Hrsg.): BGB Kommentar, Band 2/1, 4. Auflage, (zitiert: *Bearbeiter*, in: Dauber-Lieb/Langen, BGB)

Dauses, Manfred A./*Ludwigs*, Markus (Hrsg.): Handbuch des EU-Wirtschaftsrechts, München 2018 (zitiert: *Bearbeiter*, in: Dauses/Ludwigs, Handbuch des EU-Wirtschaftsrecht)

Derleder, Peter/*Knops*, Kai-Oliver/*Bamberger*, Heinz Georg (Hrsg.): Handbuch zum deutschen und europäischen Bankrecht, 2. Auflage, Berlin/Heidelberg 2009. (zitiert: *Bearbeiter*, in: Derleder/Knops/Bamberger)

Dranove, Davig/*Olsen*, Chirs: The Economic Side Effects of Dangerous Drug Announcement, 37 Journal of Law & Economics 1994, 323 - 348.

Dreher, Meinrad: Treupflichten zwischen Aktionären und Verhaltenspflichten bei der Stimmrechtsbündelung, Zeitschrift für das gesamte Handelsrecht und Wirtschaftsrecht (ZHR) (157) 1993, 150 - 171.

Drexl, Josef: Zur Schadensersatzberechtigung unmittelbarer und mittelbarer Abnehmer im europäisierten Kartelldeliktsrecht, in: FS Canaris zum 70. Geburtstag, München 2007, S. 1339 - 1366. (zitiert: *Drexl*, in: FS Canaris)

Duggan, Anthony: Exemplary Damages in Equity: A Law and Economics Perspective, 26 Oxford Journal of Legal Studies 2006, 303 - 326.

Dünnwald, Dirk: Anmerkung zum Contergan-Urteil des Oberlandesgericht Hamburg vom 16. Dezember 2008 - 7 U 49/08, Zeitschrift für Urheber- und Medienrecht 2009, 538 - 546.

Dyck, Alexander/*Morse*, Adair/*Zingales*, Luigi: Who Blows the Whistle on Corporate Fraud?, 65 Journal of Finance 2010, 2213 - 2253.

Ebers, Martin: Rechte, Rechtsbehelfe und Sanktionen im Unionsprivatrecht, Tübingen 2016.

Ebersole, Dave: Blowing the Whistle on Dodd-Frank Whistleblower Provisions, 6 Ohio State Entrepreneurial Business Law Journal 2011, 123 - 174.

Eckel, Philipp: Grenzen der Rechtsdurchsetzung durch materiell-rechtliche Harmonisierung am Beispiel des Kapitalmarkts- und Lauterkeitsrecht, Europäische Zeitschrift für Wirtschaftsrecht 2015, 418 - 424.

Eder, Cajetan J.: Die rechtsgeschäftliche Übertragung von Aktien, Neue Zeitschrift für Gesellschaftsrecht (NZG) 2004, 107 - 114.

Eichner, Korbinian: Explaining goodwill write-off decisions under IAS 36 for capital market-implied triggering events, St. Gallen 2016.

Eilmansberger, Thomas: 41 Common Market Law Review 2004, 1193 -1474.

Eilmansberger, Thomas: Rechtsfolgen und subjektives Recht im Gemeinschaftsrecht, Baden-Baden 2017.

Einsele, Dorothee: Wertpapiere im elektronischen Bankgeschäft, Zeitschrift für Wirtschafts- und Bankrecht (WM) 2001, 7 - 16.

Eisele, Jörg: Der Schadensbegriff bei den Vermögensdelikten, Juristische Schulung (JuS) 2018, 97 - 103.

Eisele, Jörg: Strafrecht Besonderer Teil II, 6. Auflage, Tübingen 2021.

Engel, Christoph: Zivilrecht als Fortsetzung des Wirtschaftsrechts mit anderen Mitteln, Juristen Zeitung (JZ) 1995, 213 - 218.

Engelhardt, Florian: Vertragsabschlussschaden oder Differenzschaden bei der Haftung des Emittenten für fehlerhafte Kapitalmarktinformation, Zeitschrift für Bank- und Kapitalmarktrecht (BKR) 2006, 443 - 448.

Englisch, Joachim: Wirtschaftliches Eigentum beim Kauf girosammelverwahrter Aktien, FinanzRundschau (FR) 2010, 1023 - 1031.

Erb, Volker/*Schäfer*, Jürgen (Hrsg.): Münchener Kommentar zum Strafgesetzbuch: StGB, Band 4: §§ 185-262, Band 4, 4. Auflage, München 2021. (zitiert: *Bearbeiter*, in: MüKoStGB)

Fazzone, Patrick J.: Implied Rights of Action in Federal Legislation: Harmonization within the Statuory Scheme, Duke Law Journal 1980, 928 - 964.

Feldman, Yuval/*Lobel*, Orly: The Incentives Matrix: The Comporative Effectiveness of Rewards, Liabilities, Duties, and Protections for Reporting, 88 Texas Law Review 2010, 1151 - 1212.

Felix, Dagmar: Einheit der Rechtsordnung, Tübingen 1998.

Filler, Günther/Franke, Christian/Odening, Martin/Schweppe, Kai/Liu, Xiaoliang: Spekulation mit Agrarrohstoffen: zuviel des Guten?, 81 Vierteljahrshefte zur Wirtschaftsforschung 2012, 9 - 28.

Fischer, Thomas: Strafgesetzbuch StGB Beck'sche Kurz-Kommentar, 70. Auflage, München 2023.

Fleischer, Holger: Das Vierte Finanzmarktförderungsgesetz, Neue Juristische Wochenschrift (NJW) 2002, 2977 - 2983.

Fleischer, Holger: Der Inhalt des Schadensersatzanspruchs wegen unwahrer oder unterlassener unverzüglicher Ad-hoc-Mitteilungen, Betriebs-Berater (BB) 2002, 1869 - 1873.

Fleischer, Holger: Gesellschafts- und Kapitalmarktrecht als wissenschaftliche Disziplin – Das Proprium der Rechtswissenschaft, Tübingen 2007, S. 50 – 76.

Fleischer, Holger: Informationsasymmetrie im Vertragsrecht, München 2001.

Fleischer, Holger: Vertragsschlussbezogene Aufklärungspflichten zwischen Personengesellschaftern - Zugleich ein Beitrag zur culpa in contrahendo im Gesellschaftsrecht, Neue Zeitschrift für Gesellschaftsrecht (NZG) 2000, 561 - 567.

Fleischer, Holger: Von „bubble laws“ und „quack regulation“- Zur Kritik kriseninduzierter Reformgesetze im Aktien- und Kapitalmarktrecht, in: FS Priester zum 70. Geburtstag, Köln 2007, S. 75–94. (zitiert: *Fleischer*, in: FS Priester)

Fleischer, Holger/*Goette*, Wulf (Hrsg.): Münchener Kommentar zum Gesetz betreffend Gesellschaften mit beschränkter Haftung, MüKoGmbHG, Band 1, 4. Auflage, München 2022 (zitiert: *Bearbeiter*, in: MüKoGmbHG)

Fleischer, Holger/*Schmolke*, Klaus Ulrich: Finanzielle Anreize für Whistleblower im Europäischen Kapitalmarktrecht?, Neue Zeitschrift für Gesellschaftsrecht (NZG) 2012, 361 - 368.

Fombrun, Charles J.: Reputation: Realizing Value from the Corporate Image, Boston 1996.

Fombrun, Charles J./*van Riel*, Cees: The reputational landscape, 1 Corporate Reputation Review 1997, 5 - 13.

Franck, Jens-Uwe: Marktordnung durch Haftung, Tübingen 2016.

Franssen, Vanessa: EU criminal law and effet utile: a critical examination of the Union's use of criminal law to achieve effective enforcement, in: Banach-Gutierrez/Hadring (Hrsg.), EU Criminal Law and Policy, London/New York 2016, S. 84 - 110.

Franz, Ulrich: 50 Jahre Stiftung Warentest, Gewerblicher Rechtsschutz und Urheberrecht (GRUR) 2014, 1051 - 1057.

Franzen, Ulrich: Der EuGH und das Bürgerliche Recht – dargestellt am Beispiel der EuGH-Urteile „Dietzinger" und „Draempaehl", in: FS Maurer zum 70. Geburstag, München 2001, S. 889 - 905. (zitiert: *Franzen*, in: FS Maurer)

Fuchs, Andreas/*Dühn*, Matthias: Deliktische Schadensersatzhaftung für falsche Ad-hoc-Mitteilungen – Zugleich Besprechung des Urteils des OLG München Bank- und Kapitalmarktrecht (BKR) 2002, 1063 - 1071.

Fuchs, Andreas/*Zimmermann*, Martin: Wertpapierhandelsrecht, 3. Auflage, München 2022. (zitiert: *Bearbeiter*, in: Fuchs/Zimmermann, WpHG)

Gaier, Reinhard (Redaktion): Münchener Kommentar zum Bürgerlichen Gesetzbuch: BGB, Band 8: Sachenrecht §§ 854-1296, WEG, ErbbauRG, 9. Auflage, München 2023. (zitiert: *Bearbeiter*, in: MüKoBGB)

Garben, Sacha: Sky-high Controversy and High-flying Claims? - The Sturgeon Case Law in Light of Judicial Activism, Euroscepticism and Eurolegalism, 50 Common Market Law Review (CMLR) 2013, 15 - 45.

Gebauer, Martin/*Teichmann*, Christoph (Hrsg.): Enzyklopädie Europarecht, Band 6: Europäisches Privat- und Unternehmensrecht, 2. Auflage, München 2022. (zitiert: *Bearbeiter*, in: Gebauer/Teichmann, EnzEuR)

Geppert, Klaus: Zur Systematik der Beleidigungsdelikte und zur Bedeutung des Wahrheitsbeweises im Rahmen der §§ 185 ff. StGB, Jura 2002, 820 - 825.

Goette, Wulf/*Habersack*, Mathias/*Kalss*, Susanne (Hrsg.): Münchener Kommentar zum Aktiengesetz, Band 1, 5. Auflage, München 2019. (zitiert: *Bearbeiter*, in: MüKoAktG)

Gostomzyk, Tobias: Äußerungsrechtliche Grenzen des Unternehmenspersönlichkeitsrechts – Die Gen-Milch-Entscheidung des BGH, Neue Juristische Wochenschrift (NJW) 2008, 2082 - 2085.

Grabitz, Eberhard/*Hilf*, Meinhard/*Nettesheim*, Martin (Hrsg.): Das Recht der Europäischen Union EUV/AEUV, 70. EL, München 2020 (zitiert: *Bearbeiter*, in: Grabitz/Hilf/Nettesheim, EUV/AEUV)

Graf, Jürger Peter/*Jäger*, Markus/ *Wittig*, Petra: Wirtschafts- und Steuerstrafrecht, 2. Auflage, München 2017. (zitiert: *Bearbeiter*, in: Graf/Järger/Wittig)

Graßl, Bernd/*Nikoleyczik*, Tobias: Shareholder Activism and Investor Activism, Die Aktiengesellschaft (AG) 2007, 49 - 60.

Grigoleit, Hans Christoph: Anlegerschutz - Produktinformation und Produktverbote, Zeitschrift für das gesamte Handelsrecht und Wirtschaftsrecht (ZHR) 177 (2013), 264 - 309.

Grimm, Dieter: Die Meinungsfreiheit in der Rechtsprechung des Bundesverfassungsgerichts, Neue Juristische Wochenschrift (NJW) 1995, 1697 - 1705.

Grosche, Nils: Rechtsfortbildung im Unionsrecht, Tübingen 2011.

Grundmann, Stefan: Der Treuhandvertrag, München 1997.

Grüneberg, Christian (Hrsg.): Beck'sche Kurz-Kommentar zum Bürgerlichen Gesetzgebuch, 81. Auflage, München 2022. (zitiert: *Bearbeiter*, in: Grüneberg, BGB)

Haaker, Andreas: Impairment-only-Ansatz und Fehlanreize, Zeitschrift für Internationale Rechnungslegung (IRZ) 2020, 115 - 118.

Habersack, Mathias (Hrsg.): Münchener Kommentar zum Bürgerlichen Gesetzbuch: BGB, Band 7: Schuldrecht Besonderer Teil IV §§ 705-853, PartGG, ProdHaftG, 8. Auflage, München 2020.

Habersack, Mathias/*Mayer*, Christian: Globalverbriefte Aktien als Gegenstand sachenrechtlicher Verfügungen? - Ein (weiteres) Plädoyer für die Ablösung der Globalurkunde durch Wertrecht, Zeitschrift für Wirtschafts- und Bankrecht (WM) 2000, 1678 - 1684.

Habersack, Mathias/*Mülbert*, Peter O./*Schlitt*, Michael (Hrsg.), Handbuch der Kapitalmarktinformation, 3. Auflage, München 2020 (zitiert: *Bearbeiter*, in: Habersack/Mülbert/Schlitt, Handbuch der Kapitalmarktinformation)

Halfmeier, Axel/*Rott*, Peter/*Feess*, Eberhard: Kollektiver Rechtsschutz im Kapitalmarktrecht, Frankfurt 2010.

Haltern, Ulrich: Europarecht - Dogmatik im Kontext, Band 2, 3. Auflage, Tübingen 2017.

Harding, Christopher: Member State Enforcement of European Community Measures: The Chimera of "Effective" Enforcement, 4 Maastricht journal of European and comparative law (MJ) 1997, 5–24.

Harnos, Rafael: Einfluss des europarechtlichen Effektivitätsgebots auf das Anlegerschutzrecht, Zeitschrift für Europäisches Privatrecht (ZEuP) 2015, 546 – 568.

Hatje, Armin/*Förster*, Stine von: Organordnung der Europäischen Union, in: Hatje/Müller- Graff (Hrsg.), Europäisches Organisations- und Verfassungsrecht, Enzyklopädie Europarecht, Band1, Baden-Baden 2014, 543 – 622.

Hau, Wolfgang/*Poseck*, Roman (Hrsg.): BeckOK BGB, 61. Auflage, München 2022. (zitiert: *Bearbeiter*, in: BeckOK-BGB)

Hecker, Jan: Marktoptimierende Wirtschaftsaufsicht, Tübingen 2007.

Heinsius, Theodor/*Than*, Jürgen/*Horn*, Arno: Depotgesetz, Berlin 1975.

Heinze, Christian: Schadensersatz im Unionsprivatrecht, Tübingen 2017.

Hellgardt, Alexander: Europarechtliche Vorgaben für die Kapitalmarktinformationshaftung, Die Aktiengesellschaft (AG) 2012, 154 - 168.

Hellgardt, Alexander: Fehlerhafte Ad-hoc-Publizität als strafbare Marktmanipulation, Der Beweis von Taterfolg und Kausalität, Zeitschrift für Wirtschaftsrecht (ZIP) 2005, 2000 - 2008.

Hellgardt, Alexander: Kapitalmarktdeliktsrecht, Tübingen 2008.

Hellgardt, Alexander: Regulierung und Privatrecht: staatliche Verhaltenssteuerung mittels Privatrecht und ihre Bedeutung für Rechtswissenschaft, Gesetzgebung und Rechtsanwendung, Tübingen 2016.

Hellner, Thorwald/*Steuer*, Stephan (Hrsg.): Bankrecht und Bankpraxis, Loseblatt-Sammlung, 156. EL, Köln 2022. (zitiert: *Bearbeiter*, in: Hellner/Steuer, Bankrecht und Bankpraxis)

Hennrichs, Joachim: Treupflichten im Aktienrecht - zugleich Überlegungen zur Konkretisierung der Generalklausel § 242 BGB sowie zur Eigenhaftung des Stimmrechtsvertreters, Archiv civilistischer Praxis (AcP) 195 (1995), 221 - 271.

Henssler, Martin/*Krüger*, Wolfgang (Hrsg.): Münchener Kommentar zum Bürgerlichen Gesetzbuch: BGB, Band 5: Schuldrecht - Besonderer Teil II, 9. Auflage, München 2023. (zitiert: *Bearbeiter*, in: MüKoBGB)

Henze, Hartwig: Die Treupflicht im Aktienrecht, Betriebs-Berater (BB) 1996, 489 - 499.

Henze, Hartwig/*Notz*, Richard L./*Gehrlein*, Markus/*Merkt*, Hanno (Hrsg.): Großkommentar AktG, Band 2, 4. Auflage, Berlin 2009. (zitiert: *Bearbeiter*, in Großkommentar-AktG)

Herberger, Maximilian/*Martinek*, Michael/*Rüßmann*, Helmut/*Weth*, Stephan (Hrsg.): juris Praxis Kommentar BGB, Band 2, 7. Auflage, Saarbrücken 2014. (zitiert: *Bearbeiter*, in: Herberger/Martinek/Rüßmann/Weth, BGB)

Hirte, Heribert/*Möllers*, Thomas M. J. (Hrsg.): Kölner Kommentar zum WpHG, 2. Auflage, Köln 2014. (zitiert: *Bearbeiter*, in: KK-WpHG)

Hoffmann-Becking, Michael (Hrsg.): Münchener Handbuch des Gesellschaftsrechts, 5. Auflage, München 2020. (zitiert: *Bearbeiter*, in: Münchener Handbuch des Gesellschaftsrecht)

Hölscheidt, Sven: Abschied vom subjektiven-öffentlichen Recht? Zu Wandlungen der Verwaltungsrechtsdogmatik unter dem Einfluss des Gemeinschaftsrechts, Zeitschrift Europarecht (EuR) 2001, 376 - 396.

Hölters, Wolfgang/*Weber*, Markus: Aktiengesetz Kommentar, 4. Auflage, München 2022. (zitiert: *Bearbeiter*, in: Hölters/Weber, AktG)

Holzner, Stefan: Meinungsfreiheit und Unternehmenspersönlichkeitsrecht: Neue Abwägungsmaßstäbe erforderlich?, Zeitschrift für IT-Recht und Recht der Digitalisierung (MMR-Aktuell) 2010, 298851.

Hopt, Klaus J.: Die Haftung für Kapitalmarktinformationen – Rechtsvergleichende, rechtsdogmatische und rechtspolitische Überlegungen, Zeitschrift für Wirtschafts- und Bankrecht (WM) 2013, 101 - 113.

Hopt, Klaus J.: Europäisches deutsches Insiderrecht, Zeitschrift für Unternehmens- und Gesellschaftsrecht (ZGR) 1991, 17 - 73.

Hopt, Klaus J.: Grundsatz- und Praxisprobleme nach dem Wertpapierhandelsgesetz, Zeitschrift für das gesamte Handelsrecht und Wirtschaftsrecht (ZHR) 159 (1995), 135 - 163.

Hopt, Klaus J.: Handelsgesetzbuch HGB Beck'sche Kurz-Kommentar, 41. Auflage, München 2022.

Hopt, Klaus J.: Kapitalanlegerschutz im Recht der Banken, München 1975.

Hopt, Klaus J./*Voigt*, Hans Christoph (Hrsg.): Prospekt- und Kapitalmarktinformationshaftung, Tübingen 2005, (zitiert: *Bearbeiter*, in: Hopt/Voigt, Kapitalmarktinformationshaftung)

Horn, Hans-Detlef: Die Erfüllung von Wertpapiergeschäften unter Einbeziehung eines Zentralen Kontrahenten an der Börse – Sachenrechtliche Aspekte, Zeitschrift für Wirtschafts- und Bankrecht (WM) 2002, Sonderbeilage 2.

Hueck, Alfred: Treuegedanke im modernen Privatrecht, München 1947.

Huhtilainen, Matias: The short selling regulation in the European Union: Assessing the authorization granted for the European Securities and Markets Authority to prohibit short selling, 6 European Journal of Government and Economics 2017, 5 - 23.

Ipsen, Knut: Völkerrecht, 7. Auflage, München 2014.

Jacqué, Jean Paul: The Principle of Institutional Balance, 41 Common Market Law Review CMLR 2004, 383 - 391.

Jarass, Hans D.: Das allgemeine Persönlichkeitsrecht im Grundgesetz, Neue Juristische Wochenschrift (NJW) 1989, 857 - 862.

Jarrell, Gregg/*Peltzman*, Sam: The Impact of Product Recalls on the Wealth of Sellers, 93 Journal of Political Economy 1985, 512 - 536.

Jarrow, Robert/*Protter*, Philip/*Pulido*, Sergio: The Effect Of Trading Futures On Short Sale Constraints, 25 Mathematical Finance 2015, 311 - 338.

Jauernig, Othmar (Hrsg.): Bürgerliches Gesetzbuch Kommentar, 18. Auflage, München 2021. (zitiert: *Bearbeiter*, in: Jauernig, BGB)

Joussen, Edgar: Die Treupflicht des Aktionärs bei feindlichen Übernahmen, Betriebs-Berater (BB) 1992, 1075 - 1080.

Jung, Stefanie/*Krebs*, Peter/*Stiegler*, Sascha: Gesellschaftsrecht in Europa, Baden-Baden 2019.

Just, Clemens/*Voß*, Thorsten/*Ritz*, Corinna/*Becker*, Ralf (Hrsg.): Wertpapierhandelsgesetz Kommentar, München 2015. (zitiert: *Bearbeiter*, in: Just/Voß/Ritz/Becker, Wertpapierhandelsrecht)

Kahl, Wolfang/*Waldhoff*, Christian/*Walter*, Christian (Hrsg.): Bonner Kommentar zum Grundgesetz (zitiert: *Bearbeiter*, in: BK-GG)

Kalss, Susanne/*Fleischer*, Holger/*Vogt*, Hans-Ueli (Hrsg.): Gesellschafts- und Kapitalmarktrecht in Deutschland Österreich und der Schweiz 2014, Tübingen 2014. (zitiert: *Bearbeiter*, in: Kalss/Fleischer/Vogt, Gesellschaftsrecht- und Kapitalmarktrecht)

Kalss, Susanne/*Oppitz*, Martin/*Zollne*r, Johannes: Kapitalmarktrecht, 2. Auflage, Wien 2015.

Karpoff, Jonathan/*Lee*, Scott D./*Martin*, Gerald S.: The Cost to Firms of Cooking the Books, 43 Journal of Financial & Quantitative Analyses 2008, 581 - 611.

Karpoff, Jonathan/*Lott*, John: The Reputational Penalty Firms Bear from Committing Criminal Fraud, 36 Journal of Law & Economics 1993, 757 - 802.

Karpoff, Jonathan/*Lott*, John/*Wehrly*, Eric W.: The Reputational Penalties for Environmental Violations: Empirical Evidence, 48 Journal of Law & Economics 2005, 653 - 675.

Karpoff, Jonathan/*Lou*, Xiaoxia: Short Sellers and Financial Misconduct, 65 The Journal of Finance 2010, 1879 - 1913.

Katzenmeier, Christian: Beweismaßreduktion und probabilistische Propotionalhaftung, Zeitschrift für Zivilprozeß (ZZP) (117) 2004, 187 - 216.

Keiler, Johannes: Actus reus und praticipation in European criminal law, Cambridge 2013.

Kessler, Wolfgang/*Egelhof*, Julian M./*Probst*, Dominik: Vorlage an BVerfG: Verfassungswidrigkeit von § 8c KStG für schädliche Beteiligungserwerbe von mehr als 50 %, Deutsches Steuerrecht (DStR) 2017, 2377 - 2387.

Kiesewetter, Matthias/*Parmentier*, Miriam: Verschärfung des Marktmissbrauchsrechts - ein Überblick über die neue EU-Verordnung über Insidergeschäfte und Marktmanipulation, Betriebs-Berater (BB) 2013, 2371 - 2378.

Kindhäuser, Urs/*Neumann*, Ulfried/*Paeffgen*, Hans-Ullrich (Hrsg.): Strafgesetzbuch Kommentar, Band 1, 5. Auflage, Baden-Baden 2017. (zitiert: *Bearbeiter*, in: Kindhäuser/Neumann/Paeffgen, StGB)

Kindler, Peter: Die Treupflichtklausel in der Satzung der Aktiengesellschaft, in: FS Spiegelberger zum 70. Geburtstag, Bonn 2009, S. 778 - 790. (zitiert: *Kindler*, in: FS Spiegelberger)

Klippel, Diethelm, Der zivilrechtliche Persönlichkeitsschutz von Verbänden, JuristenZeitung (JZ) 1988, 625 - 635.

Klöhn, Lars (Hrsg.): Marktmissbrauchsverordnung, 2. Auflage, München 2022. (zitiert: *Bearbeiter*, in: Klöhn, Marktmissbrauchsverordnung)

Klöhn, Lars, Ad-hoc-Publizität und Insiderverbot im neuen Marktmissbrauchsrecht, Die Aktiengesellschaft (AG) 2016, 423 - 434.

Klöhn, Lars: Marktbetrug (Fraud on the Market), Zeitschrift für das gesamte Handelsrecht und Wirtschaftsrecht (ZHR) 178 (2014), 671 - 714.

Klöhn, Lars/*Rothermund*, Marius: Haftung wegen fehlerhafter Ad-hoc-Publizität - Die Tücken der Rückwärtsinduktion bei der Schadensberechnung in sechs Fallgruppen, Zeitschrift für Bankwirtschaft und Bankrecht (ZBB) 2015, 73 - 83.

Klöhn, Lars/Schmolke, Klaus Ulrich: Unternehmensreputation (Corporate Reputation, Neue Zeitschrift für Gesellschaftsrecht (NZG) 2015, 689 - 697.

Koch, Jens: Aktiengesetz Beck'sche Kurz-Kommentar, 16. Auflage, München 2022 (zitiert: *Bearbeiter*, in: Koch, AktG)

Kokott, Juliane, Europäisierung des Verwaltungsrechts, 31 Die Verwaltung 1998, 335 - 370.

Köndgen, Johannes: Effizienzorientierung im Kapitalmarktrecht?, in: Fleischer/Zimmer (Hrsg.), Effizienz als Regelungsziel im Handels- und Wirtschaftsrecht, Frankfurt am Main 2008, S. 100 – 139.

Köpferl, Georg/*Wegner*, Kilian: Marktmissbrauch durch einen Sprengstoffanschlag?, Zeitschrift für Wirtschaft- und Bankrecht 2017 (WM) 2017, 1924 - 1930.

Koregn, Ansgar: Das „Unternehmenspersönlichkeitsrecht" als Element des gewerblichen Reputationsschutzes, Gewerblicher Rechtsschutz und Urheberrecht (GRUR) 2010, 1065 - 1070.

Kremer, Carsten, Die Haftung Privater für Verstöße gegen Gemeinschaftsrecht, EuR 2003, 696 - 705.

Kuang-Wei, Chueh: Is Hedge Fund Activism New Hope for the Market?, 2 Columbia Business Law Review 2008, 724 - 732.

Kudlich, Hans: MADness Takes Its Toll – Ein Zeitsprung im Europäischen Strafrecht?, Die Aktiengesellschaft (AG) 2016, 459 - 465.

Kuhner, Christoph: „Unerwünschte Aktivittäen" von Finanzinvestoren und ihre Prävention durch den Gesetzgeber, Schmalenbachs Zeitschrift für betriebswirtschaftliche Forschung (ZfBF) 2008, 120 - 147.

Kümpel, Siegfried/*Wittig*, Arne: Bank- und Kapitalmarktrecht, 4. Auflage, Köln 2011.

La Porta, Rafael/*Lopez-de-Silanes*, Florencia/*Shleifer*, Andrei/*Vishny*, Robert W.: Legal Determinants of External Finance, 54 The Journal of Finance 1997, 1131 -1150.

La Porta, Rafael/*Lopez-de-Silanes*, Florencia/*Shleifer*, Andrei/*Vishny*, Robert W.: Law and Finance, 106 Journal of Political Economy 1998, 1113 - 1155.

Lackner, Karl/*Kühl*, Kristian/*Heger*, Martin (Hrsg.): Strafgesetzbuch Kommentar, 30. Auflage, München 2023. (zitiert: *Bearbeiter*: in: Lackner/Kühl/Heger, StGB)

Lange, Hermann/*Schiemann*, Gottfried: Schadensersatz, 4. Auflage, Tübingen 2021.

Larenz, Karl/*Canaris*, Claus-Wilhelm, Lehrbuch des Schuldrechts, Band II/2 13. Auflage, München 1994.

Larenz, Karl/*Canaris*, Claus-Wilhelm, Methodenlehre der Rechtswissenschaft, 3. Auflage, München 1995.

Laufhütte, Heinrich Wilhelm/*Tiedemann*, Klaus/*van Saan*, Ruth-Rissing: Leipziger Kommentar zum Strafgesetzbuch, 6. Band, 12. Auflage, Berlin 2009. (zitiert: *Bearbeiter*, in: LK-StGB)

Lehmann, Matthias: Finanzinstrumente - Vom Wertpapier- und Sachenrecht zum Recht der unkörperlichen Vermögensgegenstände, Tübingen 2009.

Leibfried, Peter: Goodwill, die Gretchenfrage des Accountings, Zeitschrift für internationale Rechnungslegung (IRZ) 2016, 353 - 355.

Lettl, Tobias: Der Schadensersatzanspruch gemäß § 823 Abs. 2 BGB i. V. m. Art. 81 Abs. 1 EG, Zeitschrift für das gesamte Wirtschaftsrecht und Handelsrecht (ZHR) 167 (2003), 473 - 493.

Leuschner, Lars: Zum Kausalitätserfordernis des § 826 BGB bei unrichtigen Ad-hoc-Mitteilungen, Zeitschrift für Wirtschaftsrecht (ZIP) 2008, 1050 - 1059.

Löffler, Martin (Hrsg.): Presserecht Kommentar, 6. Auflage, München 2015. (zitiert: *Bearbeiter*, in: Löffler, Pressrecht)

Luchtman, Michiel/*Vervaele*, John: Enforcing The Market Abuse Regime, 5 New Journal of European Criminal Law (192) 2014, 192 - 220.

Lutter, Marcus: Treupflichten und ihre Anwendungsprobleme, Zeitschrift für das gesamte Wirtschaftsrecht und Handelsrecht (ZHR) 162 (1998), 164 - 185.

Lutter, Marcus: Die Treuplicht des Aktionärs, Zeitschrift für das gesamte Wirtschaftsrecht und Handelsrecht (ZHR) 153 (1989), 446 - 471.

Lutter, Marcus: Theorie der Mitgliedschaft, Archiv für civilistische Praxis (AcP) 1980, Band 180, 84 - 160.

Maier-Reimer, Georg/ *Webering*, Anabel: Ad-hoc-Publizität und Schadensersatzhaftung - Die neuen Haftungsvorschriften des Wertpapierhandelsgesetz, Zeitschrift für Wirtschafts- und Bankrecht (WM) 2002, 1857 - 1864.

Mankowski, Peter: Rechtskultur: Eine rechtsvergleichend-anekdotische Annäherung an einen schwierigen und vielgesichtigen Begriff, JuristenZeitung (JZ) 2009, 321 - 331.

Marsch-Barner, Reinhard/*Schäfer*, Frank A. (Hrsg.): Handbuch börsennotierte AG, 5. Auflage, Köln 2022 (zitiert: *Bearbeiter*, in: Marsch-Barner/Schäfer, Handbuch börsennotierte AG)

Martens, Sebastian: Methodenlehre des Unionsrechts, Tübingen 2013.

Mäsch, Gerald: Private Ansprüche bei Verstößen gegen das europäische Kartellrechtsverbot - „Courage" und die Folgen, Zeitschrift Europarecht (EuR) 2003, 825 - 846.

Maunz, Theodor/*Dürig*, Günter/*Herzog*, Roman/*Herdegen*, Matthias/*Scholz*, Rupert/*Klein*, Hans H. (Hrsg.): Grundgesetz Kommentar, 95. Auflage, München 2021. (zitiert: *Bearbeiter*, in: Maunz/Dürig, Grundgesetz)

Maurach, Reinhart/*Schroeder*, Friedrich-Chr./*Maiwald*, Manfred/*Hoyer*, Andreas/*Momsen*, Carsten: Strafrecht Besonderer Teil 1, Teilband 1, 11. Auflage, Heidelberg 2019.

McAfee, Preston/*Mialon*, Hugo M./*Mailon*, Sue H.: Private v. public antitrust enforcement: A strategic analysis, 92 Journal of Public Economics 2008, 1863 - 1875.

Medicus, Dieter/*Lorenz*, Stephan: Schuldrecht I Allgemeiner Teil, 22. Auflage, München 2021.

Mentz, Alexander/*Fröhling*, Viviane: Die Formen der rechtsgeschäftlichen Übertragung von Aktien, Neue Zeitschrift für Gesellschaftsrecht (NZG) 2002, 201 - 210.

Meyer Andreas/*Veil*, Rüdiger/*Rönnau*, Thomas (Hrsg.): Handbuch zum Marktmissbrauchsrecht, München 2018. (zitiert: *Bearbeiter*, in Meyer/Veil/Rönnau, Handbuch zum Marktmissbrauchsrecht).

Meyer, Andreas/*Veil*, Rüdiger/*Rönnau*, Thomas (Hrsg.): Handbuch zum Marktmissbrauchsrecht, München 2018. (zitiert: *Bearbeiter*, in: Meyer/Veil/Rönnau, Handbuch zum Marktmissbrauchsrecht)

Michalski, Lutz/*Heidinger*, Andreas/*Leible*, Stefan/*Schmidt*, Jessica: GmbH-Gesetz, Band 2, 3. Auflage, München 2017. (zitiert: *Bearbeiter*, in: Michalski/Heidinger/Leible/J. Schmidt, GmbH-Gesetz)

Miller, Edward M.: Risk, uncertainty and divergence of opinion 32 The Journal of Finance 1977, 1151 - 1168.

Mitchell, Mark L.: The impact of external parties on brand-name capital, 127 Economic Inquiry 1989, 601 - 618.

Mitchell, Mark L./*Maloney*, Michael T., 32 Journal of Law & Economics 1989, 329 - 355.

Mitts, Joshua: A Legal Perspective on Technology and the Capital Markets, Columbia Law and Economics Working Paper No. 615.

Mitts, Joshua: Short and Distort, Columbia Law and Economics Working Paper No. 592.

Möllers, Thomas M. J.: Effizienz als Maßstab des Kapitalmarktrechts, Archiv für civilistischer Praxis (AcP) 208 (2008), 1 - 36.

Möllers, Thomas M. J.: Europäische Gesetzgebungslehre 2.0: Die dynamische Rechtsharmonisierung im Kapitalmarktrecht am Beispiel von MiFID und PRIIP, Zeitschrift für Europäisches Privatrecht (ZEuP) 2016, 325 - 357.

Möllers, Thomas M. J.: Marktmanipulationen durch Leerverkaufsattacken und irreführende Finanzanalysen, Neue Zeitschrift für Gesellschaftsrecht (NZG) 2018, 649 - 658.

Möllers, Thomas M. J./*Leisch*, Franz Clemens: Schaden und Kausalität im Rahmen der neu getroffenen §§ 37b und 37c WpHG, Zeitschrift für Bank- und Kapitalmarktrecht (BKR) 2002, 1071 - 1079.

Möllers, Thomas M. J./*Nierdorf*, Charis: Regulation and Liability of Credit Agencies - A more Efficient European Law?, European Company and Financial Law Review (ECFR) 2014, 333 - 349.

Möllers, Thomas M. J./*Rotter*, Klaus (Hrsg.): Ad-Hoc-Publizität: Handbuch der Rechte und Pflichten von börsennotierten Unternehmen und Kapitalanlegern, München 2003. (zitiert: *Bearbeiter*, in: Möllers/Rotter, Ad-Hoc-Publizität)

Moloney, Niamh: EU Securities and Financial Markets Regulation, 3, Auflage, Oxford 2014.

Mondello, Enzo: Finance: Theorie und Anwendungsbeispiele, Berlin 2017.

Moxter, Adolf: Immaterielle Anlagewerte im neuen Bilanzrecht, Betriebs-Berater (BB) 1979, 1102 – 1109.

Mülbert, Peter O. /Kiem, Roger: Der schädigende Beteiligungserwerb, Zeitschrift für das gesamte Handelsrecht und Wirtschaftsrecht (ZHR) 177 (2013), 819 - 861.

Mülbert, Peter O.: Anlegerschutz und Finanzmarktregulierung, Zeitschrift für das gesamte Handelsrecht und Wirtschaftsrecht (ZHR) 177 (2013), 160 - 211.

Mülbert, Peter O.: Rechtsschutzlücken bei Short-Seller-Attacken- und wenn ja, welche?, Zeitschrift für das gesamte Handelsrecht und Wirtschaftsrecht (ZHR) 182 (2018), 105 - 113.

Mülbert, Peter O./*Sajnovits*, Alexander: Das künftige Regime für Leerverkäufe und bestimmte Aspekte von Credit Default Swaps nach der Verordnung (EU) Nr. 236/2012, Zeitschrift für Bankrecht und Bankwirtschaft (ZBB) 2012, 266 - 285.

Müller-Lankow, Hendrik: Abgrenzung des Eigenhandels durch Market-Maker vom Eigengeschäft durch sonstige Liquiditätsgeber, Zeitschrift für Wirtschafts- und Bankrecht (WM) 2017, 2335 - 2345.

Müller, Gerda: Der Schutzbereich des Persönlichkeitsrechts im Zivilrecht, Zeitschrift für Versicherungsrecht, Haftung- und Schadensrecht (VersR) 2008, 1141 - 1154.

Murphy, Deborah L./*Shrieves*, R. E./*Tibbs*, Samuel L.: Understanding the Penalties Associated With Corporate Misconduct: An Empirical Examination of Earnings and Risk, 44 Journal of Financial & Quantitative Analysis 2009, 55 - 83.

Noack, Ulrich/*Servatius*, Wolfgang/*Haas*, Ulrich (Hrsg.): Gesetz betreffend Gesellschaften mit beschränkter Haftung GmbHG Beck'sche Kurz-Kommentar (vormals: Baumbauch / Hueck), 23. Auflage, München 2022. (zitiert: *Bearbeiter*, in: Noack/Servatius/Haas, GmbHG)

Noack, Ulrich/*Zetsche*, Dirk (Hrsg.): Kölner Kommentar zum Aktiengesetz, 4. Auflage, Band 5, Köln 2022. (zitiert: *Bearbeiter*, in: KK-AktG)

Ott, Claus/*Schäfer*, Hans-Bernd, Präventivwirkung zivilrechtlicher und strafrechtlicher Sanktionen, Tübingen 1999.

Otto, Harro/*Bosch*, Nikolaus: Grundkurs Strafrecht, 8. Auflage, Berlin 2022.

Park, Tido (Hrsg.): Kapitalmarktstrafrecht Handkommentar, 4. Auflage, Baden-Baden 2017. (zitiert: *Bearbeiter*, in: HK-KapMStrafR)

Peltzman, Sam: The Effect of FTC Advertising Regulation, 24 Journal of Law & Economics 1981, 403 - 448.

Pernice, Ingolf: Gestaltung und Vollzug des Umweltrechts im europäischen Binnenmarkt, Neue Zeitschrift für Verwaltungsrecht (NVwZ) 1990, 414 - 426.

Plett, Kostanze/Ziegert, Klaus A. (Hrsg.): Empirische Rechtsforschung zwischen Wissenschaft und Politik, Tübingen, 1984. (zitiert: *Bearbeiter*, in Plett/Ziegert, Rechtsforschung zwischen Wissenschaft und Politik)

Poelzig, Dörte: Durchsetzung und Sanktionierung des neuen Marktmissbrauchsrechts, Neue Zeitschrift für Gesellschaftsrecht (NZG) 2016, 492 - 502.

Poelzig, Dörte: Insider- und Marktmanipulationsverbot im neuen Marktmissbrauchsrecht, Neue Zeitschrift für Gesellschaftsrecht (NZG) 2016, 528 - 538.

Poelzig, Dörte: Normdurchsetzung durch Privatrecht, Tübingen 2012.

Poelzig, Dörte: Private Enforcement im deutschen und europäischen Kapitalmarktrecht: Eine Untersuchung anhand des Marktmanipulationsverbotes unter Berücksichtigung der Entwicklungen im europäischen Kartellrecht, Zeitschrift für Unternehmens- und Gesellschaftsrecht (ZGR) 2015, 801 – 848

Politis, Antonios: Sturgeon und kein Ende, Europäische Zeitschrift für Wirtschaftsrecht (EuZW) 2014, 8 - 12.

Poller, Michelle: Neuer Sanktionsrahmen auf dem Gebiet der Marktmanipulation nach dem aktuellen europäischen Marktmissbrauchsrecht – Europarechtskonformität des 1. FiMaNoG?, in: *Tietje*, Christian/*Kraft*, Gerhard/*Kumpan*, Christoph (Hrsg.): Beiträge zum Transnationalen Wirtschaftsrecht 2017.

Poser, Richard A.: Economic Analysis of Law, 7. Auflage, Austin 2007.

Posner, Richard: Theories of Economic Regulation, 5 Bell Journal of Economics & Management Science 1974, 335 - 358.

Potacs, Michael: Effit utile als Auslegungsgrundsatz, Zeitschrift Europarecht (EuR) 2009, 465 - 487.

Pozen, R. C.: Institutional Investors: The Reluctant Activists, 72 Harvard Business Review 1994, 140 - 149.

Putniņš, Talis: Market manipulation: A survey, 26 Journal of Economic Surveys 2012, 955-957.

Qiu, Junfeng/*Zhang*, Yongli: Effect on Short-Sale Constraints on Stock Price Manipulation, Pacific Economic Review 18 (2013), 208 - 232.

Quante, Frank: Das allgemeine Persönlichkeitsrecht juristischer Personen, Berlin 1999.

Rau, Stephan: Zeitpunkt des Übergangs des wirtschaftlichen Eigentums bei girosammelverwahrten Aktien; Kapitalertragsteuer bei Leerverkäufen über den Dividendenstichtag, Deutsches Steuerrecht (DStR) 2007, 1192 - 1195.

Reichert, Jochem/*Weller*, Marc-Phillipe: Haftung von Kontrollorganen - Die Reform der aktienrechtlichen und kapitalmarktrechtlichen Haftung, Zeitschrift für Rechtspolitik (ZRP) 2002, 49 - 56.

Rengeling, Hans-Werner/*Middeke*, Andreas/*Gellermann*, Martin (Hrsg.): Handbuch des Rechtsschutzes der Europäischen Union, 3. Auflage, München 2014. (zitiert: *Bearbeiter*, in: Rengeling/Middeke/Gellermann, Hdb Rechtsschutz EU)

Rentz, Hartmut T./*Leibold*, Michael: Die neuen strafrechtlichen Sanktions- regelungen im Kapitalmarktrecht, Corporate Compliance (CCZ) 2016, 157 - 172.

Ricker, Reinhart/*Weberling*, Johannes: Handbuch des Presserechts, 7. Auflage, München 2021.

Riesenhuber, Karl (Hrsg.): Europäische Methodenlehre, 3. Auflage, Berlin 2015. (zitiert: *Bearbeiter*, in: Riesenhuber, Europäische Methodenlehre)

Rindova, Violina P./*Williamson*, Ian O./*Petkova*, Antoaneta P./*Sever*, Joy Marie: Being Good or Being Known: An Empirical Examination of the Dimensions, Antecedents, and Consequences of Organizational Reputation48 Academy of Management Journal 2005, 1033 - 1049.

Robertson, Oswald Johann: Strategische Politische Kommunikation im digitalen Wandel, Wiesbaden 2018.

Röhl, Klaus F.: Rechtssoziologie, Köln/Berlin/Bonn/München 1987.

Röhl, Klaus Friedrich/*Röhl*, Hans Christian: Allgemeine Rechtslehre, 3. Auflage, München 2008.

Rössner, Michael-Christian/*Bolkart*, Johannes: Schadensersatz bei Verstoßes gegen Ad-hoc-Publizitätspflichten nach dem 4. Finanzmarktförderungsgesetz, Zeitschrift für Wirtschaftsrecht (ZIP) 2002, 1471 - 1508.

Roth, Wulf-Henning: Das Haftungsregime für Ratingagenturen zwischen Unionsrecht und mitgliedstaatlichem Recht, in: Festschrift für Johannes Köndgen zum 70. Geburtstag, Köln 2016, S. 453 – 478. (zitiert: *W.-H. Roth*, in: FS Köndgen)

Roth, Wulf-Henning: Die „Lehman-Zertifikate"-Entscheidungen des BGH im Lichte des Unionsrechts, Zeitschrift für Bankrecht und Bankwirtschaft (ZBB) 2012, 429 - 438.

Roth, Wulf-Henning: Effet utile im europäischen Kartellrecht, Wettbewerb in Recht und Praxis (WRP) 2013, 257 - 265.

Roth, Wulf-Henning: Privatrechtliche Kartellrechtsdurchsetzung zwischen primärem und sekundärem Unionsrecht, Zeitschrift für das gesamte Handelsrecht und Wirtschaftsrecht (ZHR) 179 (2015), 668 - 689.

Rothenhöfer, Kay: Mitverschulden des unrichtig informierten Anlegers? – Zur Frage, ob eine Verkaufs- oder Anzeigeobliegenheit des geschädigten Anlegers besteht, Zeitschrift für Wirtschafts- und Bankrecht (WM) 2003, 2032 - 2037.

Rott, Peter: Effektiver Rechtsschutz vor missbräuchlichen AGB, Europäische Zeitschrift für Wirtschaftsrecht (EuZW) 2003, 5 - 9.

Ruffert, Matthias: Dogmatik und Praxis des subjektiv-öffentlichen Rechts unter dem Einfluß des Gemeinschaftsrechts, Deutsches Verwaltungsblatt (DVBl) 1998, 69 – 75.

Ruffert, Matthias: Subjektive Rechte im Umweltrecht der EG, Heidelberg 1996.

Ruthig, Josef: Transformiertes Gemeinschaftsrecht und die Klagebefugnis des § 42 Abs. 2 VwGO, Bayrische Verwaltungsblätter (BayVBl) 1997, 289 – 298.

Saam, Daniel: Kollektive Rechtsbehelfe zur Durchsetzung von Schadensersatzansprüchen im europäischen Wettbewerbs- und Verbraucherrecht, Baden-Baden 2011.

Sachs, Michael (Hrsg.): Grundgesetz Kommentar, 9. Auflage, München 2021. (zitiert: *Bearbeiter*, in: Sachs, GG)

Sack, Rolf: Das Recht am Gewerbebetrieb, Tübingen 2007.

Sack, Rolf: Der subjektive Tatbestand des § 826 BGB, Neue Juristische Wochenschrift (NJW) 2006, 945 - 951.

Sack, Rolf: Die Subsidiarität des Rechts am Gewerbebetrieb, Versicherungsrecht (VersR) 2006, 1001 - 1009.

Sajnovits, Alexander/*Weick-Ludewick*, Verena: Europäische Leerverkaufsregulierung in der praktischen Anwendung: Anforderungen an die Deckung von Leerverkäufen von Aktien nach Artikel 12 und 13 der Verordnung (EU) Nr. 236/2012 (EU-LVVO), Zeitschrift für Wirtschafts- und Bankrecht (WM) 2015, 2226 - 2233.

Satzger, Helmut/*Schluckebier*, Wilhelm/*Widmaier*, Gunter (Hrsg.): StGB-Kommentar, (zitiert: *Bearbeiter*, in: Satzger/Schluckebier/Widmaier/Gunter, StGB-Kommentar)

Schäfer, Carsten: „Girmes“ wiedergelesen: Zur Treupflicht des Aktionärs im Sanierungsfall, in: FS Hommelhoff zum 70. Geburtstag, 2012, S. 939 - 960.

Schäfer, Carsten: Effektivere Vorstandshaftung für Fehlinformation des Kapitalmarkts?, Neue Zeitschrift für Gesellschaftsrecht (NZG), 2005, 985-992.

Schlimbach, Friedrich: Leerverkäufe - Die Regulierung des gedeckten und ungedeckten Leerverkaufs in der Europäischen Union, Tübingen 2015.

Schmid, Hubert: Wirtschaftliches Eigentum an börsennotierten Aktien bei Wertpapierleihgeschäften, Deutsches Steuerrecht (DStR) 2015, 801 - 806.

Schmidt-Aßmann, Eberhard: Deutsches und europäisches Verwaltungsrecht - wechselseitige Einwirkungen, Deutsches Verwaltungsblatt (DVBl) 1993, 924 - 936.

Schmidt, Karsten/*Herresthal*, Carsten (Hrsg.): Münchener Kommentar zum Handelsgesetzbuch, 6. Band, München 2021. (zitiert: *Bearbeiter*, in: MüKoHGB).

Schmidt, Karsten/*Lutter*, Marcus (Hrsg.): AktG Kommentar, 4. Auflage, Köln 2020. (zitiert: *Bearbeiter*, in: K.Schmidt/Lutter, AktG)

Schmolke, Klaus Ulrich: Das Verbot der Marktmanipulation nach dem neuen Marktmissbrauchsregime, Die Aktiengesellschaft (AG) 2016, 434 - 445.

Schmolke, Klaus Ulrich: Die neue Whistleblower-Regelung ist das! Und nun?, Neue Zeitschrift für Gesellschaftsrecht (NZG) 2020, 5 - 12.

Schmolke, Klaus Ulrich: Private Enforcement und institutionelle Balance - Verlangt das Effektivitätsgebot des Art. 4 III EUV eine Schadensersatzhaftung bei Verstoß gegen Art. 15 MAR, Neue Zeitschrift für Gesellschaftsrecht (NZG) 2016, 721 - 728.

Schmolke, Klaus Ulrich: Zuckerbrot und Peitsche - Eine Annäherung an die Funktionsbedingungen rechtlicher Verhaltenssteuerung durch Sanktionen und Belohnung mit Beispielen aus dem Wirtschaftsrecht, JuristenZeitung (JZ) 2015, 121 - 129.

Schneider, Uwe H.: Auf dem Weg in die europäische Kapitalmarktunion, Die Aktiengesellschaft (AG) 2012, 823 - 826.

Schoch, Friedrich: Individualrechtsschutz im deutschen Umweltrecht unter dem Einfluß des Gemeinschaftsrechts, Neue Zeitschrift für Verwaltungsrecht (NVwZ) 1999, 457 - 467.

Schockenhoff, Martin/*Culmann*, Johannes: Rechtsschutz gegen Leerverkäufer?, Die Aktiengesellschaft (AG) 2016, 517 - 529.

Schönke, Adolf/*Schröder*, Horst (Hrsg.): Strafgesetzbuch Kommentar, 30. Auflage, München 2020. (zitiert: *Bearbeiter*, in: Schönke/Schröder, StGB)

Schönke, Adolf/*Schröder*, Horst (Hrsg.): Strafgesetzbuch Kommentar, 30. Auflage, München 2019. (zitiert: *Bearbeiter*, in: Schönke/Schröder, StGB)

Schröder, Michael/*Schwanebeck*, Axel: Big Data - In den Fängen der Datenkraken: Die (un-)heimliche Macht der Algorithmen, München 2017.

Schulze, Reiner/*Zuleeg*, André/*Kadelbach*, Stefan (Hrsg.): Europarecht Handbuch für die deutsche Rechtspraxis, 4. Auflage, München 2020. (zitiert: *Bearbeiter*, in: Schulze/Zuleeg/Kadelbach, Europarecht)

Schuster, Thomas: Nachrichten und Börsenkurse - Preiseffekte ökonomischer und nicht-ökonomischer Veröffentlichungen in den Nachrichtenmedien, 52 Medien & Kommunikationswissenschaft (M&K) 2004, 613 - 636.

Schütt, Jan-Sebastian: Europäische Marktmissbrauchsverordnung und Individualschutz, Berlin 2018.

Schwark, Eberhard/*Zimmer*, Daniel (Hrsg.) Kapitalmarktrechts-Kommentar, 5. Auflage, München 2020. (zitiert: *Bearbeiter*, in: Schwark/Zimmer, Kapitalmarktrecht)

Schwark, Eberhard/*Zimmer*, Daniel: Kapitalmarktrechts-Kommentar, 5. Auflage, München 2020 (zitiert: *Bearbeiter*, in: Schwark/Zimmer, Kapitalmarktrechts-Kommentar)

Schweitzer, Michael/*Hummer*, Waldemar/*Obwexer*, Walter: Europarecht: Das Recht der Europäischen Union, Wien 2007

Seckelmann, Margrit/*Siddiqui*, Sikandar: Hedgefonds und die Stabilität des internationalen Finanzsystems: Was können staatliche Regulierungen leisten?, 130 Schmollers Jahrbuch 2010, 587 - 597.

Seibt, Christoph H./*Wollenschläger*, Bernward: Revision des Marktmissbrauchsrechts durch Marktmissbrauchsverordnung und Richtlinie über strafrechtliche Sanktionen für Marktmanipulation, Die Aktiengesellschaft (AG) 2014, 593 - 608.

Sergakis, Konstantinos: The Law of Capital Markets in the EU, Glasgow 2018.

Sester, Peter: Gläubiger- und Anlegerschutz bei evidenten Fairnessverstößen über eine deliktische Haftung der handelnden Personen, Zeitschrift für Unternehmens- und Gesellschaftsrecht (ZGR) 2006, 1 - 39.

Seyr, Sibylle: Der effet utile in der Rechtsprechung des EuGH, Berlin 2008.

Shavell, Steven: Liability of Harm Versus Regulation of Safety, 13 Journal of Legal Studies 1984, 357- 374.

Simits, Konstantin: Gute Sitten und Ordre Public, München 1960.

Soehring, Jörg/*Hoene*, Verena (Hrsg.): Presserecht, 6. Auflage, Köln 2019. (zitiert: *Bearbeiter*, in: Soehring/Hoene, Presserecht)

Soergel, Theodor (Hrsg.): Bürgerliches Gesetzbuch, Band 12: Schuldrecht 10, 13. Auflage, Stuttgart 2005. (zitiert: *Bearbeiter*, in: Soergel, BGB)

Sorgenfrei, Ulrich: Einzelaspekte des Dividendenstripping, Finanzrundschau (FR) 2001, 291 - 298.

Spickhoff, Andreas: Gesetzesverstoß und Haftung, München 1998.

Spindler, Gerald/*Stilz*, Eberhard: Aktienrecht, Band 1, 5. Auflage, München 2022. (zitiert: *Bearbeiter*, in: Spindler/Stilz, Aktiengesetz)

Steindorff, Ernst: Politik des Gesetzes als Auslegungsmaßstab im Wirtschaftsrecht, in: Festschrift für Karl Larenz zum 70. Geburtstag, München 1973, S. 217 - 244. (zitiert: *Steindorff*, in: FS Larenz)

Steindorff, Ernst: Sanktionen des staatlichen Privatrechts für Verstöße gegen das EG-Recht, Jura 1992, 561 - 572.

Steindorff, Ernst: Wirtschaftsordnung und –Steuerung durch Privatrecht?, in: Funktionswandel der Privatrechtsinstitutionen, Festschrift für Ludwig Raiser zum 70. Geburtstag, Tübingen, 1974, S. 621 – 643. (zitiert: *Steindorff*, in: FS Raiser)

Stelkens, Paul/*Bonk*, Joachim/*Sachs*, Michael (Hrsg.): Verwaltungsverfahrensgesetz Kommentar, 9. Auflage, München 2018. (zitiert: *Bearbeiter*, in: Stelkens/Bonk/Sachs, VwVfG)

Stephenson, Matthew: Public Regulation of Private Enforcement, 91 Virginia Law Review 2005, 93 - 171.

Stewart, Richard B./*Sunstein*, Cass: Public Programs and Private Rights, 95 Harvard Law Review 1981/1982, 1195 - 1316.

Stieglitz, Stefan/*Brachten*, Florian/*Berthelé*, Davina/*Schlaus*, Mira/*Venetopoulou*/*Veutgen*, Daniel: Social Computing and Social Media „Do Social Bots (Still) Act Different to Humans? – Comparing Metrics of Social Bots with Those of Humans“, Social Computing and Social Media (SCSM) 2017, 379 - 395.

Stigler, George J.: The Theory of Economic Regulation, 2 Bell Journal of Economics & Management Science 1971, 3 - 21.

Streinz, Rudolf (Hrsg.): Beck'sche Kurz-Kommentar EUV /AEUV, 3. Auflage, München 2018. (zitiert: *Bearbeiter*, in: Streinz, EUV/AEUV)

Tanimura, Joseph/*Okamoto*, Gary M.: Reputational Penalties in Japan: Evidence from Corporate Scandals, 27 Asian Economic Journal 2013, 39 - 57.

Teichmann, Christoph: Haftung für fehlerhafte Informationen am Kapitalmarkt, Juristische Schulung (JuS) 2006, 953 - 960.

Teigelack, Lars/*Dolff*, Christian: Kapitalmarktrechtliche Sanktionen nach dem Regierungsentwurf eines Ersten Finanzmarktnovellierungsgesetzes - 1. FimanoG, Betriebs-Berater (BB) 2016, 387 - 393.

Thaeter, Ralf/*Guski*, Roman: Shareholder Activism: Gesellschaftsrechtliche Schranken aktiven Aktionärsverhaltens, Die Aktiengesellschaft (AG) 2007, 301 - 308.

Thieltges, Andreas/*Hegelich*, Simon: Manipulation in sozialen Netzwerken, Zeitschrift für Politik (ZfP) 2017, 493 - 512.

Tomasic, Lovro: Effet utile - Die Relativität teleologischer Argumente im Unionsrecht, München 2013.

Triantaflyllou, Dimitris: Zur Europäisierung des subjektiven öffentlichen Rechts, Die Öffentliche Verwaltung (DÖV) 1997, 192 - 201.

Tröger, Tobias: Treupflicht im Konzernrecht, Köln/Berlin/Bonn/München 2000.

Trstenjak, Verica/*Beysen*, Erwin: Das Prinzip der Verfassungsmäßigkeit im Unionsrecht, Zeitschrift Europarecht (EuR) 2012, 265 - 284.

Trstenjak, Verica/*Beysen*, Erwin: Das Prinzip der Verhältnismäßigkeit in der Unionsrechtsordnung, Europarecht (EuR) 2012, 265 - 284.

Turban, D. B./*Greening*, D. W.: Corporate Social Performance and Organizational Attractiveness to Prospective Employees, 40 Academy of Management Journal 1997, 658 - 672.

Ulmer, Peter: Kündigungsschranken in Handels- und Gesellschaftsrecht. Zum Einfluss der Treupflicht auf die einseitige Vertragsbeendigung, in: Festschrift Philipp Möhring zum 75. Geburtstag, München 1975, S. 295 - 318. (zitiert: *Ulmer*, in: FS Möhring)

Valencia, Matthew: Year of the Bounty Hunter, The Economist, 17. Ausgabe im November 2011.

van Gerven, W.: Of Rights, Remedies and Procedures, 37 Common Market Law Review 2002, 501 - 536.

Veil, Rüdiger (Hrsg.): Europäisches und deutsches Kapitalmarktrecht, 2. Auflage, München 2022. (zitiert: *Bearbeiter*, in: Veil, Europäisches Kapitalmarktrecht)

Veil, Rüdiger: Die Ad-hoc-Publizitätshaftung im System kapitalmarktrechtlicher Informationshaftung, Zeitschrift für das gesamte Handelsrecht und Wirtschaftsrecht (ZHR) 167 (2003), 365 - 402.

Veil, Rüdiger: Europäische Kapitalmarktunion, Zeitschrift für Unternehmens- und Gesellschaftsrecht (ZGR) 2014, 544 - 607.

Veil, Rüdiger: Europäisches Insiderrecht 2.0 – Konzeption und Grundsatzfragen der Reform durch MAR und CRIM-MAD, Zeitschrift für Bankrecht und Bankwirtschaft (ZBB) 2014, 85 - 96.

Veil, Rüdiger: Sanktionsrisiken für Emittenten und Geschäftsleiter im Kapitalmarktrecht, Zeitschrift für Unternehmens- und Gesellschaftsrecht (ZGR) 2016, 305 - 328.

Veil, Rüdiger/*Brüggemeier*, Alexander: Kapitalmarktrecht zwischen öffentlichrechtlicher und privatrechtlicher Normdurchsetzung, in: Enforcement im Gesellschafts- und Kapitalmarktrecht 2015, Tübingen 2015, S. 277 – 309.

Veil, Rüdiger/*Koch*, Philipp: Französisches Kapitalmarktrecht, Köln 2010.

Viebig, Jan/*Poddig*, Thorsten/*Tancar*, Roman: Risiken von Hedgefonds: Forschungsansätze und Erkenntnisse der aktuellen Kapitalmarktforschung, Kredit und Kapital 2011, 279 - 309.

von der Groeben, Hans/*Schwarze*, Jürgen/*Hatje*, Amrin: Europäisches Unionsrecht, 7. Auflage, München 2015. (zitiert: *Bearbeiter*, in: v.d.Groeben/Schwarze/Hatje, Europäisches Unionsrecht)

von Heintschel-Henning, Bernd (Hrsg.): BeckOK StGB, 34. Auflage, München 2017. (zitiert: *Bearbeiter*, in: BeckOK-StGB)

von Staudinger, Julius (Hrsg.): Staudingers Kommentar zum Bürgerlichen Gesetzbuch: Staudinger BGB - Buch 2: Recht der Schuldverhältnisse: §§ 244-248 (Geldrecht), München 2016. (zitiert: *Bearbeiter*, in: Staudinger, BGB)

von Staudinger, Julius: Staudinger Kommentar zum Bürgerlichen Gesetzbuch, Buch 2 - Recht der Schuldverhältnisse: §§ 823 A - D (Unerlaubte Handlungen 1 - Rechtsgüter und Rechte; Persönlichkeitsrecht; Gewerbebetrieb), München 2017. (zitiert: *Bearbeiter*, in: Staudinger, BGB)

Wachter, Thomas (Hrsg.): AktG Kommentar, 4. Auflage, München 2022. (zitiert: *Bearbeiter*, in: Wachter, AktG)

Wagner, Franz W.: Der Homo Oeconomicus als Menschenbild des Steuerrechts, Deutsches Steuerrecht (DStR) 2014, 1133 - 1143.

Wagner, Gerhard: Public versus Private Enforcement, in: Festschrift für Johannes Köndgen zum 70. Geburtstag, Köln 2016, S. 649 – 676. (zitiert: *Wagner*, in: FS Köndgen)

Wagner, Gerhard: Rechtsdurchsetzung im Kapitalmarktrecht: Prävention und Verhaltenssteuerung durch Privatrecht – Anmaßung oder legitime Aufgabe?, Archiv civilistischer Praxis (AcP) 206 (2006), S. 352 – 476.

Wagner, Gerhard: Schadensberechnung im Kapitalmarktrecht, Zeitschrift für Unternehmens- und Gesellschaftsrecht (ZGR) 2008, 495 - 532.

Walker, Kent: A systematic review of the corporate reputation literature, 12 Corporate Reputation Review 2012, 357 - 387.

Wastl, Ulrich: Der Handel mit größeren Aktienpaketen börsennotierte Unternehmen - Eine Bestandsaufnahme aus primär-, aktien-, börsen- und kapitalmarktrechtlicher Sicht, Neue Zeitschrift für Gesellschaftsrecht (NZG) 2000, 505 -513.

Weber, Martin: Die Entwicklung des Kapitalmarktrechts 2018/2019, Neue Juristische Wochenschrift (NJW) 2019, 968 - 984.

Weber, Martin: Vormitgliedschaftliche Treubindung: Begründung Reichweite und Vorauswirkung, München 1999.

Wegener, Bernhard W.: Rechte des Einzelnen, München 1998.

Weick-Ludewick, Verena/*Sajnovits*, Alexander: Der Leerverkaufsbegriff nach der Verordnung (EU) Nr. 236/2012 (EU-LVVO) – Unter besonderer Berücksichtigung der Möglichkeit einer gespaltenen Auslegung von europäischem

Verordnungsrecht und nationalem Ordnungswidrigkeitenrecht, Zeitschrift für Wirtschafts- und Bankrecht (WM) 2014, 1521 - 1527.

Weiner, Perrie M./*Weber*, Robert D./*Hsu*, Kirby: 2 The growing menace of 'short and distort' campaigns, 3 Westlaw Journal Securities Litigation & Regulation 2017, 1 - 4.

Wentz, Jasper: Shortseller-Attacken – ökonomische und juristische Bewertung eines ambivalenten Geschäftsmodells, Zeitschrift für Wirtschafts- und Bankrecht (WM) 2019, 196 - 203.

Wessels, Johannes/*Hettinger*, Michael/*Engländer*, Armin: Strafrecht Besonderer Teil 1, 45. Auflage, Heidelberg 2021.

Weyer, Hartmut: Schadenersatzansprüche gegen Private kraft Gemeinschaftsrechts, Zeitschrift für Europäisches Privatrecht (ZEuP) 2003, 318 - 344.

Wichmann, Richard: Haftung am Sekundärmarkt für fehlinformationsbedingte Anlegerschäden, Tübingen 2017.

Wilman, Folkert: Private Enforcement of EU Law Beforce National Courts, Celtenham/Northampton 2015.

Winter, Martin: Mitgliedschaftliche Treubindungen im GmbH-Recht, München 1988.

Wojcik, Karl-Philipp: Zivilrechtliche Haftung von Ratingagenturen nach europäischem Recht, Neue Juristische Wochenshrift (NJW) 2013, 2385 - 2389.

Wolter, Jürgen/*Hoyer*, Andreas (Hrsg.): Systematischer Kommentar zum Strafgesetzbuch, 10. Auflage, Köln 2022 (zitiert: *Bearbeiter*, in: SK-StGB)

Wundenberg, Malte: Perspektiven der privaten Rechtsdurchsetzung im europäischen Kapitalmarktrecht, Zeitschrift für Unternehmens- und Gesellschaftsrecht (ZGR) 2015, 124 - 160.

Zhao, Kevin: Short sale constraints and information-driven short selling,48 Applied Economics 2016, 2113 - 2124.

Zimmer, Daniel: Verschärfung der Haftung für fehlerhafte Kapitalmarktinformation – Ein Alternativkonzept, Zeitschrift für Wirtschafts- und Bankrecht (WM) 2004, 9 - 20

Zimmermann, Reinhard (Hrsg.): Rechtsgeschichte und Privatrechtsdogmatik, Heidelberg 1999. (zitiert: *Bearbeiter*, in: Zimmermann, Rechtsgeschichte und Privatrechtsdogmatik)

Zitelmann, Ernst: Lücken im Recht, Leipzig 1903.

Zöllner, Wolfgang: Die Schranken mitgliedschaftlicher Stimmrechtsmacht bei den privatrechtlichen Personenverbänden, München 1963.

Zuleeg, Manfred: Der Beitrag des Strafrechts zur europäischen Integration, JuristenZeitung (JZ) 1992, 761 -768.

Zuleeg, Manfred: Umweltschutz in der Rechtsprechung des Europäischen Gerichtshof, Neue Juristische Wochenschrift (NJW) 1993, 31 - 37.

Zwissler, Thomas: Treuegebot – Treuepflicht – Treubindung, Berlin 2002.

Schriftenreihe zum deutschen und europäischen Gesellschafts- und Wirtschaftsrecht

Herausgegeben von Christoph Teichmann
Begründet von Günter Christian Schwarz †

Band 1 Matthias Scheifele: Die Gründung der Europäischen Aktiengesellschaft (SE). 2004.

Band 2 Julia Zwiener: Die Auswirkungen der Verordnung Nr. 1/2003 auf das europäische und deutsche Kartellverfahren. 2005.

Band 3 Cornelius Koke: Die Finanzverfassung der Europäischen Aktiengesellschaft (SE) mit Sitz in Deutschland. 2005.

Band 4 Martin Weger: Haftungsgrundlagen bei kompetenzwidriger Geschäftsführung im Personen- und Kapitalgesellschaftsrecht. Ein Beitrag zur Transformation des bürgerlich-rechtlichen Rechtsinstituts der Geschäftsführung ohne Auftrag in das Gesellschaftsrecht. 2005.

Band 5 Axel Zang: Sitz und Verlegung des Sitzes einer Europäischen Aktiengesellschaft mit Sitz in Deutschland. 2005.

Band 6 Björn Holland: Das amerikanische „board of directors" und die Führungsorganisation einer monistischen SE in Deutschland. Amerikanische Erfahrungen in Fragen der Corporate Governance als Beitrag zur Ausgestaltung der Unternehmensführung und Unternehmenskontrolle in einer Deutschen SE. 2006.

Band 7 Nils K. Roitsch: Auflösung, Liquidation und Insolvenz der Europäischen Aktiengesell-schaft (SE) mit Sitz in Deutschland. Art. 63–65 SE-VO. 2006.

Band 8 Timo Wanner: Die GmbH in der Krise. Geschäftsführerverantwortlichkeit im Vorfeld der Insolvenz. 2015.

Band 9 Wolf-Amelung Böhm: Die Sicherung der Abfindung beim Ausscheiden aus der GmbH. Haftung der Mitgesellschafter beim Eingreifen der Kapitalerhaltungsschranke. 2016.

Band 10 Christina Eschenfelder: Rechtsnachfolge in die Kommanditistenhaftung. Zur Rechtsnachfolge in die unbeschränkte Kommanditistenhaftung aufgrund rechtsgeschäftlicher Übertragung von Kommanditanteilen. 2016.

Band 11 Christoph Teichmann / Martin Kraushaar (Hrsg.): Mitbestimmungsvielfalt in Deutschland und Europa. 2017.

Band 12 Julian Wacker: Persönliche Schadensersatzhaftung von Vorstandsmitgliedern einer Aktiengesellschaft für Kartellverstöße. Ein Beitrag zur kartellzivilrechtlichen Organhaft-ung. 2017.

Band 13 Tobias Begemann: Die SE & Co. KGaA als Rechtsform für Familienunternehmen. 2018.

Band 14 Matthias Adam: Mittelbare Beteiligung an einer Publikumspersonengesellschaft über einen Treuhänder. 2018.

Band 15 Manuel Schütt: Die deutsche Unternehmensmitbestimmung – Reformdruck aus Europa?. Reichweite und Grenzen der Grundfreiheiten. 2018.

Band 16 Olga Gurman: Die Vorstandsvergütung nach der Finanzkrise. Eine rechtsvergleichende Analyse der deutschen, britischen und US-amerikanischen Lösungsansätze. 2018.

Band 17 Anna-Katharina Friese: Europäisches Kartellrecht und Schiedsverfahrensrecht nach der Reform durch die VO 1/2003. 2018.

Band 18 Andrea Götz: Die Einpersonengesellschaft als Vehikel grenzüberschreitender unternehmerischer Tätigkeit. 2019.

Band 19 Frederik Wilhelm von Essen: Mitteilungspflichten bei Finanzinstrumenten nach der novellierten Transparenz-Richtlinie. 2019.

Band 20 Erik Stegner: Der Abzug von Kapital aus einer Aktiengesellschaft im faktischen und im Vertragskonzern. Entzug von Vermögenswerten vor Beendigung eines Konzerns und beim refinanzierten Erwerb. 2019.

Band 21 Jan-Philipp Heinzmann: Restrukturierungsvereinbarungen mit Distressed Hedge Funds. Eine aktienrechtliche Analyse. 2019.

Band 22 Ulrich A. Pfeffer: Die Verdrängungsabsicht als Beurteilungskriterium preisbezogener Behinderungsmissbräuche im Rahmen von Art. 102 AEUV. 2019.

Band 23 Elfi Lüdecke: Minderjährige als Vermögensnachfolger. durch Beteiligung an Kommanditgesellschaft oder rechtsfähiger Stiftung bürgerlichen Rechts. 2019.

Band 24 Anselm Küsters: Gestaltung des EU-Wettbewerbsrechts im digitalen Zeitalter. Ein quantitativer und qualitativer Vergleich von Konsultationsverfahren, Expertenbericht und jüngsten Reformvorhaben. 2022.

Band 25 Andrea Preuße: Die Verhältnismäßigkeit kartellrechtlicher Auskunftsersuchen. Wahrung und Konkretisierung des allgemeinen Rechtsgrundsatzes in der praktischen Anwendung durch die Europäische Kommission und die unionsgerichtliche Rechtsprechung. 2022.

Band 26 Leoni Stegmann: Mitbestimmung nach der Mobilitätsrichtlinie. Umsetzung der unternehmerischen Arbeitnehmerbeteiligung nach der Richtlinie (EU) 2019/2121. 2023.

Band 27 Steffen Uphues: Digitale Machtkonzentration von Google Search. Eine Untersuchung der Auswirkungen der 10. GWB-Novelle. 2023.

Band 28 Bastian Siegert: Zivilrechtliche Haftung bei Leerverkaufsattacken. 2024.

www.peterlang.com

www.ingramcontent.com/pod-product-compliance
Ingram Content Group UK Ltd.
Pitfield, Milton Keynes, MK11 3LW, UK
UKHW021832290926
8980IPUK00004B/407

9 783631 910894